Von Pearl Harbor bis Stalingrad

GEORGE ORWELL

Von Pearl Harbor bis Stalingrad

Die Kommentare zum Krieg
Herausgegeben von W. J. West

Aus dem Englischen
von Nikolaus Stingl

Europaverlag
Wien · Zürich

Die Deutsche Bibliothek – CIP-Einheitsaufnahme

Orwell, George: Von Pearl Harbor bis Stalingrad:
die Kommentare zum Krieg / George Orwell.
Hrsg. von W. J. West. Aus dem Engl. von Nikolaus Stingl. –
Wien; Zürich: Europaverl., 1993
ISBN 3-203-51153-3
NE: West, William John [Hrsg.]

Originalausgabe
Orwell, The War Commentaries
Gerald Duckworth & Co., Ltd., London 1985
Pantheon Books, New York 1986

Der Verlag dankt dem Deutschen Rundfunkarchiv Frankfurt am Main
für die deutsche Fassung des im Anhang (Nr. 6) wiedergegebenen Sendetextes
»Rache für Heydrich« (10. Juni 1942).

Graphische Gesamtgestaltung: Catherine Littasy-Rollier
Umschlagphotographie: British Broadcasting Corporation

Lektorat: Wolfgang Astelbauer

Medieninhaber: Europa Verlag GesmbH

Satz: Satzstudio Reisner, Wien
Herstellung: Ueberreuter Buchproduktion, Korneuburg
Auf chlorfreiem Papier gedruckt.
Recyclingfähige PE-Einschrumpffolie
Verlagsort: Wien
Printed in Austria
ISBN 3-203-51153-3

Inhalt

Vorwort 7

Einleitung 9

Die Kommentare zum Krieg 25

Anhang

Ausgewählte Propagandasendungen der Achsenmächte 245

Landkarten 265

Ortsregister 277

Vorwort

Anfang 1984 hatte ich das Glück, ein größeres Konvolut von Texten zu entdecken, die George Orwell als hauptamtlicher Mitarbeiter der BBC zwischen August 1941 und November 1943 verfaßte. Sie lassen sich grob in zwei Kategorien unterteilen. Da sind zum einen die, die er selbst ins Mikrofon sprach und die im wesentlichen literarischer Natur waren. Sie sind im Frühjahr 1985 unter dem Titel »Orwell: the War Broadcasts« erschienen. In der Einleitung zu diesem Band habe ich Orwells Zeit bei der BBC geschildert, und das Buch schloß mit einer Auswahl von Briefen an Beiträger, die verdeutlicht, welche Verbindungen in jenen kritischen Tagen zwischen der Welt des Rundfunks und der Welt der Literatur bestanden.

Daneben gibt es die wöchentlichen Nachrichtenkommentare zum Kriegsverlauf, die Orwell von Ende 1941 bis Anfang 1943 schrieb und zumeist nicht selbst sprach. Sie bilden das vorliegende Buch, das ich ursprünglich unter dem Titel »Through Eastern Eyes: Orwell's War Commentaries« (»Mit den Augen des Ostens: Orwells Kommentare zum Krieg«) veröffentlichen wollte. Wie ich jedoch feststellte, umfaßte die Serie »Mit den Augen des Ostens«, innerhalb deren die Kommentare ausgestrahlt wurden, noch andere, nicht von Orwell stammende Sendungen, weshalb ich mich für einen schlichteren Titel entschied.

Die folgende Einleitung schildert detailliert die von der Zensur geschaffenen politischen Rahmenbedingungen, unter denen Orwell arbeiten mußte. Den Texten selbst ist eine Auswahl von Beiträgen, zumeist über Indien, hintangestellt, die von Feindsendern ausgestrahlt wurden. Zusammen ergeben sie das einzigartige Bild eines regelrechten Propagandakrieges, der über öffentliche Lautsprecheranlagen in Büros und Kantinen und über Rundfunkgeräte in Häusern und Dörfern auf dem gesamten Subkontinent ausgetragen wurde. Ebendiese Form des Krieges sollte später den Hintergrund von Orwells totalitärem Zukunftsmodell in seinem berühmtesten Roman, »1984«, bilden.

Sämtliche hier abgedruckten Manuskripte befinden sich im Written Archives Centre (WAC) der BBC in Caversham Park, Reading. Ich möchte den Mitarbeitern des Archivs bei dieser Gelegenheit dafür danken, daß sie meine Arbeit dort und die Suche nach Materialien, deren bloße Existenz zuweilen in

Zweifel stand, so überaus angenehm machten. Mein tiefempfundener Dank gilt außerdem dem Verlag Gerald Duckworth, dessen starkes Interesse dem Buch in vielerlei Hinsicht förderlich war.

Exeter, im Juli 1985

Einleitung

Mit dem Aufkommen des Rundfunks gewann die alte Kunst der Propaganda eine ganz neue Dimension, die sich in Kriegszeiten als besonders nützlich erweisen sollte. Selbst ein vom Feind in der Hitze der Schlacht errungener Sieg ließ sich als Niederlage hinstellen, wenn es gelang, über Rundfunk rasch genug überzeugende Falschmeldungen zu verbreiten und es dem Feind zu überlassen, sie zu widerlegen. Propagandareden ließen sich an bestimmte Länder und spezielle Teile ihrer Bevölkerung richten, und man konnte schweren Schaden anrichten, wo keine Armee, und kämpfte sie noch so ausdauernd, je hingelangte. Auf diesem neuen Kriegsschauplatz hatte man im Spanischen Bürgerkrieg und während der deutschen Expansion in Europa in den dreißiger Jahren ausgiebig Erfahrungen gesammelt. Mit Ausbruch des Zweiten Weltkrieges hatte sich entwickelt, was Winston Churchill später als »Schlacht um die Vorherrschaft in den Köpfen«* bezeichnen sollte.

Großbritannien mußte feststellen, daß es für diese Form der Kriegführung anfällig war. Der BBC-Inlandsdienst hatte sich rasch entwickelt und galt weltweit als Vorbild eines öffentlichen Rundfunkwesens, aber der Umfang der Auslandsprogramme war gering. Das überall auf dem Globus bedrängte, wenngleich noch intakte Empire bot sich als Ziel förmlich an, und wenn das »Juwel in der Krone« dieses Empire Indien war, so saß es für jedermann erkennbar durchaus locker in der Fassung. Die Achsenmächte hatten die neuen Techniken der Rundfunkpropaganda schon vor dem Krieg erprobt und, da ihnen Englands Schwierigkeiten in Indien und die große Zahl der in seinen Diensten stehenden indischen Truppen nicht verborgen geblieben waren, gegen Indien gerichtete Rundfunksender installiert. Sie leiteten eine Kampagne ein, die das Juwel vollends herausbrechen sollte, wobei sie hofften, den mächtigen britischen Raj selbst stürzen zu können, indem sie Unruhen unter der Zivilbevölkerung schürten und jede Bewegung unterstützten, welche die Unabhängigkeit Indiens zum Ziel hatte.

Die einzig mögliche Antwort auf eine derartige Kampagne bestand darin,

* *Rede an der Harvard University, September 1943.*

ein Team professioneller Propagandisten ins Leben zu rufen, die den Lügen und Verdrehungen der Achsensender möglichst rasch nach ihrer Ausstrahlung entgegentreten konnten. Diese Aufgabe wurde der British Broadcasting Corporation übertragen. Bald strahlte die BBC über die Indienabteilung ihres Eastern Service eine große Vielfalt von Programmen aus,* deren Eckpfeiler eine Reihe wöchentlicher Nachrichtenkommentare war. Obwohl sie von Indern gesprochen wurden und sich für den Hörer buchstäblich wie eine Kriegsberichterstattung »mit den Augen des Ostens« – so auch der Titel der Serie – ausnahmen, wurden sie in Wirklichkeit von einem Engländer verfaßt.

Daß die Wahl auf George Orwell fiel, erscheint auf den ersten Blick seltsam. Orwell war, wie er selbst seinerzeit in einem Brief schrieb,** gegen die Regierungspolitik und leidenschaftlich überzeugt, daß Indien zum frühestmöglichen Zeitpunkt die Freiheit erhalten sollte. Er erkannte aber auch deutlich, daß die Herrschaft einer nicht-englischsprachigen totalitären Macht weit größere Gefahren für das indische Volk barg als die noch einige Jahre oder sogar bis Kriegsende währende bloße Fortdauer britischer Regierungsgewalt. Und in dieser Ansicht bestärkten ihn enge Freunde aus Indien wie beispielsweise Mulk Raj Anand, der nicht nur die führenden Persönlichkeiten der Indischen Kongreßpartei gut kannte, sondern auch Erfahrungen mit der Realität der Herrschaft der Achsenmächte in Europa gemacht hatte.

Obwohl die Beiträge ohne Angabe der Verfasser oder als Werk der jeweiligen Sprecher ausgestrahlt wurden, stand Orwell durchaus zu ihrem Inhalt. Gegen Ende 1942 schlug Laurence Brander, Offizier beim indischen Nachrichtendienst, vor, Orwell solle aus seinem Schattendasein heraustreten, sich als Autor der Beiträge zu erkennen geben und sie selbst verlesen. Orwell stimmte zu, und nur dieser Entscheidung verdankt sich unsere Kenntnis seiner Verfasserschaft.*** Wir können die Kommentare als aufschlußreiche Belege eines Propagandakrieges, aber auch als Beispiel dafür betrachten, wie ein großer Schriftsteller den Krieg in seinem Fortgang von Woche zu Woche sah und auffaßte.

Um den Feind kennenzulernen, den er bekämpfte, brauchte Orwell nur ein Radiogerät anzuschalten und auf einen der zahlreichen Achsensender

* *Zu Beispielen für diese Sendungen s. W. J. West (Hg.), Orwell: The War Broadcasts (1985) [im folgenden OWB], Anhang B und passim.*

** *Siehe OWB, S. 43.*

*** *Zur Entdeckungsgeschichte der Manuskripte s. OWB, S. 7 ff.*

einzustellen, etwa auf »Lord Haw-Haw« und »Workers Challenge«,* die sich an englische, oder »Radio Himalaya« und »Free India Radio«, die sich an indische Hörer wandten. Dabei mußte er nicht einmal auf sein eigenes Gerät zurückgreifen, denn der Abhördienst der BBC versorgte ihn täglich mit gedruckten Mitschriften sämtlicher Propagandasendungen, die, falls erforderlich, ins Englische übersetzt waren. Diese außerordentliche verlegerische Leistung stellt einen der großen, von der Kriegspropagandaforschung kaum gewürdigten Triumphe dar. Binnen vierundzwanzig Stunden oder weniger fertigten die Abhörer der BBC Mitschriften sämtlichen Materials von Radiosendern in alliierten, der Achse angehörenden und neutralen Ländern. Diese Mitschriften wurde sodann abgetippt, gedruckt und an das Informationsministerium und sämtliche Regierungsstellen verteilt, wo es den Militärs und Politikern sowie deren Propagandisten unschätzbare Informationen lieferte.

Somit lagen Orwell, wenn er seine Kommentare zum Krieg abfaßte, sämtliche Äußerungen des Feindes aus der zurückliegenden Woche vor, die ein Konvolut von Buchumfang bildeten. Er konnte außerdem auf die Presseverlautbarungen des Informationsministeriums, die die Ereignisse aus alliierter Sicht darstellten, deren Echo in der Tagespresse sowie die Nachrichtensendungen des BBC-Inlandsdienstes zurückgreifen – die ihr Material wiederum natürlich auch vom Informationsministerium bezogen. Aus diesem ungeheuren Chaos von Worten mußte er eine Ansicht zum Krieg destillieren, die für den durchschnittlich gebildeten indischen Hörer verständlich war und dem entgegenwirkte, worin seiner Einschätzung nach der Geist der Achsenbeiträge bestand. Die zweite Aufgabe wurde ihm erleichtert, als in Berlin ein neuer Nachrichtensender im Äther auftauchte: er hieß »Azad Hind« (Freies Indien) und wurde von Indern betrieben. Sein Manifest wurde am 19. Januar 1942 gesendet, und es kann durchaus sein, daß er eine Reaktion auf die Arbeit von Orwells Abteilung darstellte. Das Manifest macht die Haltung des Senders und seines Gründers, Subhas Chandra Bose, unmißverständlich klar:

> Der Sender Azad Hind wird betrieben von Azad Hind, einer Organisation, die sich an alle im Ausland lebenden Inder wendet. Es ist uns nur mit äußerster Anstrengung gelungen, eine solche Organisation ins Leben zu rufen. In diesen politisch unruhigen Zeiten ist es absolut erforderlich, daß wir sowohl in der Heimat als auch im Aus-

* *»Lord Haw-Haw« war der englische Spitzname von William Joyce, der nach dem Krieg wegen Hochverrats hingerichtet wurde. Er hielt seine Beiträge unter seinem Namen, wurde von den BBC-Abhörern jedoch als »William Joyce alias Lord Haw-Haw« bezeichnet. Zu einem typischen Beispiel seiner zahlreichen Beiträge s. Anhang Nr. 13. »Workers Challenge« war ein Sender auf dem Festland, der vorgab, ein revolutionärer sozialistischer Vorposten an einem geheimen Ort in England zu sein.*

land zusammenstehen und Verbindung miteinander halten. Wir sind zu dem Schluß gekommen, daß es, ehe wir uns an euch wenden, unsere Pflicht ist, eine politische Plattform zu schaffen, auf der alle im Ausland lebenden Inder Hand in Hand arbeiten können. Wir haben lange warten müssen, aber das Warten hat sich gelohnt. Es erfüllt uns mit grenzenloser Freude, daß wir heute zu euch sprechen können, und zwar im Namen aller außerhalb Indiens lebenden Inder, die noch von britischer und ausländischer Herrschaft frei sind und ihre politischen Ansichten äußern können.

Azad Hind wird sich in vielen Ländern der Erde betätigen. Seine Aktivitäten sind ausgedehnt und vielfältig; zu ihnen zählt als jüngstes Unternehmen auch der Rundfunk. Wir messen ihm große Bedeutung bei, denn er stellt für uns die einzige Möglichkeit dar, euch unsere Stimme und unsere Ansichten zu Gehör zu bringen. Wir sind frei von britischer Propaganda und Herrschaft und können das Weltgeschehen von einem rein nationalen Standpunkt aus betrachten. Wir wissen, daß es in Indien Menschen gibt, die nicht soviel Glück haben, und wir halten es für unsere moralische Pflicht, euch mit dem Lauf der Weltereignisse bekannt zu machen und für unsere Bemühungen, unserem geliebten Mutterland die Freiheit zu bringen, euer Vertrauen zu gewinnen. Möge der Sender zum Medium der Zusammenarbeit zwischen den in Indien und den außerhalb Indiens lebenden Menschen werden. Sein hervorstechendes Merkmal ist, daß unsere Sendungen von Indern für Inder produziert werden. Weiten Teilen der indischen Öffentlichkeit stehen nur britische Informationskanäle zur Verfügung, und so machen sie sich unbewußt die britische Propaganda zu eigen und leben in einer Scheinwelt. Manche von euch hören vielleicht andere ausländische Sender, um die sogenannte »andere Seite der Medaille« kennenzulernen, aber das ist beileibe kein Ersatz für einen nationalen Rundfunk. Wer ausländische Sender hört, hat keinen Nutzen von den Nachrichten und Kommentaren, denn er vermutet dahinter immerzu falsche Propaganda, und diese Voreingenommenheit hindert ihn daran, die Wahrheit zu erkennen. Deshalb gewinnen viele Hörer ein völlig falsches Bild von der internationalen Lage. Wer über das Weltgeschehen wirklich Bescheid wissen will, muß auf Quellen zurückgreifen, auf die er sich verlassen kann, und ebendarin besteht die besondere Aufgabe unseres Senders. Wir wollen Indien auf den Kampf für die volle nationale Unabhängigkeit vorbereiten. Die Zeit zum Handeln ist gekommen. Wenn wir unsere Freiheit wollen, müssen wir eine konsequente, kühne Politik verfolgen.

Bose war ein Mann von beträchtlichen Fähigkeiten. In Indien und Cambridge erzogen, schnitt er bei den Aufnahmeprüfungen für den Civil Service glänzend ab, schied dort jedoch – als erster Inder überhaupt – schon nach kurzer Zeit wieder aus, um für die Führung der nationalistischen Indischen Kongreßpartei zu arbeiten. Er war in der Zeit zwischen den Kriegen eine prominente Figur, und sein 1935 erschienenes und in Indien verbotenes Buch »The Indian Struggle 1920–1934« brachte ihm ein internationales Ansehen ein, das nur noch von dem Gandhis und Nehrus übertroffen wurde. 1938 wurde er zum Vorsitzenden der Kongreßpartei gewählt.* Am 2. Juli 1940 wurde er wegen Volksverhetzung verhaftet und später bis zum Beginn des Prozesses unter Hausarrest gestellt, aber er konnte fliehen und schlug sich über Afghanistan und Rußland nach Deutschland durch. Am 28. März 1941 landete er mit dem Flugzeug aus Moskau in Berlin. Die Gründung von Azad Hind war das erste bedeutsame Ergebnis seines Aufenthaltes in Berlin. Später verließ er Deutschland. Er reiste per Unterseeboot von Kiel nach Sumatra – eine gewaltige Strecke –, dann weiter mit dem Flugzeug nach Tokio, wo er am 13. Juni 1943 eintraf. Er wurde Führer der Indischen Nationalarmee und kam schließlich am 18. August 1945 bei einem Flugzeugabsturz auf Formosa ums Leben.

Die Programme von Azad Hind entbehrten nicht eines humorvollen Untertons – so wurde etwa die BBC stets als »Bluff and Bluster Corporation« (Bluff- und Prahlanstalt) bezeichnet –, waren im wesentlichen jedoch ein Abklatsch von Boses eigenen Reden: Tiraden gegen die Briten in Indien, die die dortige Lage grob vereinfacht darstellten und jeden Hinweis darauf vermieden, welche Rolle Bose für sich selbst in einem Indien vorsah, das von britischer Herrschaft frei, jedoch Teil der neuen »Großostasiatischen Wohlstandssphäre« der Japaner sein sollte. Orwell nennt Bose nicht ein einziges Mal mit Namen und spielt nur selten direkt auf ihn und seine Kollegen an, aber seine Sendungen sind häufig unmittelbare Reaktionen auf Bose.

Für Indien bestimmte Sendungen wurden auch von Japan und, nach der Besetzung durch Japan, von in Burma und anderswo eingerichteten Sendern ausgestrahlt,** aber sie waren in England schwer abzuhören und finden sich nur sehr vereinzelt in den Berichten der Abhörer in den Archiven. Orwell überließ ihre Widerlegung vermutlich den Leuten von All India Radio in Neu-Delhi. Er erwähnt kaum einmal etwas, das von diesen Sendern stammen könnte, und sah seine Hauptaufgabe offenbar darin, Azad Hind und den Reden von Hitler, Goebbels und anderen Größen der Achsenmächte entgegenzutreten, die über weltweite Verbindungen sämtlich auch in Indien zu hören waren und über die die indische Presse häufig berichtete. Er verwendete ferner Nachrichtenmeldungen, die von den Inlandssendern der Achsenmächte verbreitet wurden und in Indien unmöglich zu empfangen gewesen sein kön-

* *Nach seiner Wahl zum Vorsitzenden wurde Bose, zum Gedenken an den 51. Kongreß, im Wagen von einundfünfzig Ochsen durch einundfünfzig Ehrentore gezogen. Die folgenden Fakten über Bose sind im wesentlichen Hugh Toyes »Subhas Chandra Bose, The Springing Tiger: A Study of a Revolution« (1959) entnommen.*

** *Eine interessante Schilderung des japanischen Rundfunkkrieges findet sich in einem Aufsatz von Namikawa Ryo, »Japanese overseas broadcasting: a personal view«, in: K. R. M. Short (Hg.), Film and Radio Propaganda in World War II (1983). Über die Sendungen aus Burma schreibt Ryo: »Der gegen Indien gerichtete Rundfunkkrieg gilt als besonders monströses Beispiel. Leiter des Senders war Matsuchi Novizo, ein berühmter japanischer Baseball-Kommentator.«*

nen. Angesichts des präzisen Bildes, das er von den tatsächlichen Lebensverhältnissen in Europa unter Hitlers »Neuer Ordnung«, dem Vorbild von Japans »Großostasiatischer Wohlstandssphäre«, gewann, war er damit gut beraten.

Das erste von Orwells Manuskripten enthält eine freilich nur sehr grobe Zusammenfassung des bisherigen Kriegsverlaufs, die seine eigene Sichtweise vermitteln soll. Die Fakten dürften seinen Hörern bekannt gewesen sein, obwohl sie das Kriegsgeschehen nur aus der Ferne verfolgten. Wie der Erste, so begann auch der Zweite Weltkrieg in Europa, und der durchschnittliche Inder dürfte ihn weitgehend so wahrgenommen haben, wie es Anand in seinem 1940 erschienenen glänzenden Roman »Across The Dark Waters« beschreibt. Einzelne Familien wußten, daß ihre Väter und Söhne wieder einmal in Übersee kämpften; und die indischen Intellektuellen verfolgten die Ereignisse zweifellos mit einem Bewußtsein, das über die schlichte Wahrnehmung von Siegen und Niederlagen hinausging.

Zunächst ergaben sich keine größeren Kampfhandlungen. Die britische Kriegserklärung im September 1939, Folge des deutschen Einmarsches in Polen, leitete den sogenannten »Sitzkrieg« ein. Aber die deutsche Expansion ging weiter und verschlang schließlich den größten Teil Europas. Frankreich wurde nach seiner unerwarteten Kapitulation im Juni 1940 gespalten, ein Teil wurde unmittelbar von den Deutschen besetzt, der andere, »Vichy-Frankreich« unter dem alternden Marschall Pétain, blieb als nominell unabhängiger, jedoch deutschfreundlicher Staat bestehen. Indische Hörer, die die Katastrophen in Europa verfolgt hatten, welche mit Englands schmählichem Rückzug vom Kontinent bei Dünkirchen endeten, hörten nun von dem zähen Ringen in Nordafrika – ein Kriegsschauplatz, der viel näher bei Indien lag und auf dem unter anderem auch indische Truppen des Empire Seite an Seite mit Engländern kämpften.* Deutschlands Verbündete, Vichy-Frankreich und Italien, hatten beide Kolonialbesitz in Nordafrika und im Nahen Osten, und hier errang England seine ersten bedeutenderen Siege, bei denen indische Truppen sämtlich eine denkwürdige Rolle spielten. Diesen Anfangserfolgen standen neuerliche Niederlagen gegenüber, und der Wüstenkrieg setzte sich mit wechselndem Geschick während der gesamten Dauer von Orwells Kommentatorentätigkeit fort. Die Inder waren sich durchaus bewußt, welche Bedeutung der Suezkanal für die Verbindungen Indiens mit Europa besaß, und Orwell hielt sie über jede Entwicklung in diesem Gebiet auf dem laufenden.

Die im Ersten Weltkrieg so wichtige russische Front spielte erst ab 1941

* *Zur Rolle der Indischen Armee im Zweiten Weltkrieg s. Philip Mason, A Matter of Honour: an account of the Indian Army, its Officers and Men (1974).*

eine Rolle. Der kurz vor Kriegsausbruch geschlossene Nichtangriffspakt zwischen Hitler und Stalin hielt beinahe zwei Jahre lang, und es sah zunächst so aus, als sei die unheilige Allianz zwischen den beiden gegensätzlichen totalitären Mächten von Dauer. Aber aufgrund des Argwohns der Deutschen gegen Rußland und Hitlers Vorstellungen vom günstigsten Angriffszeitpunkt kam es am 22. Juni 1941 zum Einmarsch der Deutschen in Rußland. Die Folgen waren unabsehbar, und von nun an wurden die Ereignisse an der russischen Front nicht nur von Beobachtern des Kriegsgeschehens, sondern auch von allen, denen das Schicksal der kommunistischen Internationale am Herzen lag, mit größtem Interesse verfolgt.

Die indischen Intellektuellen waren sich über Rußland und dessen Rolle in der Welt seit der Revolution von 1917 durchaus im klaren. Die Kommunistische Partei war in Indien aktiv, und viele erhofften sich die Befreiung vom britischen Raj eher von ihr als von der Kongreßpartei. Der plötzliche Wechsel der Parteilinie gegenüber Deutschland – von offizieller Sympathie aufgrund des Hitler-Stalin-Pakts zu totaler, offener Feindschaft – hatte auch in Indien Auswirkungen.* Wie immer die führenden Politiker der Indischen Kongreßpartei den Krieg in Europa auch sehen mochten, Rußlands Eintritt in den Konflikt rückte das Geschehen näher an die Heimat heran. Und es sollte mit dem Abwurf japanischer Bomben auf indischen Boden noch näher, nämlich bis unmittelbar an die Tore Indiens, heranrücken.

Nach dem Angriff auf Pearl Harbor im Dezember 1941, der Amerikas Kriegseintritt zur Folge hatte, wurde das Undenkbare – ein Angriff auf Singapur – mit dem Fortgang der japanischen Offensive immer wahrscheinlicher. Der japanische Vormarsch und die daraus sich entwickelnden Ereignisse bilden das Hauptthema von Orwells Kommentaren.

Abgesehen von der Berichterstattung über die Hauptfronten – die russische Front, Nordafrika, den Nahen Osten, den Fernen Osten – berücksichtigte Orwell auch zahlreiche Nebenkriegsschauplätze, so etwa die Invasion von Madagaskar und die ersten, probeweisen Landungsunternehmen an der europäischen Küste. Dem indischen Durchschnittshörer müssen sie so fern erschienen sein wie die Tschechoslowakei den Briten im Jahre 1938; Orwell riet seinen Hörern oft, im Atlas nachzuschlagen, um das Ausmaß des Konflikts nachvollziehen zu können. Und schließlich gab es noch die folgenschweren Feldzüge, die in Welten ohne Grenzen geführt werden: den Seekrieg, den Luftkrieg – und den Propagandakrieg.

* *Zu dem Zeitpunkt, als Nehru, Gandhi und andere Führer der Kongreßpartei inhaftiert wurden, erfolgte die Freilassung inhaftierter kommunistischer Führer.*

Die Manöver der großen Schlachtschiffe sorgten zwangsläufig für Schlagzeilen; es bestand immer die Hoffnung, daß ein kataklystisches Aufeinandertreffen dieser Ungetüme den Krieg an einem Vormittag entscheiden würde. Aber diese Zeiten waren vorbei, und am Sandkasten geplante Seeschlachten im alten Stil fanden kaum noch statt. Der tagtägliche Seekrieg, über den Orwell zu berichten hatte, bestand größtenteils aus der Bekämpfung von U-Booten und Sturzkampfbombern. Berichte über diese Schlachten waren Statistiken mit Listen, in denen verlorene gegen gerettete Bruttoregistertonnen aufgerechnet wurden; sie waren nicht nur schwer zu vermitteln, sondern für das binnenländische indische Publikum auch schwer nachzuvollziehen.

Den Luftkrieg hingegen kannte und verstand man in Indien. Er hatte ernsthaft mit der Luftschlacht um England im Jahre 1940 begonnen, als beim sogenannten »Blitz« London und andere Städte bombardiert wurden. Anand und die anderen Kollegen Orwells bei der BBC verbrachten den gesamten Krieg in London und erlebten die Luftangriffe aus nächster Nähe: sie teilten die Verluste und das Leid der Menschen und schilderten sie eindringlich in für Indien bestimmten Sendungen. Die Bombenangriffe galten als logische Fortsetzung der Bombardements im Spanischen Bürgerkrieg, und für Orwell und die anderen zeigte sich in ihnen das wahre Gesicht der totalitären Bedrohung. Britische Vergeltungsangriffe blieben in ihrem Umfang zunächst gering, steigerten sich aber mit der Fortdauer des Krieges gewaltig und kulminierten schließlich in massiven, mit Tausenden von Bombern geführten Schlägen; sie sollten riesige »Feuerstürme« erzeugen, die in einer einzigen Nacht, unter ungeheuren Verlusten in der Zivilbevölkerung, ganze Städte ausradierten. In Orwells Sendungen finden sich zahlreiche, gewöhnlich mit triumphierendem Unterton vorgebrachte Verweise darauf, daß hier endlich das Blatt sich wendete – sie dürften ihren Eindruck auf die indischen Hörer nicht verfehlt haben.

Da der See- und der Luftkrieg ein Krieg ohne Grenzen war, gab er hervorragendes Material für den Propagandakrieg ab. So behauptet etwa der deutsche Rundfunk, ein ganz bestimmter Geleitzug sei völlig zerstört worden; Orwell kontert mit der Feststellung, er habe unbeschädigt sein Ziel erreicht. Der japanische Rundfunk bezeichnet eine Seeschlacht im Pazifik als einen der größten japanischen Seesiege aller Zeiten; Orwell zitiert amerikanische Quellen, die von einer Niederlage für Japan sprechen: sie habe einen Prozeß in Gang gesetzt, der zum endgültigen Zusammenbruch des Landes führen werde. Welche Seite recht hatte, war für die Hörer immer erst nach einiger Zeit zu entscheiden.*

* *Siehe Komm. 18. Juli 1942 und Anm. S. 146.*

Die Manuskripte gingen nach der Niederschrift an einen Zensor; dabei handelte es sich zunächst um einen Kollegen innerhalb der BBC, den das Informationsministerium in den Arkana der Regierungspolitik unterwiesen hatte. Diese Instruktionen erfolgten in unterschiedlicher Form. Neben häufigen Kurzanweisungen, die der BBC telegraphisch vom Informationsministerium übermittelt wurden, gab es detailliertere Richtlinien, zu denen auch Berichte sogenannter »Special Issue«-Unterausschüsse des Overseas Planning Committee (Ausschuß für Überseeplanung) des Ministeriums zählten. Vermutlich wurde Orwell im Laufe der Monate mit den grundlegenden Richtlinien gut vertraut und lernte, mit ihnen zu leben; die »Special Issue«-Berichte dagegen dürften seine Integrität stärker auf die Probe gestellt haben.

So gibt etwa der folgende Bericht Empfehlungen zum propagandistischen Umgang mit der rapide sich verschlechternden Lage in Indien, nachdem es der Mission von Cripps im März 1942 nicht gelungen war, die Führer der Kongreßpartei versöhnlich zu stimmen. Die Sache war dringend, weil die Inhaftierung Nehrus, Gandhis und anderer Führer der Kongreßpartei unmittelbar bevorstand und man es für wesentlich hielt, daß bei Orwell und seinen Kollegen vollkommene Klarheit über die von ihnen zu vertretende Linie herrschte.

> Die Entscheidung des Arbeitsausschusses der Indischen Kongreßpartei, den Rückzug der Briten aus Indien zu fordern, bedeutet, daß die indische Regierung einmal gezwungen sein könnte, gegen Mr. Gandhi und andere Führer der Kongreßpartei drastische Maßnahmen zu ergreifen. Hierbei stellen sich für die tägliche Berichterstattung in Übersee in zweierlei Hinsicht Probleme:
>
> (a) welche Linie sollte jetzt und in unmittelbarer Zukunft zur Gesamtsituation vertreten werden;
> (b) welche Linie sollte vertreten werden, falls die indische Regierung sich gezwungen sieht, drastische Maßnahmen zu ergreifen.
>
> Diese beiden Probleme stehen in engem wechselseitigem Zusammenhang. Die in unmittelbarer Zukunft vertretene Linie sollte die öffentliche Meinung dergestalt vorbereiten, daß der durch eventuell erforderlich werdende drastische Maßnahmen ausgelöste Schock abgemildert wird.
>
> *Kommentare zur Haltung Gandhis und anderer Führer der Kongreßpartei*
>
> Unter dieser Prämisse ergibt sich eine ernsthafte Schwierigkeit. Einerseits ist es von größter Bedeutung, daß die öffentliche Meinung in den USA, der UdSSR, China und anderswo angemessen auf drastische Maßnahmen gegen Führer der Kongreßpartei vorbereitet wird und daß die im Falle solcher Maßnahmen gegen sie erhobenen Anschuldigungen vollkommen klar und mit unserer bisherigen Haltung ihnen gegenüber vereinbar sind.

Andererseits ist zu berücksichtigen, daß Mr. Gandhis Renommee in den USA, der UdSSR und möglicherweise auch in China zwar deutlich gelitten hat und daher Maßnahmen gegen ihn in diesen Ländern durchaus auf Verständnis stoßen könnten, Mr. Nehru hingegen dort und anderswo nach wie vor in hohem Ansehen steht.

Darüber hinaus genießt Mr. Gandhi in Indien immer noch einen so bedeutenden Ruf, daß offene Angriffe gegen seine Person, die unmittelbar auf offizielle Stellen, ob hier oder in Indien, zurückgeführt werden können, viele Menschen in Indien, die zur Kriegsanstrengung beitragen, aufbringen und verärgern und Mr. Gandhis Gefolgschaft noch mehr zusammenschweißen würden.

Daher sollte unsere *offizielle* Berichterstattung, solange und sofern Mr. Gandhi die Regierung nicht zu Maßnahmen gegen sich zwingt, von unmittelbaren Angriffen auf ihn und seine Kollegen absehen und sich darauf beschränken, (a) kritische Kommentare über ihn, ob von Indern selbst oder von Russen, Amerikanern etc., und (b) positive Äußerungen über ihn aus japanischer und anderer Feindpropaganda zu zitieren.

Gleichzeitig sollten wir über sämtliche verfügbaren Kanäle, deren Wirken von den Indern nicht auf uns zurückgeführt werden kann (und dies sicherzustellen erfordert *äußerste Behutsamkeit* bei ihrem Gebrauch), den wahren Sachverhalt erklären und deutlich machen, daß die unter Mr. Gandhis Einfluß handelnde Kongreßpartei für das Scheitern der Mission von Cripps verantwortlich ist; daß sie sie hat scheitern lassen, weil sie jede Lösung ablehnt, die ihr nicht die uneingeschränkte Macht verleiht, sich über die Interessen sämtlicher anderer Gruppen in Indien, zumal der 100 Millionen Moslems, hinwegzusetzen; daß sie als größte Partei Indiens die Pflicht hat, mit den Moslems und anderen eine Lösung für die Probleme des Zusammenlebens auszuarbeiten; daß sie keinerlei Anstrengung unternommen hat, dieser Verantwortung gerecht zu werden, und daß sie das einzige Mitglied ihres Arbeitsausschusses, das den Mut zu einem solchen Versuch besaß – Mr. Rajagopalachari – zum Rücktritt gezwungen hat.

Dabei sollte (immer unter Berücksichtigung der Notwendigkeit zu äußerster Behutsamkeit) durchweg die Person Mr. Gandhis in den Vordergrund gestellt werden; die Ungereimtheiten seiner Politik sollten hervorgehoben, und er sollte nach und nach als rückwärtsgewandter Pazifist und Pétainist (in diesem Zusammenhang ließen sich zweckmäßigerweise seine Verbindungen zu prominenten indischen Industriellen wie Mr. Birla hervorheben) hingestellt werden, der zum gefährlichen Hindernis für die Verteidigung Indiens geworden ist und dessen Politik faktisch, wenn nicht gar gewollt, geradewegs den Japanern in die Hände spielt. Solche Kommentare über Mr. Gandhi sollten sehr bestimmt und aggressiv, keineswegs schüchtern vorgetragen werden. (WAC: MOI-Akte)

Orwell ignorierte diese Anweisungen völlig. Wie seine Rundfunkkollegen war er zutiefst empört über die Angriffe gegen Gandhi und Nehru. Als es dann tatsächlich zu dem angekündigten harten Vorgehen kam, überging er die Episode mit Schweigen. In seinem Tagebuch dagegen äußert er sich freimütig über Sendungen des Empire Service, die sich an die in dem Bericht empfohlene Linie hielten.* Hätte Orwell versucht, weiterzugehen und für die Kongreßpartei einzutreten, hätte ihn der Zensor in der Regie sofort abgeschaltet, aber er probierte, wie ein ehemaliger Kollege sich erinnert, immerzu aus, wo die Grenzen lagen, und widerstand der Versuchung, sich anzupassen und seine Gedanken durch »Selbstzensur« zu überwachen.**

Daß seine Integrität derart unmittelbar, nämlich durch die Zensur, auf die Probe gestellt wurde, muß Orwell als Druck empfunden haben, der zur Entstehung von »1984« beitrug. Dort ist die Zensur allgegenwärtig, und man hat eine Methode entwickelt, die Gedanken des einzelnen zu überwachen, falls er selbst dazu nicht imstande oder bereit ist. Winston Smiths Aufgabe in »1984« besteht darin, die Geschichte umzuschreiben. Jede »wirkliche« Nachricht, die aus der Vergangenheit überdauert hat, wird den Flammen übergeben, und seine Vorgänger haben so gründliche Arbeit geleistet, daß er nur ein einziges Mal einen unwiderlegbaren Beweis für eine frühere Version der »Wahrheit« in Händen hält. Orwell erlebte ebenso dramatische Veränderungen der politischen und historischen Wahrheit wie Winston Smith. Im folgenden geben wir das klassische Beispiel einer »Wahrheit«, die während des Krieges galt, jedoch schon ein paar Jahre später als unvorstellbarer Verrat angesehen worden wäre. Es handelt sich um einen weiteren »Special Issue«-Bericht des Informationsministeriums, der sich mit dem Problem der deutschen antikommunistischen Propaganda befaßt. Rußland war damals zwar Englands Verbündeter, aber der Bericht zeigt doch detailliert, wie sehr einige Mitarbeiter des Ministeriums die kommunistische Propaganda verinnerlicht hatten:

Argumente gegen die ideologische Furcht vor dem »Bolschewismus«

(1) Wir sollten aufzeigen, daß sämtliche Greuel, die die deutsche Propaganda dem bolschewistischen Schreckgespenst unterstellt – Kulturvernichtung, Zerstörung der Familie, Zwangsarbeit, Gefangenenlager, Beschlagnahme von Eigentum, Vernichtung der Religion, Unterdrückung der Freiheit etc. – in Wirklichkeit von den Nazis selbst im besetzten Europa verübt worden sind. Der sogenannte »rote Terror« ist also, kurz gesagt, lediglich ein Reflex der Wirklichkeit des Naziterrors im Spiegel der Nazipropaganda.

(2) Wir sollten ein positives Bild von Rußland zeichnen, das implizit das Nazibild vom bolschewistischen Schreckgespenst widerlegt, und dabei insbesondere hervorheben:
(a) Die patriotischen Gefühle, die das russische Volk seit Beginn des Krieges zu-

* *Siehe OWB, S. 37.*

** *Tosco Fyvel in einem von Angela Hind produzierten Interview mit dem Herausgeber, das am 9. Oktober 1984 gesendet wurde.*

nehmend zeigt und die von den sowjetischen Führern unter Berufung auf die glorreiche Vergangenheit Rußlands etc. gefördert werden.
(b) Den bedeutenden Beitrag, den Sowjetrußland (im Gegensatz zu Nazideutschland) in Wissenschaft, Bildung und Kultur leistet, und die Kontinuität der wissenschaftlichen und kulturellen Tradition Rußlands, die sich darin zeigt.
(c) Die Bildung kleiner Sparguthaben, privaten Eigentums und individueller Initiative in der UdSSR als Beleg, daß es dem »kleinen Mann« in Rußland gut geht. Im Gegensatz dazu hat Hitler den kleinen Mann schmählich betrogen, indem er zunächst auf seinen Schultern an die Macht gelangte und sich nun anschickt, ihn zu liquidieren.
(d) Die Kreditwürdigkeit der UdSSR im Gegensatz zu der Deutschlands im internationalen Geschäftsverkehr.
(e) Die zunehmend tolerante Haltung der sowjetischen Behörden gegenüber der Religion. (Anmerkung: Dieses Argument muß mit äußerster Behutsamkeit eingesetzt und mit Belegen untermauert werden, die Glaubhaftigkeit beanspruchen können. Es sollte mit wohldurchdachten Erklärungen für die geänderte Haltung des sowjetischen Staates gegenüber der Religion verbunden werden, als da sind sein zunehmendes Vertrauen in die Stabilität des Regimes und die Loyalität der Kirchen in Rußland; und auch dann sollte es nur Leuten gegenüber verwendet werden, die der UdSSR bereits aus anderen Gründen Sympathien entgegenbringen. Ansonsten ist es das Beste, die Frage tunlichst nicht unter dem Aspekt des Glaubenskampfes abzuhandeln oder den – von gewissen portugiesischen und spanischen Bischöfen vertretenen – Standpunkt einzunehmen, daß die sowjetische Politik in bezug auf die Religion gewiß nicht schlimmer ist als die der Nazis und daß die sowjetische Haltung gegenüber den Kirchen Fortschritte macht, während die der Nazis sich ständig verschärft. Gleichzeitig sollten wir die Heuchelei der Nazipropaganda in diesem Punkt bloßstellen, die niemanden zu überzeugen vermag – z. B. auch nicht die eigenen Bischöfe, die sich dem antibolschewistischen Kreuzzug nicht angeschlossen haben.)
(f) Beim Aufbau dieses positiven Bildes von der UdSSR sollten wir das Interesse von *Fachleuten* an den russischen Errungenschaften wecken, indem wir etwa Militärkreise für die russische Militärtechnik oder Mediziner für die russische Gesundheitsversorgung etc. interessieren.

(3) Wir sollten auf den deutlichen Richtungswechsel hinweisen, den die sowjetische Politik unter Stalin genommen hat. Während die trotzkistische Politik die Stärkung der Sicherheit einer damals noch schwachen UdSSR mittels subversiver, von der Komintern kontrollierter Bewegungen in anderen Ländern zum Ziel hatte, galt und gilt die Politik Stalins der Behauptung eines starken Rußland, das freundschaftliche Beziehungen zu anderen Staaten unterhält – eine Politik, die durch die Ereignisse in den vergangenen zwei Jahren gerechtfertigt und bestätigt worden ist. Wenn Stalin die Komintern am Leben hält, so lediglich als zweite Verteidigungslinie, die sich in dem Maße als überflüssig erweisen wird, wie er sich auf die Zusammenarbeit mit England und den USA verlassen kann.
Wir sollten Belege dafür beibringen, daß sich parallel zu der genannten Entwicklung in der sowjetischen Politik auch der Typus des Funktionsträgers ändert. Sowohl im militärischen als auch im zivilen Bereich wird der Typus des Ideologen und doktrinären revolutionären Internationalisten zunehmend vom Typus des Verwaltungsfachmanns und Technikers abgelöst, der an praktischen Resultaten interessiert ist.

(4) Eingedenk der Tatsache, daß die Angst vor dem Bolschewismus in vielen Ländern, zumal unter den herrschenden Klassen, nur die Angst vor Staatsverdrossenheit reflektiert, die aufgrund ungerechter sozialer Verhältnisse oder einer Atmosphäre von Unruhe und Unordnung nach Einstellung der Feindseligkeiten entstehen könnte, sollten wir betonen:
(a) Daß Länder mit einer fortschrittlichen Sozialpolitik vom Bolschewismus nichts zu befürchten haben. Das beste Gegenmittel gegen »Bolschewismus« im Innern ist eine Innenpolitik, die auf die Schaffung eines anständigen Lebensstandards und Sicherheit abzielt.
(b) Daß England und die USA zusammen mit den Vereinten Nationen beabsichtigen, die militärische Sicherheit, Recht und Gesetz sowie die wirtschaftliche Stabilität sowohl in Europa als auch in der übrigen Welt wiederherzustellen und aufrechtzuerhalten, und daß entsprechende Pläne in Vorbereitung sind.

(5) Wir sollten hervorheben, daß die UdSSR, selbst wenn sie ihren Einfluß auf ganz Europa ausdehnen wollte, in der unmittelbaren Nachkriegszeit gar nicht über die materiellen Möglichkeiten verfügen wird, übermäßigen Einfluß auszuüben. Nahrungsmittel, Konsumgüter etc., die Europa nach Einstellung der Kampfhandlungen so dringend benötigen wird, können nur vom Westen kommen und nicht aus Rußland, das selbst ein Notstandsgebiet sein wird. (WAC: MOI-Akte)

Orwells Ansichten über Rußland standen in totalem Gegensatz zu den in diesem Dokument zum Ausdruck kommenden Sympathien, die nach dem Willen der Verfasser Ton und Inhalt jeder von ihm verfaßten einschlägigen Nachrichtensendung bestimmen sollten. Spätere Ausgaben dieses Textes, die das Informationsministerium herausgab, näherten sich allesamt noch stärker dem sowjetischen Standpunkt an. Als Orwell die BBC im November 1943 verließ, schrieb er »Farm der Tiere«, eine tiefempfundene gegen Rußland gerichtete Satire. Wie nicht anders zu erwarten, wurde ihr Erscheinen offenbar vom Informationsministerium verhindert.* Das Buch erschien erst nach dem Krieg. Zur gleichen Zeit arbeitete Orwell das Gerüst von »1984« aus, seiner radikalen Abrechnung mit *allen* totalitären Herrschaftssystemen. Ironischerweise erbrachte gerade das Jahr 1984, in dem die Wahrheit vollständig hätte verschwinden können, den Beweis, daß zumindest in England gewisse Aussichten auf ihr Überdauern bestehen. Die BBC-Archive nämlich waren nicht den Flammen – oder ihrem heutigen Äquivalent, dem Reißwolf – übergeben worden, sondern weitgehend intakt erhalten geblieben. Der Propagandakrieg, in dem Orwell focht, kann von uns nachgelesen werden. Was damals verzerrt und verschwiegen wurde, hat freilich auch überdauert, und so können wir erkennen, welche »Wahrheit« den Menschen in Indien zugedacht war, die von der BBC vor allem dies – Wahrheit – erhofften. Hätte Winston Smith wirk-

* *Siehe OWB, S. 61.*

lich 1984 gelebt, hätte er durch bloßes Nachschlagen alles erfahren, was er wollte.

In seinem letzten Beitrag lieferte Orwell eindeutig seine eigene Einschätzung der Weltlage und ihrer voraussichtlichen Entwicklung. Es hat außerhalb der Büros führender Politiker und ihrer Berater wohl nur wenige Menschen gegeben, die jederzeit ein klares, korrektes Bild des Krieges an sämtlichen Fronten vor ihrem geistigen Auge haben mußten und die Aufgabe hatten, daraus unmittelbar ein amtliches Bild des Krieges zu schaffen, wie England es der Welt vermitteln wollte. Man kann sagen, daß nur das *Radio* mit seiner außerordentlichen Macht über das Denken der Menschen Orwell zu dieser Position verhalf. Und hier liegt vielleicht auch einer der Hauptgründe dafür, warum es Orwell war, der mit »1984« eine so überzeugende Vision von der Entwicklung der Welt schuf, und nicht ein eher konventioneller »Literat«, der nie in dem Bewußtsein hinter einem Mikrofon gesessen hatte, daß zehn Millionen Hörer jedes seiner Worte für die Wahrheit über den größten Kampf der Menschheit im zwanzigsten Jahrhundert nahmen.

Die Sendungen erfolgten in wöchentlichem Turnus und umfassen den Zeitraum von Dezember 1941, unmittelbar nach dem japanischen Angriff auf Pearl Harbor, der für die Alliierten die schlimmste Phase des Krieges einleitete, bis März 1943, als das Blatt sich nach den deutschen Verlusten bei Stalingrad eindeutig zu ihren Gunsten gewendet hatte. Es gibt einige Wochen, für die keine Texte auffindbar sind. Über die Gründe für diese Lücken lassen sich nur Vermutungen anstellen. So war Orwell Anfang 1943 schwer krank, was erklären könnte, daß fünf Manuskripte aus diesem Zeitraum fehlen.* Zwei weitere Lücken für die letzte Juni- und die erste Juliwoche 1942, als Sewastopol fiel,** decken sich mit seinem Jahresurlaub. Außerdem gibt es, freilich ohne ersichtlichen Grund, eine Lücke in bezug auf den Fall von Singapur. Vielleicht hielt man es für unklug, eine so schlechte Nachricht überhaupt zu verbreiten; oder aber es hat ein Manuskript existiert, das später verlorenging. Abgesehen von diesen wenigen Unterbrechungen jedoch ist die Reihe der insgesamt neunundvierzig Sendungen komplett.

Die Texte werden hier in der Fassung vorgelegt, in der sie nach Bearbeitung durch die Zensur tatsächlich gesendet wurden. In manchen Fällen waren gestrichene Passagen unter der Tinte des Zensors noch lesbar und konnten

* *Orwell nahm vom 20. Januar bis zum 11. Februar 1943 offiziell Krankenurlaub und war um diese Zeit öfter auch kurzfristig abwesend.*

** *Eine zeitgenössische Schilderung dieser wenig gewürdigten Schlacht aus russischer Sicht findet sich bei: Boris Voyetekhov, The Last Days of Sebastopol (1943).*

rekonstruiert werden; sie sind in eckigen Klammern wiedergegeben. Die wenigen Schreibfehler und Inkonsistenzen in Zeichensetzung und Orthographie wurden stillschweigend korrigiert, davon abgesehen jedoch sind die Texte in ihrer ursprünglichen Gestalt abgedruckt.

Dem Buch sind mehrere Karten beigefügt, die seinerzeit von Orwells Freund und Mitarbeiter J. F. Horrabin gezeichnet und veröffentlicht wurden.*

* *Siehe OWB, S. 27 f.*

Die Kommentare zum Krieg

20. Dezember 1941

Eine Rückschau auf die abgelaufene Woche zeigt, daß wir es mit weniger spektakulären Ereignissen zu tun haben als in der Vorwoche.* Man kann jedoch nicht sagen, daß die Lage sich an einer der Fronten stabilisiert hätte. In Rußland und Libyen werden die Deutschen nach wie vor zurückgedrängt, und im Fernen Osten ziehen die Japaner immer noch Vorteile aus ihrem ersten, heimtückischen Überraschungsangriff. Penang ist evakuiert worden, und die Japaner sind auf der Insel Hongkong gelandet.** Der Krieg ist derzeit von raschen Veränderungen gekennzeichnet, aber obwohl die Ereignisse schnell aufeinanderfolgen, werden sie sich nur langsam auswirken.

Die Menschen vergessen leicht, wie sie bestimmte Nachrichten aufgenommen haben, und deshalb ist es vielleicht sinnvoll, kurz auf einen Zeitraum zurückzublicken, in dem es ebenfalls rasche Veränderungen gab. Letzten Winter überrannten die Briten in einem schnellen Feldzug von etwa zwei Monaten die Cyrenaika; am 7. Februar nahmen wir Benghasi ein. Als Reaktion darauf begannen die Deutschen eine Offensive in Griechenland, und wir waren moralisch verpflichtet, diesem tapferen Verbündeten zu Hilfe zu eilen. Mr. Churchill und General Wavell hatten die Gesamtstrategie im Auge; sie waren entschlossen, ihren Verpflichtungen überall nachzukommen, in Bewegung zu bleiben und Risiken einzugehen. Die nach Griechenland entsandten Truppen mußten größtenteils aus Libyen abgezogen werden. Am 7. April drang das britische Expeditionskorps in Griechenland ein, und sofort begann die Gegenoffensive der Achsenmächte in Libyen. Schon am nächsten Tag gaben die Italiener die Wiedereroberung von Derna bekannt. Der sehr rasche Vormarsch der Achsenmächte konnte schließlich am 18. April zum Stehen gebracht werden. Die gesamte Cyrenaika war verlorengegangen. Es gelang den

* *Allgemeine Auslandsprogramme, die in Indien zu empfangen waren, enthielten auch Nachrichtensendungen.*

** *Penang wurde am 19. Dezember evakuiert. Hongkong war erstmals am 14. Dezember von den Japanern zur Kapitulation aufgefordert worden, die Kapitulation selbst wurde am 25. Dezember gemeldet. Duff Cooper, vormals Informationsminister, sagte in seiner ersten Ansprache als Minister für Fernöstliche Angelegenheiten: »Wir dürfen die Augen weder vor dem Ernst der Situation noch vor der Schwere der vor uns liegenden Aufgabe verschließen. Wir wollen offen zugeben, daß die Japaner bislang äußerst erfolgreich waren.« Rundfunkansprachen dieses Tenors waren selten und sagen etwas über die Stimmung, die in Regierungskreisen herrschte, als Orwell seine Sendereihe begann.*

Deutschen, Griechenland und Kreta zu besetzen, und mittlerweile hören wir von unseren tapferen griechischen Verbündeten schreckliche, tragische Berichte von Not und Entbehrung. Ebenso wie Hitler mußte Mr. Churchill die Strategie des gesamten Krieges bedenken. So marschierten die britischen Truppen am 19. April im Irak ein, gerade noch rechtzeitig, um die Deutschen daran zu hindern, dort eine starke Position zu gewinnen. Damit hielten wir die deutsche Zangenbewegung auf, und von da an hatten wir eine vergleichsweise stabile Front, hinter der wir in Ägypten große Mengen Nachschub an Kriegsmaterial aus Amerika konzentrieren konnten. Erst letzten Monat sind wir in Libyen wieder zur Offensive übergegangen. Mittlerweile hatten sich die Russen mit uns verbündet, wir hatten den Irak gegen deutsche Beherrschungsversuche gesichert, und wir verfügten in Ägypten über große Mengen Kriegsmaterial. Die Lage hatte sich vollständig verändert. Das ist der Gesichtspunkt, unter dem wir Zeiten raschen Wandels in einem gewaltigen Krieg mit großangelegter Strategie sehen müssen. Wir müssen große Karten benutzen, wenn wir erkennen wollen, wie die Dinge sich wirklich entwickeln; und wir haben schon schlimmere Zeiten durchgemacht als die jetzige.

Gegenwärtig dauert die Verfolgung des Feindes in Libyen noch an. Wir haben den Flughafen von Derna an der Küste eingenommen und stoßen entlang der Wüstenstraße nach Süden Richtung Mekili vor. In diese beiden Richtungen haben unsere Marschkolonnen in zwei Tagen hundertsechzig Kilometer zurückgelegt. Unsere Hauptstreitmacht befindet sich bereits westlich dieser beiden Punkte. Der von General Rommel geleistete hinhaltende Widerstand scheint ihn mittlerweile erschöpft zu haben, aber er könnte sich noch einmal zur Schlacht stellen. General Auchinleck, mittlerweile Oberbefehlshaber im Libyenfeldzug,* hält große Stücke auf indische Truppen. Als er in Indien diente, war er bestrebt, ein Korps aus Angehörigen der eher friedlichen Völker des Südens zu bilden. »Man begründe jetzt eine Tradition«, sagte er, »und in fünfzig Jahren werden sie so gut kämpfen wie die Sikhs.« Als er sein Armeekorps bekam, wurde der Vorschlag laut, daß dessen Emblem der Alk, ein ausgestorbener Vogel, sein sollte, denn das ist der Spitzname des Generals; aber er sagte: »Ich habe das Soldatenhandwerk in Indien gelernt; das Korps soll das Emblem Indiens tragen.«

Die Russen haben an der Moskauer Front drei weitere Städte zurückerobert. Die Stadt Rusa, ein wichtiger Knotenpunkt neunzig Kilometer westlich von Moskau, wurde nach erbittertem deutschem Widerstand einge-

* *Auchinleck, Berufsoffizier der Indischen Armee, wurde zum Oberbefehlshaber im Nahen Osten ernannt; er war zuvor Oberkommandierender in Indien gewesen und hatte aufgrund seiner Rolle bei der Niederschlagung des Aufstandes im Irak einen günstigen Eindruck gemacht.*

nommen. Es wird berichtet, daß das russische Hauptquartier an dieser Front zweimal täglich vorverlegt wird. Letzten Mittwoch haben die Deutschen im Zusammenhang mit ihrer Armee zum erstenmal das Wort »Rückzug« benutzt, aber mittlerweile haben sie sich ein anderes Wort einfallen lassen und sprechen davon, daß sie »ihre Ostfront begradigen«.* Sie haben einen russischen Durchbruch im Süden eingestanden. Hitler sagte in seiner letzten Rede, der gesamte Rußlandfeldzug habe bisher 162 000 Opfer gekostet. Es ist immer interessant, sich zu überlegen, wie solche Lügen zustande kommen.** Der Feldzug war zum Zeitpunkt der Rede genau 162 Tage alt. Es sieht so aus, als hätten die Deutschen beschlossen, tausend Gefallene pro Tag, aber nicht mehr, zuzugeben, und als hätte dann ein geduldiger Schreiberling die genaue Anzahl ausgerechnet.

Die japanischen Erfolge müssen wir nach wie vor äußerst ernst nehmen. Derzeit hat der Druck der japanischen Truppen in Malaya, wo ihnen schwere Verluste beigebracht wurden, etwas nachgelassen. In Rangun sind bedeutende indische Verstärkungen angelandet worden.*** Der Gouverneur von Hongkong° gibt bekannt, daß schwere Kämpfe auf der Insel selbst im Gange seien. Die telegraphischen Verbindungen nach Hongkong sind instand gesetzt worden, aber die Japaner behaupten, sie hätten den größten Teil der Insel besetzt. Sie unternehmen außerdem weitere Angriffe auf den Philippinen, wo schwere Gefechte stattfinden. Unterdessen haben unsere Truppen den portugiesischen Hafen der Insel Timor bei Australien besetzt, um eine dort drohende japanische Landung zu verhindern. Dr. Salazar hat erklärt, daß Portugal fest zu seinen Freunden und Verbündeten steht.°°

Bei alledem dürfen wir nicht vergessen, daß die japanische Macht zwar groß ist, aber nur auf einen raschen totalen Sieg ausgehen kann. Die drei Achsenmächte können zusammen jährlich 60 Millionen Tonnen Stahl produzieren; dagegen können allein die USA etwa 88 Millionen produzieren. Das ist an sich gar kein so bedeutender Unterschied. Aber Japan kann Deutschland,

* *Die Wiedereroberung von Rusa war erst am Vortag, dem 19. Dezember, in Moskau gemeldet worden. Orwell sollte in den kommenden Monaten noch reichlich Gelegenheit haben, sich selbst Euphemismen für den Begriff »Rückzug« auszudenken. Er erwarb schließlich großes Geschick darin, derartigen Fallen zu entgehen.*

** *Tatsächlich enthält Hitlers Rede präzise Details darüber, wie man zu dieser Zahl gekommen war; hier gibt Orwell seine eigene Version.*

*** *Der Gouverneur von Rangun, Sir Reginald Dorman-Smith, meldete am 18. Dezember das Eintreffen starker indischer Truppenverbände.*

° *Am Abend des 19. Dezember waren japanische Truppen gelandet. Der Gouverneur von Hongkong, Sir Mark Young, war gleichzeitig Oberbefehlshaber der Streitkräfte.*

°° *Wie General Franco blieb Salazar während des ganzen Krieges neutral.*

und Deutschland kann Japan keine Hilfe schicken. Denn die Japaner produzieren jährlich nur 7 Millionen Tonnen Stahl. Wie bei vielen anderen Dingen, so sind sie auch bei Stahl auf die Bestände angewiesen, die sie bereits besitzen.

Wenn der japanische Angriff tollkühn erscheint, so dürfen wir nicht vergessen, daß viele Japaner es für ihre Pflicht gegenüber ihrem Kaiser halten, die ganze Welt zu erobern. Diese Vorstellung ist in Japan nicht neu. Hidejoschi starb 1598 bei dem Versuch, die ganze ihm bekannte Welt zu erobern, und dazu zählten auch Indien und Persien. Weil ihm das nicht gelang, schottete sich Japan gegen alle Ausländer ab. Im Januar dieses Jahres – um ein neueres Beispiel zu zitieren – erschien in der japanischen Presse ein von japanischen Admiralen und Generälen unterzeichnetes Manifest, in dem es hieß, Japan sei berufen, Burma und Indien zu befreien. Das sollte natürlich mittels Eroberung geschehen. Was es hieße, unter dem Stiefel Japans frei zu sein, können uns die Chinesen und die Koreaner sagen. Die Japaner werden auf China hören müssen. In der berühmten Tanaka-Denkschrift, einem geheimen Dokument, das 1927 dem Kaiser von Japan vorgelegt wurde, machte Fürst Tanaka eine sehr zutreffende Bemerkung. »Um die Welt zu erobern«, schrieb er, »müssen wir zuerst China erobern.« Japan hätte besser daran getan, den Rat dieses militaristischen Führers genauer zu befolgen. Es hat sich auf den Versuch eingelassen, die Welt zu erobern, aber ganz gewiß noch nicht China erobert. Wie der chinesische Botschafter in London feststellte,* hat die chinesische Regierung alle Chinesen weltweit angewiesen, die alliierten Armeen zu unterstützen, und so dienen beispielsweise Chinesen in Malaya und auf den Philippinen freiwillig unter der britischen oder amerikanischen Fahne. Im Lande selbst hat China bereits eine Million Mann unter Waffen, und sein Menschenpotential ist nahezu unerschöpflich.

Demgegenüber ist Amerika auf lange Sicht ein unerschöpfliches Waffenarsenal, und die Amerikaner sind entschlossen, ihre Hilfe nicht auf den pazifischen Raum zu beschränken. Sie haben entschieden, daß Britisch-Eritrea das Zentrum sein soll, wo amerikanische Experten die umfangreichen Munitionslieferungen in Empfang nehmen werden, die Amerika auch weiterhin in den Nahen Osten schicken will.**

* *Der chinesische Botschafter, Dr. Wellington Koo, bestätigte am 9. Dezember Chinas Kriegserklärung gegen Japan, Deutschland und Italien.*

** *Die italienische Kolonie Eritrea kapitulierte am 5. April 1941 und wurde im folgenden von der British Occupied Enemy Territories Administration verwaltet. Berichten zufolge stieß man bei der Besetzung der Hauptstadt Asmara auf ausgedehnte von den Italienern errichtete Anlagen für Werkzeug- und Maschinenbau. Sie wurden übernommen und mit amerikanischer Unterstützung weiterbetrieben.*

Die beiden wichtigsten Ereignisse dieser Woche, in der es in fast allen Teilen der Welt Kämpfe gab, haben nicht auf dem Schlachtfeld stattgefunden. Das erste dieser Ereignisse war die Unterzeichnung eines Paktes in Washington, in dem sich nicht weniger als sechsundzwanzig Nationen verpflichten, der faschistischen Aggression ein Ende zu machen.* Das zweite war die Entsendung chinesischer Truppen nach Burma; sie sollen dort an der Landesverteidigung mitwirken. In diesen beiden Ereignissen können wir eine Demonstration der Solidarität der freien Völker der Welt erkennen, die letztlich wichtiger ist als Geschütze und Flugzeuge. Wenn vier Fünftel der Menschheit zusammenstehen, kann das verbleibende Fünftel sie auf lange Sicht nicht besiegen, ganz gleich wie gut bewaffnet und wie raffiniert es sein mag.

Das müssen wir im Auge behalten, wenn wir die Nachrichten aus dem Fernen Osten und dem pazifischen Raum bewerten. Vorderhand liegen die Vorteile auf seiten der Japaner, und das kann noch eine ganze Weile so bleiben. Die Amerikaner waren nicht in der Lage, die heldenhafte Garnison auf den Philippinen zu verstärken, und es gibt bereits Meldungen, daß Manila, die Hauptstadt, den Japanern in die Hände gefallen sei.** Das heißt nicht, daß der Kampf auf den Philippinen zu Ende ist, aber es bedeutet, daß die Japaner sich einen weiteren günstigen Ausgangspunkt für ihren Angriff auf Singapur gesichert haben. Gleichzeitig haben sie Sarawak, im Norden von Borneo, besetzt. Das ist eher ein strategischer als ein ökonomischer Gewinn, denn die britischen Streitkräfte in Sarawak haben darauf geachtet, vor ihrem Rückzug die Ölförderanlagen in die Luft zu sprengen und sie auf diese Weise unbrauchbar zu machen.***

* *Die gemeinsame Erklärung der sechsundzwanzig Staaten, die sich mit den Achsenmächten im Krieg befanden, wurde am 1. Januar 1942 in Washington unterzeichnet. Die Staaten waren: die USA, das Vereinigte Königreich, die Sowjetunion, China, die Niederlande, Australien, Belgien, Kanada, Costa Rica, Kuba, die Tschechoslowakei, die Dominikanische Republik, El Salvador, Griechenland, Guatemala, Haiti, Honduras, Indien, Luxemburg, Neuseeland, Nicaragua, Norwegen, Panama, Polen, Südafrika und Jugoslawien.*

** *Am 2. Januar gaben die USA bekannt, daß Manila und der Flottenstützpunkt Cavite evakuiert worden waren. Dagegen hielt die Besatzung der Inselfestung Corregidor nach wie vor dem Angriff stand, der sich zu einer klassischen Belagerung entwickeln sollte.*

*** *Die Briten zogen sich am 3. Januar aus Sarawak nach Niederländisch-Borneo zurück. Am 28. Dezember hatte das britische Oberkommando in Singapur japanische Behauptungen bestätigt, wonach die Hauptstadt Kuching vom Feind kontrolliert wurde. Im Gegensatz zu Orwells Feststellung, die britischen Truppen hätten vor ihrem Rückzug eine »Politik der verbrannten Erde« verfolgt, behauptete der japanische Rundfunk, die Einheimischen hätten dies verhindert, da sie ihre Arbeitsplätze nicht verlieren wollten.*

Um aber die Kriegsereignisse zu verfolgen, ist es mehr denn je erforderlich, die Weltkarte zur Hand zu nehmen und dabei daran zu denken, daß die Welt rund ist.* Wenn wir von den Anfangserfolgen der Japaner im Pazifik hören, neigen wir möglicherweise zu der Ansicht, daß sie die Niederlagen wettmachen, die die Deutschen in Rußland und Libyen erlitten haben. Doch ein Blick auf die Karte belehrt uns eines Besseren, und wir erkennen, welchen ungeheuren Vorteil die demokratischen Kräfte gegenüber den Faschisten haben, den Vorteil nämlich, daß sie miteinander in Verbindung treten können. Zwischen den beiden wichtigsten Achsenmächten ist keinerlei Verbindung möglich.** Es ist durchaus denkbar, daß die Japaner in den nächsten Monaten in Asien und im Pazifik so große territoriale Gewinne erzielen, daß sie genügend Zinn, Gummi, Öl und Nahrungsmittel in die Hand bekommen, um ihre Kriegsmaschinerie noch jahrelang in Gang zu halten.*** Aber den Deutschen, die diese Stoffe bald dringend brauchen werden, können sie nicht ein Pfund davon zukommen lassen. Umgekehrt werden die riesigen deutschen Flugzeugfabriken den Japanern von keinerlei Nutzen sein, wenn es im Fernen Osten zu schweren Luftkämpfen kommt.

Unterdessen geht der deutsche Rückzug in der anderen Hemisphäre weiter. In Libyen spielen sich die Kämpfe derzeit bei Agedabia, hundertfünfzig Kilometer südlich von Benghasi, ab. Die deutschen und italienischen Flugzeuge fliegen schwere Angriffe auf Malta, die britische Insel zwischen Italien und Afrika, die sich nun schon seit zehn Monaten als unbezwingbar erweist. Die britischen und indischen Truppen° haben Tausende von Gefangenen gemacht; diese werden, wie schon die im letzten Jahr gefangenen Italiener, beim Straßenbau in Afrika und im Nahen Osten eingesetzt. Außerdem sind in Eritrea, der letzten afrikanischen Kolonie der Italiener, die uns im vergangenen Jahr zufiel, eine Reihe technischer Experten aus Amerika eingetroffen. Sie werden dort Fabriken zur Herstellung von Flugzeugen und anderem Kriegsmaterial aufbauen, denn Eritrea bietet sich aufgrund seiner Lage als Nachschubbasis für Rußland, den Mittelmeerraum und den Fernen Osten an.

* *»Die Welt ist rund« war der Titel eines Beitrages von J. F. Horrabin, den Orwell für eine für Indien bestimmte Rundfunksendung übernahm (s. OWB, S. 193).*

** *Das hatte Auswirkungen auf die Propaganda der Achsenmächte. So konnte beispielsweise das deutsche Kinopublikum keine Filme von den japanischen Siegen sehen, weil Filme nur über umständliche »Untergrundkanäle« durch neutrale Staaten nach Deutschland gelangten.*

*** *Ebendiese Befürchtung veranlaßte Orwell, eine Invasion Australiens und Indiens durch die Japaner als reale Möglichkeit zu behandeln.*

° *Im Nahen Osten kämpften größere indische Truppenkontingente. Orwells Sendungen richteten sich ebensosehr an diese Männer und ihre Familien in Indien wie an die übrige Bevölkerung.*

In Rußland verhehlen mittlerweile sogar die deutschen Propagandisten kaum mehr, daß die Dinge sich für die Deutschen katastrophal entwickeln. Nachdem sie vor fast zwei Monaten angekündigt hatten, Moskau stehe kurz vor dem Fall, sahen die Deutschen sich statt dessen zum Rückzug gezwungen, und sie versuchen diese Tatsache mittlerweile mit der Erklärung zu vertuschen, sie hielten es für zweckmäßig, ihre Linien zu verkürzen, um so einige der Fronttruppen ablösen zu können. Aber jedesmal, wenn die Front begradigt wird, drückt ein russischer Angriff sie wieder ein, und die Deutschen sind erneut zum Rückzug gezwungen. Im Mittelabschnitt der Front machen ihnen hauptsächlich Materialverluste und wegen der schrecklichen Kälte des russischen Winters auch Verluste an Mannschaften zu schaffen. Im äußersten Norden und im äußersten Süden gewinnen die Russen deutlichere strategische Vorteile. Leningrad, das nun schon seit fünf Monaten praktisch unter Belagerungszustand steht, wird aller Wahrscheinlichkeit nach in Kürze entsetzt werden.* Man wird sich erinnern, daß die Deutschen noch im Sommer die Verteidigung Leningrads als »verbrecherisch« bezeichneten, denn die Stadt könne sich unmöglich halten und die Russen hätten die Pflicht zu kapitulieren, um ein Blutvergießen zu vermeiden. Jetzt, fünf Monate später, wird der deutsche Griff um Leningrad gesprengt. Das bedeutet für die Deutschen nicht nur einen Prestigeverlust. Wird Leningrad erst vollständig entsetzt, sind die Russen wahrscheinlich imstande, Finnland aus dem Krieg hinauszudrängen, und sobald das geschehen ist, ergeben sich bessere Verbindungsmöglichkeiten zwischen England und Rußland, als sie derzeit bestehen.

Auch am Schwarzen Meer sind die Deutschen in großer Bedrängnis. Als sie die Krim besetzten und Odessa einnahmen, hatte es den Anschein, als verlaufe für sie alles nach Plan. Man erwartete, daß sie die Meerenge zum Kaukasus überschreiten würden; im ungünstigsten Falle wäre die Krim mit ihrem vergleichsweise warmen Klima ein ausgezeichneter Ort für die Überwinterung großer Teile ihrer Truppen. Aber sie waren nicht in der Lage, die große russische Flottenbasis Sewastopol einzunehmen, und als die Russen Rostow zurückeroberten, veränderte sich das gesamte Bild. Die Russen stoßen nun entlang der Schwarzmeerküste vor und haben mit Hilfe ihrer Marine Truppen auf der Krim gelandet. Die deutsche Armee auf der Krim läuft somit Gefahr, auf der Landseite abgeschnitten und zugleich von See her angegriffen zu werden. Durchaus wahrscheinlich, daß sie gezwungen sein wird, sich eilends zurückzuziehen, ehe die russischen Armeen die Landenge erreichen, die die

* *Leningrad war im August 1941 in die Frontlinie geraten und wurde erst 1943 endgültig entsetzt.*

Krim vom Festland trennt; und so wird erneut ein wertvolles Gebiet, wo Hunderttausende von Deutschen vor der Winterkälte hätten Schutz finden können, für sie verloren sein.*

Der bezeichnendste Kommentar zu den Ereignissen im Jahre 1941 ergibt sich, wenn wir Hitlers Neujahrsansprache mit der Rede vergleichen, die er im Jahr davor gehalten hat. Zu diesem Zeitpunkt lagen die Siege von 1940 hinter ihm, und England stand völlig allein da. Mittlerweile sind die drei bevölkerungsreichsten Länder der Welt, nämlich die USA, Sowjetrußland und China, auf Englands Seite, und Deutschland hat seinerseits nur die Unterstützung Japans gewonnen. Die deutschen Führer sind sich darüber im klaren, daß sie auf lange Sicht nicht gewinnen können, und das wird aus jedem Wort ihrer Reden deutlich. Da ist nichts mehr zu hören von einem raschen Kriegsende. Anfang 1941 erklärten sie im Brustton der Überzeugung, daß es keinen Kriegswinter mehr geben werde. Jetzt sagen sie nur noch, daß ein langer Krieg bevorsteht. Auch Admiral Tojo fordert sein Volk auf, sich auf einen langen Krieg einzurichten, und der Ton der italienischen Rundfunksendungen hat sich seltsam verändert. An den Reden dieser Männer ist das wahre Ausmaß ihrer Entschlossenheit abzulesen. Sie haben hoch gespielt, und sie haben verloren, und da ihre Pläne nicht gelingen können, sind sie entschlossen, wenigstens die Welt in Trümmer zu legen, ehe sie untergehen. Aber selbst die Bevölkerung der faschistischen Länder, die so lange von der Propaganda eingelullt wurde,** hat das Denken nicht verlernt: nicht mehr lange, und sie wird sich fragen, wie viele Jahre des Krieges und der Leiden ihre Führer ihnen noch zumuten wollen.

10. Januar 1942

Das bedeutendste militärische Ereignis dieser Woche hat auf einem Schlachtfeld stattgefunden, von dem wir in jüngster Zeit nicht so viel gehört haben wie von Rußland oder Malaya, und dieses Schlachtfeld ist China. Die japanischen Invasoren haben bei der Stadt Tschangscha eine schwere Nieder-

* *Wie jeder andere, so hatte auch Orwell die Auswirkungen des russischen Winters auf die deutschen Truppen überschätzt. Die damaligen russischen Geländegewinne gingen später ebenso rasch wieder verloren, und speziell der Flottenstützpunkt Sewastopol fiel später nach harter Belagerung durch deutsche und rumänische Kräfte.*

** *Vgl. dazu die Vorstellungen, die Orwell in »1984« über Supermächte entwickelt, deren Untertanenvölker total von der Propaganda beherrscht werden.*

lage erlitten.* Ein Blick auf die Landkarte zeigt, daß Tschangscha ein wichtiger Eisenbahnknotenpunkt auf der Strecke Kanton – Hangkou ist. Die Japaner halten Kanton, aber nur mit Mühe, denn sie haben es durch ein Landungsunternehmen erobert und sind auf allen Seiten von chinesischen Truppen umgeben. Wenn sie Tschangscha einnähmen, wären sie in der Lage, die gesamte Südostecke Chinas abzuschneiden. Sie haben in drei Jahren dreimal mit Macht versucht, die Stadt einzunehmen, und mußten sich jedesmal, nachdem sie die Einnahme bereits bekanntgegeben hatten, unter schweren Verlusten zurückziehen. Diesmal haben sie, Schätzungen zufolge, zwischen zwanzig- und dreißigtausend Mann verloren; weitere zwanzigtausend sind von den Chinesen eingeschlossen und werden wahrscheinlich aufgerieben.

Dieses Ereignis ist nicht nur für die heldenhaften Verteidiger Chinas wichtig. Man kann nicht oft genug betonen, daß die ganze Welt sich im Krieg befindet und jeder Erfolg oder Mißerfolg an einer der verschiedenen Fronten sich an jeder anderen Front, von Norwegen bis zu den Philippinen, auswirkt. Je mehr die Japaner gezwungen sind, ihre Truppen in China festzuhalten, desto geringer sind ihre Aussichten, mit einem Großangriff auf Indien und Australien Erfolg zu haben; und je eher die Briten und Amerikaner ihre gesamte Streitmacht gegen Japan richten können, desto früher werden die Invasoren von chinesischem Boden vertrieben sein.

Es ist eine gute Nachricht, daß General Wavell, der Oberkommandierende der Alliierten im Westpazifik, und Marschall Tschiang Kai-schek vollständige Übereinstimmung über ihren jeweiligen Befehlsbereich erzielt haben.** Der Einmarsch chinesischer Truppen in Burma, über den wir letzte Woche berichteten, ist ein Zeichen dafür, daß die Allianz zwischen England und China nicht bloß auf dem Papier steht. Niemand bezweifelt, daß der Krieg im Fernen Osten lang und hart sein wird. Die amerikanischen Streitkräfte auf den Philippinen waren gezwungen, Manila, die wichtigste Stadt, aufzugeben, und die Festung Corregidor, die den Eingang zur Bucht von Manila bewacht, liegt unter ständigen See- und Luftangriffen. In Malaya haben sich die Briten vor weit überlegenen japanischen Streitkräften zurückgezogen, und Kuala

* *Auf die Ankündigung am 1. Januar, japanische Kavallerieabteilungen hätten die Außenbezirke von Tschangscha erreicht, folgte eine Flut von Berichten des Senders Tschungking, die am 5. Januar mit der Bekanntgabe eines großen Sieges schlossen, bei dem 22 000 Japaner gefallen und weitere 30 000 eingeschlossen worden seien. Rundfunkberichte der Achsensender sprachen von einem japanischen Sieg.*

** *Am 3. Januar gab das Weiße Haus die Ernennung von General Sir Archibald Wavell zum Oberkommandierenden des Südwestpazifischen Raums bekannt. Generalissimus Tschiang Kai-schek wurde als Oberkommandierender sämtlicher alliierter Luft- und Landstreitkräfte auf chinesischem Gebiet bestätigt.*

Lumpur ist in Gefahr. Die Japaner sind Singapur mittlerweile nahe genug, um es mit ihren Kampfflugzeugen und Bombern zu erreichen; damit sind sie möglicherweise imstande, Singapur Tag und Nacht zu bombardieren. Die unmittelbare Entwicklung im Fernen Osten hängt nun vom Eintreffen britischer und amerikanischer Verstärkungen, insbesondere Flugzeugen, ab, die gewaltige Entfernungen zurücklegen müssen, um dorthin zu gelangen. Kurzfristig sind die Aussichten auf diesem Kriegsschauplatz also schlecht. Was aber die langfristigen Aussichten angeht, so hat niemand, der die jeweils beteiligten Kräfte einzuschätzen weiß, Zweifel über den Ausgang.

Präsident Roosevelts jüngste Rede, mit der er den Kriegsetat vorlegte, hat etwaige noch bestehende Zweifel an Amerikas Bereitschaft zerstreut, den Krieg bis zum Ende zu führen.* Die Zahlen für Panzer, Flugzeuge und andere Rüstungsgüter, die die amerikanische Industrie 1942 und 1943 wird produzieren können, sind so gewaltig, daß die Propagandisten der Achsenmächte mit aller Macht zu verhindern suchen, daß ihre Völker auch nur davon erfahren. Es zeugt von einem deutlichen Wandel in der öffentlichen Meinung Amerikas, daß die amerikanische Regierung nunmehr bereit ist, ihre Streitkräfte an jedweden Kriegsschauplatz zu entsenden. Vorher gab es viele Amerikaner, die zwar entschlossen waren, ihr eigenes Land gegen einen Angriff zu verteidigen, jedoch dem Gedanken, in einen Krieg im Ausland, besonders in Europa, verwickelt zu werden, äußerst ablehnend gegenüberstanden. Dieser Vorbehalt ist mittlerweile überhaupt nicht mehr zu hören. Es sind Vorbereitungen im Gange, amerikanische Truppen nicht nur in den pazifischen Raum, sondern auch nach Großbritannien zu entsenden, damit sie an der letztlich notwendigen Eroberung Deutschlands teilnehmen können. Das haben die Japaner mit ihrem heimtückischen Angriff vom 7. Dezember erreicht.

An den russischen Fronten ziehen sich die Deutschen nach wie vor zurück, und – was vielleicht noch bedeutsamer ist – der Ton ihrer offiziellen Verlautbarungen hat sich abrupt verändert. Noch vor ein, zwei Wochen haben die deutschen Militärsprecher erklärt, der Angriff auf Moskau müsse zwar auf das Frühjahr verschoben werden, doch die deutschen Armeen könnten die mittlerweile erreichte Linie mühelos halten. Schon jetzt aber geben sie zu, daß ein weiterer Rückzug – oder eine Frontbegradigung, wie sie das gerne nennen – erforderlich sein wird, und sie werden sich, obwohl sie es nicht aussprechen,

* *Orwell bezieht sich hier auf die Rede zur Lage der Nation, die der Präsident am 6. Januar vor dem Kongreß hielt. Roosevelt schilderte die umfangreichen Vorbereitungen, die man traf, und die Ziele, die die Vereinten Nationen verfolgten: »Zum erstenmal, seit die Japaner, die Faschisten und die Nazis ihren blutigen Eroberungszug begonnen haben, müssen sie der Tatsache ins Auge sehen, daß überlegene Kräfte sich gegen sie formieren. Die Militaristen in Berlin und Tokio haben diesen Krieg begonnen, doch beenden wird ihn der geballte Zorn der zivilisierten Menschheit.«*

wohl sehr weit zurückziehen müssen, wenn sie die Lage ihrer Truppen nachhaltig verbessern wollen. [*Zensiert:* Man darf nicht vergessen, daß die Deutschen nicht nur gegen die russische Kälte, sondern auch gegen eine große russische Armee kämpfen, die viel besser an das Klima gewöhnt ist. Es kann durchaus sein, daß ihnen noch vor Ende Februar nur die Alternative bleibt, fast alle Geländegewinne im Nordabschnitt der russischen Front aufzugeben oder Hunderttausende von Soldaten erfrieren zu lassen.]

Mr. Anthony Eden, der britische Außenminister, ist erst vor wenigen Tagen von seinem Besuch in Moskau zurückgekehrt. In der Rede, die er kurz nach seiner Ankunft hielt,* hob er hervor, daß zwischen der britischen und der russischen Regierung völlige Übereinstimmung herrscht. Die Rundfunksender der Achsenmächte streuen mittlerweile das Gerücht, England und Rußland hätten sich darauf geeinigt, die Welt untereinander aufzuteilen, und Europa solle mit Gewalt dazu gebracht werden, den Kommunismus zu akzeptieren. Das ist schlicht eine Lüge.** Großbritannien und Sowjetrußland haben völlige Übereinstimmung hinsichtlich ihrer Friedensziele erreicht, und sie garantieren jedem Volk nicht nur den Zugang zu lebensnotwendigen Gütern, sondern auch das Recht, die Regierungsform, unter der es leben will, selbst zu wählen.

In Libyen befinden sich die deutschen und italienischen Streitkräfte erneut auf dem Rückzug. Zunächst konnten sie bei Agedabia, südwestlich von Benghasi, einige Tage standhalten, vor allem weil schwere Regenfälle die britischen Panzer am Angriff hinderten. General Rommel, der deutsche Befehlshaber der Achsenstreitkräfte, hoffte wahrscheinlich auch, daß aus Italien weitere Verstärkungen zu ihm stoßen würden. Seine Hoffnungen wurden jedenfalls enttäuscht, und die Achsenstreitkräfte befinden sich, von Briten und Indern verfolgt, auf der Flucht Richtung Westen.***

Vermutlich wird Rommels Armee versuchen, sich bei Sirte, etwa auf halber Strecke zwischen Benghasi und Tripolis, erneut zum Kampf zu stellen. Je weiter sich die Schlacht nach Westen verlagert, desto mehr Vorteile gewinnen die alliierten Streitkräfte, denn sie verfügen über mehr Stützpunkte, von denen aus ihre Schiffe und Flugzeuge das zentrale Mittelmeer abpatrouillieren können.

* *Anthony Eden gab am 4. Januar im Rundfunk einen ausführlichen Bericht über seinen Rußlandbesuch. Er erwähnte seinen Besuch bei Stalin im Jahre 1935 und sagte: »Ich glaubte damals und glaube heute, daß es zwischen der Sowjetunion und unserem Land im Grunde keinen Interessenkonflikt gibt. Ich glaubte damals und glaube heute, daß trotz aller offensichtlicher Differenzen unser vorrangiges Ziel dasselbe war. Wir wollten beide den Frieden bewahren.«*

** *Dieser Aspekt der Achsenpropaganda muß Orwell ein gewisses Kopfzerbrechen bereitet haben, da er persönlich den Kommunismus stalinscher Prägung verachtete.*

*** *Die Lage kehrte sich kurz darauf um, wodurch Orwell sich dem klassischen Problem aller Propagandisten gegenübersah, wie man seine früheren Behauptungen zurücknimmt.*

Nach wie vor führen die Deutschen heftige Angriffe gegen Malta, um damit einen der wichtigsten Stützpunkte auszuschalten, von dem aus unsere Flugzeuge operieren. Bislang haben sie allerdings wenig ausgerichtet. Die Anzahl unserer Gefangenen in Libyen beläuft sich mittlerweile auf über 20 000 Mann, von denen etwa ein Viertel Deutsche sind. [*Zensiert:* Bezeichnenderweise bestehen die Achsentruppen in Afrika zwar überwiegend aus Italienern, die höheren Ränge sind jedoch fest in Händen der Deutschen. Das verdeutlicht, welche Beziehung zwischen den beiden Staaten, Deutschland und Italien, besteht: es ist ihrem Wesen nach eine Beziehung zwischen Herr und Diener.]

Der vielleicht interessanteste und wichtigste Aspekt des Nordafrikafeldzuges kam erst neulich ans Licht, als bekannt wurde, daß seit Herbst 1940 Freiwilligentruppen vom arabischen Stamm der Senussi auf der Seite der Briten kämpfen. Die Senussi hatten am schlimmsten unter der Grausamkeit der Italiener zu leiden: sie wurden, in der praktisch offen erklärten Absicht, sie durch Hunger zu dezimieren, aus den fruchtbareren Gegenden der Cyrenaika vertrieben und in kleinen Gebieten zusammengepfercht. Es kam mehr als einmal zu Aufständen, denen die Italiener damit begegneten, daß sie die Anführer der Senussi über deren Heimatdörfern aus Flugzeugen warfen, so daß sie vor den Augen ihrer Landsleute zerschmettert wurden.* Gestern erklärte Mr. Eden im Namen der britischen Regierung, England werde es unter keinen Umständen zulassen, daß die geschundenen Araber noch einmal unter italienische Herrschaft kommen.** In Verbindung mit der Befreiung Äthiopiens, von wo die britischen Truppen zurückgezogen werden sollen, sobald die italienische Zivilbevölkerung verschwunden ist, veranschaulicht dies die alliierten Kriegsziele deutlicher als eine bloße Ankündigung, der keine konkrete Taten folgen.

17. Januar 1942

In dieser Woche haben sich keine großen Veränderungen im Gesamtbild des Krieges ergeben. Der japanische Vormarsch in Malaya geht weiter, und die Japaner greifen außerdem Celebes und Niederländisch-Borneo an, teils

* *Das gleiche wurde Jahre später von britischen Truppen auf Zypern behauptet, und das Hungerproblem ist – Krieg hin oder her – nach wie vor ungelöst.*

** *Am 8. Januar erklärte Anthony Eden in seiner schriftlichen Antwort auf eine Anfrage im Unterhaus, man habe auf Wunsch von Syed Idris es-Senussi eine Senussitruppe aufgestellt, die zusammen mit den Briten kämpfe. Orwells letzter Satz entspricht nahezu wörtlich Edens Äußerung.*

mit Blick auf die Eroberung der Ölfelder, teils um sich einen Ausgangspunkt für neue Attacken gegen Java, Sumatra und möglicherweise Australien zu verschaffen. Die kleine Insel Tarakan vor der Küste von Borneo wurde nach mehrtägigen Gefechten von den Japanern überrannt. Tarakan ist sehr wichtig, weil es dort Rohöl von solcher Reinheit gibt, daß es unraffiniert für Flugzeuge verwendet werden kann. Die Holländer hatten jedoch sorgfältige Vorkehrungen getroffen, die Ölquellen und Förderanlagen zu zerstören, und es ist zweifelhaft, ob den Japanern viel Wertvolles in die Hände gefallen ist.

Das größte Ereignis der Woche ist der russische Vormarsch auf Charkow. Die Russen befinden sich mittlerweile in Schußweite der Stadt. Charkow ist nicht nur eine große Industriestadt, sondern auch ein Verkehrs- und Eisenbahnknotenpunkt von größter Bedeutung, und wer Charkow hält, so kann man sagen, der hält das Einfallstor zum Kaukasus. Die Deutschen haben die Einnahme der Stadt vor einigen Monaten als großen Sieg gefeiert, und wenn sie sie nun räumen, so geschieht das bestimmt nicht freiwillig. Vor Moskau wird die Lage für die deutschen Truppen bei Moschaisk immer prekärer, und sie werden sich so gut wie sicher zurückziehen müssen, um der Einkesselung zu entgehen. Auch vor Leningrad hat sich die Lage verbessert, und die Eisenbahnverbindungen zwischen Moskau und Leningrad sind wiederhergestellt worden. Der deutsche Rückzug in Rußland geht in der Tat »planmäßig« vor sich, aber es sieht immer mehr nach einem russischen Plan aus.

Unterdessen erreicht uns aus Ägypten die gute Nachricht, daß die Deutschen und Italiener in der Festung Halfaya bedingungslos kapituliert haben.* Das bedeutet nicht nur, daß den Alliierten zahlreiche Gefangene in die Hände gefallen sind, sondern auch, daß zwischen der ägyptischen Grenze und El Agheila, mehrere hundert Kilometer westlich, nunmehr keine nennenswerten feindlichen Verbände mehr stehen.

Da sich in dieser Woche auf den eigentlichen Kriegsschauplätzen wenig verändert hat, brodelte die Gerüchteküche um so heftiger; es ist daher angebracht, sich zu überlegen, welche Schritte die Achsenmächte wohl als nächste unternehmen, und zu unterscheiden zwischen wahrscheinlichen Aktionen und Märchen, die nur in die Welt gesetzt werden, um die öffentliche Meinung in den demokratischen Ländern in die Irre zu führen.

So gut wie sicher ist, daß die Deutschen sich binnen kurzem auf neue Angriffsziele konzentrieren müssen. Es hat nicht viel Sinn, daß Hitler und Mussolini ihren Völkern von den japanischen Erfolgen im Pazifik erzählen,

* *Die Garnison ergab sich am 16. Januar General de Villairs. Offizielle Berichte sprachen von 5500 Gefangenen.*

denn die Deutschen und die Italiener wissen sehr wohl, daß das, was am anderen Ende der Welt passiert, sie nicht satt macht.

Bei welchen Angriffszielen könnten die Deutschen rasche Siege erringen, die sich als Ausgleich für den Fehlschlag in Rußland darstellen ließen? Möglich sind: eine Invasion Englands; ein Vorstoß durch Spanien* und entlang der westafrikanischen Küste, um Dakar und Casablanca zu erobern**; eine neue Offensive im zentralen Mittelmeerraum; oder eine Invasion der Türkei. Ersteres können wir als unwahrscheinlich, wenn auch nicht als undenkbar, ausschließen. Daß die Deutschen mit einer Invasion Englands von See aus Erfolg haben könnten, ist schwer vorstellbar, und falls sie es mit einem Luftlandeunternehmen versuchen, so wird es sich eher gegen Irland richten; das aber wäre, selbst wenn es gelänge, für England zwar unangenehm, jedoch nicht existenzbedrohend. Der Vorstoß durch Spanien wird früher oder später wohl kommen, brächte aber vom deutschen Standpunkt aus gewisse politische Nachteile mit sich. Die Deutschen wissen, daß sie bei einem Angriff auf Gibraltar und beim Übersetzen nach Afrika zwangsläufig schwere Verluste erleiden würden. Ein Vorstoß im zentralen Mittelmeer ist wahrscheinlicher. Der andere mögliche Schachzug der Deutschen, ein Angriff auf die Türkei, ist früher oder später zu erwarten, vielleicht im Zuge der neuerlichen deutschen Offensive in Rußland im Frühjahr, aber die übereinstimmende Meinung geht dahin, daß dieses Jahr nicht mehr damit zu rechnen ist.

Unterdessen wird, selbst wenn die eigentlichen Kämpfe abflauen, ein Krieg geführt, der keinen Augenblick, ob Tag oder Nacht, nachläßt, und das ist der Propagandakrieg. Für die Achsenmächte ist die Propaganda eine regelrechte Waffe, so wie Geschütze oder Bomben, und zu lernen, wie man sie durchschaut, ist ebenso wichtig wie das Aufsuchen der Schutzräume während eines Luftangriffs.

Mehr noch als die Japaner sind die Deutschen Meister der Propaganda. Sie tarnen jede militärische Aktion, indem sie zuvor irreführende Gerüchte ausstreuen, sie arbeiten gleichermaßen geschickt mit Drohungen und Bestechung und versprechen mit vollendetem Zynismus jedem das Blaue vom Himmel herunter. Den Reichen versprechen sie größere Profite und den Armen höhere Löhne. Den farbigen Völkern versprechen sie die Freiheit und fordern die wei-

* *Ein Thema, auf das Orwell später zurückkam (s. Komm. 27. Februar 1943).*

** *Dakar und Casablanca waren in der Hand von Vichy-Frankreich. Ein alliierter Invasionsversuch im September 1940 war angesichts erbitterten Widerstandes fehlgeschlagen. Die Bemerkung, die Orwell hier macht, dürfte den Effekt gehabt haben, sein indisches Publikum hinsichtlich der tatsächlichen Lage dort zu verwirren.*

ßen Völker gleichzeitig auf, sich zur Ausbeutung der farbigen Völker zusammenzuschließen.* Das Ziel ist immer das gleiche: ihre Feinde zu spalten und zu verwirren, damit sie sie um so leichter unterwerfen können. Die japanischen Methoden sind im wesentlichen dieselben. Es ist vollkommen unmöglich, jede Lüge, die sie verbreiten, zu überprüfen und zu widerlegen, und vieles von dem, was sie sagen, klingt äußerst überzeugend. Und doch kann man von der Achsenpropaganda völlig unbeeinflußt bleiben, wenn man eine simple Regel befolgt, die sich stets bewährt.

Sie lautet, daß man die Ankündigungen der Achsenmächte mit ihren wirklichen Taten vergleichen muß. Die momentane Propagandalinie der Japaner ist äußerst raffiniert. Sie behaupten, sie täten nichts anderes, als Asien von der europäischen Vorherrschaft zu befreien.** Sie würden die Briten aus Indien und die Amerikaner aus dem Pazifik vertreiben, und sobald das geschafft wäre, hätte es ein Ende mit der wirtschaftlichen Ausbeutung. Es gäbe dann keine Armut, keine Besteuerung, keine Notwendigkeit der Fremdherrschaft mehr. Und während sie das Bild eines Krieges zwischen Asien und Europa zeichnen, versuchen sie, soviel Rassenhaß wie möglich zu schüren, indem sie Geschichten von angeblichen Greueln – Vergewaltigungen, Morden etc. – der Briten und Amerikaner verbreiten.***

Diese Propaganda ist sehr raffiniert und wird zwangsläufig manches offene Ohr finden. Ganz anders aber sieht es aus, wenn man die hochtrabenden Versprechungen der Japaner mit ihrem tatsächlichen Verhalten vergleicht.

Seit viereinhalb Jahren führen sie nun Krieg, und zwar nicht gegen irgendeine europäische Macht, sondern gegen ein anderes asiatisches Volk, die Chinesen. Es ist ihr dritter Angriffskrieg gegen China innerhalb von fünfzig Jahren. Jedesmal haben sie den Chinesen ein Stück ihres Territoriums entrissen und es dann ohne jede Rücksicht auf die einheimischen Bewohner zum Nutzen der zwei, drei großen Familien, die Japan regieren, ausgebeutet. Selbst in diesem Krieg kämpfen sie weit öfter gegen Asiaten als gegen Europäer. Auf den Philippinen wird der Widerstand gegen den japanischen Angriff hauptsächlich von Filipinos, in Malaya ebensosehr von Malayen wie von Briten und

* *Es ist schwer, Belege für Orwells Behauptung zu finden, die Propagandisten der Achsenmächte hätten den Reichen Gewinne versprochen: ihre Reden strotzten vielmehr von Tiraden gegen profitgierige »Plutokraten«. Appelle an die weißen Völker hingegen waren an der Tagesordnung, am häufigsten in Beiträgen für Südafrika (s. beispielsweise Anhang Nr. 8).*

** *In Anlehnung an Hitlers »Neue Ordnung« Europas planten die Japaner eine sogenannte »Großostasiatische Wohlstandssphäre«. Die gleichen Themen wurden natürlich auch in Subhas Chandra Boses Rundfunkprogrammen angesprochen, auf die Orwell hier reagiert (s. Anhang Nr. 7).*

*** *Als Propagandist spielte Orwell das gleiche Spiel; s. beispielsweise seine Bitte an Hsiao Ch'ien um Berichte über Vergewaltigungen etc. in OWB, S. 177.*

in Niederländisch-Indien von Javanesen und Bewohnern Sumatras getragen. Eine der ersten Kriegshandlungen war die rücksichtslose Bombardierung von Rangun, bei der Hunderte von unschuldigen Burmesen ums Leben kamen.* In den asiatischen Gebieten, über die die Japaner schon lange herrschen, können wir außerdem sehen, wie sie sich gegenüber den unterworfenen Völkern tatsächlich verhalten. Nicht nur machen sie keinerlei Anstalten, Korea oder die Mandschurei zu räumen, sondern sie gewähren dort auch keinerlei politische Freiheiten. Gewerkschaften sind im gesamten japanischen Herrschaftsbereich, einschließlich des Mutterlandes, verboten. Japanern ist es unter Androhung der Todesstrafe untersagt, ausländische Rundfunksender zu hören.** Auf der Insel Formosa, wo die Japaner sich dem Problem konfrontiert sahen, über ein Volk zu herrschen, das noch primitiver ist als sie selbst, bestand ihre Lösung darin, daß sie die Ureinwohner kurzerhand ausrotteten.

Wir erkennen an all dem, wie sich die Japaner, die sich selbst gern als Retter Asiens bezeichnen, tatsächlich verhalten, wenn sie andere asiatische Völker in ihrer Gewalt haben. Und doch kann man das alles leicht vergessen, wenn man sich lediglich die japanischen Versprechungen anhört und ihre Taten außer acht läßt. In dem Maße, wie der Krieg näher an Indien heranrückt, wird auch die japanische Propaganda an Intensität zunehmen. Zuweilen braucht es vielleicht starke Nerven und einen klaren Kopf, um ihr keine Beachtung zu schenken. Auf Nummer sicher geht man, wenn man stets daran denkt, daß Taten mehr als Worte zählen und daß die Japaner nicht nach dem zu beurteilen sind, was sie morgen in Indien oder Burma zu tun versprechen, sondern nach dem, was sie gestern in Korea, der Mandschurei und China getan haben*** und immer noch tun.

24. Januar 1942

An der fernöstlichen Front geht der japanische Vormarsch, wenn auch weniger rasch, weiter, und es gibt Anzeichen dafür, daß die alliierte Luftmacht

* *Der Angriff am 23. Dezember 1941 forderte laut Berichten 600 Opfer.*

** *Die deutschen Behörden erließen im besetzten Europa ähnliche Bestimmungen (s. auch Komm. 9. Januar 1943).*

*** *Orwell spielt hier selbstverständlich nicht auf die Tatsache an, daß Japan viele Jahre lang Englands Verbündeter im Osten gewesen war. Das Wort »gestern« ist hier wörtlich zu nehmen – nicht im Sinne von »vorgestern«. Orwell läßt sich hier auch nicht das Schlupfloch offen, den Herrschenden und nicht dem japanischen Volk die Schuld zu geben.*

im Pazifik allmählich stärker wird. Unterdessen haben die Japaner zwei neue Vorstöße unternommen. Der eine richtet sich gegen Neuguinea, das als Ausgangspunkt für einen Angriff auf Australien in Frage kommt, der andere führt westlich von Thailand nach Burma hinein.

Von diesen Aktionen ist die zweite ungleich wichtiger. Ein Angriff auf Australien könnte für die Alliierten zwar sehr unangenehm, aber wohl kaum entscheidend sein, denn Australien ist viel zu groß und viel zu weit von Japan entfernt, als daß die Japaner es in einer der voraussichtlichen Dauer des Krieges entsprechenden Zeitspanne erobern könnten. Der andere Vorstoß dagegen könnte, wenn nichts dagegen unternommen wird, weitreichende Folgen sowohl für den Krieg in China als auch für den Krieg im Südpazifik haben.

Die Japaner haben bereits die Stadt Tavoy im äußersten Süden Burmas eingenommen und greifen unweit von Moulmein, etwa hundertsechzig Kilometer von Rangun entfernt, an der Grenze an.* Rangun ist ungeheuer wichtig; ein Blick auf die Karte zeigt, daß fast alle Verkehrswege in Burma, ob Straße, Eisenbahn oder Wasserwege, von Norden nach Süden verlaufen – von Norden nach Süden, das ist wichtig – und daß es praktisch keine Route gibt, auf der Güter ins Landesinnere gelangen können, ohne über den Hafen von Rangun zu gehen. Das bedeutet, daß die Benutzbarkeit der Burmastraße, über die die chinesischen Armeen den größten Teil ihres Nachschubs beziehen, davon abhängt, daß Rangun fest in alliierter Hand bleibt. Glücklicherweise dürfte es den Japanern aus dem bereits erwähnten Grund – daß nämlich die natürlichen Verkehrswege alle von Norden nach Süden und nicht von Osten nach Westen verlaufen – sehr schwer fallen, in diesem Gebiet einen Großangriff durchzuführen. Es ist zweifelhaft, ob Panzer und schwere Artillerie direkt aus Thailand in den Süden von Burma verlegt werden können, und die Angriffe, die die Japaner derzeit unternehmen, scheinen nur mit Infanterie und Luftwaffe geführt zu werden. Es müßte den britischen Streitkräften möglich sein, sie zurückzuschlagen, zumal mit Unterstützung der bedeutenden chinesischen Verstärkungen, die den Berichten zufolge inzwischen eingetroffen sind.

Weiter südlich sieht die Lage noch kritischer aus. Es ist fraglich, ob eine so starke Festung wie Singapur im Sturm genommen werden kann,** aber wir

* *Orwell hatte Moulmein als Angehöriger der Indian Imperial Police in Burma in den zwanziger Jahren besucht. Alle Einzelheiten des Burma-Feldzuges wie etwa die Bombardierung von Rangun, das er gut kannte, müssen ihn tief berührt haben. Ein internes BBC-Memorandum zu Burma, das er damals zirkulieren ließ, findet sich in OWB, S. 34-35.*

** *Das durch solche Kommentare erzeugte Bild von Singapur hätte jeden irregeführt, der die Größe der Insel nicht kannte; Orwell sollte Gibraltar später mit ganz ähnlichen Begriffen beschreiben. Wer sich Singapur als Festung vorstellte, empfand den nachfolgenden Zusammenbruch der britischen Verteidigung als um so größeren Schock.*

müssen der Möglichkeit ins Auge sehen, daß sie zumindest neutralisiert und als Stützpunkt für die alliierte Schiffahrt auf lange Zeit unbrauchbar gemacht werden könnte. Alles hängt davon ab, wie rasch die Alliierten Verstärkungen, besonders Kampfflugzeuge, über die immensen Entfernungen heranführen können, die hier zurückzulegen sind. Doch wenn wir uns die japanischen Erfolge nicht über Wochen und Monate, sondern über Jahre hinweg ansehen, dann gibt gerade die Tatsache dieser Erfolge viel Anlaß zu Hoffnung. Alle diese Erfolge verdanken sich japanischer See- und Luftüberlegenheit in einem bestimmten Gebiet. Mittlerweile aber ist die vereinigte Seemacht der Alliierten, weltweit gesehen, sehr viel größer als die der Achsenmächte, und ihre gesamte Luftmacht ist schon jetzt nahezu gleich groß und macht zügig Fortschritte. Nach wie vor kann Deutschland in großer Stückzahl Flugzeuge und Unterseeboote produzieren, aber ein Land mit dem Industrialisierungsgrad Japans kann in einem Krieg, der im wesentlichen ein Krieg der Maschinen ist, nicht mit der Produktionskapazität großer moderner Staaten wie der USA, Englands und der UdSSR konkurrieren. Langfristig wird sich der Faktor, der Japan zeitweise begünstigt hat – die Übermacht an Schiffen und Flugzeugen – ins Gegenteil verkehren, selbst wenn das noch einige Jahre dauern sollte.

In Rußland sind die Deutschen immer noch auf dem Rückzug, und in dieser Woche haben die Russen mit der Einnahme von Moschaisk, von wo aus die Deutschen einmal zum Angriff auf Moskau vorzurücken hofften, einen großen Sieg errungen.* In Anbetracht dessen, daß jede Hoffnung, Moskau dieses Jahr einzunehmen, offensichtlich hinfällig geworden war, ist der Verlust von Moschaisk nicht so sehr in strategischer Hinsicht, als vielmehr wegen seiner Auswirkungen auf Prestige und Moral bedeutsam. Es ist äußerst bezeichnend, daß die deutschen Propagandisten es bis gestern nicht wagten, ihr eigenes Volk von dieser Katastrophe zu unterrichten, und sie suchen zweifellos immer noch nach einer Möglichkeit, die Nachricht so darzustellen, daß sie unwichtig erscheint.** Da sie die Einnahme von Moschaisk durch ihre eigenen Truppen seinerzeit so laut hinausposaunt haben, ist das gar nicht so einfach. Die deutschen Militärsprecher halten weiter an der Version fest, sie seien nicht zurückgedrängt worden, sondern nähmen mit Blick auf den Bezug der Winterquartiere lediglich eine Frontbegradigung vor. Aber sie haben schon zweimal bekanntgegeben, wo ihre endgültigen Winterstellungen liegen

* *Moschaisk fiel am 19. Januar.*

** *Solche Verzögerungen waren auf beiden Seiten häufig, und zwar teils aus Propagandagründen und teils, weil im Zeitalter des Bewegungskrieges die Eroberung eines Ziels nicht immer eindeutig feststand. In den Folgemonaten ergaben sich zahlreiche Fälle, in denen Rußland das Eingeständnis einer Niederlage bis zu vierzehn Tage hinauszögerte.*

würden, und waren zweimal gezwungen, sich auf weiter hinten liegende Positionen zurückzuziehen.

Wie sich das weltweite Bild allmählich zugunsten der Alliierten ändert, läßt sich an dem Meinungsumschwung in Ländern ablesen, die noch bis vor kurzem neutral oder in manchen Fällen sogar den Achsenmächten wohlgesinnt waren. Wichtigstes Anzeichen dafür ist das Ergebnis der panamerikanischen Konferenz in Rio de Janeiro*, ein sehr viel günstigeres Ergebnis für die Alliierten, als es noch vor einem Jahr möglich gewesen wäre.

Bei dieser Konferenz haben alle amerikanischen Staaten weitgehende Übereinstimmung erzielt und sind sich nahezu einig in ihrer Bereitschaft, die Beziehungen zu den Achsenmächten abzubrechen. Einige der mittelamerikanischen Staaten haben das bereits getan. Von den größeren südamerikanischen Staaten haben lediglich Argentinien und Chile gewisse Widerstände erkennen lassen. Die beiden lateinamerikanischen Länder, auf die es hauptsächlich ankommt – Mexiko und Brasilien –, haben sich bereits auf die Seite der Vereinigten Staaten gestellt.

Parallel zu diesem Gesinnungswandel in Südamerika herrscht in Europa sicherlich weitverbreitete Unruhe. Die von den Nazis ausgeübte eiserne Zensur** macht es sehr schwer, mit Gewißheit zu erfahren, was in den eroberten Ländern passiert. Mit den Rundfunksendungen und der sonstigen Propaganda der Nazis selbst besitzen wir jedoch eine wertvolle Informationsquelle. Aus dem, was sie sagen, und aus dem, was sie nicht sagen, läßt sich schließen, daß Europa die sogenannte »Neue Ordnung« gründlich satt hat. Hitler hat den Völkern Europas Arbeit, Frieden und Nahrung versprochen, und davon hat er ihnen bis jetzt nur Arbeit in immer größeren Mengen zu immer niedrigeren Löhnen verschaffen können. Zwar dürfen wir nicht annehmen, daß die Moral des deutschen Volkes in nächster Zeit zusammenbricht. Was aber das übrige Europa angeht, so ist klar, daß das von den deutschen Propagandisten in jüngster Zeit gezeichnete Bild eines vereinten Europa, das gleichsam wie eine einzige große Waffenschmiede für den Krieg gegen Rußland und die angelsächsischen Mächte arbeitet, ein Trugbild ist.

In Libyen hat der Feldzug nach der Einnahme von Halfaya an Tempo verloren. Nach wie vor ist ungewiß, ob General Rommel einen neuerlichen Versuch macht, wiederzuerobern, was er verloren hat – immerhin hat er ein großange-

* *Die panamerikanische Konferenz, an der die Außenminister aller einundzwanzig amerikanischen Staaten teilnahmen, fand vom 15. bis 28. Januar statt.*

** *Orwells Sendungen wurden ebenfalls zensiert, wenn auch vielleicht nicht im gleichen Ausmaß. Zu Einzelheiten s. OWB, Anhang A.*

legtes Aufklärungsunternehmen gestartet, vor dem sich unsere leichten Verbände zurückziehen mußten* –, oder ob er nach wie vor darauf bedacht ist, sich mit seinen Kräften zu lösen und nach Tripolis abzusetzen; aber auch wenn sich die Ereignisse scheinbar langsam und zögernd abspielen, dürfen wir die nordafrikanische Front nicht aus den Augen verlieren, denn sie bindet große Mengen ausgebildeter Truppen, Schiffe und vor allem Flugzeuge, die die Deutschen sonst gegen unsere Alliierten in Rußland einsetzen könnten.

31. Januar 1942

Im Fernen Osten ist die Kriegslage für die Alliierten nach wie vor ernst, aber es gibt gewisse Veränderungen, die darauf hindeuten, daß britische und amerikanische Verstärkungen auf dem Schlachtfeld eintreffen. Das wichtigste Ereignis waren die schweren Verluste, die einem japanischen Geleitzug in der Makassarstraße, zwischen Borneo und Celebes, zugefügt wurden.** Mindestens zehn japanische Truppentransporter wurden versenkt und eine Reihe japanischer Kriegsschiffe entweder versenkt oder beschädigt. Abgesehen von den starken niederländischen Kräften vor Ort wurde das dadurch möglich, daß amerikanische Schiffe und Flugzeuge bereits imstande waren, Niederländisch-Indien zu erreichen. Derzeit kann man die Japaner zwar noch nicht an Landungsunternehmen hindern, aber das Schicksal dieses Geleitzuges deutet an, auf welche Schwierigkeiten sie künftig stoßen werden. Überall, wo sie gelandet sind, müssen sie ihre Truppen mit Waffen und in der Regel auch mit Verpflegung versorgen; beides muß über Tausende von Seemeilen per Schiff herangeschafft werden, wobei jederzeit Angriffe von Flugzeugen und U-Booten drohen. Schon jetzt, da noch alle Anfangsvorteile auf ihrer Seite sind, verlieren die Japaner, seit Ausbruch des Krieges gerechnet, durchschnittlich ein Schiff pro Tag, und ihre Schiffsbestände sind keineswegs unerschöpflich.

* *Tatsächlich handelte es sich um den Anfang von Rommels Gegenoffensive. Beginnend am frühen Morgen des 21. Januar, stellte der Angriff Orwell vor die Aufgabe, sich in seinen Sendungen mit der Erfahrung der Niederlage auseinanderzusetzen, denn die Attacke leitete einen Feldzug ein, der die britische Armee in Ägypten in schwerste Bedrängnis brachte; erst mit der Schlacht von El Alamein am 19. Juli wendete sich das Blatt wieder.*

** *Die erste Verlautbarung aus General Wavells Hauptquartier des Alliierten Kommandos Südwestpazifik meldete Angriffe auf einen großen japanischen Geleitzug in der Makassarstraße. Sie dauerten mindestens vier Tage, vom 23. bis zum 27. Januar, an und fügten den Japanern schwere Verluste zu.*

Zugleich haben die Japaner bei ihren Angriffen auf Rangun sehr schwere Verluste an Flugzeugen erlitten. Weiter südlich dagegen, in Malaya, hat sich ihr Vormarsch fortgesetzt, und die britischen und indischen Truppen auf dem Festland von Malaya werden sich wahrscheinlich auf die Insel Singapur zurückziehen müssen. [*Zensiert:* Für diesen Fall ist die Sprengung des Dammes vorgesehen, der die Insel mit dem Festland verbindet.]* Singapur ist eine gewaltige Festung mit sehr schwerer Artillerie, mehreren Landebahnen und einer weitgehend aus Chinesen bestehenden Bevölkerung von 600 000 Menschen, aus der eine starke Verteidigungstruppe zur Unterstützung der regulären Streitkräfte gebildet werden konnte. [*Zensiert:* Daß Singapur im Sturm genommen werden kann, ist unwahrscheinlich.] Es bleibt abzuwarten, ob die Japaner die gewaltigen Verluste riskieren, die ein direkter Angriff zwangsläufig mit sich brächte.

An der russischen Front sind die russischen Armeen so tief in die deutschen Linien eingedrungen, daß sie mittlerweile sowohl Charkow, die große Industriestadt in Südrußland, als auch Smolensk, auf der Route nach Polen, bedrohen. Smolensk war bis vor kurzem Hauptquartier des deutschen Oberkommandos, das nunmehr um hundertsechzig Kilometer zurückverlegt werden mußte. Das Bedeutsamste am Rußland-Feldzug ist vielleicht die Tatsache, daß die Deutschen ihn in ihren Rundfunkverlautbarungen kaum mehr erwähnen. Den Fall von Moschaisk haben sie der einheimischen Öffentlichkeit immer noch nicht eingestanden. Da ihnen klar war, daß eine derartige Nachricht außerhalb Deutschlands nicht geheimzuhalten ist, haben sie der ausländischen Hörerschaft gegenüber eingeräumt, daß Moschaisk gefallen ist, jedoch erklärt, es handle sich um eine völlig unbedeutende Stadt, obwohl sie, als sie es selbst besetzt hielten, das genaue Gegenteil erklärt hatten.** Wer zuversichtlich in die Zukunft blickt, fälscht nicht auf diese Weise Nachrichten. [*Zensiert:* Die Erfolge, die die russischen Truppen mittlerweile erringen, dürfen uns freilich nicht auf den Gedanken bringen, der deutsche Widerstand sei gebrochen. Die Deutschen werden vielmehr im Frühjahr mit Sicherheit eine weitere Großoffensive starten. Im Moment aber erleiden sie schwere Verluste an Menschen und Material, und bis Ende Februar – und in Nordrußland noch erheblich länger – sind Schnee und Eis mächtige Verbündete der Russen, die

* *Dieser Satz wurde vermutlich deshalb vom Zensor gestrichen, weil man die Japaner nicht über die britischen Absichten informieren wollte. Tatsächlich war der 1200 Meter lange Damm schon am Abend des 30. Januar gesprengt worden, aber die Nachricht hatte die BBC noch nicht erreicht.*

** *Tatsächlich behauptete der Rundfunk der Achsenmächte, die Russen hätten die Politik der verbrannten Erde derart gründlich in die Tat umgesetzt, daß die Stadt, zumal sie zweimal heftig umkämpft gewesen sei, keine Bedeutung mehr besitze.*

für die Winterkriegführung besser ausgerüstet sind. Generalsekretär Stalin erklärte kürzlich, er rechne damit, die deutschen Armeen bis Ende 1942 vernichtet zu haben, und man tut gut daran, sich zu erinnern, daß Stalin kein Mann leichtfertiger Prahlereien ist.]*

In Nordafrika wogt die Schlacht immer noch hin und her. Nach zweimonatigem Feldzug sind die Deutschen wieder in Benghasi, das mittlerweile zum vierten Mal in andere Hände übergegangen ist. Wir wissen noch nicht, ob die Deutschen imstande sein werden, ihren Vormarsch fortzusetzen. Das wird wahrscheinlich von den Materialmengen, insbesondere den schweren Panzern, abhängen, die sie übers Meer aus Italien heranschaffen konnten. Aber selbst wenn es ihnen gelingt, wieder die Position nahe der ägyptischen Grenze einzunehmen, die sie im November innehatten, werden die Vorteile überwiegend auf seiten der Briten liegen, denn die Deutschen und Italiener haben schwere Verluste an Menschen und Material erlitten. [*Zensiert:* Die deutschen Verbände in Nordafrika waren ursprünglich als Teil einer Zangenbewegung eingesetzt worden, die sich bei den Ölfeldern von Baku, des Irak und des Iran schließen sollte. Im Norden sollte der Angriff auf die Krim und den Kaukasus, im Süden durch Ägypten und Palästina geführt werden. Beide Angriffsbewegungen sind bislang fehlgeschlagen. Die Deutschen waren nicht imstande, über die Krim hinauszukommen oder auch nur ihre Position auf der Krim zu festigen, denn die große russische Festung Sewastopol widersteht allen Angriffen. Was die Südflanke angeht, so ist es den Deutschen nicht geglückt, auf ägyptischem Boden Fuß zu fassen, und sie sind im Moment auch weit davon entfernt. Damit soll gar nicht in Abrede gestellt werden, daß der Nordafrika-Feldzug für die Alliierten enttäuschend verlaufen ist. Es wäre militärisch und politisch von enormer Bedeutung, wenn die Briten Tripolis erreichen und so das zentrale Mittelmeer beherrschen könnten. Denn solange die beiden entscheidenden Fronten im Kaukasus und in Ägypten halten, ist das Öl, nach dem es die Deutschen gelüstet und das sie in ständig wachsendem Maße benötigen, außerhalb ihrer Reichweite.]

In England und in einer Reihe anderer Länder ist es infolge der Wendung, die der Krieg nach dem Angriff der Japaner genommen hat, zu weitreichenden politischen Veränderungen gekommen. Die jeweilige Bedeutung der wichtigsten Geschehnisse erkennt man besser, wenn man sie zunächst einmal lediglich aufzählt. Dann wird der Zusammenhang zwischen Ereignissen deutlich, die auf den ersten Blick scheinbar nichts miteinander zu tun haben.

* *Orwell geht bei dieser Einschätzung von der plötzlichen Wende aus, die in Afrika eingetreten war. Vermutlich mißfiel dem Zensor diese Überlegung oder er mochte sich Stalins Meinung, daß der Krieg bald vorbei sein würde, nicht anschließen.*

Erstens sind amerikanische Truppen auf den Britischen Inseln gelandet.* Zweitens soll ein Kriegsrat für den gesamten pazifischen Raum gebildet werden, wahrscheinlich mit Sitz in Washington. Drittens ist vereinbart worden, daß Australien und Neuseeland unmittelbar im Kriegskabinett in London vertreten sein sollen.** Viertens haben sämtliche lateinamerikanischen Staaten bis auf zwei die diplomatischen Beziehungen zu den Achsenmächten abgebrochen. Und schließlich hat Mr. Churchill, der britische Premierminister, nach dreitägiger Debatte über die Kriegführung im Parlament die Vertrauensfrage gestellt und die Abstimmung bei nur einer Gegenstimme gewonnen.***

Zusammengenommen haben diese Ereignisse, die sich in weit voneinander entfernten Teilen der Welt abspielten, allesamt die gleiche Bedeutung. Sie bedeuten, daß die verschiedenen von der Aggression der Achsenmächte bedrohten Länder sowohl militärisch als auch politisch immer enger zusammenrücken. Die Vereinigten Staaten, England und die Dominions haben ihre Truppen und ihre Ressourcen mittlerweile zusammengelegt und benutzen gemeinsam ihre Flottenstützpunkte, ganz so, als wären sie eine Nation unter gemeinsamer Herrschaft.° Gleichzeitig wird die Zusammenarbeit der angelsächsischen Mächte mit Sowjetrußland und China immer enger und freundschaftlicher. In Burma stehen chinesische Truppen Schulter an Schulter mit den Briten. Desgleichen kämpfen britische Panzer und Flugzeuge an der russischen Front. Trotz der Gefahr im Pazifik hat die amerikanische Regierung bereits erklärt, daß sie Hitler als den Hauptfeind betrachtet, und die Entsendung amerikanischer Truppen nach England, die von dort aus auf dem europäischen Kriegsschauplatz eingreifen sollen, ist ein konkreter Beleg dafür. Die Resolution, die achtzehn amerikanische Länder in Rio de Janeiro unterzeichnet haben, ist von großer Bedeutung. Enorm wichtig ist ferner, daß Brasilien, das größte und bevölkerungsreichste Land Südamerikas, sich auf die Seite

* *Diese Truppen bildeten die Vorhut des Zweiten Amerikanischen Expeditionskorps in Europa unter dem Kommando von Generalmajor Russell P. Hartle. Sie landeten am Vormittag des 26. Januar in Nordirland und wurden vom Duke of Abercorn, dem Gouverneur von Nordirland, und anderen Würdenträgern willkommen geheißen.*

** *John Curtin, der australische Premier, gab am 24. Januar bekannt, er habe für Australien einen Sitz im Kriegskabinett und die Bildung eines pazifischen Kriegsrates gefordert. Churchill hatte beides in der Rede angesprochen, die Orwell später erwähnt.*

*** *Die Debatte fand vom 27. bis 29. Januar statt. Die von Orwell erwähnte Gegenstimme kam von James Maxton, Vorsitzender der Independent Labour Party. Wie Churchill bemerkte, verfügte die ILP nur über drei Abgeordnete, wovon zwei als Stimmenzähler benötigt wurden. Trotzdem war er Maxton für das abweichende Votum dankbar (s. Winston Churchill, The Second World War, Bd. 4, S. 62).*

° *Orwell entwickelte diesen Gedanken in »1984« mit der Erfindung der Supermacht Ozeanien weiter (s. dazu auch: George Catlin, One Anglo-American Nation, 1941, ein damals vieldiskutiertes Buch).*

der Achsengegner gestellt hat. [*Zensiert:* Brasilien liegt von Westafrika aus in der Reichweite von Flugzeugen, und die Deutschen haben schon seit mindestens fünfzig Jahren ein Auge auf das Land geworfen.] Die Japaner verfolgen bei mehreren südamerikanischen Ländern ähnliche Absichten. Nun, da der gesamte amerikanische Kontinent sich zu einer gemeinsamen Front gegen den Aggressor formiert, werden diese Absichten – die zunächst von fünften Kolonnen, in manchen Fällen unterstützt von örtlichen faschistischen Parteien, in die Tat umgesetzt werden sollten – viel leichter zu vereiteln sein. Zugleich hat der russische Rundfunk den Japanern eine deutliche Warnung erteilt. 1938 versuchten die Japaner, Wladiwostok anzugreifen, und erhielten eine Lektion, die sie unter dem Eindruck anderweitiger Erfolge möglicherweise vergessen haben. Die Russen haben sie davor gewarnt, nicht denselben Fehler zu machen wie die Deutschen – die auch glaubten, die Rote Armee tauge nichts –, und, um es mit einem russischen Sprichwort auszudrücken, nicht »das Fell des Bären zu verkaufen, ehe der Bär erlegt ist«.

Und schließlich kam es diese Woche zu einem Ereignis, das nicht unbedingt als Kriegshandlung zu bezeichnen ist, aber dennoch erwähnt werden sollte. Die britische Regierung hat sich bereit erklärt, das Embargo gegen Griechenland zu lockern und 8000 Tonnen Getreide dorthin zu schicken. Dies geschah aus dem simplen Grund, daß Griechenland Hunger leidet, und zwar infolge der deutschen und italienischen Herrschaft. Die deutschen und italienischen Faschisten haben das Land ohne jede Rücksicht auf die Einwohner schlicht und einfach ausgeplündert. Das Getreide wird Griechenland über das Internationale Rote Kreuz zugehen. Es gibt keine Garantie dafür, daß die Deutschen es nicht beschlagnahmen, wenn es dort ankommt, so wie sie ähnliche Nahrungsmittellieferungen in Frankreich beschlagnahmt haben, aber die britische Regierung geht lieber dieses Risiko ein und schickt das Getreide, als daß sie tatenlos zusieht, wie ein unschuldiges Volk verhungert. Der Gegensatz zwischen den faschistischen Mächten, die Nahrungsmittel stehlen, und den antifaschistischen Mächten, die hungernden Menschen Nahrungsmittel schicken, wird im eroberten Europa nicht unbemerkt bleiben.*

* *Ein Propagandacoup, der unmittelbare Wirkung zeigte. Sowohl die Rumänen als auch die Deutschen gaben bekannt, daß sie Nahrungsmittellieferungen nach Griechenland schicken wollten, und taten dies auch.*

7. Februar 1942

Die Belagerung von Singapur hat begonnen.* Bis jetzt ist es noch nicht zu größeren Kampfhandlungen gekommen, und es wäre sehr voreilig, den Ausgang voraussagen zu wollen. Wenn wir uns die Geschichte dieses Krieges ansehen, stellen wir fest, daß die Belagerung von Festungen und befestigten Städten derart unterschiedliche Erfolge zeitigte, daß es schwer ist, irgendwelche Rückschlüsse daraus zu ziehen. Sewastopol und Tobruk widerstanden allen Angriffen, allerdings konnten die Verteidiger dort von See her mit Nachschub versorgt werden. Hongkong, das nur eine kleine Garnison und keine eigene Wasserversorgung besaß, wurde mühelos genommen. Corregidor, auf den Philippinen, hält nach wie vor aus, obwohl die Verteidiger nicht von See her versorgt werden können und kaum über Flugzeuge verfügen. Leningrad hat alle Angriffe erfolgreich zurückgeschlagen, obwohl seine Nachschubverbindungen über See abgeschnitten oder so gut wie abgeschnitten sind. Aus diesen unterschiedlichen Erfahrungen läßt sich keine allgemeine Regel ableiten, aber wir sollten, wenn wir unsere Schlüsse ziehen, folgende Überlegungen im Auge behalten:

Die Japaner besitzen zwangsläufig eine gewaltige Übermacht an ausgebildeten Truppen und Flugzeugen.

Selbst wenn Luftverstärkungen in großer Zahl eintreffen, wird die Verteidigung Singapurs durch den Mangel an Flugplätzen beeinträchtigt,** sofern es nicht möglich ist, Behelfsflugplätze auf Sumatra und den verschiedenen kleinen Inseln zwischen Sumatra und dem malaiischen Festland einzurichten.

Singapur besitzt eine starke Garnison mit sehr schweren Geschützen und eine große, hauptsächlich aus Chinesen bestehende Zivilbevölkerung, die bereit und bestrebt ist, an der Verteidigung mitzuwirken.

Die Wasserversorgung von Singapur ist ausreichend, und es wird, jedenfalls für einige Monate, wohl kaum zu ernsthaften Nahrungsmittelengpässen kommen, selbst wenn von außen kein Nachschub herangeführt werden kann.

* *Nach der Sprengung des Dammes sagte Generalleutnant A. E. Percival am 31. Januar in einer Rundfunkansprache: »Die Schlacht um Malaya ist zu Ende, und die Schlacht um Singapur hat begonnen . . . Seit heute werden wir in unserer Inselfestung belagert. Unsere Aufgabe ist es, diese Festung zu halten, bis Hilfe kommt. Und es wird Hilfe kommen . . . Unsere Pflicht ist klar. Mit festem Mut und unerschütterlicher Entschlossenheit werden wir obsiegen.«*

** *Von den Flugplätzen, die Orwell zuvor erwähnt hatte, waren drei nicht benutzbar, denn sie lagen in Reichweite der japanischen Geschütze auf dem Festland. Die britischen Geschütze, von denen im folgenden die Rede ist, waren, wie schon sehr oft gesagt wurde, zur Verteidigung gegen einen Angriff von See ausgerichtet.*

Wenn wir alle diese Überlegungen berücksichtigen, läßt sich eines mit Sicherheit sagen: Die Eroberung von Singapur ist keinesfalls ein leichtes Unterfangen und kann, wenn überhaupt, im direkten Angriff nur unter riesigen Verlusten gelingen, welche die Japaner möglicherweise nicht in Kauf zu nehmen bereit sind.

Diese Woche hat die britische Regierung der Republik China zum Ankauf von Rüstungsmaterial einen Kredit über 50 Millionen Pfund gewährt.* Die Waffenlieferungen nach China hängen weitgehend davon ab, daß die Nachschublinien, insbesondere die Burmastraße, offengehalten werden, aber selbst wenn die Burmastraße unterbrochen oder unzugänglich gemacht würde, gibt es noch andere Transportwege nach China, und es lassen sich neue schaffen. Schon äußern die Japaner aufgrund bloßer Gerüchte vom Bau einer neuen, von Assam ausgehenden Straße Drohungen gegen Indien. Der Kredit jedenfalls, mit dem gewaltige Mengen von Material gekauft und, falls erforderlich, bis zur Weiterbeförderung gelagert werden können, ist Beweis der lebendigen Allianz zwischen dem freien England und dem freien China.

Unterdessen dauert der hinhaltende Widerstand in Burma, in Niederländisch-Indien und auf den Philippinen an. Die Japaner haben in der Makassarstraße schwere Schiffs- und Truppenverluste erlitten, und zwar hauptsächlich infolge des Einsatzes niederländischer Flugzeuge, die von getarnten Flugplätzen im Dschungel aus operieren. Letztlich mag es den Japanern vielleicht gelingen, ganz Borneo unter ihre Kontrolle zu bringen und diese Gefahrenquelle damit auszuschalten, aber daß sie schon zu einem so frühen Zeitpunkt des Krieges, da alle Vorteile auf ihrer Seite liegen, derart schwere Schiffsverluste davontragen, verheißt für die Zukunft nichts Gutes. Bei ihren Einfällen in Niederländisch-Indien macht ihnen die »Politik der verbrannten Erde« ebenso schwer zu schaffen wie die holländischen und amerikanischen Flugzeuge und U-Boote. Es bringt ihnen im Grunde nicht viel ein, Gebiete zu überrennen, in denen sie ihre Truppen hinterher von See aus versorgen müssen, wenn diese Gebiete zuvor systematisch verwüstet worden sind. Wie sehr die Japaner derartiges fürchten, geht aus ihren wilden Drohungen hervor, die Garnison von Balikpapan auf Borneo zu massakrieren, falls die dortigen Ölraffinerien zerstört würden. Die Ölraffinerien wurden dennoch zerstört,** und die

* *Neben der Gewährung des Kredits erklärte sich die britische Regierung am 2. Februar außerdem bereit, China sämtliches gelieferte Material auf Leihpachtbasis zur Verfügung zu stellen. Zugleich gewährte die amerikanische Regierung einen Kredit über 500 Millionen Dollar.*

** *Batavia gab die Zerstörung der Ölförderanlagen am 22. Januar und ihre Einnahme durch die Japaner zwei Tage später bekannt. Die Propagandisten der Achsenmächte behaupteten, sie seien intakt erobert worden: die Besitzer hätten keine Neigung mehr gezeigt, die Anlagen zu zerstören, nachdem die Japaner zugesagt hätten, sich mit ihnen einigen zu wollen.*

Garnison ließ sich keineswegs massakrieren, sondern konnte sich vielmehr freikämpfen. Die »Politik der verbrannten Erde« hat ihre Grenzen, weil sich bestimmte Dinge, wie etwa Erze, nicht zerstören lassen; andererseits aber sind gewisse Produkte, wie beispielsweise Rohöl, für den, der sie erbeutet, von geringem Wert, wenn es an der erforderlichen Technik fehlt. Es nützt den Japanern vergleichsweise wenig, die verschiedenen ölführenden Gebiete zu erobern, wenn sie das Öl zur Raffinierung nach Japan schaffen müssen. Zudem wird ihr Schiffsraum für den Transport von Nahrungsmitteln und Truppen benötigt und schrumpft aufgrund von U-Bootangriffen ständig. Trotz der Erfolge, die die Japaner erzielt haben, deutet manches darauf hin, daß ihr Feldzug dem Zeitplan hinterherhinkt und daß es die Hinhaltetaktik der Chinesen, Holländer, Briten, Inder und Javanesen im Südwestpazifik war, die den alliierten Gegenangriff ermöglicht hat.

Von der Schlacht um Rußland gibt es diese Woche nicht viel zu berichten. Die Russen rücken immer noch vor, haben Charkow oder Smolensk jedoch noch nicht eingenommen. Es wird jetzt deutlich, daß man den Libyen-Feldzug vermutlich als Teil oder jedenfalls Ergänzung der Schlacht um Rußland betrachten muß und daß diese Schlacht und der japanische Feldzug in Asien Teil eines einzigen strategischen Manövers sind. Fast sicher geht der Plan dahin, daß die Deutschen zum Persischen Golf durchstoßen und dabei mit ihrem südlichen Angriffskeil den Suezkanal und mit dem nördlichen die kaukasischen Ölfelder einnehmen, während die Japaner gleichzeitig zum Indischen Ozean durchbrechen und dabei nach Möglichkeit Rangun und die Flottenstützpunkte auf Ceylon erobern. Die beiden wichtigsten Achsenmächte hätten dann die Verbindung zueinander hergestellt, und Deutschlands dringender Bedarf an Öl, Gummi, Zinn und anderen Rohstoffen könnte gedeckt werden. Man kann deshalb so gut wie sicher davon ausgehen, daß die Deutschen sich für das Frühjahr zu neuen Offensiven gegen Südrußland und Ägypten bereitmachen, aber es ist äußerst zweifelhaft, ob diesen Offensiven mehr Erfolg beschieden sein wird als denen, die sie vergangenen Herbst und Winter unternommen haben. Die Russen haben die meisten Verluste im Bereich der Industrie dadurch wettgemacht, daß sie hinter dem Ural neue Industriegebiete aufbauten, und die britischen Armeen im Nahen Osten sind viel stärker als früher. Außerdem sind sie viel weniger als damals vom Nachschub über See abhängig, weil in Eritrea, der den Italienern abgenommenen Provinz am Roten Meer, mittlerweile große Rüstungsfabriken errichtet wurden. Fraglos stehen den Alliierten im Frühjahr harte Kämpfe und vielleicht schwere Verluste bevor, aber langfristig sind die Achsenmächte sehr viel stärker im Nachteil als Anfang 1941.

Die unlängst erfolgte Unterzeichnung des Vertrages zwischen Abessinien und Großbritannien stellt ein überaus wichtiges politisches Ereignis dar.* Kaiser Haile Selassie, von der feigen Aggression der Italiener vor sechs Jahren vertrieben, kehrt auf seinen Thron zurück, Abessinien nimmt seinen Platz unter den freien Völkern wieder ein, und der Versuch der wirtschaftlichen Beherrschung des Landes durch ausländische Interessen hat ein Ende. Zugleich kommt es in Ägypten zu einer politischen Veränderung, die der alliierten Sache förderlich sein wird. Die nationalistische Wafd-Partei, die den englisch-ägyptischen Vertrag von 1936 aushandelte, hat eine neue Regierung gebildet.** Die Wafd-Partei ist eine fortschrittliche, linke Partei, eine echte Vertreterin des ägyptischen Volkes, zumal der ärmeren Bauern, und äußerst antinazistisch eingestellt.

Ein politisches Ereignis schließlich, über dessen Folgen sich noch keine exakten Voraussagen machen lassen, das sich jedoch so gut wie sicher günstig auswirken wird, ist die Ernennung von Lord Beaverbrook zum Minister für Produktion.*** In diesem Amt kann er den gesamten Ausstoß an Kriegsmaterial in Großbritannien koordinieren, wodurch sich etwaige administrative Hürden und Eifersüchteleien zwischen den verschiedenen Ämtern ausschalten lassen. Lord Beaverbrook ist ein Mann von enormer Energie, und es ist nicht zuletzt seinen Bemühungen als Minister für Flugzeugproduktion zu danken, daß das Blatt sich wendete und die deutschen Invasoren im Sommer 1940 geschlagen werden konnten. Seine zahlreichen persönlichen Kontakte sowohl in den USA als auch in Sowjetrußland werden für die Sache der Alliierten von höchstem Wert sein.

* *Die britisch-äthiopische Vereinbarung war am 31. Januar in Addis Abeba unterzeichnet worden und wurde am 3. Februar im Unterhaus bekanntgegeben. Sie sah britische Finanz- und Militärhilfe für Äthiopien vor und schloß so die von den abziehenden Italienern hinterlassene Lücke.*

** *Nach dem Verzicht der von Sirry Pascha angeführten Regierungspartei akzeptierte die Wafd-Partei unter Nahas Pascha König Faruks Auftrag zur Regierungsbildung. Es handelte sich bei ihr eigentlich um die Minderheitspartei mit einer allerdings starken Anhängerschaft in den von Orwell erwähnten Bevölkerungsschichten. Am 7. Februar wurde per königlichem Dekret das Parlament zwecks Neuwahlen aufgelöst und Nahas Pascha als Militärgouverneur eingesetzt.*

*** *Seine Ernennung wurde am 4. Februar bekanntgegeben. Er war zuvor Minister für Versorgung gewesen.*

14. Februar 1942

Während ich hier zu Ihnen spreche, dauert der Kampf um Singapur an, und die lebenswichtigen Reservoire mit den Wasservorräten der Insel sind nach wie vor in den Händen der Verteidiger. Aber wir müssen der Tatsache ins Auge sehen, daß Singapur wahrscheinlich nicht mehr sehr lange vor dem japanischen Zugriff bewahrt werden kann. Das ist eine sehr ernste Nachricht, die für Asien noch schwerer wiegt als für den Westen. Ein amerikanischer Experte hat geschätzt, daß der Verlust von Singapur den Krieg um etwa ein Jahr verlängern wird. Von daher ist es sinnvoll zu versuchen, sich so umfassend wie möglich über die strategischen Konsequenzen klarzuwerden, die dieser Verlust mit sich bringt.* Sobald die Japaner im Besitz von Singapur sind, können sowohl ihre Überwasserschiffe als auch ihre Unterseeboote in den Indischen Ozean einfahren. Sollten außerdem ihre bevorstehenden Angriffe auf die niederländischen Inseln von Sumatra und besonders auf Java erfolgreich sein, erlangen sie die vollständige Kontrolle über die pazifische Hauptroute von Afrika nach Amerika. Bei einem Blick auf die Karte erkennt man, daß die Verbindungswege zwischen den Vereinigten Staaten und Indien bzw. Afrika dadurch zwar nicht unterbrochen werden, amerikanische Schiffe jedoch einen gewaltigen Umweg – zunächst nach Süden bis Australien oder Neuseeland und dann wieder nach Norden – nehmen müssen; das verschafft den Japanern einen großen strategischen Vorteil, denn sie befinden sich in einer zentralen Position und besäßen, wenn sie Niederländisch-Indien eroberten, Flugplätze und Flottenstützpunkte, von denen aus sie das gesamte Gebiet kontrollieren könnten.

Angenommen, die Japaner sind im eben beschriebenen Maße erfolgreich, was ist dann ihr nächster Schritt? Zunächst werden sie mit dem Ziel, Rangun zu erobern – den einzigen Hafen, über den die Burmastraße problemlos versorgt werden kann –, ihre Angriffe auf Burma verstärken. Sie werden, beginnend vermutlich mit den Andamanen, Luft- und Seeangriffe gegen die Inseln im Indischen Ozean führen und wahrscheinlich auf Ceylon oder an irgendeinem Punkt Südindiens zu landen versuchen. Könnten sie Ceylon unter ihre Kontrolle bringen, würden sie den Golf von Bengalen so weit beherrschen, daß sie jeden alliierten Schiffsverkehr dort unterbinden könn-

* *Japanische Rundfunksendungen verwiesen im Anschluß an die jüngsten Erfolge häufig auf die weiteren Pläne Japans. Orwell kontert mit der drastischen Vermutung, daß Singapur fallen wird, und schildert sodann das aus der Sicht der Alliierten denkbar schlimmste Szenario.*

ten; sie besäßen damit zwar nicht die vollständige Kontrolle über den Ostteil des Indischen Ozeans, wären aber immerhin in der Lage, britischen Schiffen, die das Kap umfahren haben und die britischen Truppen im Nahen Osten und unsere Alliierten in Rußland mit Nachschub versorgen sollen, schweren Schaden zuzufügen.

Das ist kein sehr ermutigendes Bild, und wir haben es mit Absicht besonders düster gezeichnet, um eine realistische, ungeschminkte Vorstellung von der Lage zu vermitteln. Wir können sogar noch einen Schritt weitergehen und überlegen, welche Folgen es hätte, wenn die großanlegte Offensive der Achsenmächte, von der die japanische Seeoffensive nur ein Teil ist, hundertprozentig erfolgreich wäre.

Die Gesamtstrategie – das wird, wie wir schon in früheren Nachrichtenkommentaren betonten, immer klarer – geht dahin, daß die Deutschen auf dem Landweg bis zum Persischen Golf durchstoßen, während die Japaner die Herrschaft über den Indischen Ozean gewinnen. Auf diese Weise würden gleichzeitig drei Ziele erreicht. Erstens bestünde dann zwischen Deutschland und Japan eine direkte, wenn auch vielleicht unsichere Verbindung. Zweitens besäße die Burmastraße als Nachschubweg nach China keinen großen Wert mehr, und drittens wäre die beste Nachschublinie nach Rußland, nämlich die durch den Persischen Golf und den Iran, abgeschnitten. Offensichtlich haben die Deutschen und die Japaner alles auf dieses Manöver gesetzt, und zwar im Vertrauen darauf, daß der Krieg für sie gewonnen ist, wenn sie es erfolgreich durchführen. Sie gehen offenbar von der Annahme aus, daß China, von westlichem Nachschub abgeschnitten, den Kampf einstellen wird oder seine Armee dann allenfalls noch zu Partisanenaktivitäten imstande ist und daß die russische Armee sich hinter den Ural zurückziehen muß. Zugleich wird das Britische Empire in zwei Teile zerschnitten sein, so daß Australien wie auch die britischen Gebiete in Afrika nach Belieben angegriffen werden können.

Das ist das Schlimmste, was passieren kann, und die Achsenmächte werden es in den kommenden Monaten durch neuerliche Offensiven in Südrußland, in Nordafrika, in Burma und im Indischen Ozean mit aller Macht herbeizuführen suchen. Es muß jedoch betont werden, daß dieser großangelegte Plan, selbst wenn er vollständig gelänge, den Achsenmächten nicht den Sieg brächte, es sei denn, die alliierten Völker von Amerika, Sowjetrußland, England und China verlören den Mut. Nach wie vor gilt, daß die Bilanz in puncto Truppen, Material und industrieller Kapazität deutlich gegen die Achsenmächte spricht und daß die wichtigsten Produktionszentren der alliierten Mächte sich an Orten befinden, an die weder die Deutschen noch die Japaner herankommen können. Diese Zentren, in denen Flugzeuge, Panzer, Schiffe und Geschütze hergestellt werden, befinden sich in Nordamerika, das aus praktischen Gründen nicht zum Kriegsgebiet zählt, in gleichermaßen unzugänglichen Gebieten von Zentralrußland und Sibirien und in England, das zwar viel näher am Gefahrengebiet liegt, wo die Deutschen jedoch weder einmarschieren noch durch Bombardierung aus der Luft ernsthafte Schäden anrichten konnten. Die Alliierten sind also imstande, die Achsenmächte an die Wand zu produzieren und in ein, zwei Jahren eine Streitmacht auf die Beine zu stellen, die so gut wie unüberwindlich sein wird.* Aber es steht ihnen zweifellos eine schwierige Periode bevor, und es könnte sogar eine Zeit kommen, da sie sich praktisch in der Situation von Belagerten befinden und Entschlossenheit, Ruhe und Vertrauen auf den Endsieg mindestens ebenso wichtig sind wie materielle Kriegswaffen.

Die Ereignisse im Westpazifik wirken sich unmittelbar zunächst darin aus, daß die Position Indiens kritischer, aber auch ungleich wichtiger wird. Mit dem Verlust von Singapur wird Indien vorderhand zum Mittelpunkt des Krieges, ja man könnte fast sagen, zum Mittelpunkt der Welt. Angesichts seiner zentralen Lage und seines Reichtums an Menschen und Rohstoffen wird Indien als Versorgungsquelle sowohl für China als auch für Rußland und den Nahen Osten immer wichtiger. Es muß betont werden, daß auch der Verlust von Rangun mit der Folge, daß die Burmastraße unbenutzbar wird, keinesfalls bedeutet, daß die Verbindung zwischen China und seinen Alliierten unterbrochen würde. Es gibt mehrere andere Transportwege nach China, sowohl bereits existierende als auch potentielle. Da ist erstens die Route durch Sowjetrußland und Sinkiang in Zentralasien; zweitens die bereits geplante Route durch Assam; drittens besteht die Möglichkeit einer nördlichen Route durch Alaska und die Mandschurei; und viertens könnte es sein, daß die Amerikaner irgendwann im nächsten Jahr die Seeherrschaft über den Pazifik gewinnen. Im Augenblick aber ist Indiens Position von vitaler Bedeutung, und die chinesisch-indische Solidarität wird zu einem der wichtigsten Faktoren des Krieges. Es ist daher eine höchst ermutigende Nachricht, daß General Tschiang Kai-schek, der Führer der Republik China, Indien bereits einen Besuch abgestattet und dabei Gespräche mit dem Vizekönig und mit Mr. Nehru geführt hat.** Wir wissen

* *Orwell legt seiner Argumentation hier eine kurz zuvor erschienene Publikation des Statistischen Amtes der Vereinigten Staaten zugrunde, die das Kräfteverhältnis zwischen den Alliierten und den Achsenmächten analysiert. Vermutlich war sie in England über das Informationsministerium erhältlich.*

** *Tschiang Kai-schek traf am 10. Februar in Begleitung von Sir Archibald Clark Kerr, damals Gesandter in Tschungking, in Neu-Delhi ein. Er führte nicht weniger als vier Gespräche mit Nehru. Am Vortag seiner Rückreise nach China stellte Nehru ihn Gandhi vor, der eigens aus seiner Heimatstadt Wardha gekommen war. Der Rundfunk der Achsenmächte warnte die Inder umgehend vor dem Besuch, mit dem versucht werden solle, Nehru und Gandhi auf die Seite der Alliierten zu ziehen.*

noch nicht, was bei diesen Gesprächen herausgekommen ist, aber wir können eines mit Sicherheit voraussagen: wenn die großen Völker Chinas und Indiens zusammenstehen, kann auch der mächtigste und skrupelloseste Aggressor sie nicht überwinden.

Aus England werden zwei innenpolitische Ereignisse gemeldet, die mit dem internationalen Aspekt des Krieges in Zusammenhang stehen. Lord Beaverbrook, der mittlerweile die oberste Aufsicht über die Produktion führt, hat seine erste Rede gehalten* und dabei wichtige Zahlen zur britischen Produktion im letzten Jahr genannt. Er gab bekannt, daß Großbritannien im Jahre 1941 fast dreitausend Panzer und zwischen neun- und zehntausend Flugzeuge ins Ausland geliefert hat. Da der Großteil dieser umfangreichen Lieferungen nach Sowjetrußland gegangen sein dürfte, können wir sagen, daß die britischen Fabriken einen bedeutenden Beitrag zu der Niederlage geleistet haben, die die Russen den Deutschen mit der erfolgreichen Verteidigung Moskaus und Leningrads beibrachten. Die britischen Fabriken produzieren mittlerweile mit noch größerem Tempo, aber dergleichen geht nicht ohne Opfer auf seiten des kleinen Mannes ab, und nun, da der Krieg sich auf den Pazifik ausgedehnt hat, werden die britischen Schiffsbestände noch stärker als zuvor in Anspruch genommen. Gerade ist Seife zum erstenmal seit Kriegsbeginn rationiert worden. Zwar ist die britische Seifenration, wie fast alle anderen Rationen, immer noch viel größer als das, was Menschen bekommen, die unter der Herrschaft der Achsenmächte leben, aber daß ein Artikel des täglichen Bedarfs nach dem anderen rationiert werden muß, ist ein Zeichen dafür, daß die britische Industrie mehr und mehr von einer Friedens- zu einer Kriegsökonomie übergeht. Der gemeine Mann, der sich mit diesen Einschränkungen abfinden muß, murrt nicht, und man hört ihn sogar sagen, daß er noch größere Opfer in Kauf nähme,** wenn dadurch mehr Schiffe für den Kriegseinsatz frei würden, denn er begreift genau, was auf dem Spiel steht, und legt viel mehr Wert auf die Freiheit als auf die Bequemlichkeiten, die er von Friedenszeiten gewohnt ist.

* *Am 23. Februar im Oberhaus.*

** *Die Ähnlichkeit zwischen dem, was Orwell hier schreibt, und der Stimme, die in »1984« über den Televisor Parolen zur Rationierung kreischt, ist frappierend. »Der gemeine Mann«, der »größere Opfer in Kauf nähme«, ist eindeutig der Vorläufer der »Proles«.*

21. Februar 1942

Mit dem Fall von Singapur tritt der Krieg im Fernen Osten in seine zweite Phase ein.

Es ist offensichtlich, daß die Japaner nun zwei Hauptziele verfolgen: zum einen, die Burmastraße zu unterbrechen, weil sie hoffen, dadurch China als Kriegsgegner auszuschalten, und zum anderen, den japanischen Herrschaftsbereich im Westpazifik so weit auszudehnen, daß die Alliierten in Angriffsentfernung zu Japan über keine Luft- und Flottenstützpunkte mehr verfügen. Um dieses Vorhaben vollständig zu verwirklichen, müßten die Japaner ganz Ostindien, ganz Burma, Nordaustralien und wahrscheinlich auch Neuseeland und Hawaii beherrschen. Könnten sie alle diese Gebiete kontrollieren, hätten sie die Gefahr britischer oder amerikanischer Gegenangriffe zwar vorläufig gebannt, aber ihre Sicherheit hinge auch dann noch davon ab, daß es ihnen gelingt, Rußland aus dem Krieg herauszuhalten. Sie werden diese Ziele wohl kaum vollständig, aber vielleicht doch zum Teil erreichen, und es ist klar, daß ihr erster Schritt die Eroberung von Rangun und der großen Seehäfen von Java sein muß. In Burma tobt die Schlacht bereits, und der Angriff auf Java steht offensichtlich unmittelbar bevor.

Wir können noch nicht sagen, wie die Schlacht um Burma enden wird. Die Japaner sind vorgerückt, aber nicht sehr schnell, und die Briten konnten sich sowohl mit Flugzeugen als auch mit chinesischen Truppen verstärken. Die Nachschubprobleme, die den Ausgang der Schlacht in Malaya entschieden, sind im Gebiet von Burma weniger akut. Falls Rangun fallen sollte, bedeutet das nicht eigentlich das Ende der Burmastraße, sondern nur der Route, auf der Nachschubgüter aus Indien und England gegenwärtig zur Burmastraße gelangen. Die Einnahme von Rangun durch die Japaner würde den Feldzug in Burma nicht beenden, denn in diesem Falle müßte sich der japanische Vormarsch Richtung Norden fortsetzen, und es kann keine Rede davon sein, daß die alliierte Armee sich ins Meer treiben läßt.* Aber man kann durchaus fragen: Hätte es einen Sinn, den Feldzug in Burma fortzusetzen, falls Rangun fallen sollte? Ja, denn die derzeitige Burmastraße ist nicht die einzig mögliche Route von Indien nach China. Ein zweiter Transportweg ist geplant und kann in absehbarer Zeit in Betrieb genommen werden, sofern Chinas Widerstand sich bis dahin aufrechterhalten läßt.

* *Eine – möglicherweise unbewußte – Erinnerung an das Schicksal des britischen Expeditionskorps bei Dünkirchen.*

In diesem Zusammenhang ist der kürzliche Besuch von Marschall Tschiang Kai-schek in Indien von höchster Bedeutung. Mittlerweile wissen wir, daß Marschall Tschiang Kai-schek nicht nur mit Mr. Nehru, sondern auch mit Mr. Jinnah und mit Mahatma Gandhi Gespräche geführt hat. Welches politische Ergebnis diese Gespräche hatten, wissen wir nicht genau,* aber wir wissen, daß Marschall Tschiang Kai-schek die Solidarität zwischen China und Indien bekräftigt und von der geplanten neuen Route gesprochen hat, die weit nördlich von der jetzigen Burmastraße nach China führen wird. Die Alliierten müssen also, selbst wenn Rangun und damit die Möglichkeit verlorengeht, China in größerem Umfang von See her zu versorgen, unbedingt darauf bedacht sein, Nordburma zu halten. Vermutlich werden die nächsten Monate entscheidend sein, denn durch den Monsun, der in Burma Ende Mai beginnt, werden Bewegungen motorisierter Verbände, außer entlang der Eisenbahnlinien und Wasserwege, sehr erschwert. Wir dürfen die Macht der Japaner in Burma nicht unterschätzen: sie besitzen im Ostteil des Golfs von Bengalen weitgehend die Seeherrschaft und werden sich nun, da sie den Großteil ihrer Truppen aus Malaya abziehen können, kräftig verstärken.

Zu rechnen ist auch mit einer Intensivierung des Angriffs gegen die Amerikaner auf den Philippinen und, für die nächste Zukunft, mit einer Großoffensive gegen Java. Fest steht, daß sich Java für die Japaner als harte Nuß erweisen wird. Den Holländern fehlt es zwar an Flugzeugen,** und es war sehr schwierig, sie einigermaßen zu verstärken, aber sie besitzen eine große, teils aus Holländern, teils aus Javanesen bestehende Armee, die gut ausgebildet und entschlossen ist, erbitterten Widerstand zu leisten. Daß es dort zu nennenswerten Aktivitäten einer fünften Kolonne kommt, ist unwahrscheinlich, denn selbst den Nationalisten unter den Javanesen ist bewußt, daß sie von einer Eroberung durch Japan nichts zu erhoffen haben. Sie sind sich darüber im klaren, daß die von ihnen erstrebte Unabhängigkeit wohl kaum zu erringen ist, wenn sie unter faschistische Herrschaft geraten. Sowohl die niederländischen als auch die asiatischen Inselbewohner haben mit großer Aufopferung

* *Churchill zieht ein lakonisches Fazit der Geschehnisse: »Die Haltung der Kongreßpartei verhärtete sich mit der japanischen Bedrohung. Das wurde ganz deutlich, als General Tschiang Kai-schek und seine Gemahlin im Februar 1942 Indien besuchten. Zweck ihrer Reise war, Indiens öffentliche Meinung gegen Japan aufzurütteln und hervorzuheben, wie wichtig es für Asien als Ganzes und für Indien und China im besonderen war, daß Japan geschlagen wurde. Die indischen Parteiführer nutzten die Gelegenheit, über den Generalissimus Druck auf die britische Regierung auszuüben, den Forderungen der Kongreßpartei nachzugeben.« (Winston Churchill, The Second World War, Bd. 4, S. 183) Es ist keineswegs klar, ob Orwell die Geschehnisse im einzelnen kannte, als er sein Sendemanuskript schrieb.*

** *Orwell hatte in einer früheren Sendung von ihren im Dschungel versteckten Flugzeugen gesprochen, aber diese waren vermutlich entweder zerstört worden oder hatten überhaupt nie existiert.*

und Schonungslosigkeit die Taktik der verbrannten Erde angewandt.* Sie haben die Ölförderanlagen in Palembang auf der Insel Sumatra so gründlich zerstört, daß es lange dauern wird, bis die Japaner dort Öl gewinnen können, und sie sind bereit, überall dort, wo die Invasoren vorrücken, das gleiche zu tun.

Auf australischen Boden sind die ersten Bomben gefallen. Darwin, an der Nordspitze von Queensland, wurde vor zwei Tagen schwer bombardiert.** Australien hat die gesamte Bevölkerung mobilisiert und wird auch vor der Beschlagnahme von Privateigentum nicht zurückscheuen, um das Land komplett auf den Kriegsfall einzustellen. Es ist allerdings unwahrscheinlich, daß die Japaner im jetzigen Stadium eine großangelegte Invasion Australiens versuchen. Das Land ist zu ausgedehnt, als daß es vollständig erobert werden könnte, und es gibt für sie im Augenblick Dringenderes. Obwohl die Japaner, geographisch gesehen, Australien näher sind, ist die Gefahr für Indien akuter, und die Solidarität der asiatischen Völker gegen den gemeinsamen Feind ist der wichtigste Faktor des Krieges.

Auf der westlichen Halbkugel ist die Sache nach wie vor in der Schwebe und wird es wohl auch bis ins späte Frühjahr hinein bleiben. Der deutsche Plan, Rußland mit einem Schlag auszuschalten, ist gescheitert, und das deutsche Ansehen hat in ganz Europa fast ebensosehr gelitten wie die deutsche Armee in der Kälte des russischen Winters. Aber dieser Winter geht allmählich zu Ende, und es ist klar, daß die Deutschen sich bereitmachen, erneut zu einer Großoffensive gegen den Kaukasus anzutreten, sobald das Wetter es erlaubt, also vermutlich im Mai. In Nordafrika konnte bisher keine Seite einen entscheidenden Vorteil erringen. Der deutsche Invasionsversuch in Ägypten ist bislang fehlgeschlagen, aber gleiches gilt auch für den britischen Versuch, westwärts bis Tripolis vorzustoßen und dadurch die Kontrolle über das zentrale Mittelmeer zu erlangen. Bis dato haben die dreimonatigen Gefechte ergeben, daß die Briten einen Teil der Cyrenaika in Besitz haben, darunter auch die mächtigen Grenzforts Sollum, Bardia und Halfaya, die zuvor von den Deutschen gehalten wurden. Beide Seiten sehen sich mit Nachschubproblemen konfrontiert. Die Deutschen brauchen ihren Nachschub nur über die schmalste Stelle des Mittelmeers zu transportieren, aber unterwegs lauern ihnen die britischen U-Boote auf, die in den vergangenen drei Monaten eine ungeheure

* *Dies ist eine direkte Antwort auf die obenerwähnten Behauptungen der Achsensender, die Bevölkerung oder die Besitzer hätten die Durchführung der Politik der verbrannten Erde verhindert.*

** *Zu den Bombenangriffen auf Darwin, in den Northern Territories (!), kam es am 19. Februar. In zwei Angriffswellen wurden insgesamt fünfzig Tonnen Bomben auf die Stadt abgeworfen. Drei Menschen kamen ums Leben, mehrere wurden verwundet, und es entstand erheblicher Sachschaden.*

Zahl von Schiffen versenkt haben. Andererseits müssen die britischen Schiffe, die den Nahen Osten versorgen, von England aus das Kap der Guten Hoffnung umrunden, eine Fahrt, die man nur dreimal im Jahr machen kann. Manchmal freilich, wenn dringend Nachschub an Männern und Material benötigt wird, schicken die Briten ihre Konvois lieber direkt durchs Mittelmeer, was unter ausreichend starkem Geleitschutz auch möglich ist. Kürzlich hat ein großer Konvoi bei der Fahrt durchs Mittelmeer nur zwei Schiffe verloren, und die Kriegsschiffe, die ihn eskortierten, haben unterwegs vier italienische Kriegsschiffe versenkt oder beschädigt.*

Das britische Kriegskabinett ist umgebildet worden.** Man entsprach damit den Wünschen der Mehrheit des englischen Volkes, die die Bildung eines kleineren Kriegskabinetts wollte, dem Politiker angehören, die von ministeriellen Aufgaben frei sind. Die bemerkenswerteste Veränderung ist die Aufnahme von Sir Stafford Cripps, bislang Botschafter in Moskau. Sir Stafford Cripps verfügt über die unterschiedlichsten Fähigkeiten und ist mit Sicherheit die herausragende Gestalt der sozialistischen Bewegung Englands. Seine Berufung in die Regierung wird die Beziehungen zwischen England und Sowjetrußland wahrscheinlich stärken und Verhandlungen mit den politischen Führern Indiens und Chinas erheblich erleichtern. Wegen der kompromißlosen Haltung, die er stets eingenommen hat, seit der deutsche Faschismus zur Bedrohung wurde, und aufgrund des Erfolges seiner jüngsten Mission in Moskau genießt er ungeheures Ansehen im Lande. Daß den Wünschen der breiten Öffentlichkeit unmittelbar entsprochen und ein solcher Mann ohne einen Parteiapparat im Rücken in die Regierung berufen werden kann, ist ein Beweis für die Stärke der britischen Demokratie.***

* *Die Fahrt des Geleitzuges durch das Mittelmeer dauerte vom 13. bis zum 16. Februar. Eines der italienischen Schiffe wurde von einem britischen Unterseeboot versenkt. Achsensender behaupteten, kein Schiff sei durchgekommen.*

** *Downing Street gab die Umbildung am 19. Februar bekannt; die Zahl der Mitglieder des Kriegskabinetts wurde von neun auf sieben reduziert. Sir Stafford Cripps wurde zum Lordsiegelbewahrer ernannt.*

*** *Stafford Cripps übte seinerzeit eine gewisse Faszination auf Orwell aus. Orwell verfolgte Cripps' Karriere in den folgenden Monaten mit großer Aufmerksamkeit (s. OWB, S. 33 f., etc.).*

28. Februar 1942

In der vergangenen Woche hat sich im engen militärischen Sinne nicht viel ereignet.

In Burma sind die Japaner ein Stück weit vorgerückt, und Rangun ist eindeutig gefährdet. Andererseits haben die britischen und amerikanischen Piloten, die Rangun verteidigen, bei den Luftkämpfen die Oberhand behalten, und die Japaner haben zahlreiche Flugzeuge verloren. Die Japaner haben mittlerweile ganz Sumatra in ihren Besitz gebracht und auf der Insel Bali Fuß gefaßt. Von diesen beiden Stützpunkten aus sind sie in der Lage, einen Großangriff gegen Java zu führen, das wichtigste Bollwerk der Alliierten im Fernen Osten. Bis jetzt allerdings konnten sie Java nur aus der Luft angreifen, denn die Schiffe, mit denen sie die Invasion auszuführen hofften, wurden von den holländischen und amerikanischen Flugzeugen schwer in Mitleidenschaft gezogen und in beträchtlicher Zahl versenkt. Vermutlich kann eine japanische Landung auf Java nicht verhindert werden, aber schon aus dem bisherigen Geschehen wird deutlich, daß sie dabei schwere Verluste erleiden werden, schwerere wahrscheinlich, als sie sich leisten können.

Man kann nicht oft genug wiederholen, daß dieser Krieg sich im wesentlichen an der Frage der Ressourcen entscheidet, und obwohl die Japaner große Siege errungen und ihren Gegnern schwere Schäden zugefügt haben, ist es doch zweifelhaft, ob ihnen das im materiellen Sinne großen Gewinn gebracht hat; zwar haben sie Gummi und Zinn in ihren Besitz gebracht und außerdem Gebiete erobert, die ihnen, zumindest in einer gewissen Zeit, möglicherweise Reis liefern; andererseits aber haben sie sehr viele Schiffe verloren, die zu ersetzen ihnen schwerfallen dürfte, und es ist fraglich, ob sie viel von dem Rohstoff erbeutet haben, den sie am dringendsten benötigen – Öl. Bei ihrem Angriff auf Palembang in Sumatra, das bei weitem reichste Ölfeld im Fernen Osten, waren die Japaner so sehr darauf bedacht, es intakt in die Hände zu bekommen, daß sie es mit einem Überraschungsangriff durch Fallschirmjäger einzunehmen versuchten. Das gelang allerdings nicht, und obwohl Palembang letztlich doch erobert wurde, wissen wir heute, daß die Holländer sowohl die Ölquellen als auch die Förderanlagen mit äußerster Gründlichkeit und Schonungslosigkeit zerstört haben. Die zweitgrößten Ölfelder des Fernen Ostens, die von Burma, sind nun in gleicher Weise bedroht. Wenn allerdings klar wird, daß Rangun nicht zu halten ist, werden die Ölraffinerien von Syriam – ein paar Kilometer von Rangun entfernt – gesprengt und wahrscheinlich auch die Pipeline zerstört, die Öl aus dem sechshundertfünfzig Kilometer entfernten

Yenangyaung heranführt. Wird diese Politik der verbrannten Erde gründlich genug durchgeführt, werden die Japaner mindestens ein Jahr lang nichts von ihren Eroberungen haben, denn selbst da, wo es ihnen gelingt, das Rohöl zu fördern, nützt es ihnen wenig, wenn die Raffinerien zerstört sind. Sie können es in diesem Fall nur nutzen, wenn sie es zu ihren eigenen Raffinerien in Japan transportieren, was ihren ohnehin knappen Schiffsraum zusätzlich beansprucht und sie außerdem der Gefahr von U-Bootangriffen aussetzt.

Wir dürfen die Zerstörung der Ölfelder im Fernen Osten nicht als reinen Gewinn für die Alliierten betrachten, denn damit werden sie selbst ja ebenso des dringend benötigten Öls beraubt wie die Japaner. Sowohl Indien als auch China sind auf das Öl aus den burmesischen Quellen angewiesen, und ihr Verlust wird die Alliierten jetzt oder künftig vor große Transportprobleme stellen. Trotzdem gilt nach wie vor, daß die Alliierten über riesige Ölvorräte verfügen, und zwar vorwiegend an Orten in den Vereinigten Staaten, die vor feindlichen Angriffen sicher sind, während die faschistischen Mächte ihr Ölproblem nur durch Eroberung lösen können. Wenn wir die dramatischen Ereignisse in Asien betrachten, dürfen wir niemals vergessen, daß der eigentliche Angelpunkt des Krieges das Bestreben der Deutschen ist, die Ölquellen im Kaukasus zu besetzen. Bis jetzt ist ihnen das nicht geglückt. Falls es ihnen mit ihrer Frühjahrsoffensive gelingt, ist das Ende nicht vorauszusagen. Mißlingt es ihnen erneut, ist äußerst zweifelhaft, ob ihr Öl ausreicht, den Krieg sehr viel länger weiterzuführen, und ist Deutschland erst einmal geschlagen, stellt Japan kein so ernstes Problem mehr dar. Deutschland ist somit der Hauptfeind, und obwohl es häufig den Anschein hat, als ereigne sich im Fernen Osten mehr, wird sich langfristig doch der Kampf an der russischen Front und im Atlantik als der schwerere erweisen.

Zwar hat sich diese Woche im militärischen Sinne nicht so viel bewegt wie in der Vorwoche, aber dafür ist es zu politischen Entwicklungen von höchster Bedeutung gekommen. Die britische Regierung ist fast vollständig umgebildet worden,* und obwohl sich die Auswirkungen dieser Maßnahme erst nach den Parlamentsdebatten, die nächste Woche stattfinden sollen, endgültig absehen lassen, zeichnet sich schon jetzt ungefähr ab, welche Veränderungen sich wahrscheinlich ergeben werden. Wichtigstes Ereignis war der Eintritt von Sir Stafford Cripps, zuvor Botschafter in Moskau, in die Regierung. Man kann davon ausgehen, daß Sir Stafford die Berufung nicht angenommen hätte,

* *Am 22. Februar wurden weitere Veränderungen im Kabinett bekanntgegeben. Die Ernennung von Sir James Grigg zum Heeresminister war von gewissem Interesse für Orwell: Lady Grigg bestritt, nominell unter Orwells Leitung, eine Sendung für Indien (s. dazu jedoch OWB, S. 184).*

wenn er nicht sicher gewesen wäre, daß sowohl in der britischen Innen- als auch in der Außenpolitik weitreichende Veränderungen ins Auge gefaßt werden. In seiner ersten Rede in seinem neuen Amt* hat er bereits eine Verschärfung der Sozialgesetze angekündigt, die dafür sorgen wird, daß viele unnütze Luxusgüter verschwinden und daß sich die Lebensverhältnisse aller Klassen in Großbritannien ganz allgemein einander angleichen werden. Bekannt wurde außerdem, daß nächste Woche eine Parlamentsdebatte über die Beziehung zwischen Großbritannien und Indien stattfindet, und man kann davon ausgehen, daß diese Beziehung Gegenstand ernsthaftester Auseinandersetzung sein wird und vor weitreichenden Veränderungen steht. Der öffentlichen Meinung in unserem Lande liegt sehr an einer Überwindung des politischen Stillstandes in der Indienfrage, und ihr liegt ebensoviel daran, daß Indien zum überzeugten, aktiven Verbündeten gegen die faschistischen Mächte wird. Diese weitverbreitete Meinung verkörpert sich in der Person von Sir Stafford Cripps, dessen aufgeklärte Ansichten zu Indien wohlbekannt sind; zwar läßt sich noch nichts Definitives sagen, aber es steht zumindest fest, daß man Indien in naher Zukunft ein weitreichendes, staatsmännisches Angebot machen wird.

Neben diesen politischen Veränderungen in England wurde am 24. März** der Gründungstag der Roten Armee begangen, und er bot Anlaß zu einer Rede von Generalsekretär Stalin, in der er einen Überblick über die Kriegslage lieferte und außerdem so etwas wie eine Regierungserklärung abgab. Angesichts der Greuel, die die Deutschen beim Einmarsch in Rußland begangen haben, ist es bemerkenswert, wie wenig die Rede von Rachegefühlen bestimmt war und wie klug und vorurteilslos sie zwischen dem deutschen Volk und seinen Führern unterschied. Stalin machte sich über die von den deutschen Propagandisten in die Welt gesetzten Lügen lustig, die Russen wollten das deutsche Volk ausrotten, ganz Europa beherrschen und dem Kontinent den Kommunismus aufzwingen.*** Er tat in diesem Zusammenhang den denkwürdigen Ausspruch: »Die Hitlers kommen und gehen, aber das deutsche Volk und der deutsche Staat bleiben bestehen.« Und er machte klar, daß die Sowjetunion gern in Freundschaft mit einem demokratischen Deutschland leben würde, das bereit

* *Die Rede wurde im Rahmen der Parlamentsdebatte am 24. und 25. Februar gehalten. Mit den von Orwell erwähnten Bemerkungen reagierte Cripps auf Fragen von F. Pethick-Lawrence, der sich über »reaktionäres Gehabe« und »Privilegienwirtschaft« beschwert hatte. Die Befürwortung wirtschaftlicher Einschränkungen und die Begründung ihrer Notwendigkeit gehörten vom ersten Entwurf an zum Hintergrund von »1984«, und Orwell war solchen Empfindungen zunächst keineswegs abgeneigt. Später, unter dem Eindruck der Nachkriegsentbehrungen, setzte sich dann die Bitterkeit der Parodie von »1984« durch.*

** *Tatsächlich am 23. Februar, dem vierundzwanzigsten Gründungstag der Roten Armee.*

*** *Zu diesem Thema siehe S. 37, Anm. 2 und Einleitung, S. 21 ff.*

ist, seine Nachbarn in Frieden zu lassen; ebenso klar machte er freilich, daß dies solange nicht der Fall sein kann, wie die Nazipartei und die Clique um Hitler an der Macht sind.

Die Japaner haben ihren ersten Angriff auf die Andamanen unternommen, eine Inselgruppe im Indischen Ozean, südwestlich von Burma; dort kam es kürzlich zu zwei Fliegerangriffen.* Diese Entwicklung, die wir in unseren früheren Nachrichtenkommentaren vorausgesagt haben, ist Teil des japanischen Versuches, Schritt um Schritt die Kontrolle über den Indischen Ozean auszudehnen und so die wichtigsten Häfen Indiens zu blockieren. Zweifellos erwägen die Japaner auch Angriffe auf Ceylon, auf die diversen kleinen Inseln im Süden des Indischen Ozeans und auf Madagaskar.** Ehe sie sich jedoch so weit vorwagen, müßten sie zunächst Flotten- und Luftstützpunkte in Rangun und auf den Andamanen einrichten.

14. März 1942

Das wichtigste Ereignis dieser Woche ist nicht militärischer, sondern politischer Natur. Die Rede ist von dem an Sir Stafford Cripps ergangenen Auftrag, sich auf dem Luftweg nach Indien zu begeben und den Führern der indischen Parteien das von der britischen Regierung ausgearbeitete Programm vorzulegen.***

Die Regierung hat noch nicht bekanntgegeben, wie ihre Pläne aussehen, und es wäre unklug, darüber zu spekulieren, aber fest steht zumindest, daß kein Mensch in England geeigneter wäre, die Verhandlungen zu führen. Sir Stafford Cripps wird schon seit langem als der fähigste Mann der sozialisti-

* *Die Luftangriffe am 24. und 26. Februar waren die ersten wirklichen Angriffe auf Indien.*

** *Orwell erwähnt Madagaskar hier zum erstenmal, und das ist möglicherweise auf ein Versagen der Sicherheitsvorkehrungen zurückzuführen. Die Befürchtung, die Achsenmächte könnten Madagaskar besetzen oder der dortige Flottenstützpunkt werde bereits von ihren Unterseebooten genutzt, beschäftigte Churchill sehr. Maßnahmen gegen die vermeintliche Bedrohung waren schon sehr weit gediehen, als Orwell dies schrieb (s. Winston Churchill, The Second World War, Bd. 4, S. 197 ff.). Die einzige Rolle, die Madagaskar je in den Planungen der Achsenmächte gespielt hat, war dagegen weitaus sinistrer: der Madagaskar-Plan sah vor, die französischen Juden dorthin zu deportieren. Mit dem Beschluß, sie statt dessen nach Auschwitz zu schaffen, wurde der Plan fallengelassen.*

*** *Der Beschluß, Cripps nach Indien zu schicken, wurde vom Kriegskabinett angeblich am 9. März gefaßt. Die Achsensender hatten den geplanten Besuch jedoch schon erwähnt, ehe Cripps überhaupt aus Moskau zurückgekehrt war, wo sie ihn umgehend zu »Stalins Vizekönig« ernannt hatten. Es gibt eine sehr umfangreiche Literatur zu dem Besuch. Zu Churchills Ansicht s. The Second World War, Bd. 4, Kap. 12.*

schen Bewegung Englands anerkannt und wegen seiner absoluten Integrität auch von denen respektiert, deren politische Überzeugungen den seinen genau entgegengesetzt sind. Er hat eine abwechslungsreiche Karriere hinter sich und verfügt über Kenntnisse und Erfahrungen, wie man sie bei Berufspolitikern nicht häufig findet. Im letzten Krieg leitete er im Auftrag der Regierung eine Munitionsfabrik. Danach praktizierte er einige Jahre als Anwalt und erwarb sich wegen seines Geschicks im Umgang mit komplizierten Zivilsachen einen hervorragenden Ruf. Dennoch hat er stets äußerst bescheiden gelebt und die meisten Einkünfte aus seiner Anwaltstätigkeit für die sozialistische Sache und die Finanzierung seiner wöchentlich erscheinenden sozialistischen Zeitung, der »Tribune«, verwendet. Er ist ein Mensch von großer persönlicher Bedürfnislosigkeit, Vegetarier, Abstinenzler und frommer, praktizierender Christ. Seine Lebensführung ist so schlicht, daß man ihn jeden Morgen in einem billigen Londoner Eßlokal unter Arbeitern und Büroangestellten frühstücken sehen kann.* Seit einigen Jahren hat er den Anwaltsberuf aufgegeben, um sich ganz der Politik zu widmen.

Das Außergewöhnliche an Sir Stafford Cripps ist jedoch, daß er nie bereit war, an seinen politischen Prinzipien auch nur die kleinsten Abstriche zu machen. Er hat bisweilen Fehler gemacht, aber nicht einmal seine schlimmsten Feinde haben ihm je vorgeworfen, ihm läge an Geld, Popularität oder persönlicher Macht. Mit der allzu vorsichtigen Politik der Labour Party unzufrieden, gründete er vor etwa sieben Jahren die Sozialistische Liga, eine Organisation innerhalb der Labour Party, die eine radikalere sozialistische Politik und ein energischeres Auftreten gegen die faschistische Bedrohung anstrebte. Ihre Hauptziele waren die Bildung einer Volksfrontregierung, wie es sie damals in Frankreich und Spanien gab, und die Schaffung engerer Bindungen Großbritanniens und der anderen friedliebenden Nationen an Sowjetrußland. Das brachte ihn in Konflikt mit der Parteiführung, die das volle Ausmaß der faschistischen Bedrohung damals noch nicht begriff. Wo ein Geringerer nachgegeben hätte, um seine hervorragende Position innerhalb der Labour Party nicht zu gefährden, zog Cripps es vor zurückzutreten und war mehrere Jahre ziemlich isoliert, da nur wenige Angehörige des Unterhauses und eine kleine Schar von Anhängern im ganzen Lande erkannten, daß seine Politik die richtige war. Als jedoch 1940 die Regierung Churchill gebildet wurde, erkannte man allseits, daß niemand für den Botschafterposten in Moskau so geeignet

* *Das Eßlokal konnte nicht ausfindig gemacht werden. Derartige Public-Relations-Übungen sind in jüngster Zeit wieder in Mode gekommen, waren während des Krieges jedoch durchaus überraschend und ungewöhnlich. Orwell war davon deutlich beeindruckt, hatte er selbst, freilich auf der anderen Seite der Theke, doch auch Erfahrungen mit solchen Lokalen gemacht (s. Erledigt in Paris und London, 1933).*

war wie Sir Stafford Cripps. Seine Amtsführung war brillant und trug zweifellos erheblich dazu bei, das feste Bündnis zwischen dem britischen und dem russischen Volk zu ermöglichen. Seit seiner Rückkehr nach England hat er dieses Anliegen in einer Reihe von Reden und Rundfunksendungen weiterverfolgt,* durch die er dem gemeinen Mann in England vor Augen führte, welch gewaltige Anstrengung unsere russischen Verbündeten unternehmen und daß wir sie mit allen uns zur Verfügung stehenden Mitteln unterstützen müssen. Daß eine so bedeutende Mission, wie Cripps sie nun unternimmt, einem Mann übertragen wird, dem selbst seine Kritiker Talent, Vertrauenswürdigkeit und Opferbereitschaft bescheinigen, hat in England allgemein Freude ausgelöst.

Die Japaner sind im Besitz von Rangun und wahrscheinlich auch von Bassein, der anderen wichtigen Hafenstadt Burmas, die westlich von Rangun liegt. Die Briten haben die Ölraffinerien von Syriam, bei Rangun, so gründlich gesprengt, daß sie den Japanern nicht das geringste nützen werden; falls nötig, sind unsere Truppen darauf vorbereitet, auch die Ölquellen von Yenangyaung so gründlich zu zerstören, daß in den nächsten fünf Jahren niemand dort Öl fördern kann.** Was immer die Japaner sonst von Burma haben mögen, ihr dringendstes Bedürfnis – das nach Öl – werden sie dort nicht befriedigen können; und auch in Niederländisch-Indien haben sie, soweit wir wissen, keine nennenswerten Ölmengen erbeutet.

[*Zensiert:* Es wird deutlich, daß die Japaner auch einen Angriff auf Australien vorbereiten, der sich zunächst vermutlich gegen Darwin und die anderen Flugplätze im Norden richten wird. Hauptziel der Japaner ist die Beherrschung des Indischen Ozeans und das Zusammentreffen mit den Deutschen im Nahen Osten, falls deren bevorstehende Offensive Erfolg hat. Dazu müssen sie jedoch auch Australien angreifen, um zu verhindern, daß von dort eine alliierte Offensive ausgeht. Wir wissen bereits, daß gewaltige amerikanische Verstärkungen in den Westpazifik einströmen, und ihr Bestimmungsort muß entweder Australien oder Neuseeland sein. Die Japaner bereiten außerdem einen Angriff auf Ceylon und wahrscheinlich auch auf das indische Festland vor, und sie werden vermutlich auch Madagaskar attackieren. Überdies gibt es Hinweise darauf, daß sie, in Abstimmung mit der deutschen Offensive im Westen, einen heimtückischen Angriff auf Rußland planen, wie sie ihn in

* *In den BBC-Tonarchiven existieren noch einige Aufnahmen, darunter auch die Rede an das indische Volk in Neu-Delhi. Cripps' Stimme hatte eine stark zeittypische Färbung, die sich heute nur schwer mit dem Image vom »Mann des Volkes« in Einklang bringen ließe.*

** *Dies ist ein weiterer Versuch, den von den Achsensendern gestreuten hartnäckigen Gerüchten entgegenzutreten, wonach es gar nicht zur Sprengung solcher Ölquellen kam.*

gleicher Weise schon gegen Amerika führten. Es ist allerdings unwahrscheinlich, daß die Russen sich überrumpeln lassen.]*

In dieser Woche sind ausführliche, gut belegte Berichte über das Verhalten der japanischen Armee in Hongkong an die Öffentlichkeit gelangt. Sie werden von mehreren Augenzeugen bestätigt, die aus Hongkong geflüchtet sind und mittlerweile Tschungking erreicht haben.** Unter anderem ist bekanntgeworden, daß die Japaner ein ganzes Stadtviertel von Hongkong zum Militärbordell erklärt haben; das heißt, daß jede Frau dort von den japanischen Soldaten nach Belieben vergewaltigt werden kann. In Singapur haben die Japaner, ihrer eigenen Aussage im Tokioter Rundfunk zufolge***, 73 000 chinesische Zivilisten festgenommen und sie, nach ihren eigenen Worten, »einem strengen Verhör« unterzogen oder, schlicht gesagt, gefoltert. Ganz Ähnliches passierte 1937 in Nangking. Wir erkennen daran, was der japanische Slogan »Asien den Asiaten« wirklich bedeutet. Er bedeutet: »Asien den Japanern, und Sklaverei, Elend und Folter all denen, die das Unglück haben, unter ihrer Herrschaft zu leben«.

Die Chinesen haben deutlich gemacht, daß ihr Widerstand ungeachtet der Ereignisse in Burma weitergeht. Der zeitweilige Ausfall der Burmastraße spielt keine wesentliche Rolle, da Kriegsmaterial ohne weiteres auch in großen Bombern aus Indien nach China gebracht werden kann. Unterdessen kommt aus Tschungking die Nachricht, daß aus Männern, die vor der japanischen Unterdrückung aus Korea geflüchtet sind, eine Freie Koreanische Armee gebildet wurde, die bereits Seite an Seite mit den Armeen der Republik China kämpft.°

Im Nordabschnitt der russischen Front ist es der von den Russen abgeschnittenen deutschen Sechzehnten Armee nicht gelungen auszubrechen, und die Russen haben bekanntgegeben, daß sie kurz vor dem Ende steht. Selbst der deutsche Rundfunk gibt mittlerweile zu, daß die Lage der Sechzehnten Armee kritisch ist. Vor kurzem haben die deutschen Propagandisten einen

* *Die Gründe für den Eingriff des Zensors liegen in diesem Fall auf der Hand. Was Orwell am Schluß zum japanischen Angriff auf Rußland anführt, entsprang, so behauptet er, eigener Überlegung (s. OWB, S. 26), war jedoch auch Nachhall einer am 10. März unter dem Titel »Japanischer Angriff auf Rußland unvermeidlich« erwähnten Rundfunksendung aus Tschungking (WAC: Summary of World Broadcasts 967.9 Far East, iii).*

** *Sendungen aus Tschungking vom 11. März enthielten ausführliche Berichte von Miss Phyllis Harrop von den Hong Kong Government Services und anderen.*

*** *Diese Sendung findet sich nicht in den Berichten der Abhörer.*

° *Die »Bewegung Freies Korea« wurde in einer Sendung aus Tschungking geschildert, die am selben Tag wie die oben in Anm. 1 erwähnte abgehört wurde. Orwell hat speziell diese Abhörerberichte offensichtlich genau studiert.*

Überblick über ihre Verluste während des Rußlandkrieges gegeben und dabei insgesamt 1 500 000 Opfer – Gefallene, Verwundete und Vermißte – eingeräumt. Schon wenn wir diese Zahlen als wahr unterstellen, bedeutet das, daß die Deutschen seit Beginn des Feldzuges im Durchschnitt zwischen fünf- und sechstausend Opfer täglich zu verzeichnen hatten. An jedem einzelnen Tag in den letzten acht Monaten also hatten mehrere tausend deutsche Familien Anlaß, den brutalen Überfall auf die Sowjetunion zu beklagen, zu dem sie von ihren Naziherrschern gezwungen wurden. Aber da die Deutschen nicht die Angewohnheit haben, ihre Verluste zu übertreiben, können wir davon ausgehen, daß die wirkliche Zahl viel höher liegt.

[*Zensiert:* Das britische Volk gewöhnt sich aufgrund der Anforderungen des totalen Krieges an noch strengere Disziplin. Die Strafen für Schwarzmarktgeschäfte mit Lebensmitteln sind verschärft worden, so daß Verstöße nun mit bis zu vierzehn Jahren Haft geahndet werden können. Weißmehl wird in Kürze vom Markt genommen, es ist dann nur noch Weizenmehl zugelassen. Allein diese Maßnahme wird eine halbe Million Tonnen Schiffsraum pro Jahr einsparen. Wahrscheinlich wird demnächst auch der Verbrauch von Benzin zu Vergnügungszwecken oder aus Gründen des Komforts verboten. Niemand beklagt sich über diese Einschränkungen – im Gegenteil, die Öffentlichkeit verlangt, daß sie noch strenger gehandhabt werden, damit die egoistische Minderheit, die sich verhält, als befände sich England nicht im Krieg, ein für allemal in ihre Schranken verwiesen wird.]*

21. März 1942

Es zeigt sich mittlerweile noch deutlicher als letzte Woche, daß die Japaner einen Angriff auf Australien vorbereiten. Ihr Hauptziel ist nach wie vor, im Nahen Osten mit den Deutschen zusammenzutreffen, aber dazu müssen sie zunächst ihre Position sowohl im Nord- als auch im Südpazifik sichern. Es hat mehrere Hinweise darauf gegeben, daß sie einen plötzlichen, heimtückischen Angriff gegen Rußland planen, wie sie ihn schon gegen Amerika unternommen haben. Allerdings gibt es keinen Grund zu der Annahme, daß die Russen sich überrumpeln lassen. Im Augenblick verfolgen

* *Diesmal passierten Orwells Kommentare zur Rationierung die Zensur nicht. Der authentische »Cripps«-Ton des letzten Satzes könnte geradewegs aus »1984« stammen.*

die Japaner das Ziel, die wichtigsten Häfen an der Nordküste Australiens zu erobern, so daß den australischen, amerikanischen und britischen Truppen erst wieder in Neuseeland eine Ausgangsbasis für ihren Angriff zur Verfügung steht.

Derzeit richten die Japaner ihre Angriffe hauptsächlich gegen Port Moresby auf der Insel Neuguinea, gegenüber der Nordspitze von Australien.* Sie treffen dort auf starken Widerstand, aber es ist noch nicht klar, ob eine Landung auf dem australischen Festland verhindert werden kann. Ob freilich die Japaner, wenn sie denn landen, vor einer leichten Aufgabe stehen, ist eine ganz andere Frage. Australien ist ein riesiges Land; es vollständig zu erobern, würde Jahre dauern, selbst wenn es nur geringen oder gar keinen Widerstand gäbe. Auch wenn es den Japanern gelingen mag, dort zu landen und vermeintlich festen Fuß zu fassen, werden sie sich am Ende wahrscheinlich einem Krieg der gleichen Art konfrontiert sehen, wie sie ihn nun schon seit vier Jahren in China führen, einem Krieg nämlich, in dem es möglich ist, leeres Territorium zu erobern, aber so gut wie unmöglich, den Feind zu vernichten.

Wir wissen nicht, wie stark die in Australien zusammengezogenen Kräfte sind, die der Invasion begegnen sollen; die Alliierten haben in der Seeschlacht vor Java schwere Schiffsverluste erlitten** und werden wegen der gewaltigen Entfernungen, über die Luftverstärkungen herangeführt werden müssen, in dieser Hinsicht zahlenmäßig wahrscheinlich nicht so stark sein wie die Japaner. Wir wissen jedoch, daß amerikanische Verstärkungen, und zwar sowohl Bodentruppen als auch Flugzeuge, Australien in großer Zahl erreichen, und dies schon seit zwei Monaten, obwohl man es bis jetzt für klüger hielt, nichts davon verlauten zu lassen. Unterdessen ist General MacArthur, der die amerikanischen Streitkräfte auf den Philippinen kommandierte, in Australien eingetroffen, wo er den Oberbefehl über die dortigen alliierten Truppen übernehmen soll.*** General MacArthurs Streitmacht behauptet sich auf der südlich von Manila gelegenen Halbinsel nun schon dreieinhalb Monate lang gegen einen zahlenmäßig weit überlegenen Feind. Bei ihrem ersten Angriff glaubten die Japaner noch, sie hätten eine leichte Aufgabe vor sich, aber

* *Der japanische Feldzug gegen Neuguinea und Port Moresby dauerte an, solange Orwell Rundfunksendungen produzierte, wobei die Japaner mehrfach den unmittelbar bevorstehenden Sieg ankündigten. Es gelang ihnen jedoch nicht, die Australier ernsthaft zu beeindrucken.*

** *Ein freimütiges Eingeständnis. Nach Angaben der Admiralität verloren die Alliierten fünf Kreuzer, sieben Zerstörer und eine Schaluppe. Zu den Kreuzern gehörte HMS »Exeter«.*

*** *General MacArthurs Eintreffen in Australien als Oberkommandierender der Streitkräfte der Vereinten Nationen im Südwestpazifik wurde in Washington offiziell am 17. März bekanntgegeben. Außerdem hieß es, die Ernennung sei auf eine im Anschluß an ein Gespräch mit Präsident Roosevelt geäußerte Bitte von John Curtin, dem Premierminister von Australien, erfolgt.*

sie mußten bald feststellen, daß sie sich getäuscht hatten. Das ist vor allem auf zweierlei zurückzuführen: zum einen auf die Tatsache, daß General MacArthur die japanische Invasion schon vor vielen Jahren vorausgesehen und jeden Schritt im voraus geplant hatte, und zum anderen auf den Mut und die Aufopferung der philippinischen Bevölkerung, die, anstatt sich auf die Seite der Japaner zu schlagen, wie diese es törichterweise erwartet hatten, tapfer ihr Land verteidigte,* so daß General MacArthur über eine sehr viel größere Armee verfügte, als wenn er nur auf amerikanische Truppen hätte bauen können. General MacArthurs Eintreffen ist in Australien, wo man ihn allgemein für den geeignetsten Mann zur Leitung der Verteidigung hält, wärmstens begrüßt worden. Australien hat mittlerweile seine gesamte Kriegsstärke mobilisiert und verfügt damit, falls nötig, neben mehreren Millionen Rüstungsarbeitern aller Art auch über eine Kampftruppe von ungefähr fünfhunderttausend Mann.

Vor drei Tagen kam aus Australien die Meldung, daß der von den Japanern für die Invasion vorgesehenen Flotte schwere Schäden beigebracht wurden. Amerikanische Flugzeuge griffen den Stützpunkt auf Neuguinea an, den die Japaner besetzt halten, und versenkten oder beschädigten mehr als zwanzig japanische Schiffe. Dazu zählen zwei versenkte schwere Kreuzer und fünf versenkte oder in Brand geschossene Truppentransporter.** Die Verluste der Alliierten beschränkten sich auf ein einziges Flugzeug. Am folgenden Tag wurde ein zweiter erfolgreicher Angriff gemeldet. Gleichwohl setzen die Japaner ihre Angriffe gegen Port Moresby, den wichtigsten australischen Stützpunkt auf Neuguinea, fort und werden zweifellos binnen kurzem eine Landung auf dem australischen Festland versuchen. Das aber geht nur um den Preis schwerer Verluste an Schiffen, von denen sie ohnehin schon zu wenige haben und die zu ersetzen ihnen immer schwerer fallen dürfte.

Nachrichten aus allen Teilen der Welt bezeugen, daß Sir Stafford Cripps' Reise nach Indien allenthalben Beifall findet. Besonders begrüßt wurde sie in China. Vor einigen Tagen meinte ein Regierungssprecher auf einer Pressekonferenz in Tschungking: »Es ist nicht üblich, daß ein Regierungssprecher sich zu den inneren Angelegenheiten eines Verbündeten äußert, aber im Falle von Indien würde ich meine Pflicht verletzen, wenn ich nicht zum Ausdruck brächte, mit welch großer Anteilnahme und welchem Interesse wir die dortigen Entwicklungen verfolgen. Die Ernennung von Sir Stafford Cripps ist von

* *An ein indisches Publikum gerichtet, bedeuten diese Bemerkungen Orwells nichts anderes als ein fundamentales »Gehet hin und tuet desgleichen«.*

** *Orwell zitiert hier aus einem Bericht des US-Marineministeriums. Darin hieß es, daß amerikanische und australische landgestützte Flugzeuge »ebenso große oder noch größere Schäden anrichten als die, welche die Streitkräfte der Vereinten Nationen in der Schlacht von Java erlitten haben«.*

der chinesischen Presse mit einhelligem Beifall bedacht worden. Wenn überhaupt ein Mann die Fähigkeiten und die Einsicht besitzt, die konstitutionellen Probleme Indiens im richtigen Geiste anzugehen, so ist dieser Mann nach der hier vorherrschenden Meinung Sir Stafford Cripps. Mit seiner Ernennung hat das britische Kabinett höchste politische Klugheit gezeigt. Wenn Sir Stafford mit den führenden Politikern Indiens zusammentrifft, so werden sie sich vielleicht als wirklich verwandte Geister empfinden, die gemeinsam an der Verteidigung Indiens und an einer besseren Welt arbeiten.«*

Sir Stafford Cripps wird in den nächsten ein, zwei Tagen in Indien erwartet. Wie lange er bleiben wird, ist noch nicht bekannt. Die einmütige Unterstützung und die guten Wünsche der gesamten Regierung und des britischen Volkes begleiten ihn.

An der russischen Front stehen unsere Alliierten mittlerweile in den Außenbezirken von Charkow, und es sieht so aus, als könnten die Deutschen die Stadt nicht mehr sehr lange halten. Charkow ist ein wichtiges Industriezentrum, dessen Eroberung vor mehreren Monaten von den Deutschen als großer Sieg gefeiert wurde. Vermutlich werden sie das ganz anders schildern, wenn die Stadt wieder in russische Hände fällt. Alle neueren Reden der führenden russischen Politiker offenbaren im Hinblick auf den bevorstehenden Frühjahrsfeldzug eine Zuversicht, die in deutlichem Gegensatz zu den theatralischen Prahlereien der deutschen Propagandisten steht.** Abgesehen von den eigentlichen Kämpfen und abgesehen von der Mobilisierung frischer Armeen aus Rußlands riesiger Bevölkerung ist klar, daß die Verluste, die die sowjetische Rüstungsindustrie erlitt, als die Deutschen das Donezbecken überrannten, weitgehend wettgemacht wurden. Zudem ist der Nachschub an Panzern, Flugzeugen und anderem Kriegsmaterial aus England und den Vereinigten Staaten den ganzen Winter über nicht versiegt.*** Wir können davon ausgehen, daß die Deutschen mehr als einen Versuch unternehmen werden, die Hauptnachschubroute zu unterbrechen, die von England an der skandinavischen Küste entlang in das Nordmeer führt. Die Deutschen haben mittlerweile mindestens drei schwere Schlachtschiffe an der norwegischen Küste stationiert; sie wurden

* *Die Hoffnungen, die Orwell hier zum Ausdruck bringt, waren wohl durchaus real. Da er bei der BBC von glühenden Anhängern der Kongreßpartei wie Mulk Raj Anand umgeben war, hätte sich seine Ansicht zur Lage in Indien durch eine echte Lösung der dortigen Probleme gewandelt.*

** *Selten wurde Orwell so rasch widerlegt wie hier. Deutschlands »theatralische Prahlereien« wurden mit der Frühjahrsoffensive unverzüglich in die Tat umgesetzt.*

*** *Diese Äußerung geht zweifellos auf Behauptungen der Achsensender zurück, die amerikanischen Lieferungen nach Rußland seien nun, da das Land gegen Japan Krieg führen müsse, deutlich zurückgegangen.*

dorthin verlegt, um den Nachschubverkehr nach Murmansk anzugreifen; erst letzte Woche hat die »Tirpitz«, Deutschlands größtes und modernstes Schlachtschiff, einen derartigen Angriff versucht, wurde jedoch von britischen Flugzeugen zur Rückkehr in den Hafen gezwungen.*

28. März 1942

Die Japaner haben die Andamanen, eine Inselgruppe im Indischen Ozean, südlich von Burma, besetzt.** Die Inseln waren praktisch ohne Verteidigung, und das britische Oberkommando beschloß schon vor geraumer Zeit, sie zu räumen und einen Großteil der Zivilbevölkerung zu evakuieren. Die Andamanen sind dreizehnhundert Kilometer von Colombo und etwa gleich weit von der Hafenstadt Madras entfernt, so daß beide Städte nun wahrscheinlich mit Luftangriffen zu rechnen haben. Es handelt sich hier um den ersten Schritt des von uns in früheren Nachrichtensendungen vorausgesagten japanischen Versuches, den Indischen Ozean von Inselstützpunkten aus zu beherrschen.

[*Zensiert:* Abgesehen davon hat es in der vergangenen Woche an den Fronten im Osten keine großen Veränderungen gegeben. Am meisten tat sich in Burma, wo die Lage als ernst bezeichnet wird. Der Flugplatz von Toungoo in Zentralburma ging an die Japaner verloren. Ein kleines chinesisches Kontingent ist in Toungoo abgeschnitten worden, leistet jedoch erfolgreich Widerstand und konnte, wie heute morgen bekannt wurde, mittlerweile verstärkt werden. In Burma haben die Japaner mehrere mögliche Ziele, und wir wissen noch nicht, welche ihnen am wichtigsten sind. Ein Ziel ist das Ölfeld von Yenangyaung, ein anderes die neue Straße, die über Burma von Indien nach China führt. Diese Straße ist noch im Bau, könnte aber kurzfristig fertiggestellt werden, und wenn es den Japanern gelänge, sie zu unterbrechen, müßte der Nachschub von Indien nach China über eine weiter nördlich verlaufende, schwierigere Route erfolgen. Ein drittes mögliches Ziel der Japaner ist

* *Am 11. März gab die Admiralität bekannt, daß die »Tirpitz« zwei Tage zuvor angegriffen worden war, wobei man zwei Torpedobomber verloren habe. Das Schiff blieb unbeschädigt, kehrte jedoch zu seinem Stützpunkt Trondheim zurück.*

** *Sie wurden am 23. März besetzt. Wie von Orwell behauptet, waren die britischen Streitkräfte und ein Großteil der Bevölkerung Presseverlautbarungen der Regierung zufolge evakuiert worden.*

die direkte Landverbindung, die über Assam von Burma nach Indien führt. Es ist durchaus möglich, daß sie erwägen, über diese Route einen Landangriff auf Indien, und besonders Bengalen, zu führen. Aufgrund der Unwegsamkeit des Landes werden sie jedoch wahrscheinlich nicht auf hochmotorisierte Verbände zurückgreifen können, sondern sich auf Infanterie und Flugzeuge beschränken müssen. Gegen diese Art von Angriff können, wie wir in China gesehen haben, Partisanenkräfte sehr wirkungsvoll sein, und deshalb kommt dem Faktor des Volkswiderstandes in Indien höchste Bedeutung zu.

Der Monsun setzt in Burma Ende Mai ein. Danach ist jede Fortbewegung, außer auf dem Wasserwege oder entlang der Straßen und Eisenbahnlinien, sehr schwierig. Es wäre allerdings verfehlt zu glauben, daß das Land dadurch für die japanische Infanterie unpassierbar wird.]* Unterdessen leisten britische und chinesische Streitkräfte in Burma heftigen Widerstand. Zwei Divisionen** chinesischer Truppen kämpfen unter dem amerikanischen General Stilwell, der seinerseits dem Befehl von Generalissimus Tschiang Kai-schek untersteht.

Die japanischen Aktionen gegen Australien haben seit vergangener Woche keine sehr großen Fortschritte gemacht. Im Inneren der Insel Neuguinea sind schwere Gefechte im Gange, doch bislang haben die Japaner den Hauptstützpunkt der Australier auf der Insel, Port Moresby, nur aus der Luft angegriffen. Man wird sich erinnern, daß australische und amerikanische Flugzeuge in der vergangenen Woche einen sehr erfolgreichen Angriff auf die japanischen Seestreitkräfte unternommen und dabei eine Reihe von Kriegsschiffen und Truppentransportern versenkt oder kampfunfähig gemacht haben, und das hat den japanischen Angriffsplan wahrscheinlich zurückgeworfen. General MacArthur, der bei der Verteidigung auf den Philippinen so erfolgreich war, ist dabei, die australischen Kräfte zu organisieren, und hat bereits erklärt, er könne zwar keine Wunder wirken, sehe seine Aufgabe in Australien aber nicht nur darin zu verteidigen, sondern bei der ersten sich bietenden Gelegenheit anzugreifen. Mr. Curtin, Australiens Premierminister, bezeichnete Australien als Stützpunkt, von dem aus die Alliierten gegen Japan in die Offensive gehen können, und gab der Hoffnung Ausdruck, daß die politischen Probleme in

* *Da Orwell in Burma gearbeitet hatte, ging ihm die Situation dort besonders nahe. Seine Lagebeurteilung allerdings fiel dem scharfen Blick des Zensors zum Opfer.*

** *Das chinesische Expeditionskorps bestand aus der Fünften und Sechsten Armee, insgesamt sechs Divisionen; eine chinesische Division war zahlenmäßig jedoch nur etwa ein Drittel so stark wie eine britische. General Joseph W. Stilwell war Stabschef von Generalissimus Tschiang Kai-schek; zuvor war er viele Jahre lang Militärattaché in Peking gewesen. Sowohl er als auch General Tai Li, Leiter von Tschiang Kai-scheks Geheimdienst, waren äußerst antibritisch eingestellt, was nicht eben hilfreich war.*

Indien rasch geregelt werden, damit Indien den ihm zustehenden Platz an der Seite der Alliierten einnehmen kann.*

Es gibt Anzeichen dafür, daß der Krieg im Mittelmeer in Kürze wieder aufflammen könnte. Die britische Marine hat soeben einen großen Geleitzug nach Malta durchgebracht und damit eine brillante Leistung gezeigt. Ein Schiff des Geleitzuges wurde von feindlichen Flugzeugen versenkt, aber die italienischen Marineverbände, die ihn anzugreifen versuchten, wurden zurückgeschlagen, und dabei erhielt eines von Italiens größten und modernsten Schlachtschiffen einen Torpedotreffer.** Die kleine Insel Malta hat mittlerweile über sechzehnhundert Luftangriffe hinter sich. Das ist ein Beleg für ihre strategische Bedeutung und für das heftige Bemühen der Achsenmächte, sie als Stützpunkt für Kriegsschiffe und Flugzeuge auszuschalten. Solange Malta, das zwischen Italien und Afrika liegt, in britischer Hand bleibt, ist es für die Achsenmächte schwierig und gefährlich, ihre Truppen nach Libyen zu befördern. Sie haben denn auch in den letzten Monaten eine Vielzahl von Schiffen verloren, die Truppen oder Kriegsmaterial transportierten. Wenn man sich die Karte ansieht, erkennt man, daß deutsche Verstärkungen für Libyen lediglich einige hundert Kilometer über das Mittelmeer fahren müssen – die meisten britischen Verstärkungen dagegen müssen Tausende von Kilometern um das Kap der guten Hoffnung, durch den Indischen Ozean und das Rote Meer nach Ägypten zurücklegen. Trotz dieses Nachteils haben die britischen und anderen alliierten Streitkräfte sich mehr als behauptet und neben der Eroberung von Abessinien auch noch Vorstöße nach Libyen unternommen, die sie zweimal bis Benghasi brachten. Man sieht also, daß der Seekrieg im Mittelmeer äußerst wichtig ist, denn wenn die Achsenmächte auch nur für ein paar Wochen die Herrschaft über diese Gewässer besäßen, könnten sie eine Armee nach Libyen werfen, die um ein Vielfaches größer wäre als die britische in Ägypten. Diese Armee würde den Südflügel des Achsenangriffs gegen den Kaukasus und den Nahen Osten bilden. Je länger somit die Briten in Ägypten aushalten, desto schwerer ist die Aufgabe für die Achsenstreitkräfte im Norden und desto mehr profitieren unsere russischen Verbündeten.

* *In einer Rede vor dem Repräsentantenhaus am 25. März sagte Curtin: »Die Regierung hofft zutiefst, daß durch eine Regelung des konstitutionellen Problems die gesamten moralischen und materiellen Ressourcen Indiens für den gemeinsamen Kampf mobilisiert werden können. Australien und Indien müssen als die beiden Säulen der alliierten Position in Asien und im Pazifik gelten.«*

** *Das Schlachtschiff »Littorio«. Der Geleitzug durchquerte das Mittelmeer vom 22. bis 24. März. In Propagandasendungen der Achsenmächte wurde behauptet, England habe neben dem erwähnten Handelsschiff einen Kreuzer und drei Zerstörer verloren; Orwell bringt die britische Gegendarstellung.*

Die Deutschen machen große Anstrengungen, ihre dezimierten Armeen dadurch zu ergänzen, daß sie in Rumänien frische Truppen ausheben und Bulgarien stärker in den Krieg einzubinden versuchen. König Boris, seit jeher ein Sympathisant der Achse, ist wahrscheinlich für ein engeres Bündnis mit Deutschland;* fraglich ist allerdings, ob sich die Bulgaren, die sehr prorussisch eingestellt sind, ja sich fast selbst als Russen betrachten, in ihrer Mehrheit zu einem Krieg gegen Rußland bewegen lassen. Es gibt außerdem Anzeichen dafür, daß Hitler sich neuerlich bemüht, die Reste der französischen Flotte in die Hand zu bekommen, um sie gegen England einzusetzen. Es bleibt abzuwarten, ob Marschall Pétain, immerhin nomineller Regierungschef des unbesetzten Frankreich, sein feierliches Ehrenwort bricht und die französischen Kriegsschiffe übergibt. Selbst wenn er das tut, bleibt allerdings abzuwarten, ob die französischen Seeleute bereit sind, ihre Geschütze gegen Menschen abzufeuern, die, wie sie sehr wohl wissen, auch für die Freiheit Frankreichs kämpfen.**

Dem »Daily Mirror«, einer der meistgelesenen Zeitungen Englands, ist wegen seiner heftigen und zuweilen unverantwortlichen Kritik an der Regierung ein Verbot angedroht worden. Beide Häuser des Parlaments haben mit größter Leidenschaft über diese Frage debattiert.*** Das mag mitten in einem Weltkrieg

* *Die Deutschen waren in Rumänien sehr erfolgreich, wie Rußland zu seinem Leidwesen bei Sewastopol feststellen mußte. Zur Darstellung des deutsch-rumänischen Bündnisses und der anderen Verbündeten der Achsenmächte durch deren Propaganda s. Anhang Nr. 1. Zu einer ganz anderen Auffassung von König Boris und der Wahrscheinlichkeit seiner Ermordung durch deutsche Agenten s. Hannah Arendt, Eichmann in Jerusalem (1963, Reinbek 1978), S. 229.*

** *Wie andere Rundfunkleute der Alliierten griff Orwell in diesem Stadium des Krieges beim Thema Frankreich häufig auf Halbwahrheiten der hier verbreiteten Sorte zurück; durchaus möglich, daß sie damit einer Richtlinie der Zensur folgten. Die Gesinnung der französischen Truppen sollte alsbald bei Madagaskar auf die Probe gestellt werden.*

*** *Die Debatte fand am 26. März statt, nachdem Herbert Morrison am 19. März schriftlich auf eine Anfrage im Unterhaus geantwortet hatte; sie betraf eine in der Zeitung veröffentlichte Karikatur von Philip Zec, die einen Matrosen der Handelsmarine zeigte, der sich an einem Rettungsfloß festklammert. Die Bildlegende lautet: »Der Benzinpreis ist um einen Penny gestiegen. (Offiziell.)« Morrison führte aus: »Die fragliche Karikatur ist nur ein Beispiel, allerdings ein besonders übles, für die politische Ausrichtung und die Methode einer Zeitung, die, nur darauf bedacht, die Sensationsgier auszubeuten, und von hemmungsloser Gleichgültigkeit gegenüber dem nationalen Interesse und den nachteiligen Folgen für die Kriegsanstrengung, nun schon zum wiederholten Male grobe Verdrehungen, verzerrte und übertriebene Darstellungen und unverantwortliche Verallgemeinerungen veröffentlicht hat.« In der hitzigen Debatte, von der Orwell spricht, stellte Aneurin Bevan fest: »Auch ich bin der Meinung, daß die persönliche Freiheit so weit eingeschränkt werden muß, wie es erforderlich ist, um den Krieg zu gewinnen, aber ich halte Mr. Morrison, den Hexenjäger der Labour Party, nicht für den Mann, dem man die Entscheidungsgewalt darüber überlassen sollte.« Zu einem Bericht, der den »Daily Mirror« verteidigt, s. Hugh Cudlipp, Publish and Be Damned (1953), S. 172-187. Cudlipp behauptet, Zecs Karikatur sei mißverstanden worden: sie sei nicht als Angriff auf den Zynismus der Regierung, sondern auf den Schwarzmarkthandel mit Benzin gedacht gewesen, der die Kriegsanstrengung behinderte, »während tapfere Männer ihr Leben ließen«.*

wie Zeitverschwendung anmuten, ist in Wirklichkeit aber ein Beweis dafür, wieviel in unserem Lande die Pressefreiheit gilt. Daß der »Daily Mirror« tatsächlich verboten wird, ist sehr unwahrscheinlich. Auch die, die politisch nicht mit dem Blatt sympathisieren, sind gegen einen so drastischen Schritt, denn sie wissen, daß eine freie Presse eine der wichtigsten Stützen nationaler Einheit und Moral ist, selbst wenn es gelegentlich zu unerwünschten Veröffentlichungen kommt. Wenn wir uns die Zeitungen in Deutschland oder Japan ansehen, die bloße Sprachrohre der Regierung sind, und dann die britischen Zeitungen daneben halten, die die Regierung in jeder Weise kritisieren und angreifen dürfen, die nicht geradezu dem Feind in die Hände spielt, erkennen wir, wie tief der Unterschied zwischen totalitärer Herrschaft und Demokratie ist.*

Manuel Quezon, der Präsident der Philippinen, ist in Australien eingetroffen, wo er sich General MacArthur anschließen und die Geschäfte der Freien Philippinischen Regierung führen wird. Dabei ist es ganz amüsant festzuhalten, daß der faschistische Rundfunk nicht weniger als dreimal gemeldet hat, Präsident Quezon sei von den Amerikanern ermordet worden.** Die Meldung kam erstmals am 22. März und wurde später am selben Tag durch die Mitteilung ergänzt, daß »Quezon auf Befehl von MacArthur ermordet wurde, weil er sich weigerte, mit diesem nach Australien zu kommen«. Am 24. März gab der Sender Rom bekannt, Quezon sei von britischen und amerikanischen Agenten ermordet worden. Und nun hat sich Quezon aus freien Stücken nach Australien begeben und dort seine bedingungslose Loyalität gegenüber der Sache der Alliierten und die Entschlossenheit des philippinischen Volkes bekräftigt, den Kampf gegen die japanischen Invasoren fortzusetzen. Um nach Australien zu gelangen, mußte er über fünfzehnhundert Kilometer zurücklegen – eine bemerkenswerte Reise für einen Mann, der dreimal ermordet wurde. Soviel zum Wahrheitsgehalt der faschistischen Propaganda.

4. April 1942

Im Inneren Burmas sind nach wie vor schwere Gefechte im Gang, aber die Alliierten werden wahrscheinlich gezwungen sein, sich ein ganzes Stück weiter in Richtung Mandalay zurückzuziehen.

* *Orwell rechtfertigt hier bis zu einem gewissen Grad seine eigene Position.*

** *Rom sendete am 22. und 24. März entsprechende Berichte und griff dabei auf eine Tokioter Nachrichtenmeldung vom 22. März zurück, die im Anhang im vollen Wortlaut abgedruckt ist (Nr. 4).*

Vorgestern wurde gemeldet, die Japaner seien in Akyab, der Hafenstadt im Golf von Bengalen, unweit von Kalkutta, gelandet.* Dies stellt eine ernste Bedrohung für die britischen Streitkräfte in Prome dar, die abgeschnitten werden könnten, falls sie sich nicht zurückziehen und die japanische Landungstruppe stark genug ist, die britischen Verbindungslinien zu unterbrechen. Die Japaner verfolgen mit der Invasion Burmas mehrere unterschiedliche Absichten, und ihre Ziele sind zugleich strategischer, ökonomischer und politischer Natur. Strategisch gesehen versuchen sie, China einzukreisen, so daß von Indien kein Nachschub mehr dorthin gelangen kann; außerdem versuchen sie, den Weg für eine Invasion Indiens zu Wasser und zu Lande zu ebnen. Über Land könnte es ihnen gelingen, über die schwierige Route durch Manipur und Assam in Indien einzumarschieren, und sie könnten gleichzeitig durch eine Reihe von Landungsoperationen entlang der Küste Richtung Bengalen vorstoßen.

Wir haben keine Gewähr, daß diese beiden Manöver fehlschlagen werden, und wir können auch nicht davon ausgehen, daß der Monsun, der in Burma Ende nächsten Monats einsetzt, den japanischen Vorstoß wesentlich verlangsamen wird. Wir können allerdings ziemlich sicher sein, daß sie weder über Land noch von See her hochmotorisierte Verbände mit Panzern und schweren Geschützen nach Indien schaffen können. Sie werden sich hauptsächlich auf Infanterie und Flugzeuge stützen müssen, gegen die zahlenmäßig starke, wenn auch schlecht bewaffnete Kräfte oft erfolgreich Widerstand leisten können. Sehr viel hängt deshalb vom Verteidigungswillen des indischen Volkes und von seiner Überzeugung ab, daß es etwas besitzt, wofür es sich wirklich zu kämpfen lohnt.

Ökonomisch gesehen beabsichtigen die Japaner, Burmas Öl, seinen Reis und, je nach Bedarf, sein Nutzholz zu rauben. Das Öl bringt ihnen, selbst wenn sie in den Besitz der Quellen gelangen, unmittelbar nur wenig Nutzen, denn die Raffinerien bei Rangun wurden bereits zerstört. Am dringendsten allerdings brauchen sie den Reis, und zwar für ihre Truppen und, falls sie über genügend Schiffsraum für den Transport verfügen, für die heimische Bevölkerung.

Politisch gesehen beabsichtigen die Japaner, Burma als Stützpunkt für Propaganda gegen Indien zu verwenden. Sie sind Indien mittlerweile nahe genug, um auf Mittelwelle senden zu können, und wir dürfen damit rechnen, daß sich

* *Diese Meldung von Radio Tokio, die Orwell den Berichten der Abhörer entnommen haben muß, wurde von Neu-Delhi am 3. April dementiert. Das Dementi konnte London zum Zeitpunkt von Orwells Sendung noch nicht erreicht haben.*

ihre Propaganda in den kommenden Wochen enorm verstärken wird.* Im Augenblick sind sie noch ziemlich still, weil sie, solange die von Sir Stafford Cripps geführten Verhandlungen nicht auf die eine oder andere Weise zum Abschluß gekommen sind, nicht recht wissen, wie sie sich gegenüber Pandit Nehru, Mahatma Gandhi und den anderen politischen Führern Indiens verhalten sollen. Sollten die Verhandlungen eine zufriedenstellende Lösung erbringen, werden die Japaner durch ihre bezahlten indischen Sprachrohre** eine Verleumdungskampagne gegen Pandit Nehru und die anderen eröffnen und sie als bezahlte Agenten des britischen Imperialismus schmähen. Sollten die Verhandlungen scheitern, werden sie Pandit Nehru in den Himmel heben, weil er sich von den britischen Versprechungen nicht habe täuschen lassen und für die Unabhängigkeit der indischen Völker kämpfe. Welchen Standpunkt sie vertreten, wird vom Ausgang der Verhandlungen abhängen; so oder so aber wird der Propagandaschwall binnen einer Woche einsetzen, und es ist wichtig, daß die indischen Hörer darauf gefaßt sind und sich nicht davon täuschen lassen.

Gleichzeitig mit dieser Propagandakampagne werden die Japaner Burma und Siam als Beispiele für den Erfolg der japanischen »Neuen Ordnung« oder, wie sie das nennen, der »Großostasiatischen Wohlstandssphäre« anführen. Aus den eingehenden Meldungen wird deutlich, daß es den Japanern in Niederburma, zumal im Bezirk Tharrawaddy, gelungen ist, leicht erregbare, abenteuerlustige Burmesen in großer Zahl dazu zu bringen, in der trügerischen Hoffnung auf ein unabhängiges Burma auf ihrer Seite zu kämpfen.*** Sie werden mit Sicherheit versuchen, dieses Manöver in Indien zu wiederholen. Es ist deshalb wichtig, sich klarzumachen, worauf die Großostasiatische Wohlstandssphäre der Japaner hinausläuft, wie sie zur japanischen und zur Nazipropaganda paßt und wie demgegenüber die Fakten aussehen. Wir können mit eini-

* *Zu Cripps' Reaktion auf die Rundfunkpropaganda, die er in Indien hörte, und zu seiner von Brendan Bracken, dem Informationsminister, übermittelten Forderung nach mehr Gegendarstellungen s. OWB, S. 33.*

** *Eine von Orwells sehr seltenen Anspielungen auf seinen Hauptgegner Subhas Chandra Bose und dessen Anhänger. Selbstverständlich wurden auch Orwell und seine indischen Kollegen bei der BBC bezahlt.*

*** *Wie Orwell wußte, hatte es vor der japanischen Invasion erhebliche Widerstände gegen die britische Präsenz gegeben. Am 18. Januar war der burmesische Premierminister U Saw verhaftet worden, was die britische Regierung offiziell wie folgt bekanntgab: »Aufgrund von Berichten über das Verhalten von U Saw nach seinem Goodwillbesuch in unserem Lande [er war am 10. Oktober 1941 eingetroffen, um über den Status eines Dominions für Burma zu diskutieren] ist der Regierung Ihrer Majestät zur Kenntnis gekommen, daß er noch nach dem Ausbruch des Krieges gegen Japan mit der japanischen Regierung in Kontakt gestanden hat. Dies wurde durch sein eigenes Eingeständnis bestätigt. Die Regierung Ihrer Majestät sah sich daher gezwungen, ihn festzuhalten, und er wird nicht nach Burma zurückkehren können.« Trotz zahlreicher Hinweise der Achsenpropaganda auf den Vorfall wurde Orwell offenbar jede Anspielung darauf vom Zensor verboten.*

ger Gewißheit voraussagen, was passieren wird, und zwar sowohl aufgrund der momentanen Lage als auch aufgrund des Beispiels, das uns die Deutschen und die Japaner mit ihren früheren Taten liefern.

Stellen wir uns einmal vor, die Japaner können ganz Burma zu ihrem unbestrittenen Besitz machen. Nehmen wir weiter an, die unterworfenen Burmesen stehen mehr oder weniger auf ihrer Seite, weil sie das japanische Versprechen, Burma nach dem Krieg unabhängig zu machen und durch die Lieferung von Fertigwaren und die Ankurbelung der burmesischen Industrie zu Burmas Wohlstand beizutragen, geglaubt haben. Was wird nun unter diesen Umständen tatsächlich passieren? Als erstes werden die Japaner den Burmesen den größten Teil ihres Reises wegnehmen, nicht nur die Überschüsse, die sie normalerweise nach Indien exportieren, sondern auch den Löwenanteil dessen, was sie normalerweise selbst verzehren. Den Japanern bleibt gar nichts anderes übrig, denn sie brauchen Reis für ihre Truppe und für ihre Bevölkerung. Aber, könnte man einwenden, das macht ja nichts, wenn sie die Burmesen für deren Reis bezahlen. Das Problem ist nur, womit sollen sie ihn bezahlen? In erster Linie werden sie mit Geld bezahlen, das sie in genau den Mengen drucken, die sie für erforderlich halten. Der burmesische Bauer, dem der Reis weggenommen wird, bekommt dafür Papiergeld und wird erst zwei, drei Monate später richtig begreifen, daß dieses Geld wertlos ist, weil man sich nämlich nichts dafür kaufen kann. Und man kann sich zwangsläufig nichts dafür kaufen, denn die Japaner stehen in einem großen Krieg und können deshalb, selbst wenn sie wollten, keine Exportgüter zum Nutzen der von ihnen unterworfenen Völker produzieren. Mit dem Geld, das sie drucken, verfügen sie also über eine einfache Methode, die Völker von Burma, Siam, Malaya und der anderen Länder, die sie erobert haben, auszuplündern. Die Deutschen haben in Europa genau das gleiche getan und dabei sogenannte »Besatzungsmark« verwendet, d. h. Geld, das eigens für die Besatzungsarmee gedruckt wurde. Dieses Geld muß von den unterworfenen Völkern für Waren akzeptiert werden, in der Praxis kann man sich jedoch nichts dafür kaufen. Wir dürfen daher annehmen, daß die Burmesen, sollten die Japaner ganz Burma in ihren Besitz bringen, binnen weniger Monate feststellen werden, daß ihre japanischen Freunde ihnen keineswegs zu Freiheit und Wohlstand verhelfen, sondern sie vielmehr systematisch ausrauben. Bis Mitte dieses Winters, wenn die Reisernte von 1942 eingebracht ist, wird das wohl auch der beschränkteste Burmese begriffen haben.

Wenn der Schwindel der Großostasiatischen Wohlstandssphäre so leicht durchschaubar ist, warum hat dann die japanische Propaganda überhaupt Erfolg? Um diese Frage zu beantworten, müssen wir einen Blick auf Europa werfen, wo vor ein, zwei Jahren genau die gleiche Geschichte inszeniert wurde. Dort herrschte im wesentlichen die gleiche Situation. Die Deutschen machten ganz ähnliche Versprechungen wie heute die Japaner. Sie spalteten und schwächten ihre Opfer mit ganz ähnlicher Propaganda. Dann marschierten sie bei ihnen ein und unterwarfen sie, und als nächstes gingen sie systematisch daran, sie mit Hilfe von wertlosem Geld auszuplündern, wobei sie sie mit einer Besatzungsarmee und einer brutalen Polizei niederhielten. Erst als es zu spät war, merkten die unterworfenen Völker, was es mit Hitlers Neuer Ordnung auf sich hatte. Etwas ganz Ähnliches ist in Siam geschehen und geschieht gerade in Burma – oder könnte dort geschehen. Wir erkennen daran, wie ungeheuer wichtig ein politisches Bewußtsein und eine skeptische Haltung gegenüber verführerischer Propaganda ist. Wie in Europa, so sind auch in Asien gewisse Leute den Faschisten in die Fänge geraten, weil sie auf das hörten, was die Faschisten sagten, anstatt auf das zu achten, was sie wirklich taten. Der Wortschwall, mit dem die Japaner Burma derzeit übergießen und bald auch Indien übergießen werden, ist äußerst verlockend, aber ihre Taten in Korea, in China, in Mandschukuo* und auf Formosa sind es weniger. In all diesen Ländern haben sie das Volk mit Knüppel und Maschinengewehr niedergehalten, haben ihm sein Getreide und seine Rohstoffe geraubt, haben seine Freiheitsbewegungen zerschlagen, haben in die Erziehung seiner Kinder eingegriffen und nicht das geringste unternommen, um seine Ressourcen zu entwickeln, es sei denn im Interesse Japans selbst. Auf Formosa tun sie das seit fünfzig, in Korea seit vierzig, in Mandschukuo seit zehn und in den besetzten Teilen Chinas seit fünf Jahren. Morgen hoffen sie das gleiche in Indien, in Australien und möglicherweise sogar in Teilen Afrikas tun zu können. Sehr viel hängt deshalb von der Standhaftigkeit und der Vernunft der Menschen ab, an die sich die faschistische Propaganda richtet, denn es ist besser, sich zu wehren und, wenn auch unter Leiden, frei zu sein wie die Chinesen, als sich zu unterwerfen und zu spät zu bemerken, daß man sich wie das Volk von Siam hat täuschen lassen. Wer behauptet, Japan wird Burma oder Indien befreien, der muß sich fragen lassen: Warum sind dann Korea und Formosa noch nicht frei, die es nun schon so lange in seiner Gewalt hat? Wer behauptet, die Japaner kämpfen für die Befreiung Indiens, der muß sich fragen lassen: Warum kämpfen sie dann gegen die Befreiung Chinas? Wer behauptet, die Sache Japans ist die Sache Asiens gegen die europäischen Völker, der muß sich fragen lassen: Warum führen die Japaner dann fortwährend Krieg gegen andere Völker, die genauso Asiaten sind wie sie selbst?

* *Mandschukuo wurde von den Alliierten als japanischer Marionettenstaat betrachtet; eine Anerkennung seiner Existenz, wie hier durch Orwell, ist ungewöhnlich.*

18. April 1942

In dieser Woche waren die wichtigsten Ereignisse eher politischer als militärischer Natur. Die Nachrichten von den Fronten sind bekannt und müssen hier nicht eigens wiederholt werden.* Beschäftigen wir uns also mit der politischen Situation, die vielerlei Aussichten bietet, sowohl günstige als auch bedrohliche.

[*Zensiert:* In Burma haben sich die Japaner massiv verstärkt und ihren Vormarsch weiter fortgesetzt. Wie in früheren Nachrichtensendungen von uns vorausgesagt, haben die Briten die burmesischen Ölfelder räumen müssen. Diese wurden zuvor systematisch zerstört und werden den Japanern nicht von unmittelbarem Nutzen sein. Die große Ölraffinerie bei Rangun wurde ohnehin schon vor einiger Zeit gesprengt. Abgesehen von der Festung Corregidor gehen die Gefechte auch noch in anderen Teilen der Philippinen weiter, und amerikanische Langstreckenbomber, die von über fünfzehnhundert Kilometer weit entfernten Stützpunkten aus operieren, haben einen schweren Angriff gegen die japanischen Verbände geflogen. Die japanischen Invasionspläne gegen Australien haben offenbar keinerlei Fortschritte gemacht. Vom westlichen Kriegsschauplatz gibt es nicht viel zu berichten. In Rußland hat Tauwetter eingesetzt, und einstweilen verlangsamt der tiefe Boden alle Operationen, aber die heroische Rote Armee rückt weiter in kleinen Schritten vor, und die britischen Bomber setzen ihre Angriffe auf Westdeutschland fort.]

Sir Stafford Cripps wird in Kürze in England erwartet. Heute, da der Abbruch seiner Verhandlungen mit den politischen Führern Indiens eine Woche zurückliegt, ist es möglich, seine Mission genauer einzuordnen und etwas zu den Reaktionen zu sagen, die sie in verschiedenen Teilen der Welt hervorrief.

Aus den Meldungen, die aus vielen Ländern eingegangen sind, wird deutlich, daß nur die Anhänger des Faschismus sich über das Scheitern von Sir Stafford Cripps' Mission freuen. Andererseits herrscht allgemein der Eindruck, daß sie nicht komplett gescheitert ist, insofern die Verhandlungen das Problem verdeutlicht und nicht auf eine Weise geendet haben, die weitere Fortschritte unmöglich macht. Wie tief die Meinungsverschiedenheiten auch

* *Dieser Satz wurde vom Zensor eingefügt, nachdem er Orwells urprünglichen Satz gestrichen hatte; dieser lautete wie folgt: »Wir können die Nachrichten von den Fronten in wenigen Worten zusammenfassen, ehe wir zur Besprechung der politischen Lage übergehen, die zahlreiche Möglichkeiten birgt, die teils hoffnungsvoll, teils bedenklich stimmen.« Der gesamte folgende Absatz wurde vom Zensor gestrichen.*

waren, es gab weder auf der einen noch auf der anderen Seite böses Blut, und nichts deutete darauf hin, daß Sir Stafford Cripps oder die politischen Führer Indiens anders als in gutem Glauben gehandelt hätten.* In England und in den Vereinigten Staaten hat Sir Stafford Cripps' ohnehin schon hohes Ansehen sogar noch zugenommen. Er hat eine Aufgabe übernommen, bei der er riskierte, in Mißkredit zu geraten, und seine offensichtliche Aufrichtigkeit hat die ganze Welt beeindruckt. Die Propagandisten der Achsenmächte versuchen, das Scheitern der Verhandlungen als Weigerung Indiens, sich zu verteidigen, und als konkreten Wunsch Indiens nach japanischer Herrschaft hinzustellen. Das ist eine dreiste Lüge, die die Achsensender nur dadurch aufrechterhalten können, daß sie absichtlich nicht aus den Reden Mr. Nehrus und der anderen führenden Politiker zitieren. Sogar Mr. Gandhi hat ja, obwohl er seinem Programm der Gewaltlosigkeit treu geblieben ist, keineswegs zu verstehen gegeben, daß er die Japaner in Indien haben will, sondern lediglich, daß er glaubt, man müsse ihnen eher mit geistigen als mit materiellen Waffen widerstehen. Mr. Nehru ist zwar weiterhin antibritisch, aber zugleich noch entschiedener antijapanisch eingestellt. Er hat im denkbar nachdrücklichsten Ton versichert, daß der indische Widerstand weitergehen und die Kongreßpartei alles unterlassen wird, was die britischen Kriegsanstrengungen behindern könnte, auch wenn sie sich aufgrund des unveränderten politischen Status quo nicht unmittelbarer daran beteiligen kann. Er hat, wie schon bei vielen früheren Gelegenheiten, gesagt, daß ungeachtet seiner Einwände gegen die britische Regierung die Sache Englands, Sowjetrußlands und Chinas Fortschritt und die Sache Deutschlands und Japans Reaktion, Barbarei und Unterdrückung bedeutet. Trotz der Schwierigkeit, unmittelbar mit den britischen Streitkräften zusammenzuarbeiten, werde er somit alles in seiner Macht Stehende unternehmen, um die indische Volksmeinung gegen den Aggressor zu mobilisieren und den Indern vor Augen zu führen, daß ihre Freiheit unauflöslich mit einem Sieg der Alliierten verknüpft ist. Denn selbst im schlimmsten Fall könne Indien von England die Unabhängigkeit erhalten; die Vorstellung dagegen, Indien oder sonst eine abhängige Nation könne in einer von Faschisten beherrschten Welt die Freiheit gewinnen, sei lachhaft.

* *Wie stets wenn Orwell sich auf »Meldungen aus vielen Ländern« bezieht, meint er damit abgehörte Rundfunksendungen aus Nicht-Achsenländern. Orwells schlichte Feststellung vom »guten Glauben auf beiden Seiten« kündigte einen Sturm an, der in der Verhaftung und Internierung der führenden Politiker der Kongreßpartei kulminierte. Orwell erwähnt ferner, Nehru sei kein Anhänger der Japaner, wobei er sich auf die Versicherung seines Kollegen Mulk Raj Anand, eines engen Freundes von Nehru, stützt. Gleichwohl sollte das Government of India später Dokumente freigeben, die man bei Durchsuchungen von Büros der Kongreßpartei gefunden hatte und die angeblich bewiesen, daß es, wie bei U Saw, Vorschläge gegeben hatte, im Falle einer Invasion, die als wahrscheinlich galt, direkt an die Japaner heranzutreten. Die BBC bekam kurz vor Nehrus Verhaftung besondere Instruktionen, wie die Lage in Indien zu behandeln sei (s. Einleitung, S. 19 f.).*

Das sind keine leeren Worte, und die Haltung der Masse des indischen Volkes sowie der führenden Parteien, wie etwa der Kongreßpartei, kann für den Ausgang des Krieges zweifellos von großer Bedeutung sein. Auch die Tatsache, daß es Indien schwerfiele, alle Inder mit modernen Waffen auszurüsten, ändert daran nichts.* 1935 oder 1936, als klar wurde, daß eine japanische Invasion Chinas unmittelbar bevorstand, glaubten viele außenstehende Beobachter, die Japaner seien nicht aufzuhalten, da die chinesischen Bauern wenig Nationalgefühl hätten und auf chinesischer Seite kaum modernes Kriegsgerät vorhanden sei. Wie sich herausstellte, waren diese Voraussagen völlig falsch. Seit 1937 sind die Japaner nun in einen kräftezehrenden Krieg verwickelt, in dem sie sehr wenig materiellen Nutzen erzielt, eine Vielzahl von Truppen verloren, den Lebensstandard ihrer Arbeiterklasse gesenkt** und Millionen von Orientalen gegen sich aufgebracht haben, die ansonsten vielleicht auf ihrer Seite stünden. Das lag daran, daß es in China eine starke politische Volksbewegung gab, die die Bauern und die Arbeiterklasse der Städte begeistern und ihre Bereitschaft zum Kampf gegen die Invasoren wecken konnte, so daß sie gegen überlegene Waffen ihre zahlenmäßige Überlegenheit und ihren Mut in die Waagschale warfen. Gegen hochmotorisierte Verbände wie etwa die deutschen mag bloßer Volkswiderstand mit Gewehren und Handgranaten vielleicht wirkungslos sein, obwohl das angesichts der Erfolge der russischen Partisanen keineswegs ausgemacht ist. Aber gegen eine Armee, wie sie Japan in China einsetzt oder für eine Invasion Indiens einsetzen könnte – d. h. eine hauptsächlich aus Infanterie bestehende Armee –, kann der Partisanenkrieg höchst erfolgreich sein und die »Politik der verbrannten Erde« die Invasoren ungeheuer behindern. Sehr viel hängt deshalb von der Begeisterung des indischen Volkes ab, und Mr. Nehrus Bemühungen könnten sich durchaus als Stachel im Fleische der Japaner erweisen. Zweifellos sind sich die Propagandisten der Achsenmächte vollauf bewußt, daß Mr. Nehru, Mr. Azad und die anderen führenden Persönlichkeiten der Kongreßpartei mit Leib und Seele gegen sie sind, und es wird nicht sehr lange dauern, bis sie wieder beginnen, sie als Agenten des britischen Imperialismus zu verunglimpfen.

* *Man hatte seinerzeit ein sehr romantisches Verhältnis zum Partisanenkrieg; etwas von diesem Geist herrschte auch in den Anfangstagen der Local Defence Volunteers, denen Orwell sich anschloß. Die Bewaffnung aller indischen Zivilisten freilich, wie sie von einigen Kongreßmitgliedern naiverweise vorgeschlagen wurde, wäre sowohl logistisch unmöglich als auch ein sicheres Rezept für den Bürgerkrieg gewesen.*

** *Die Propaganda der Achsenmächte machte viel Wesens darum, daß Japan, laut einhelliger Meinung internationaler Militärexperten vor Pearl Harbor, von seinen Kriegen mit China erschöpft und der Lebensstandard seiner Arbeiter auf ein kritisches Niveau abgesunken sei. Orwell wiederholt hier erneut das gleiche Propagandaargument, und dies nach den größten Siegen, die die Japaner in diesem Krieg errangen.*

[*Zensiert:* Vor drei Tagen wurde der britische Haushaltsplan vorgelegt, der insgesamt auf Zustimmung stieß. Er sieht, kurz zusammengefaßt, keinen Anstieg der direkten Steuern und sogar einen teilweisen Erlaß der Einkommensteuer bei den unteren Einkommensklassen vor. Grob gesagt werden die Arbeiter der einkommenschwächeren Schichten im laufenden Jahr weniger an direkten Steuern bezahlen. Andererseits werden die indirekten Steuern kräftig ansteigen, und zwar fast ausschließlich bei Luxusgütern. Tabak und Alkohol werden beide sehr kräftig besteuert, ebenso alle Arten von Luxusgütern wie Pelzmäntel, Seidenkleider und ähnliches mehr. Bestimmte Arten von sehr billigen Textilien, die als Arbeitskleidung gedacht sind, werden von der Besteuerung ausgenommen. Die Tabaksteuer gilt nicht für die Streitkräfte; Soldaten werden sich weiterhin eine bestimmte Anzahl von Zigaretten pro Tag zum alten Preis kaufen können. Man spricht allgemein von einem demokratischen Haushalt, der die Angleichung der Lebensverhältnisse und die Ausmerzung von Klassenunterschieden, die sich in England infolge des Krieges vollzieht, noch beschleunigen wird.]

Als sehr schlechte Nachricht ist die Rückkehr von Laval in das französische Kabinett zu bewerten.* Laval ist ein französischer Millionär, der seit vielen Jahren als unmittelbarer Agent der Naziregierung bekannt ist. Er war maßgeblich an den Intrigen beteiligt, die zu Frankreichs Zusammenbruch führten, und arbeitet seit dem Waffenstillstand unablässig für die sogenannte »Zusammenarbeit« zwischen Frankreich und Deutschland, die nichts anderes bedeutet, als daß Frankreich sich mit den Achsenmächten zusammentun, mit einer Armee am Krieg gegen Rußland teilnehmen und seine Flotte gegen England einsetzen soll. Über ein Jahr lang konnte er dank amerikanischem Druck vom Amt ferngehalten werden, und seine Rückkehr bedeutet wahrscheinlich, daß die diplomatischen Beziehungen zwischen Frankreich und den USA am Ende sind.** Die amerikanische Regierung hat bereits ihren Botschafter abberufen

* *Am 14. April wurde Admiral Darlan aus dem Vichy-Kabinett entlassen, der von ihm bekleidete Posten des Vize-Premiers wurde abgeschafft; er blieb Oberbefehlshaber der Streitkräfte. Laval trat im neugeschaffenen Amt eines Regierungschefs im Kabinett an seine Stelle.*

** *Eine Rede, die der Politiker Marcel Deat am 13. April hält, nimmt deutlich die Haltung der neuen Regierung zu Amerika vorweg: »Frankreich hat zwei Möglichkeiten: entweder es bekennt sich offen zur Zusammenarbeit im Neuen Europa, oder Deutschland gebraucht Gewalt und ergreift die Maßnahmen, die es für erforderlich hält. Wir können an einem europäischen Sieg oder an einer britischen Niederlage teilhaben. Seit 18 Monaten wird Frankreich vom amerikanischen Botschafter Admiral Leahy regiert. Wir müssen unsere Wahl treffen – die Angelsachsen oder Europa. Großbritannien bombardiert unsere Städte, mordet unsere Arbeiter in den Pariser Vororten, stiehlt unsere Kolonien, versenkt unsere Schiffe und versucht uns durch eine Blockade auszuhungern. Amerika hat Saint-Pierre-et-Miquelon und Neu-Kaledonien besetzt und würde morgen Marokko angreifen, wenn es könnte!« Am 17. April wurde Admiral Leahy von Präsident Roosevelt zurückgerufen. Am Vortag waren die amerikanischen Bürger in Vichy-Frankreich zum Verlassen des Landes aufgerufen worden.*

und die amerikanischen Staatsangehörigen aufgefordert, Frankreich zu verlassen. Vielleicht hat das ja auch sein Gutes, denn es gibt wenig Zweifel daran, daß deutsche Unterseeboote, die im Atlantik operieren, seit längerem gewohnheitsmäßig französische Häfen in Afrika und in Westindien nutzen, und die Tatsache, daß Frankreich und Amerika theoretisch freundschaftliche Beziehungen unterhielten, hat Maßnahmen gegen diese Manöver bisher erschwert. Falls es zum Abbruch der Beziehungen kommt, werden die Amerikaner wenigstens nicht mehr meinen, ihnen seien wegen der sogenannten Neutralität Frankreichs die Hände gebunden. Gleichwohl besteht die große Gefahr, daß es Laval in einem kritischen Moment gelingt, die französische Flotte gegen die britische Marine, die sich bereits der kombinierten Seestreitkräfte dreier Länder erwehren muß, in die Schlacht zu werfen. Genau darauf zielt er zweifellos auch ab; seine Pläne könnten allerdings daran scheitern, daß der gemeine Mann in Frankreich von ganzem Herzen gegen die Nazis ist. Es gibt einigen Grund zu der Annahme, daß die französischen Seeleute sich weigern würden, ihre Geschütze gegen die Briten einzusetzen, die sie durchaus auch als Kämpfer für die Freiheit Frankreichs begreifen. Im besetzten Frankreich kommt es fortwährend zu Unruhen, Tumulten und Sabotageakten, und fast täglich melden die deutschen Zeitungen die Erschießung neuer Gruppen von Geiseln. Die Deutschen selbst glauben offenbar, daß die französische Bevölkerung eine britisch-amerikanische Invasionsstreitmacht im Falle einer Landung eifrig unterstützen würde. Einstweilen allerdings birgt die Situation viele Gefahren, und wir können sicher sein, daß den Quislingen in Frankreich bei dem großen Frühjahrsfeldzug, den die Deutschen derzeit vorbereiten, eine nicht unwichtige Rolle zugedacht ist.

25. April 1942

In dieser Woche hat sich die militärische Lage in Asien nicht sehr verändert. Bekannt ist, daß die Japaner in Burma sich gewaltig verstärkt haben. Die Alliierten haben sich seit letzter Woche weiter zurückgezogen. Die japanischen Bemühungen, die britischen Truppen bei Yenangyaung und die chinesischen Truppen bei Loikaw einzukesseln, sind fehlgeschlagen. General Wavells Rede vom 21. April* hat deutlich gemacht, daß die indische Luft-

* *In einer von Neu-Delhi aus an das indische Volk gerichteten Rundfunkansprache zur Hebung der Moral sprach Wavell ganz allgemein von der Hoffnung auf Verstärkungen, wozu Orwell hier möglichst gute Miene macht.*

verteidigung sowohl personell als auch in puncto Flugzeuge sehr verstärkt wurde, und diese Verbesserung wird sich wahrscheinlich auch an der burmesischen Front auswirken, obwohl der Mangel an Flugplätzen in Nordburma den Alliierten nicht wenig zu schaffen macht. Die Rückkehr der Provinzregierung nach Madras, das zeitweise evakuiert war,* verdankt sich zweifellos der verbesserten Luftlage. Bei ihren Angriffen auf Ceylon und Madras haben die Japaner, Schätzungen zufolge, etwa hundert Flugzeuge verloren, und da diese Flugzeuge von Flugzeugträgern gekommen sein müssen, können sie nicht ohne eine gewisse Verzögerung ersetzt werden. Bei ihrem Feldzug in Burma liegen die Japaner in einem Wettlauf mit der Zeit und dem Wetter. Sie hoffen, noch vor dem Einsetzen des Monsuns, der etwa Mitte Mai beginnt, nicht nur die von Lashio ausgehende Burmastraße, sondern auch die mittlerweile im Bau befindlichen neuen Straßen zwischen Indien und China unterbrechen zu können. Bis Mitte Juni ist alles tiefliegende Gelände in Burma überschwemmt. Wir dürfen allerdings nicht den Fehler machen zu glauben, der Monsun werde die japanischen Truppen vollständig lähmen. Auch in den regenreichsten Monaten lassen sich mittels Flößen und flachen Kähnen größere Infanterieverbände verlegen. Aber der Transport von Panzern und schweren Geschützen ist sehr schwierig, und geeignete Start- und Landeplätze für Flugzeuge werden noch rarer.** Insgesamt also wird sich der Beginn des Monsuns für die Alliierten vorteilhaft auswirken und bis zu einem gewissen Grad die zahlen- und waffenmäßige Überlegenheit wettmachen, der die Japaner ihre bisherigen Erfolge verdanken.

Die Amerikaner und Filipinos setzen ihren Widerstand in der Festung Corregidor und anderen Teilen der Philippinen fort.*** Am 18. April wurde Tokio von amerikanischen Flugzeugen bombardiert, die aller Wahrscheinlichkeit nach von Flugzeugträgern aus operierten. Die Japaner geben sich sehr empört und behaupten, wie bei den Propagandisten der Achsenmächte gang und gäbe, es seien nur nichtmilitärische Ziele getroffen worden. Tatsächlich fallen, nach den Rundfunksendungen der Achsenmächte zu schließen, von alliierten Flugzeugen abgeworfene Bomben so ausschließlich auf Schulen und Krankenhäu-

* *Zum erstenmal hatte es in Madras am 7. April Fliegeralarm gegeben. Von da an wurden sämtliche entbehrlichen Bürger – darunter auch die Mitglieder der Provinzregierung, die offenbar auch zu dieser Kategorie zählten – systematisch evakuiert. Als endgültig Entwarnung gegeben wurde, hatten mehr als 100 000 Menschen die Stadt verlassen.*

** *Hier stützt sich Orwell wieder auf eigene Erfahrungen in Burma.*

*** *Die Achsenpropaganda machte nach wie vor viel Aufhebens von japanischen Siegen. Am 7. April räumte das US-Kriegsministerium ein, daß 65 000 US- und Filipinosoldaten sowie -zivilisten auf Bataan in Gefangenschaft geraten waren. Orwell erwähnt verständlicherweise nur den Widerstand in Corregidor.*

ser, daß man annehmen muß, in Tokio, Berlin und den anderen Großstädten der Achsenländer gäbe es überhaupt keine anderen Gebäude. Wenn wir allerdings daran denken, daß die Japaner seit fünf Jahren vollkommen wehrlose Städte in China bombardieren, wirkt ihre Empörung ein wenig lächerlich.

Für den Kampf im Westen stellen sich drei alles entscheidende Fragen, die sich noch nicht mit letzter Sicherheit beantworten lassen, die wir jedoch so gut wie möglich beantworten müssen, um ein klares Bild von der Zukunft zu gewinnen. Diese Fragen sind: Erstens, in welche Richtung werden die Deutschen ihre Hauptoffensive unternehmen? Zweitens, werden die Briten und die Amerikaner eine Landung auf dem europäischen Kontinent versuchen? Und drittens, welche Rolle wird Frankreich, das mittlerweile von dem nazifreundlichen Millionär Laval beherrscht wird, bei den bevorstehenden Operationen spielen?

Wir haben in früheren Nachrichtenkommentaren darauf hingewiesen, daß die Deutschen ihre größten Anstrengungen notgedrungen auf den Kaukasus und den Nahen Osten richten. Für sie kommt es hauptsächlich darauf an, sich neue Ölvorräte zu sichern und mit ihren japanischen Verbündeten zusammenzutreffen. Über die grobe Richtung ihres Vorstoßes kann daher kaum ein Zweifel bestehen. Zweifelhaft ist bislang nur, ob sie es mit aller Macht darauf anlegen, die Rote Armee zu schlagen und das Kaspische Meer zu erreichen, oder ob sie versuchen werden, auf einer südlicheren Route ostwärts vorzustoßen. Die Tatsache, daß Frankreich jetzt stärker unter deutscher Kontrolle steht, könnte die Deutschen veranlassen, einen direkten Angriff auf die Insel Zypern und von dort aus auf Syrien zu unternehmen, denn wenn sie die französische Flotte in ihre Hand bekommen, verfügen sie möglicherweise über genügend Kriegsschiffe, um den Briten die Vorherrschaft im östlichen Mittelmeer streitig zu machen. Zypern und Syrien allein durch Luftangriffe zu erobern wäre sehr schwierig. Durchaus möglich ist auch, daß die Deutschen gleichzeitig mit ihrer Hauptoffensive einen wie auch immer gearteten Angriff im Westen unternehmen, und zwar entweder gegen Spanien, Gibraltar und Westafrika oder gegen die Britischen Inseln. Eine vollständige Invasion Englands dürfte kaum gelingen, aber selbst eine erfolglose Invasion könnte große Störungen der Wirtschaft hervorrufen, und dafür könnte Hitler, dem es gleich ist, wieviel Blut er vergießt, in einem kritischen Moment durchaus bereit sein, eine größere Streitmacht aufs Spiel zu setzen. England ist allerdings auf jeden derartigen Angriff, ob zu Lande, zu Wasser oder in der Luft, gut vorbereitet.

Was eine alliierte Landung in Europa in diesem Jahr angeht, möchten wir lieber keine eindeutige Voraussage machen. [*Vier Zeilen unleserlich.*] Klar ist, daß die Deutschen mit einer solchen Landung rechnen und sie entweder in

Norwegen oder in Frankreich erwarten. Sie arbeiten fieberhaft am Ausbau ihrer Verteidigungsstellungen im Westen und haben zu diesem Zweck wahrscheinlich schon Truppen und Flugzeuge von der russischen Front abgezogen. Die Briten haben ein weiteres erfolgreiches Kommandounternehmen durchgeführt, und zwar in Boulogne.* Solche Kommandounternehmen verursachen nicht nur Schäden an militärischen Zielen, sondern zwingen die Deutschen auch, zur Verteidigung ihrer langen Küstenlinie eine unverhältnismäßig große Anzahl von Truppen abzustellen. Hinter ihrer gewohnheitsmäßigen Prahlerei verraten die Reden der deutschen Führer große Besorgnis. Sie sind sich bewußt, daß es im Krieg 1914–1918 der Zwang zum Kampf an zwei Fronten, in Rußland und in Frankreich, war, der die deutsche Armee zermürbte, und sie befürchten, daß das gleiche erneut passiert, wenn es den Briten und Amerikanern gelingt, auf dem Kontinent Fuß zu fassen. In seiner Rundfunkrede am 22. April versuchte Hitler abermals, dem deutschen Volk Angst zu machen und es so zu größeren Anstrengungen anzutreiben, indem er behauptete, eine deutsche Niederlage würde die völlige Vernichtung Deutschlands bedeuten. Das ist selbstredend eine Lüge: eine deutsche Niederlage würde lediglich die Vernichtung der Nazis bedeuten. Neu und bezeichnend ist allerdings, daß der deutsche Diktator überhaupt die Möglichkeit einer Niederlage anspricht. Seltsam, wenn man zurückblickt und sich erinnert, daß die Deutschen im Sommer 1940 zu hören bekamen, der Krieg werde in ein paar Wochen zu Ende sein, und daß Hitler seinem Volk Anfang 1941 feierlich versprach, es werde keinen weiteren Kriegswinter mehr durchmachen müssen.

Was die Entwicklungen in Frankreich angeht, so wird deutlich, daß Laval, wie wir es letzte Woche vorausgesagt haben, eng mit den Deutschen zusammenarbeitet. Mittelbar mag er ihnen von großem Nutzen sein, aber er wird sehr behutsam vorgehen müssen, denn er ist in Frankreich verhaßt, und die Volksseele kocht. Wahrscheinlich wird er seine Ziele nach und nach zu erreichen suchen: seine bisherige Karriere zeigt denn auch, daß er am liebsten im verborgenen vollendete Tatsachen schafft und seinen Kritikern wenig Gelegenheit bietet, ihm auf die Schliche zu kommen. Aber sein Aufstieg zur Macht hat gezeigt, wie schwach das Vichy-Regime ist und wie wenig man sich darauf verlassen kann, daß es deutschen Forderungen widersteht – ob sie sich nun auf die Abtretung französischer Besitzungen in Übersee oder auf die Benutzung französischer Schiffe beziehen. Südafrika hat nunmehr die Beziehungen zur Vichy-Regierung abgebrochen; bereits vorher hatte General Smuts angekün-

* *Am 22. April. Der von Major Lord Lovat geführte Angriff wurde als kleineres bewaffnetes Aufklärungsunternehmen bezeichnet.*

digt, daß man jedem Versuch entgegentreten werde, Madagaskar im Namen der Achsenmächte in Besitz zu nehmen.* Es gibt bisher noch keine weiteren Meldungen zu der Frage, ob Laval danach trachtet, den Achsenmächten die französische Flotte zur Verfügung zu stellen. Man kann wahrscheinlich davon ausgehen, daß die französischen Seeleute, jedenfalls zum größten Teil, nicht auf Geheiß der Deutschen gegen ihre früheren Verbündeten kämpfen würden. Es besteht freilich die Gefahr, daß die Deutschen in den vergangenen anderthalb Jahren zu diesem Zweck selbst Mannschaften ausgebildet haben; denn sie haben sich nach den Bedingungen des Waffenstillstandes zwar verpflichtet, von der französischen Marine keinen Gebrauch zu machen, aber sie sind nicht dafür bekannt, daß sie sich an lästig gewordene Verträge halten. Deutlich ist, daß sich die Stimmung in Frankreich seit Lavals Aufstieg zur Macht stärker denn je gegen die Nazis wendet. Auf Doriot, den Faschisten und nazifreundlichen Politiker, wurde ein Attentat verübt.** Mittlerweile finden sich in der deutschen Presse fast täglich Meldungen, daß erneut eine Gruppe französischer oder belgischer Geiseln erschossen wurde.

[*Zensiert:* In England sind neue Rationierungsbestimmungen angekündigt worden. Vom ersten Juni an wird Brennmaterial für den Hausgebrauch rationiert; man erwartet, daß damit jährlich etwa 10 Millionen Tonnen Kohle eingespart werden.]***

Sir Stafford Cripps ist am 21. April in England eingetroffen. Ein Überblick über die Weltpresse zeigt, daß ihn die Weltöffentlichkeit, zumal in China und in den Vereinigten Staaten, trotz des vorläufigen Scheiterns seiner Mission wegen seiner Integrität bewundert und hofft, daß die Verhandlungen in nicht zu ferner Zukunft wieder aufgenommen werden. Sicher wird über die Mission von Cripps in dieser Woche im Parlament debattiert werden, und wir hoffen, in unserem nächsten Nachrichtenkommentar ausführlicher über die Reaktionen hierzulande berichten zu können.

* *Im Zusammenhang mit den alliierten Plänen einer Invasion Madagaskars, die schon weit gediehen waren, scheint es sich bei der Bemerkung über Smuts und der Äußerung zur Abtretung von Vichy-Territorium an die Achsenmächte um ein propagandistisches Täuschungsmanöver zu handeln.*

** *Am 20. April wurde eine Bombe auf Doriot geworfen, als er in Rennes eine Rede hielt. Sie explodierte nicht. Ein paar Tage später allerdings wurden die Büros seiner antibolschewistischen Organisation erfolgreich angegriffen.*

*** *Ein weiterer Versuch Orwells, einen wenn auch winzigen Einblick in die Lebenswirklichkeit während des Krieges zu geben, der dem wachsamen Auge des Zensors nicht entging.*

2. Mai 1942

Die Japaner haben die Stadt Lashio eingenommen, die an dem ostwärts nach Mandalay führenden Hauptzweig der Burmastraße liegt. Weiter im Norden gibt es eine zweite Straße, die von Bhamo aus südöstlich verläuft und ein ganzes Stück weit östlich von Lashio nach China hineinführt. Sie ist selbstverständlich noch in alliierter Hand, aber es handelt sich um keine besonders gute Straße, und Bhamo ist nur durch den Fluß mit Mandalay verbunden. Sollte Mandalay fallen, ist China vorderhand von der Außenwelt abgeschnitten, und die chinesischen Truppen werden auf Nachschub aus der Luft angewiesen sein, bis die neuen Straßen von Indien nach China fertiggestellt sind. Das in Lashio gelagerte Kriegsmaterial wurde, soweit möglich, nach China geschafft, der Rest wurde, wie verlautet, vernichtet, ehe die Japaner die Stadt erreichten.

In Momenten wie diesen ist es mehr denn je erforderlich, den gesamten Krieg, und auch den Burma-Feldzug, in die richtige Perspektive zu rücken und der Feindpropaganda ebensowenig Beachtung zu schenken wie den von Flüchtlingen aus Burma verbreiteten Gerüchten, die häufig übertrieben und irreführend sind. Der Verlust des größten Teils von Burma ist ein Rückschlag für die alliierte Sache, allerdings kein verheerender, der sich entscheidend auf die Gesamtstrategie des Krieges auswirken könnte.

Sowohl von den Philippinen als auch von Australien gibt es wenig zu berichten. Die australischen und amerikanischen Flugzeuge setzen ihr schweres Bombardement der japanischen Truppen auf der Insel Neuguinea fort und haben viel Kriegsmaterial und eine ganze Reihe von Feindflugzeugen zerstört. Gleichwohl glauben Beobachter vor Ort, daß die Japaner vorhaben, in naher Zukunft zum Angriff auf Australien anzutreten.

Ein Vergleich von Stalins Tagesbefehl* mit den hysterischen Reden, die Anfang der Woche von Hitler und Mussolini zu hören waren, läßt keinen Zweifel daran, daß die Tyrannen der Achsenmächte eine Ahnung von ihrem Untergang anweht, während der russische Führer, und das mit gutem Grund, zuversichtlicher denn je ist. Die hastig anberaumte Begegnung zwischen Führer und Duce in den Bergen des Salzkammerguts zielte zweifellos darauf ab, der Welt eine Gänsehaut über den Rücken zu jagen; mittlerweile aber lassen sich nicht einmal mehr ihre eigenen Völker wirklich von der Behaup-

* *Die wichtigsten Reden aller Staatsmänner der kriegführenden Nationen wurden weltweit ausgestrahlt, und Orwell geht hier davon aus, daß seine Zuhörer in Indien und im Nahen Osten die Möglichkeit hatten, sie zu hören.*

tung täuschen, solche Konferenzen produzierten wundersame Siege. Zwar trafen sich die beiden Kumpane schon am Vorabend von Hitlers Einmarsch in Norwegen und Mussolinis Einmarsch in Griechenland, bei dem er sich und die faschistische Armee mit Schande bedeckte, aber man wird in ihren Ländern nicht vergessen haben, daß sie auch die Köpfe zusammensteckten, ehe Hitler sich in das russische Abenteuer stürzte, und daß ihre letzte Begegnung den Auftakt zur vernichtenden Abwehr dessen bildete, was der Nazi-Befehlshaber als entscheidenden Angriff auf das russische Volk geplant hatte.

Wenn das saubere Paar sich heute trifft, wird Mussolini vermutlich von bitteren Erinnerungen an die Tage heimgesucht, da er Hitler als Gleichberechtigter gegenübertreten konnte. Als völlig hilfloser Quisling ist er nach Salzburg gekommen, und laut seinem Sprachrohr Gayda sieht das Ergebnis der Konferenz wohl so aus, daß die Ketten um ihn und das italienische Volk sich noch enger zusammenziehen.* Italienische Truppen sollen in noch größerer Zahl ins Feuer der russischen Front geworfen, Nazitruppen in noch stärkeren Kontingenten nach Italien hereingelassen werden, um dort nach Belieben zu plündern. Diesmal wenigstens können wir sicher sein, daß Gayda die Wahrheit gesagt hat. Hitler hatte Generalfeldmarschall Keitel bei sich, den Chef des Nazi-Oberkommandos, der die anderen Sklavenstaaten Osteuropas nach Kanonenfutter abgegrast hat und Italien nicht so leicht davonkommen lassen wollte. Der offizielle Konferenzbericht, fade wie immer, verrät gleichwohl die zunehmende Verwirrung von Führer und Duce; sie haben, wie sie behaupten, »einen überwältigenden Sieg« errungen, erneuern aber, in ihren eigenen Worten, ihre »feste Entschlossenheit, mit allen in ihrer Macht stehenden Mitteln den Endsieg herbeizuführen«.

Wenn Worte zu den Siegeswaffen gehörten, wäre Rußland letzten Sommer und letzten Herbst mehrfach vernichtet worden. An der Richtigkeit von Stalins Einschätzung, daß die deutsche Armee heute schwächer ist als vor zehn Monaten, kann kein Zweifel bestehen. Die besten Offiziere, die besten Truppen und Unmengen von Material der Wehrmacht sind vernichtet worden. Rußland kann ein ungleich größeres Menschenpotential aufbieten, als Hitler aus dem Reich und aus sämtlichen Sklavenstaaten an die Front prügeln kann.** Rußlands Produktivkraft wurde durch den Verlust der Ukraine, die

* *Verginio Gayda war Chefredaktuer des »Giornale d'Italia«. Die Begegnung zwischen Hitler und Mussolini hatte am 29. und 30. April in Salzburg stattgefunden.*

** *Hier und im Absatz davor schlägt Orwell seinen demagogischsten Propagandaton an. Es ist schwierig, Rückschlüsse darauf zu ziehen, wie er selbst über die zwei Millionen Inder dachte, die ausschließlich als Freiwillige auf der Seite der Alliierten kämpften, aber die Achsensender berichteten nahezu in den gleichen Worten über sie wie Orwell über Deutschland und dessen Verbündete.*

nicht nur eine Kornkammer ist, sondern der russischen Industrie normalerweise auch die Hälfte ihres Kohle- und Eisenbedarfs liefert, ein schwerer Schlag zugefügt. Andererseits hat der bemerkenswerte Erfolg bei der Verlegung von Fabrikanlagen nach Osten, bei der Verteidigung des Moskauer Gebietes und bei der Ausweitung der Produktion im Ural und in Sibirien dafür gesorgt, daß der Rückgang der Rüstungsproduktion aufgrund der Besetzung der Ukraine bei weitem nicht so ernst ist wie befürchtet. Mehr und mehr Munition und Flugzeuge, so konnte Stalin bekanntgeben, gelangen mittlerweile aus russischen Fabriken an die Front, während Großbritannien und die Vereinigten Staaten »immer mehr Waffenhilfe« leisten.

Zweifellos bezieht Stalin in seine Überlegungen mit ein, daß gewaltige Angriffe bevorstehen. Was Maschinen und Menschen angeht, kann der Nazismus nach wie vor ein ungeheures Gewicht in solche Schläge legen. Für Rußland lebenswichtige Punkte wie das Gebiet von Moskau und die Ölfelder des Kaukasus, von Leningrad ganz zu schweigen, sind den deutschen Linien jetzt viel näher als vergangenen Sommer. Es muß allerdings sehr viel schwieriger sein als damals in Polen, an der gewundenen Front genügend Schlagkraft zu konzentrieren. Stalin sagt seinem Volk, daß die deutschen Reserven an Menschen, Öl und Rohstoffen zu Ende gehen. Bei einem Mann wie Hitler an der Spitze müssen wir damit rechnen, daß die nahende Erschöpfung die verzweifeltsten Anstrengungen zeitigen wird, die sich einer an barbarische Disziplin gewöhnten Nation durch Brutalität nur abnötigen lassen. Der russische Führer versichert seinem Volk, daß es 1942 zum Jahr der endgültigen Niederlage Deutschlands machen kann. Wir können uns darauf verlassen, daß es sein Äußerstes geben wird, und zwar aus der Überzeugung heraus, daß es keinen Frieden auf Erden, keine aus Freiheit und einem menschenwürdigen Leben resultierende Sicherheit geben kann, solange der Nazismus nicht ausgerottet ist. Wie der Kampf auch verlaufen mag, das russische Volk kann darauf bauen, daß wir und die anderen alliierten Nationen mit äußerster Kraft einen raschen und vollständigen Sieg anstreben.

In ihrer »totalen« Kriegsanstrengung haben die russischen Arbeiter auf den populäreren ihrer beiden Feiertage verzichtet. Zum ersten Mal seit 1918 war der 1. Mai dieses Jahr Arbeitstag. Nichtsdestotrotz beging man den Anlaß dadurch, daß Versammlungen abgehalten und rote Transparente mit Losungen aufgehängt wurden.

Seit Bestehen der Sowjetmacht hat der 1. Mai für das russische Volk eine vorwiegend patriotische Bedeutung. Seit Stalin den stachanowschen Arbeitern vor sieben Jahren gesagt hat, »das Leben wird besser, das Leben wird glücklicher«, bietet der Tag vorübergehend Erholung von den Mühen und

Strapazen, die dem russischen Arbeiter abverlangt werden, und ist in etwa dem 14. Juli in Frankreich vergleichbar.*

Bei den Feiern, die in früheren Jahren auf dem Roten Platz in Moskau, dem Uritski-Platz in Leningrad, dem Kretschadik in Kiew und in Tausenden von Städten und Dörfern stattfanden, lag der Schwerpunkt mehr auf den sozialistischen Errungenschaften in der Sowjetunion als auf dem internationalen Hintergrund dieses Tages, der als Demonstration der Solidarität der Arbeiterklasse auf den Streik in Chicago vor sechsundvierzig Jahren zurückgeht.

Dieses Jahr herrschten mehr denn je patriotische Töne vor, und die Gedanken richteten sich auf die Ereignisse seit dem 1. Mai vor einem Jahr – auf den Überfall der Wehrmacht auf die Sowjetunion; auf das lange und bittere Rückzugsgefecht bis in die Außenbezirke der beiden größten russischen Städte und an die Ufer von Wolga und Don; auf die wuchtige Gegenoffensive, die sich mit fortschreitendem Winter zu einem zähen, hartnäckigen Vormarsch entwickelte; und sie richteten sich auf Rußlands aktive oder potentielle Verbündete: die Proletarier aller Länder, die europäischen Patrioten, die unterdrückten slawischen Brudervölker und die Arbeiter Deutschlands.

Die russischen Arbeiter sind der festen Überzeugung, daß ihr Land, eben weil es sozialistisch ist, Hitlers Versuche vereiteln konnte, es politisch, ökonomisch und auf dem Schlachtfeld in die Knie zu zwingen. Viele Jahre lang standen aus Protest gegen ein System, das die Arbeiter ihrer Überzeugung nach ausbeutete, am 1. Mai alle Räder still. Vierundzwanzig Jahre lang standen sie still, wenn die russischen Arbeiter die Überwindung dieses Systems feierten. Dieses Jahr drehten sich die Räder an der Wolga, im Ural, in Sibirien und Zentralasien, in den Produktionsstätten im Kampfgebiet, im belagerten Leningrad wie im befreiten Kalinin weiter, um das neue System zu verteidigen.

9. Mai 1942

Am 5. Mai sind britische Truppen auf der Insel Madagaskar gelandet. Die Vichy-Regierung befahl der Garnison, Widerstand zu leisten, und für kurze Zeit gab es tatsächlich auch heftigen Widerstand, aber bis zum Abend des 7. Mai hatte Diego Suarez, der Flottenstützpunkt, kapituliert und fast alle

* *Man vergleiche, wie Orwell den Verzicht der Russen auf ihre Feiern zum 1. Mai und den Verzicht der Franzosen auf ihre Feiern zum 14. Juli darstellt (s. Komm. 18. Juli 1942).*

Vichy-Streitkräfte auf der Insel hatten die Waffen niedergelegt. Es mögen nun noch in gewissem Umfang Säuberungsaktionen erforderlich sein, ansonsten kann man jedoch davon ausgehen, daß Madagaskar unter britischer Kontrolle steht.* Das ist ein äußerst wichtiger Schritt in der Gesamtstrategie des Krieges gegen Deutschland und Japan.

Wie ein Blick auf die Karte zeigt, beherrscht diese große Insel die Route, auf der Schiffe, die das Kap der Guten Hoffnung umrundet haben, entweder nach Ceylon und Indien oder in das Rote Meer und den Nahen Osten weiterfahren. In Feindeshand wäre Madagaskar deshalb eine tödliche Bedrohung für die alliierte Kriegführung; denn da es für britische Handelschiffe schwierig ist, das Mittelmeer zu durchfahren, müssen die Truppen im Nahen Osten und in Indien weitgehend über die Route um das Kap versorgt werden. Auf dieser Route erfolgt außerdem der Nachschub für unsere russischen Alliierten, der im Persischen Golf angelandet wird.

Trotz dieser Gefahr wäre es der britischen Regierung wahrscheinlich lieber gewesen, in Frankreich wäre eine verläßliche Regierung an der Macht und man hätte das Risiko eingehen können, Madagaskar nicht zu besetzen. In den letzten Wochen ist die Macht innerhalb der Vichy-Regierung jedoch effektiv in die Hände Lavals übergegangen, der kaum noch etwas anderes zu sein vorgibt als ein Werkzeug der Deutschen. Vor über einem Jahr, als Pétain noch an der Macht war, haben die Franzosen den Japanern Indochina überlassen, so daß es als Ausgangsbasis für Angriffe auf Siam und Malaya dienen konnte. Wenn schon Pétain zu derartigem bereit war, konnte man um so sicherer damit rechnen, daß Laval das gleiche mit Madagaskar tun würde. Abgesehen von dieser allgemeinen Wahrscheinlichkeit ist bekannt, daß seit Monaten, getarnt als Händler, Militärattachés, Touristen und dergleichen, immer mehr Japaner nach Madagaskar strömten, um Vorbereitungen für einen Staatsstreich zu treffen.** Unter diesen Umständen blieb der britischen Regierung keine andere Wahl, als den Japanern zuvorzukommen und zuerst auf Madagaskar zu landen. Es wurde deutlich gemacht, daß England nicht die Absicht hat,

* *Der Angriff kam derart überraschend, daß ein französischer Geschwaderkommandant sich von den Japanern angegriffen glaubte. Trotz Orwells wiederholter Äußerungen über die eigentlichen Sympathien der französischen Seeleute entspann sich um den Flottenstützpunkt Diego Suarez eine erbitterte Schlacht. In den ersten vierundzwanzig Stunden wurden 114 gefallene Seeleute gemeldet, dazu 180 Gefallene von der Luftwaffe. Die Versicherung, Madagaskar sei unter britischer Kontrolle, kam verfrüht; Vichy befahl die Fortsetzung des Widerstandes, und Orwell berichtete erst am 5. November von der endgültigen Kapitulation der französischen Kräfte.*

** *Orwell käut hier vermutlich nur eine Propagandavorgabe des Informationsministeriums wieder. Tatsächlich traf man mit Ausnahme zweier Hausbediensteter keine Japaner auf der Insel an, und der Einsatz von 20 000 Mann Invasionstruppen gegen eine Vichy-Garnison von 1500 Mann weiße und farbige Truppen erwies sich als übertrieben.*

Madagaskar zu annektieren oder sich stärker als nötig in dessen innere Angelegenheiten einzumischen. Die Briten werden wahrscheinlich nicht die gesamte Insel, sondern lediglich die Häfen, die Flugplätze und sonstige militärisch wichtige Orte besetzen. Ihre erste Aufgabe wird es sein, die Mitglieder der japanischen fünften Kolonne dingfest zu machen. Von ihnen abgesehen steht die Mehrheit der Bevölkerung wahrscheinlich auf seiten der Alliierten. Der madegassische Bevölkerungsanteil beträgt etwa vier Millionen, der französische etwa 25 000. Es ist bekannt, daß die politischen Sympathien bei letzterem geteilt sind. Zu Beginn des Krieges sprach sich der damalige Gouverneur von Madagaskar dafür aus, den Widerstand gegen die Deutschen fortzusetzen, und wurde von Pétain prompt durch einen nazifreundlicheren Amtsinhaber ersetzt. Kürzlich meldete sich ein auf Madagaskar operierender geheimer Rundfunksender, der General de Gaulle unterstützt.* Wir wissen also, daß zumindest ein Teil der französischen Bevölkerung auf unserer Seite ist; fast sicher dürfte das für die einheimische Bevölkerung gelten, der die Drohung einer deutschen oder japanischen Tyrannei vor Augen steht. Es ist bedauerlich, daß bei der Durchführung dieser Operation französisches und britisches Blut vergossen werden mußte, aber durch die Landung mit weit überlegenen Kräften ist es den Briten gelungen, das Blutvergießen auf ein Minimum zu beschränken.

Ist Madagaskar besetzt, muß es auch verteidigt werden, und die anderen Inseln im Indischen Ozean gewinnen verstärkt an Bedeutung. Das gilt besonders für die Inseln Mauritius und Réunion, die ein Stück weit östlich von Madagaskar liegen. Die Japaner werden fast mit Sicherheit irgendwann versuchen, diese Inseln zu besetzen, um sie als Sprungbrett für weitere Angriffe zu benutzen. Mauritius ist in britischem Besitz, aber Réunion untersteht der Kontrolle von Vichy-Frankreich, und es besteht die Gefahr, daß die dortigen Behörden den Versuch machen, die Insel den Japanern zu überlassen. Die britische Besetzung von Madagaskar könnte allerdings die politische Sachlage auf Réunion ändern, denn wie anderswo im französischen Herrschaftsbereich, so sitzen auch auf Réunion die Vichy-Elemente nicht sonderlich fest im Sattel.

In Burma haben die Japaner Mandalay besetzt, und der Ostflügel ihrer Armee hat, von Lashio aus vorstoßend, die chinesische Grenze überschritten. Auf der Westflanke ziehen sich britische und chinesische Truppen, die Mandalay verteidigt haben, Richtung Norden zurück. Durch diese Operationen ist es den Japanern geglückt, China vorübergehend zu isolieren, so daß es

* *Auch diese Information stammt offenbar vom Informationsministerium oder aus gaullistischen Quellen; in den Berichten der BBC-Abhörer, die Orwell zur Verfügung standen, finden sich jedenfalls keine Aufzeichnungen von solchen Rundfunksendungen. Der Vichy-Gouverneur war Monsieur Annet.*

vorderhand nur aus der Luft versorgt werden kann. Dagegen werden sie ihr zweites Ziel, nämlich die britischen und chinesischen Truppen in Nordburma einzukesseln, wahrscheinlich nicht erreichen. Vielleicht muß einiges an Material zurückgelassen werden, aber die britischen und chinesischen Hauptkontingente im östlichen Teil Nordburmas werden sich vermutlich absetzen können. Möglicherweise werden sie sich entlang der Eisenbahnlinie nach Myitkyina und von da nach China bewegen, wahrscheinlicher jedoch ist, daß sie sich über die Berge von Manipur nach Assam zurückziehen müssen. Diese Route ist schwierig, aber nicht unmöglich, und die Sache wird dadurch erleichtert, daß bereits eine Vielzahl indischer Flüchtlinge diesen Weg genommen hat.* Unterdessen haben die republikanischen Streitkräfte Chinas eine Reihe mutiger Angriffe auf Schanghai, Nanking, Hanyihou und mehrere andere Städte im Herzen des japanisch besetzten Gebiets unternommen; vor zwei Tagen ließen sie einen ähnlichen Angriff auf Kanton folgen. Daß chinesische Truppen auf diese Weise mitten in feindlichem Territorium operieren können, zeigt, wie wackelig die Herrschaft der Japaner selbst in den Teilen Chinas ist, die auf der Karte als »japanisch« gekennzeichnet sind. Am 5. Mai gelang es den Japanern, auf der Insel Corregidor zu landen, und am 6. Mai war die Festung nach viermonatigem Widerstand zur Kapitulation gezwungen. Dieser lange hinhaltende Widerstand auf den Philippinen hat den japanischen Angriff auf Australien verzögert, so wie der hinhaltende Widerstand in Burma den Angriff auf Indien verzögert hat. Gestern wurde gemeldet, daß es bei den Salomon-Inseln zu einem Luft- und Seegefecht zwischen amerikanischen Marineverbänden und einer japanischen Flotte kam, die offensichtlich Kurs auf Australien hielt. Während ich zu Ihnen spreche, ist die Schlacht wahrscheinlich noch im Gange. Für einen detaillierten Bericht ist es noch zu früh, fest steht aber, daß die Japaner schwere Verluste erlitten haben, darunter zwei Flugzeugträger, zwei oder mehr Kreuzer, zwei Zerstörer und eine Reihe kleinerer Schiffe sowie Truppentransporter.** Die Alliierten haben noch keine Zahlen über ihre eigenen Verluste veröffentlicht. Solange nicht weitere Berichte eingegangen sind, ist kein abschließendes Urteil möglich, man kann jedoch davon aus-

* *An anderer Stelle warnt Orwell seine Hörer ausdrücklich davor, diesen Flüchtlingen und ihren Geschichten Glauben zu schenken (s. Komm. 2. Mai 1942).*

** *Es handelt sich hier um eine frühe Meldung von der Schlacht im Korallenmeer, die in den Verlautbarungen des Informationsministeriums als größte Seeschlacht seit Jütland bezeichnet wurde; sie dauerte vom 4. bis zum 8. Mai. In dieser Seeschlacht neuen Typs wurden die Angriffe durch die Trägerflugzeuge beider Seiten geführt, ohne daß die großen Überwasserschiffe auch nur einmal Schüsse wechselten. Die Achsenpropaganda berichtete über schwere Verluste der Vereinigten Staaten, die von der US-Propaganda umgehend dementiert wurden; sie hielt den Verlust der USS »Lexington« geheim, bis der Ausgang der wenig später folgenden Schlacht bei den Midway-Inseln klar war.*

gehen, daß diese Schlacht aller Wahrscheinlichkeit nach einen schweren Rückschlag für die Japaner bedeutet.

Mit Frühlingsanbruch beginnen auch wieder Operationen an der russischen Front. Alles deutet darauf hin, daß der Kaukasus Schauplatz der entscheidenden deutschen Offensive sein wird. Weder dort noch auf der Krim stellen die Russen ihre Angriffe ein, denn ihr Hauptziel besteht darin, die Deutschen schon im vorhinein zu schwächen und eine Konzentration ihrer Kräfte zu behindern. Britische Nachschublieferungen gelangen durch das Nördliche Eismeer weiterhin nach Rußland, wenn auch unter Schwierigkeiten, denn die Nächte sind jetzt hoch im Norden sehr kurz und die Deutschen haben starke U-Bootverbände an der norwegischen Küste stationiert. Vor wenigen Tagen kam es zu einer Seeschlacht, bei der die Briten einen Kreuzer* und die Deutschen einen Zerstörer verloren, aber von 30 Handelsschiffen, die den Geleitzug bildeten, kamen 27 durch und lieferten ihre Ladung bei unseren russischen Verbündeten ab. In einer weiteren Rundfunkrede hat Stalin erneut voller Zuversicht geäußert, daß er für 1942 mit dem endgültigen Sieg über die Deutschen rechnet.

Die Royal Air Force setzt ihre schweren Bombenangriffe auf die deutschen Häfen und Rüstungsfabriken fort. Derzeit haben die Deutschen dem nichts Vergleichbares entgegenzusetzen; sie hoffen, durch weitere Angriffe auf Wohngebiete und die damit verbundenen Leiden die britische Regierung zu veranlassen, die Bombenangriffe auf Deutschland einzustellen.** In den besetzten Ländern erweist sich die deutsche Herrschaft als immer bedrückender. Am 4. Mai gaben die Deutschen selbst bekannt, daß sie kürzlich wegen proalliierter Aktivitäten zweiundsiebzig holländische Geiseln auf einmal erschossen haben,*** und fast täglich bringen ihre Zeitungen und ihr Rundfunk Meldungen von der Art, daß aus dem gleichen Grund zehn, zwanzig, dreißig Polen, Franzosen, Belgier, Norweger oder Bürger anderer besetzter Länder erschossen worden sind. Wenn es zu einem Sabotageakt oder sonst einer Aktion zur Unterstützung der Alliierten kommt, verfahren die Deut-

* *HMS »Edinburgh«.*

** *Orwell bezieht sich hier auf die Angriffe gegen Exeter und andere Städte, die die Deutschen als Vergeltung für die Bombardierung der historischen Altstadt von Lübeck durch die Briten flogen. Wie inzwischen bekannt, verfolgten diese britischen Angriffe die Absicht, die deutsche Zivilbevölkerung zu terrorisieren; sie richteten sich nicht gegen industrielle Ziele. Hätte Orwell davon gewußt, hätte er sich hier und anderswo bei der Schilderung des Vorgehens der RAF sicherlich anders geäußert.*

*** *Es handelt sich hier um ein gutes Beispiel dafür, wie genau Orwell die Berichte der Abhörer las. Der erwähnte Vorfall wurde nur von einem Sender – Hilversum – des holländischen Inlandsdienstes gemeldet.*

schen so, daß sie sofort eine Reihe von Geiseln erschießen, die gewöhnlich als Juden und Kommunisten bezeichnet werden, und mit der Erschießung weiterer Geiseln drohen, falls die Schuldigen nicht innerhalb einer bestimmten Frist ausgeliefert werden. Diese Methode bleibt fast durchweg erfolglos; die Menschen in den besetzten Ländern weigern sich, mit den Besatzern zu kollaborieren, auch wenn sie damit ihr eigenes Leben riskieren. [*Zensiert:* Erst kürzlich ist ein sehr interessanter Augenzeugenbericht über das britische Kommandounternehmen gegen Saint-Nazaire bekanntgeworden, das vor einigen Wochen stattfand. Wie es scheint, haben sich ortsansässige Franzosen auf der Seite der Briten daran beteiligt, und die Kämpfe dauerten noch drei Tage an, nachdem der eigentliche Kommandotrupp seinen Auftrag ausgeführt und sich zurückgezogen hatte. Die Deutschen übten hinterher auf die barbarischste Weise Vergeltung und gaben überall an der französischen Küste durch Anschlag bekannt, daß künftig an jedem Ort, wo britische Landungstruppen auftauchen, automatisch Geiseln erschossen würden.]*

In naher Zukunft wird die sogenannte Luxusernährung in England verboten sein. Das entsprechende Gesetz ist noch nicht in allen Einzelheiten ausgearbeitet, aber es wurde bekannt, daß man künftig für ein Essen im Hotel oder Restaurant nur noch einen niedrig festgesetzten Höchstbetrag wird ausgeben dürfen. Zusammen mit der Kleider- und Benzinrationierung, der allgemeinen Wehrpflicht und den derzeit stattfindenden Veränderungen im britischen Erziehungssystem stellt das neue Gesetz einen weiteren Schritt auf dem Weg dar, auf dem England sich infolge des Krieges mehr und mehr zu einer echten Demokratie entwickelt.**

16. Mai 1942

Indien ist einer Invasion jetzt ganz nahe.*** Dabei hat sich die militärische Lage in der vergangenen Woche nicht sehr verändert, und so möchte ich diesmal, statt meines üblichen Kommentars, [*zensiert:* in dem ich die

* *Bei späteren Angriffen dieser Art strahlte die BBC Warnungen an die Bevölkerung vor Ort aus, sich aus den Gefechten herauszuhalten, die nicht Teil eines Landungsversuchs seien (s. Komm. 22. August 1942).*

** *Ein weiteres Beispiel für die Erfahrungen, die zu »1984« führten.*

*** *Mit diesem Beitrag liefert Orwell seine ausführlichste Darstellung der alliierten Position und Englands Auffassung zu Indien.*

aktuellen Nachrichten von den Schlachtfeldern zusammenzufassen versuche,] ein etwas allgemeineres Bild vom Krieg als Ganzem geben, das vielleicht hilft, die unmittelbar bevorstehenden Ereignisse in die richtige Perspektive zu rükken.

Ein Krieg ist etwas anderes als ein Fußballspiel, das innerhalb einer meßbaren Zeit zwischen zwei feststehenden Mannschaften stattfindet. [*Vier Zeilen unleserlich.*] Ein Rückblick auf die Geschichte dieses Krieges, der nun seit zweieinhalb Jahren andauert, zeigt, daß ein zunächst lokal begrenzter Konflikt sich zur weltweiten Auseinandersetzung entwickelt hat und daß sich allmählich ein Sinn und Zweck herausschälte, der zu Anfang nicht deutlich war. Wir erkennen außerdem, daß dieser Krieg kein isoliertes Ereignis, sondern Teil eines weltweiten Prozesses ist, der vor über zehn Jahren begann. Er begann strenggenommen 1931, als die Japaner die Mandschurei besetzten und der Völkerbund untätig blieb. Von da an haben wir eine lange Reihe von Aggressionen erlebt, gegen die zunächst gar nicht, dann erfolglos und dann etwas erfolgreicher Widerstand geleistet wurde, bis sich schließlich das Gesamtbild eines Kampfes herausschälte, in dem freie Völker, welche die Möglichkeit einer erfüllteren und glücklicheren Existenz vor sich sehen, gegen vergleichsweise kleine Cliquen stehen, denen nicht am allgemeinen Fortschritt der Menschheit, sondern nur an der Steigerung der eigenen Macht liegt. Ein Land nach dem anderen wird in den Kampf hineingezogen, und zwar nicht aus rein geographischen oder rein ökonomischen Ursachen, sondern vorwiegend aus sogenannten ideologischen Gründen – d. h. sie sind praktisch gezwungen, für die eine oder die andere Seite Partei zu ergreifen, je nachdem, ob ihr Staatsverständnis demokratisch oder das Gegenteil davon ist. So war es unvermeidlich, daß Sowjetrußland, bei allem Bemühen, Frieden zu bewahren, über kurz oder lang auf der Seite der Demokratien in den Krieg hineingezogen wurde. Es war unvermeidlich, daß England und China sich, ungeachtet aller Differenzen, die in der Vergangenheit zwischen ihnen bestanden haben mögen, letztlich auf derselben Seite wiederfanden. Es war unvermeidlich, daß ein fortschrittlicher Staat wie Mexiko sich trotz des ungeklärten Konflikts zwischen Mexiko und den Vereinigten Staaten den Demokratien anschloß. Ebenso unvermeidlich war es, daß Japan und Deutschland sich die Hand reichten, obwohl sie sich, sollten sie siegreich sein, umgehend gegenseitig bekämpfen werden.* Das gemeinsame Interesse der faschistischen Staaten liegt darin, überall die Frei-

* *Eine weitere eindeutige Verbindung zu »1984«, wo die Bündnisse zwischen den Supermächten so rasch wechseln, daß einmal eine Protestkundgebung gegen die eine unversehens in einen Angriff gegen die andere umschlägt. Orwells Bemerkung hier und der Gedanke in seinem Buch gehen natürlich auf den Hitler-Stalin-Pakt zurück.*

heit zu unterdrücken, denn wenn sie irgendwo existiert, wird sie sich am Ende auch auf ihren Herrschaftsbereich ausdehnen. In diesem gewaltigen Ringen sieht sich Indien unvermeidlich auf der Seite der Demokratie, und daran ändern im Grunde weder der alte Groll, den Indien gegen England hegen mag, noch der sehr reale Wunsch Deutschlands und Japans etwas, Indien auf ihre Seite zu ziehen. Indien ist gezwungen, mit England zusammenzugehen, denn ein Sieg der Deutschen oder der Japaner würde die indische Unabhängigkeit viel länger hinauszögern, als es die reaktionärste britische Regierung wollte oder könnte. Tatsächlich hat der Angriff auf Indien trotz aller japanischen Versprechungen und Freundschaftsbeteuerungen bereits begonnen. Auf indischen Boden sind Bomben gefallen, am Ostrand des Golfes von Bengalen rücken japanische Truppen bedrohlich nahe vor.* Wohl oder übel ist Indien schon in die Kämpfe verstrickt, und der Ausgang des Krieges – und damit Indiens Unabhängigkeit – hängt möglicherweise in sehr starkem Maße davon ab, welche Anstrengungen die Inder selbst nun unternehmen.

Unter diesen Umständen ist es nützlich, zurückzublicken und sich vor Augen zu führen, was in den vergangenen zehn Jahren von den Völkern erreicht wurde, die wußten, was sie wollten, und Freiheit über Sicherheit stellten. Als die Japaner 1931 die Mandschurei besetzten, herrschte in China das Chaos, und die junge chinesische Republik war nicht in der Lage, Widerstand zu leisten. Sechs Jahre später jedoch, als der Einmarsch in das chinesische Kernland begann, war unter der Führung von Marschall Tschiang Kai-schek die Ordnung wiederhergestellt worden und ein mächtiges Nationalgefühl entstanden. Und so mußten die Japaner zu ihrer Überraschung feststellen, daß das, was sie als bloße Militärparade betrachteten – »der Zwischenfall in China« lautete ihr Ausdruck dafür –, sich unendlich hinzog, ihnen endlose Verluste an Menschen und Material einbrachte und ein Ende offenbar nicht in Sicht kam, ganz gleich wie viele Siege sie in ihren Zeitungen meldeten. [*Zensiert:* Der Krieg dauert nun schon etwas mehr als fünf Jahre; die ganze Zeit hatten die Japaner vermeintlich alle Vorteile in der Hand: moderne Waffen, Kriegsmaterial aller Art, die Seeherrschaft. Sie konnten zehntausendtonnenweise Bomben auf chinesische Städte abwerfen, die nicht einmal ein Flakgeschütz, geschweige denn ein Flugzeug, besaßen, um sich zu wehren. Sie konnten riesige Gebiete überrennen, die wichtigen Industriebezirke der Küstenstädte erobern und wer weiß wieviel Tausende chinesische Männer, Frauen und Kinder töten, und doch scheint die Eroberung Chinas offen-

* *Es gab eine ganze Reihe von Falschmeldungen über japanische Landungsunternehmen, die später dementiert wurden; für Orwell stellte es sich jedoch eindeutig so dar, daß die japanische Invasion Indiens bereits Realität war.*

bar niemals näherzurücken.] Zigmal hat die japanische Regierung schon bekanntgegeben, daß »der Zwischenfall in China« sich dem Ende nähere, und doch endet »der Zwischenfall in China« offenbar nie.* Was versetzt die Chinesen in die Lage, trotz ihrer enormen materiellen Schwierigkeiten weiterzukämpfen? [*Zensiert:* Zum Teil ihr riesiges Menschenpotential und der Fleiß und die Findigkeit des chinesischen Volkes.] Der Hauptgrund aber ist schlicht der, daß sie für ihre Freiheit kämpfen und der Gedanke an Kapitulation ihnen völlig fremd ist. Für solche Menschen haben Niederlagen im Feld nur wenig Bedeutung. [*Zensiert:* Es rücken immer neue nach, und sie sind immer bereit zu kämpfen.] Eines der Hauptziele des Feldzuges in Burma war vermutlich die Invasion Chinas von Westen her, ausgehend von der Überlegung, daß die Chinesen, wären sie von allen Seiten eingeschlossen und schließlich von der Außenwelt abgeschnitten, nicht mehr den Mut aufbrächten, weiterzukämpfen. Nach den militärischen Lehrbüchern wären die Chinesen unter diesen Umständen sicherlich auch geschlagen. Aber das waren sie schon öfter, und doch hat ihr Widerstand niemals nachgelassen. Und so wird es zweifellos auch diesmal und in Zukunft sein – solange das chinesische Volk sich das Ziel der Freiheit vor Augen hält.

Es ist dies nicht der einzige heroische Kampf gegen die faschistische Aggression, der in den vergangenen zehn Jahren stattgefunden hat. Das spanische Volk hat zweieinhalb Jahre gegen seine Quislinge und gegen die deutschen und italienischen Invasoren gekämpft, also eigentlich gegen eine Übermacht, die, relativ gesehen, größer war als die, der sich die Chinesen gegenübersehen. Sein Widerstand war der Widerstand nahezu unbewaffneter Bauern und Arbeiter gegen Horden ausgebildeter Soldaten, die auf sämtliche Möglichkeiten der deutschen Kriegsmaschinerie zurückgreifen konnten. [*Zensiert:* Zu Beginn des Spanischen Bürgerkrieges besaß die Republik praktisch keine Armee, denn eben die reguläre Armee hatte ja, unter dem Befehl faschistischer Offiziere, den Putsch inszeniert und sich zudem mit zahlreichen von Mussolini entsandten italienischen Söldnern sowie mit deutschen Panzern und Bombenflugzeugen verstärkt. Die einfachen Fabrikarbeiter begannen sich, angeleitet von ihren Gewerkschaftsfunktionären, in Kompanien und Bataillonen zu organisieren, stellten, so gut es in den veralteten spanischen Industrieanlagen ging, selbst Waffen her und lernten die Kriegskunst buchstäblich durch die Praxis. Menschen, die im Zivilleben Fabrikarbeiter, Anwälte oder Besitzer von Orangenplantagen waren, sahen

* *Japan und China hatten einander nicht formell den Krieg erklärt, und der Krieg wurde in ihren Kommuniqués stets als »der Zwischenfall in China« bezeichnet.*

sich binnen weniger Wochen zu Offizieren gemacht, die – in vielen Fällen mit höchstem Geschick – große Abteilungen kommandierten. Abgesehen von der Ungleichheit in puncto Ausrüstung hatte das spanische Volk auch große Entbehrungen zu ertragen. Die Ernährungslage war von Anfang an nicht gut, und die bei General Franco dienenden Nazipiloten flogen, wo immer sie eingesetzt wurden, die schrecklichsten Angriffe auf offene Städte; dort warfen sie ihre Bomben absichtlich auf Arbeiterwohnviertel, um das Volk durch Terror zur Kapitulation zu zwingen. Doch trotz all dieser Schwierigkeiten kämpften die Menschen zweieinhalb Jahre lang, und obwohl Franco am Ende so etwas wie ein Sieg glückte, ist seine Lage mittlerweile derart unsicher, daß Schätzungen zufolge etwa eine Million Menschen – d. h. etwa vier Prozent der Bevölkerung – in Konzentrationslagern gefangensitzen.]*

England kämpft nun seit zweieinhalb Jahren, und dies zu Anfang fast unbewaffnet, gegen einen Feind, der sich sieben Jahre lang auf nichts anderes vorbereitet hat. Mitte 1940 schied Frankreich aus dem Krieg aus, und England mußte genau ein Jahr lang allein kämpfen, ohne sichere Aussicht auf Hilfe von Rußland oder Amerika. In dieser Zeit mußten die Einwohner Londons und anderer Städte die schwersten Luftangriffe ertragen, die die Welt bisher erlebt hat. [*Zensiert:* Etwa sechs Monate lang verging in London keine Nacht ohne Angriff, dabei verloren insgesamt 50 000 Nichtkombattanten, viele davon Frauen und Kinder, ihr Leben.] Trotzdem kam den Briten [in dieser Zeit] nicht ein einziges Mal der Gedanke an Kapitulation, und die Bemühungen des deutschen Rundfunks, sie zu überzeugen, daß sie geschlagen seien und den Kampf einstellen sollten, riefen bloß Gelächter hervor. Sowjetrußland wiederum kämpft nun seit einem Jahr gegen denselben Feind und hat große Landverluste, grausame Bombenangriffe auf offene Städte und eine Reihe entsetzlicher Greueltaten der Besatzungstruppen gegen hilflose Bauern ertragen müssen. Und doch ist nicht nur die russische Armee weiter denn je von einer Niederlage entfernt, sondern auch die russische Zivilbevölkerung leistet hinter den Linien immer hartnäckiger Widerstand, so daß die Deutschen keinen Nutzen von den Gebieten haben, die sie besetzt halten. Was die Russen beseelt, ist das gleiche, was auch die Chinesen beseelt und die Einwohner Londons im Bombenhagel beseelte: das Gefühl, das sie frei sind und daß ein

* *Spanien war während des gesamten Krieges neutral, und daß es das blieb, war für die Alliierten von großer Bedeutung. Orwell spricht hier von den Nazifliegern, die bei Franco dienten, ohne die in gleicher Zahl für die andere Seite kämpfenden russischen oder von Russen ausgebildeten Piloten zu erwähnen, wobei er zweifellos hoffte, die Stelle dank dieser Auslassung am Zensor vorbeischmuggeln zu können. Der Zensor dagegen wünschte eindeutig keinerlei Erwähnung Spaniens, schon gar nicht in polemischer Form.*

erfüllteres, glücklicheres Leben vor ihnen liegt, wenn sie an ihrer Freiheit festhalten und den fremden Eroberer zurückschlagen können, der sie ihnen zu nehmen versucht.

Ich habe das alles gesagt, weil es durchaus wahrscheinlich ist, daß Indien große, beispiellose Entbehrungen bevorstehen. Indien hat seit fünfundachtzig Jahren keinen Krieg auf eigenem Boden mehr erlebt. Nun wird es ihn vielleicht erleben, und vielleicht ist es der Krieg in seiner grausamen, modernen Form, die keinen Unterschied zwischen Soldaten und Zivilbevölkerung macht. Vielleicht steht auch Hunger und anderes Elend bevor, aber Indiens Schicksal hängt letztlich von der Haltung der Inder selbst ab. Indien ist nicht nur eine große Nation; es ist auch ein sehr großes Land – so groß beispielsweise wie Europa ohne Rußland. Es läßt sich nicht physisch erobern, und die Japaner werden es, selbst wenn sie die Möglichkeit haben, nicht vollständig zu besetzen versuchen. Ihre Bemühungen werden darauf abzielen, den indischen Widerstand durch Terrorismus, Lügen und die Saat der Zwietracht zwischen den Indern selbst zu lähmen.* Sie wissen, daß Indien nicht erobert werden kann, wenn Indien den Willen zum Widerstand besitzt, daß aber die Eroberung vergleichsweise leicht gelingen könnte, wenn dieser Wille fehlt. Sie werden euch daher einzureden versuchen, sie führten nichts gegen eure Freiheit und euer Land im Schilde, und sie werden euch gleichzeitig erzählen, sie seien so stark, daß jeder Widerstand aussichtslos ist. Sie werden diejenigen unter euch verleumden, die den nationalen Widerstand organisieren, um so eine Fraktion gegen die andere aufzuhetzen. Das ist überall die Taktik der Faschisten. Besiegen wird sie, was schon den japanischen Angriff auf China und den deutschen Angriff auf Rußland vereitelte – die Entschlossenheit und Beharrlichkeit des gemeinen Mannes. Der deutsche Einmarsch in Rußland wurde nicht so sehr mit Waffengewalt, als vielmehr durch einen Willensakt vereitelt, der sich der Einsicht der Menschen verdankt, daß sie für ihre Freiheit kämpfen. Wenn wir wollen, können wir heute dafür sorgen, daß sich bei der japanischen Invasion Indiens die Geschichte wiederholt.

* *Es ist bemerkenswert, daß Orwell nicht einmal an dieser Stelle Subhas Chandra Bose und den indischen Achsensender beim Namen nennt. Zu Boses Planspielen zur Schürung sozialer Unruhen s. Anhang Nr. 11.*

23. Mai 1942

Die Hauptereignisse dieser Woche haben sich an der russischen Front abgespielt. Vorige Woche haben wir gemeldet, daß auf der Krim wieder Kämpfe ausgebrochen sind.* Seither haben die Deutschen den größten Teil der Halbinsel Kerč überrannt, die nur durch einen sehr schmalen Arm des Asowschen Meeres vom Kaukasus getrennt ist. Wie jedoch verlautet, dauern die Kämpfe auf der Westseite der Meerenge noch an,** und die deutschen Behauptungen, sie hätten die russische Armee in diesem Abschnitt vernichtet und eine riesige Anzahl von Gefangenen gemacht, sind ebenso unwahr, wie es ähnliche Berichte von ihrer Seite früher schon waren.*** Unterdessen sind die Russen weiter nördlich selbst zu einer Offensive in viel größerem Maßstab angetreten. Sie richtet sich gegen die große Industriestadt Charkow, die die Deutschen vergangenen Herbst eingenommen haben. Während ich hier spreche, ist der Ausgang noch ungewiß. Die Russen sind auf breiter Front vorgerückt und haben dabei eine Vielzahl deutscher Panzer zerstört; die Nachschubwege, über die die deutschen Truppen in Charkow versorgt werden, sind in großer Gefahr. Die Deutschen haben jedoch im Süden einen Gegenangriff gestartet, der vielleicht verhindert, daß Charkow eingeschlossen wird.

Es wäre unklug, zuviel von der russischen Offensive zu erwarten, denn sie wurde möglicherweise nur unternommen, um den Deutschen zuvorzukommen und ihren Zeitplan durcheinanderzubringen. Mittlerweile haben die Russen weit im Norden einen weiteren Angriff gegen die deutschen Armeen in Finnland vorgetragen und dabei schon beachtliche Geländegewinne erzielt.

Noch zeichnen sich die Konturen des Frühjahrsfeldzuges an der Ostfront nicht deutlich ab. Manche Beobachter glauben, daß die Deutschen, anstatt erneut einen großen Frontalangriff gegen die russischen Armeen zu unternehmen, ihren Hauptschlag gegen die Türkei führen werden. Falls die Türkei überrannt würde, könnten sie danach auf die Ölquellen des Irak und des Iran zielen und zugleich, über die leichtere Route von Süden her, Baku angreifen. Fest steht jedenfalls, daß die Deutschen seit Monaten alles in ihrer Macht

* *Vermutlich in einer der Kurznachrichtensendungen der Woche; in Orwells vorhergehendem Kommentar findet sich kein Hinweis darauf.*

** *In den Nachrichten von Radio Moskau war die Rede von Kämpfen auf der Ostseite der Meerenge.*

*** *Die aus Rußland eingehenden Informationen waren diesmal über das gewöhnliche Maß hinaus vage und irreführend. Ohne rechte Orientierung, wagten Orwell und seine Kollegen bei der BBC nicht zu glauben, was der Rundfunk der Achsenmächte über Hitlers Frühjahrsoffensive meldete. Zu den Schwierigkeiten alliierter Kriegsberichterstatter an der russischen Front, die nicht ein einziges Mal wirklich im Feuer standen, s. Paul Winterton, Report on Russia (1945), S. 30f.*

Stehende tun, um Mißtrauen zwischen der Türkei und England und ganz besonders zwischen der Türkei und Sowjetrußland zu säen, vielleicht mit der Absicht zu verhindern, daß die Türkei in Abstimmung mit den Alliierten im voraus Verteidigungsmaßnahmen ergreift. Es gibt allerdings keine Anzeichen dafür, daß die Türkei sich von den deutschen Manövern hat täuschen lassen. Das Land ist nicht sehr gut mit modernen Waffen ausgestattet, doch dieser Mangel wurde in den zurückliegenden Monaten durch Importe aus England und den USA bis zu einem gewissen Grad wettgemacht. Die Türken sind entschlossene und tapfere Kämpfer,* und die Deutschen werden, falls ihre Offensive in diese Richtung zielt, mit Sicherheit schwer um jeden Zentimeter Boden kämpfen müssen.

Gleichzeitig mit ihren Versuchen, Mißtrauen zwischen der Türkei und Rußland zu säen, bemühen sich die Deutschen offenbar erneut, die Japaner zu einem Angriff auf die Russen in der Mandschurei anzustacheln. Ihr Rundfunk strahlt drohende Äußerungen gegen Rußland aus, die angeblich von führenden japanischen Staatsmännern stammen. Sie mögen authentisch sein oder nicht.** Wir haben in diesen Nachrichtenkommentaren schon häufig darauf hingewiesen, daß wahrscheinlich über kurz oder lang mit einem japanischen Angriff auf Rußland zu rechnen ist, und wenn er kommt, dürfen wir sicher sein, daß er mit äußerster Heimtücke erfolgen wird, und in einem Moment, wo die Japaner die Russen in ernsthaften Schwierigkeiten glauben. Die Deutschen werden den Zusammenprall zwischen Rußland und Japan so rasch wie möglich zu provozieren suchen, um so zu verhindern, daß weiter Truppen und Material von Sibirien an die Westfront verlegt werden.

In Burma hat der größte Teil der britischen Truppen sicher die indische Grenze erreicht.*** Im Ostabschnitt dieser Front gehen die japanischen Angriffe auf Yunnan weiter. Die Japaner halten nach wie vor Tengueh, doch südlich davon haben die Chinesen Kanlanchai zurückerobert. Es ist möglich, daß die Japaner nunmehr einen Generalangriff gegen China planen, wobei eine Kolonne von Burma aus ostwärts, eine zweite von Siam aus nordwärts und eine dritte westwärts vorstößt, wahrscheinlich von Fuzhou aus, wo sie kürzlich erneut gelandet sind. Chinas Lage ist im Augenblick jedenfalls

* *Diese günstige Meinung von den Türken steht im Gegensatz zu der Ansicht, wie sie etwa in den Schriften von T. E. Lawrence und anderen über den Ersten Weltkrieg zum Ausdruck kommt. Vielleicht beschwört Orwell hier vergangene Zeiten und Schlachten, wie beispielsweise die Belagerung von Kars.*

** *Wahrscheinlich eine Fiktion Orwells von der Art, wie er sie in seinem Kriegstagebuch schildert (s. OWB, S. 26). In den von Orwell benutzten Berichten der Abhörer ist nirgendwo von solchen Sendungen die Rede.*

*** *Und damit die Initiative behalten, s. Komm. 17. Dezember 1942.*

schwierig, und das Land braucht jede Unterstützung, die es nur bekommen kann, besonders Flugzeuge. Es ist daher eine gute Nachricht, daß soeben eine große Einheit der Royal Air Force in Zentralchina eingetroffen ist.* Wir brauchen jedoch nicht zu befürchten, der chinesische Widerstand könne möglicherweise gebrochen werden. Marschall Tschiang Kai-schek hat wiederholt erklärt, daß er solange weiterkämpfen wird, wie es nötig ist, um die Invasoren zu vertreiben, und daß er notfalls auch bereit wäre, sich jahrelang nach Zentralasien zurückzuziehen und seine Armeen dort zu reorganisieren. Die Japaner sind sich darüber im klaren, daß ihre Eroberungen anderswo auf sehr wackligen Beinen stehen, solange der chinesische Widerstand weitergeht. Vielleicht sind sie zu dem Schluß gekommen, jetzt sei der günstigste Moment, China ein für allemal zu erledigen; vielleicht haben sie aber auch die Absicht, sämtliche in Angriffsweite zu Japan gelegenen Flugplätze einzunehmen. Ob sie einen Generalangriff gegen China führen und gleichzeitig ihre Feldzüge gegen Australien und Indien, und binnen kurzem möglicherweise gegen Rußland fortsetzen können, ist allerdings fraglich.

Schon sind Bomben auf Assam gefallen,** und die japanischen Truppen am Ostrand des Golfes von Bengalen sind nicht mehr sehr weit von Chittagong entfernt; wahrscheinlich aber werden sie ihren Hauptangriff gegen Indien nicht auf dieser Route führen. Die Schlacht im Korallenmeer, bei der die Japaner schwere Verluste erlitten, bedeutete zweifellos einen Rückschlag für ihre Angriffspläne gegen Australien, aber diese Pläne bestehen fort, und es gibt Anzeichen neuer Aktivität auf den von den Japanern beherrschten Inseln um Neuguinea. Australien ist heute sehr viel besser geschützt als noch vor drei Monaten, und jeder Tag, um den der japanische Angriff verzögert wird, bringt mehr Zeit, in der amerikanische Verstärkungen eintreffen können.

Die Entwaffnung der französischen Kriegsschiffe, die in Martinique, nicht sehr weit von der Küste der Vereinigten Staaten entfernt, liegen, macht Fortschritte. Ähnliche Schritte wird die Regierung der Vereinigten Staaten in Kürze wahrscheinlich auch gegen die gleichfalls der Vichy-Regierung unterstehende Insel Guadeloupe unternehmen müssen, die so gut wie sicher als Anlaufhafen für U-Boote der Achsenmächte dient und deren Rundfunkstation Achsenpropaganda nach Südamerika ausstrahlt.*** Die Macht-

* *Es ist mir nicht gelungen zu ermitteln, von welcher Einheit Orwell hier spricht. In China kämpften seinerzeit eine ganze Reihe amerikanischer Piloten bei der American Volunteer Group, doch die Regierung in Tschungking bat in einer Radiosendung vom 19. Mai dringend um weitere Unterstützung. Möglicherweise deutet Orwell hier, als Gegenpropaganda, lediglich alliierte Absichten an.*

** *Bei einem am 8. Mai gemeldeten Angriff.*

*** *Vermutlich erhielt Orwell diese Information aus einer amerikanischen Quelle; in den Berichten der Abhörer bei der BBC finden sich keine Sendungen, die dieser Beschreibung entsprechen.*

übernahme durch Laval, der kaum zu verhehlen versucht, daß er nichts anderes ist als eine Marionette der Deutschen, hat den Amerikanern die Augen für die von Vichy-Frankreich ausgehende Gefahr geöffnet, und wir können damit rechnen, daß sie von nun an eine festere Haltung einnehmen.* Mit Sicherheit haben Lavals Beziehungen zu den Deutschen auch Ärger zwischen Deutschland und Italien, dem anderen Achsenpartner, heraufbeschworen. Die Italiener traten im Sommer 1940 in den Krieg ein, als sie glaubten, die Kämpfe seien so gut wie vorüber und sie könnten sich große Beutestücke unter den Nagel reißen, ohne italienisches Blut vergießen zu müssen.

Statt dessen haben sie den größten Teil ihres Kolonialreiches verloren und nichts von der Beute bekommen, die man ihnen versprochen hat. Im Zuge seiner Bemühungen, die französische Flotte in die Hand zu bekommen, hat Hitler Laval offenbar gewisse Zugeständnisse gemacht, zu denen auch die Abkehr von der Unterstützung italienischer Ansprüche auf die Insel Korsika und andere Teile französischen Territoriums gehört. Das sorgt natürlich für großen Unmut unter den italienischen Faschisten, aber sie sind im Moment völlig machtlos gegen ihre deutschen Herren.

Die Royal Air Force setzt ihre schweren Angriffe gegen Deutschland fort. Am Mittwoch flog sie einen der größten Angriffe des Krieges auf Mannheim, das Zentrum der chemischen Industrie Deutschlands. Zwei Tage davor war ihr mit der Torpedierung des deutschen Kreuzers »Prinz Eugen« ein Glanzstück gelungen; das Schiff hatte, von einem britischen U-Boot beschädigt, in einem norwegischen Hafen gelegen und befand sich auf dem Rückweg nach Deutschland, um dort repariert zu werden. Die »Prinz Eugen« wurde nicht versenkt, wird aber vermutlich für den Rest des Sommers außer Gefecht gesetzt sein.

Ein weiteres großes Kontingent amerikanischer Truppen ist mitsamt Panzern und anderen Kriegswaffen auf britischem Boden eingetroffen. Es hat den Atlantik überquert, ohne irgendwelchen Angriffen der Deutschen ausgesetzt zu sein. Die öffentliche Meinung in England geht immer mehr dahin, daß in Europa eine zweite Front eröffnet werden sollte, um den Druck von unseren russischen Verbündeten zu nehmen und die Deutschen zu einem Zweifrontenkrieg zu zwingen. Das ist aller Wahrscheinlichkeit nach im wesentlichen eine Frage des verfügbaren Schiffsraums, weil nicht nur der Transport, sondern mehr noch die Versorgung einer überseeischen Streitmacht eine riesige Anzahl von Schiffen bindet. Die Regierung hat zu diesem Thema selbstredend keine

* *Siehe S. 86, Anm. 2.*

** *Die »Prinz Eugen« war am 17. Mai auf der Fahrt von Trondheim nach Kiel angegriffen worden. Sie erreichte Kiel am 22. Mai.*

eindeutige Erklärung abgegeben, denn wenn man eine Offensive zu starten beabsichtigt, wird man seine Pläne wohl kaum vorher bekanntgeben. In seiner jüngsten Rede* hat Mr. Churchill allerdings darauf verwiesen, daß das britische Volk nach zweieinhalb Jahren Krieg nicht nur keineswegs kriegsmüde ist, sondern vielmehr ein offensives Vorgehen fordert und der Regierung Zögerlichkeit vorwirft. Das ist, wie Mr. Churchill betonte, ganz gewiß ein bemerkenswerter Fortschritt, wenn man bedenkt, daß England noch vor zwei Jahren ganz allein dastand und sich nur mühsam verteidigen, geschweige denn Landungsunternehmen an fremden Küsten erwägen konnte.

6. Juni 1942

An der Front von Charkow sind die Gefechte fast zum Erliegen gekommen. Das bedeutet nicht, daß die deutsche Offensive abgebrochen wurde, aber es bedeutet fast sicher, daß der von Marschall Timoschenko inszenierte Angriff den Zeitplan der Deutschen durcheinandergebracht und ihre Operationen um mehrere Wochen zurückgeworfen hat. Viele Beobachter glauben mittlerweile, daß der deutsche Hauptangriff um die gleiche Zeit wie voriges Jahr, also etwa Mitte Juni, beginnen wird. Der russische Sommer dauert nur vier bis fünf Monate, so daß jeder Tag, um den die Russen die deutsche Offensive hinauszögern können, einen großen Gewinn darstellt. Die deutschen Bemühungen werden sich in der Hauptsache auf den Kaukasus und den Nahen Osten richten; vorgestern allerdings hat Hitler Finnland besucht, und das bedeutet möglicherweise, daß auch an der Nordfront wichtige Entwicklungen bevorstehen.**

Die schweren Kämpfe in Libyen, die zum Zeitpunkt unserer letzten Nachrichtensendung gerade begonnen hatten, dauern an, und ihr Ausgang ist noch ungewiß. Die Schlacht verlief in zwei Phasen, deren erste für die Briten günstig endete. Die deutschen gepanzerten Verbände stießen ostwärts vor und umgingen die britischen Minenfelder, wobei sie offenbar das Ziel verfolgten, die britischen Kräfte in diesem Gebiet zu vernichten und den Seehafen

* *Churchills Rede am 10. Mai, dem zweiten Jahrestag seiner Berufung zum Premierminister.*

** *Hitler besuchte am 4. Juni Marschall Mannerheim, den Oberbefehlshaber der finnischen Streitkräfte. Im Rundfunk der Achsenmächte wurde der Besuch als Geste des guten Willens aus Anlaß des fünfundsiebzigsten Geburtstages des Marschalls bezeichnet.*

Tobruk anzugreifen, der seit achtzehn Monaten in britischer Hand ist und in der Flanke jedes denkbaren deutschen Vormarsches nach Ägypten liegt. Der Hauptstoß des ersten deutschen Angriffs mußte von indischen motorisierten Truppen abgefangen werden, die sich mit großer Tapferkeit schlugen.* Die Deutschen konnten ihre beiden Ziele nicht erreichen und wurden zurückgeschlagen, wobei sie etwa 250 Panzer verloren; anstatt sich aber in die Richtung zurückzuziehen, aus der sie gekommen waren, gelang es ihnen, westwärts durch die britischen Minenfelder durchzubrechen und so eine breite Lücke zu schaffen, durch die sie weitere Verstärkungen heranführen konnten. Im Augenblick erneuern sie ihren Angriff. Die Briten verwenden einen neuen Panzertyp, den man bislang geheimgehalten hat,** außerdem zwei Flugzeugtypen, die zuvor noch nie an der libyschen Front eingesetzt wurden und daher die Deutschen überraschten. General Kruewell, stellvertretender Kommandeur der deutschen Streitkräfte in Libyen, wurde gefangengenommen.*** Zweifellos wird die Schlacht in wenigen Tagen so oder so entschieden sein. Sie kann mit einem taktischen Sieg der Deutschen enden, doch nach dem Scheitern ihres ersten Überraschungsangriffs ist es sehr unwahrscheinlich, daß es ihnen gelingt, ägyptischen Boden zu erreichen.

An zwei Tagen dieser Woche wurden zwei Luftangriffe auf Deutschland geflogen, deren Umfang weit größer war als alles, was die Welt bisher gesehen hat. In der Nacht zum 31. Mai griffen über tausend Flugzeuge Köln an,° und in der Nacht zum 2. Juni bombardierte eine gleich große Anzahl von Flugzeugen Essen im Ruhrgebiet. Seither folgten zwei weitere Angriffe,

* *Tatsächlich wurde der erste Angriff von der italienischen Division Ariete geführt, die zufällig auf die Indische Dritte Motorisierte Brigade traf und sie aufrieb. Der deutsche Rundfunk hatte die Briten beschuldigt, absichtlich indische Truppen in die vorderste Linie zu stellen, um die erste Angriffswucht abzufangen, während die indischen Achsensender die Inder darauf hinwiesen, daß sie als Kanonenfutter verwendet würden. Als einzig mögliche Antwort auf solche und ähnliche Schmähungen blieb Orwell nur der Hinweis auf die Tapferkeit der kämpfenden Truppe; ansonsten mußte er sich auf die Aussagen indischer Soldaten verlassen, die in anderen Programmen in ihre Heimat übertragen wurden.*

** *Der leichte Panzer M 3, der sogenannte »General Grant«.*

*** *Am 1. Juni; sein Aufklärungsflugzeug war zur Landung gezwungen worden.*

° *In den Presseverlautbarungen des Informationsministeriums war die Rede von »einer einzigen brennenden Fläche«, viel größer als in Lübeck. Vor dem Angriff hatte Luftmarschall (»Bomber«) Harris gesagt: »Sie haben Gelegenheit, dem Feind einen Schlag zu versetzen, der nicht nur in ganz Deutschland, sondern überall auf der Welt widerhallen wird.« Welchen militärischen Effekt diese »Feuerstürme«, die im Angriff auf Dresden kulminierten, auch gehabt haben mögen, in ihnen verbrannten unzählige Zivilisten. Zu dieser Zeit erreichte der Krieg neue Dimensionen der Unmenschlichkeit: zwei Tage nach der Bombardierung von Lübeck traf der erste Judentransport aus Paris in Auschwitz ein. Die Vergasung der Juden begann im Mai, und von da an verfolgte die deutsche Führung das Ziel, die Juden in Europa auszurotten (s. auch Komm. 27. Februar 1943).*

ebenfalls in großem, wenn auch nicht ganz so großem Umfang wie die ersten beiden. Um sich die Bedeutung dieser Zahlen klarzumachen, muß man sich den Umfang bislang geflogener Luftangriffe vergegenwärtigen. Im Herbst und Winter 1940 wurde England von einer langen Reihe von Luftangriffen heimgesucht, die damals ohne Beispiel waren. London, Coventry, Bristol und verschiedenen anderen britischen Städten wurden ungeheure Schäden zugefügt. Trotzdem gibt es keinen Grund zu der Annahme, daß selbst an den größten dieser Angriffe mehr als 500 Flugzeuge teilnahmen. Außerdem tragen die mittlerweile von der RAF eingesetzten großen Bomber eine viel schwerere Bombenlast, als das noch vor zwei Jahren möglich war. Kurzum, die Anzahl der sowohl auf Köln wie auf Essen abgeworfenen Bomben dürfte gut dreimal so hoch liegen wie das, was die Deutschen auch bei ihren schwersten Angriffen auf England je abwarfen. [*Zensiert:* Wir wissen hierzulande, welche Verwüstungen diese Angriffe anrichteten, und können uns deshalb ein Bild davon machen, was sich in Deutschland abgespielt hat.] Zwei Tage nach dem Angriff auf Köln wurden wie üblich die britischen Aufklärungsflugzeuge losgeschickt, um Photographien von den Schäden zu machen, die die Bomber angerichtet hatten, aber das erwies sich als unmöglich, da nach wie vor eine dicke Rauchwolke über der Stadt lag. Das Beachtliche ist, daß diese Großangriffe allein von der RAF, mit in England hergestellten Flugzeugen, durchgeführt wurden. Später im Jahr, wenn sich auch die amerikanische Luftwaffe beteiligt, wird es nach allgemeiner Überzeugung möglich sein, Angriffe mit 2000 Flugzeugen gleichzeitig zu fliegen. Auf diese Weise wird eine deutsche Stadt nach der anderen angegriffen werden. Diese Angriffe erfolgen jedoch nicht willkürlich und richten sich auch nicht gegen die Zivilbevölkerung, obwohl dabei unvermeidlich auch Nichtkombattanten ums Leben kommen. Köln wurde angegriffen, weil es ein wichtiges Industriezentrum und außerdem ein großer Eisenbahnknotenpunkt ist, an dem sich die deutschen Hauptstrecken kreuzen. Essen wurde angegriffen, weil es das Zentrum der deutschen Rüstungsindustrie ist und die riesigen Kruppwerke beherbergt, die als größte Waffenschmiede der Welt gelten. 1940, als die Deutschen England bombardierten, rechneten sie nicht groß mit Vergeltung und prahlten daher in ihrer Propaganda ungescheut mit dem von ihnen angerichteten Massaker an Zivilisten und mit dem Terror, den ihre Angriffe verbreiteten. Jetzt, da das Blatt sich gewendet hat, beginnen sie lauthals gegen den Luftkrieg zu protestieren und erklären ihn für grausam und sinnlos. Die Menschen in unserem Lande hegen keine Rachegefühle, aber sie wissen noch, was ihnen vor zwei Jahren widerfuhr und wie die Deutschen redeten, als sie sich vor Vergeltung sicher wähnten. Daß sie sich sicher wähnten, daran kann kaum ein Zweifel bestehen. Man höre sich beispielsweise nur folgende Ausschnitte aus den Reden von Marschall Göring, dem Oberbefehlshaber der deutschen Luftwaffe, an. »Ich habe mich persönlich um die Luftabwehr an der Ruhr gekümmert. Kein Bombenflugzeug kann dorthin gelangen. Kein Feindflugzeug kann dort auch nur eine einzige Bombe abwerfen.« Dies am 9. August 1939. »Kein feindliches Flugzeug kann die Abwehr der deutschen Luftwaffe durchbrechen.« Dies am 7. September 1939. Man könnte noch viele ähnliche Äußerungen der deutschen Führung zitieren.

Diese Prophezeiungen sind auf furchtbare Weise widerlegt worden, und das wird seinen Eindruck auf die Deutschen selbst wie auch auf die öffentliche Meinung in der Welt nicht verfehlen.

Im Krieg auf der östlichen Halbkugel hat es in dieser Woche keine sehr bedeutenden Entwicklungen gegeben. Die Japaner richten ihre Anstrengungen nun im wesentlichen auf China und stellen möglicherweise den Versuch einer Invasion Indiens vorderhand zurück, obwohl sie ihn früher oder später unternehmen müssen. Vorige Woche haben wir betont, daß die Schlacht im Korallenmeer das japanische Vorgehen gegen Australien zwar beeinträchtigt, ihm jedoch kein Ende gemacht hat, und das hat sich diese Woche durch einen von japanischen U-Booten unternommenen Angriff auf den Hafen von Sydney bestätigt.* Diese U-Boote haben keinen nennenswerten Schaden angerichtet, und man nimmt an, daß drei davon versenkt wurden. Aber daß sie überhaupt dorthin gelangten, ist bedenklich, denn Sydney liegt sehr weit südlich aller von den Japanern besetzten Inseln; die U-Boote müssen also von Überwasserschiffen ausgesetzt worden sein. Das läßt darauf schließen, daß irgendwo vor der Ostküste Australiens ein japanischer Flottenverband liegt; abgesehen von Attacken auf amerikanische Geleitzüge ist somit jederzeit ein Angriff auf das australische Festland möglich. Japanische Bomber haben mehrere kleine Angriffe auf die Aleuten geflogen,** eine westlich von Alaska verlaufende Inselkette, die fast so etwas wie eine Brücke zwischen Amerika und Asien bildet. Es ist noch zu früh, um etwas Genaues über das Ziel dieser Angriffe zu sagen, die entweder der Auftakt zu einem Flottenangriff oder eine Finte zur Verschleierung einer anderswo stattfindenden Operation sein könnten; ganz gewiß aber verfolgen sie einen strategischen Zweck. Vor kurzem

* *Orwell äußert sich erkennbar vage über diesen Angriff, der am 31. Mai stattfand. Tatsächlich handelte es sich bei den Unterseebooten um Klein-U-Boote mit zwei Mann Besatzung, deren Auftauchen seinerzeit für erhebliche Verwirrung sorgte. Anders als bei der Bombardierung von Darwin gab es keinen offiziellen Bericht. Eine japanische Rundfunksendung lieferte nähere Informationen zu dem Angriff (s. Anhang Nr. 12).*

** *Am 3. Juni um 6 Uhr morgens, so wurde gemeldet, griffen vier Bomber und fünfzehn Jäger den dortigen amerikanischen Flottenstützpunkt an.*

wurde ein Angriff auf die Midway-Inseln gemeldet, bei dem ein japanisches Schlachtschiff und ein Flugzeugträger beschädigt wurden.* Noch weiß man nichts Näheres über die Bedeutung dieser Aktion, aber sie könnte der Auftakt zu einem weiteren japanischen Angriff auf Hawaii gewesen sein.

Der Untergrundkampf in den besetzten Ländern geht weiter. Vor zwei Tagen kam die Nachricht, daß der Chefredakteur der bekanntesten Quislingzeitung im besetzten Frankreich ermordet wurde** – das betreffende Blatt ist das Organ von Doriot, dem französischen Faschistenführer, der einer der glühendsten »Kollaborateure« ist. Zu einem sehr viel wichtigeren Ereignis dieser Art kam es vor mehr als einer Woche, als auf Heydrich, den Chef der Gestapo in der Tschechoslowakei, ein Attentat verübt wurde. Heydrich wurde von drei Kugeln getroffen und starb vor zwei Tagen trotz aller Rettungsbemühungen von Hitlers Leibärzten.*** Die Deutschen folgen ihrer üblichen Praxis der Erschießung von Geiseln bei gleichzeitiger Drohung mit weiteren Erschießungen, solange die Attentäter nicht ausgeliefert werden. Laut den Sondermeldungen ihres eigenen Rundfunks haben sie wegen der Ermordung von Heydrich bereits über zweihundert Menschen erschossen. In ganz Europa kommt es fortwährend zu solchen Einschüchterungsmaßnahmen. Vor drei Tagen etwa, um nur ein Beispiel zu nennen, wurde im deutschen Rundfunk offiziell bekanntgegeben, daß ein erst zehn Jahre altes französisches Mädchen zu fünfundzwanzig Monaten Zwangsarbeit verurteilt worden ist, weil es geflohenen Kriegsgefangenen geholfen hat.° Aber gerade die Tatsache, daß es seit nunmehr zwei Jahren wieder und wieder zu diesen brutalen Urteilen und Geiselerschießungen kommt, ja daß ihre Zahl offenbar immer mehr zunimmt, zeigt, wie wenig diese Methoden den Widerstandsgeist der einfachen Menschen in Europa zu brechen vermögen.

* *Am 4. Juni. In offiziellen Komuniqués der damaligen Zeit firmierte dieser Kriegsschauplatz unter der Bezeichnung »Ozeanien«, die Orwell in »1984« als Namen für die aus der Verschmelzung von USA und britischem Empire entstehende Supermacht übernimmt.*

** *Am 2. Juni um 19.30 Uhr wurde Albert Clément, Chefredakteur des »Cri du Peuple«, auf der Straße niedergeschossen, als er mit seiner Frau einen Abendspaziergang unternahm.*

*** *Tatsächlich wurde Heydrich von den Splittern einer von einem tschechischen Soldaten geschleuderten Handgranate getötet; der Attentäter gehörte zu einer in England ausgebildeten und eigens für die Ermordung Heydrichs eingeflogenen Gruppe. Es ist behauptet worden, die Handgranaten hätten einen tödlichen bakteriologischen Kampfstoff enthalten (s. Jeremy Paxman und Robert Harris, A Higher Form of Killing: The secret story of gas and germ warfare, 1982).*

° *In den Berichten der Abhörer findet sich keine Meldung darüber, aber es kann durchaus sein, daß Orwell mit der Episode ausführlichen Berichten entgegentreten wollte, wonach Kinder für die Frontkämpfer in Rußland und anderswo sammelten, etwa in dem Stil: »Madame Pétain besuchte heute morgen ein ›centre de l'enfance‹ und ein ›centre de la jeunesse‹, eine Kindertagesstätte und ein Jugendzentrum« (Radio Paris, 5. Juni).*

[*Zensiert:* Vorige Woche fand der Jahresparteitag der britischen Labour Party statt.* Was die derzeitigen politischen Machtverhältnisse angeht, steht die Labour Party in England an zweiter Stelle, doch zahlenmäßig ist sie bei weitem die größte Partei, da sie gewissermaßen das Organ der Gewerkschaften und der gesamten Arbeiterklasse darstellt. Einige der auf dem Parteitag verabschiedeten Resolutionen sind somit von Interesse, weil sie Rückschlüsse auf die öffentliche Meinung in England zulassen. Der Parteitag bekundete sein volles Vertrauen zum derzeitigen Premierminister und beschloß, wenn auch nur mit sehr knapper Mehrheit, am politischen Burgfrieden festzuhalten. Dabei handelt es sich um eine Vereinbarung der großen politischen Parteien, während der Dauer des Krieges bei Nachwahlen nicht gegeneinander zu stimmen oder Wahlkampf zu führen. Der Parteitag forderte erneute Bemühungen, die politischen Probleme in Indien zu lösen, und sprach sich, wiederum mit knapper Mehrheit, dafür aus, das Verbot des »Daily Worker« aufzuheben. Der »Daily Worker«, die kommunistische Tageszeitung, wurde vor zwei Jahren wegen eindeutig defätistischer Aktivitäten verboten. Mittlerweile ist die UdSSR in den Krieg eingetreten, und die Haltung der Kommunistischen Partei Englands hat sich naturgemäß gründlich gewandelt. Darum aber geht es gar nicht, wie ein Delegierter nach dem anderen auf dem Parteitag der Labour Party hervorhob. In Wirklichkeit geht es um die Pressefreiheit. Die Pressefreiheit steht hierzulande in hoher Achtung, und selbst Menschen, denen die politische Ausrichtung des »Daily Worker« nicht paßt, sahen das Verbot der Zeitung mit Unbehagen. Zwar verabschiedete der Parteitag eine Resolution mit der Forderung, das Verbot des »Daily Worker« aufzuheben, lehnte zugleich aber mit überwältigender Mehrheit den Vorschlag ab, politisch mit der Kommunistischen Partei zusammenzuarbeiten. Daß diese große politische Partei so sehr um die Meinungsfreiheit einer anderen Partei besorgt ist, deren Politik sie zutiefst ablehnt, ist ein Zeichen für die auch nach drei Kriegsjahren ungebrochene Stärke der britischen Demokratie. Neben der Rationierung von Hausbrandkohle hat die Regierung soeben angekündigt, daß sie für die Dauer des Krieges die vollständige Kontrolle über den britischen Kohlebergbau übernehmen wird.** Wir hoffen, nächste Woche ausführlicher darüber berichten zu können.]

* *Der Parteitag unter dem Vorsitz des Abgeordneten Walter Green dauerte vom 25. bis zum 28. Mai.*

** *Das Weißbuch der Regierung zur Kohle erschien am 3. Juni. Es kündigte die Staatsaufsicht über die Industrie, die Bildung des National Coal Board und andere Maßnahmen an, die praktisch auf eine Verstaatlichung dieses Industriezweiges hinausliefen.*

13. Juni 1942

Das bei weitem wichtigste Ereignis dieser Woche ist der Abschluß des englisch-sowjetischen Vertrages, dessen Inhalt gestern abend bekannt wurde.

Es ist fast unmöglich, die Bedeutung dieses Ereignisses zu überschätzen, das sich möglicherweise auf Jahrzehnte hinaus segensreich auf den Gang der Geschichte auswirkt. Natürlich waren England und Rußland auch schon vor Abschluß des Vertrages Verbündete, aber es handelte sich dabei um das eher lockere und unbefriedigende Bündnis zweier Parteien, die, weil sie vom selben Feind angegriffen werden, zum gemeinsamen Kampf gezwungen sind und leicht neue Meinungsverschiedenheiten entwickeln, sobald die Gefahr vorüber ist. Die Beziehungen zwischen Sowjetrußland und den Vereinigten Staaten waren noch unbestimmter. Jetzt freilich gibt es zwischen England und Rußland ein präzises formelles Abkommen mit genau definierten Zielen, denen die Vereinigten Staaten, obwohl sie es noch nicht unterzeichnet haben, vorbehaltlos zustimmen.

Wir können den Inhalt des Vertrages in diesem kurzen Nachrichtenüberblick nicht in allen Einzelheiten wiedergeben, sondern nur grob zusammenfassen. Zunächst einmal verpflichten sich die britische und die russische Regierung, einander nicht nur jeden militärischen Beistand gegen Deutschland und die anderen faschistischen Staaten Europas zu gewähren, sondern auch keinen Separatfrieden mit Hitlerdeutschland oder einer anderen deutschen Regierung zu schließen, die weiterhin aggressive Absichten hegt.

Diese Bestimmung ist äußerst wichtig. Es steht fest, daß die Deutschen seit langem hoffen, Rußland oder England aus dem Krieg herauslösen zu können, damit sie sich, ihrer üblichen Praxis folgend, immer nur mit einem Feind auf einmal auseinandersetzen müssen. Eine Methode, mit der sie das möglicherweise hätten bewerkstelligen können, wäre ein vorgeblicher politischer Wandel gewesen, der den Anschein erweckt, daß man die für die deutschen Aggressionen verantwortliche Clique entmachtet habe und Deutschand keine kriegerischen Ziele mehr verfolge. Seit jeher bestand die Möglichkeit, daß es zu einer Art Putsch der deutschen Wehrmachtskommandeure oder der sogenannten Gemäßigten innerhalb der Nazipartei kommt, die Hitler absetzen und dann erklären würden, die Ursache des Problems sei beseitigt, eine Fortsetzung des Krieges sinnlos. Mit dieser heuchlerischen Behauptung hätte man sich entweder an Rußland oder an England oder an die Vereinigten Staaten gewandt, je nachdem, welcher Staat zum jeweiligen Zeitpunkt am ehesten kriegsmüde wirkte. Der neue englisch-sowjetische Bündnisvertrag schließt diese Möglichkeit praktisch aus. Er bedeutet, daß der Krieg nicht geführt wird, um lediglich Hitler und die Galionsfiguren der Nazipartei, sondern um all jene Kräfte in Deutschland zu vernichten, die ein Interesse an Angriffskriegen haben. Schlicht ausgedrückt, bedeutet dieser Teil des Vertrages, daß Rußland und England den Kampf so lange nicht einstellen werden, wie Deutschland eine Armee besitzt. Zweitens verpflichten sich Rußland und England zur Zusammenarbeit nach dem Kriege. So versprechen sich beide Länder gegenseitige Hilfe, falls eines von ihnen nach Ende des derzeitigen Krieges angegriffen wird. Noch wichtiger aber ist, daß beide sich verpflichten, gemeinsam an der Wiederherstellung des Wohlstandes in Europa zu arbeiten. Sie sind sich darin einig, einander nach dem Kriege Wirtschaftshilfe zu leisten und gemeinsame Anstregungen zu unternehmen, um den kriegsgeschundenen Ländern Europas wieder Frieden, Ordnung und anständige Lebensverhältnisse zu bringen. Sie stimmen außerdem darin überein, daß sie dabei keinen territorialen Gewinn für sich selbst zu erzielen und sich nicht in die inneren Angelegenheiten anderer Staaten einzumischen versuchen werden. Das beinhaltet übrigens, daß Rußland und England sich auch nicht in die inneren Angelegenheiten des jeweils anderen einmischen, und das wiederum bedeutet, daß die beiden Systeme heute politisch und ökonomisch weit stärker übereinstimmen, als man es noch vor fünf Jahren für möglich oder auch nur denkbar gehalten hätte. Es bedeutet de facto, daß das alte Schreckgespenst des Bolschewismus und der »blutigen Revolution« für immer gebannt ist. Der Vertrag wird umgehend ratifiziert werden und soll zwanzig Jahre gelten; dann wird über eine Verlängerung entschieden.

Mr. Anthony Eden, der britische Außenminister, machte zwei sehr bedeutsame Bemerkungen, als er im Unterhaus den Vertragsinhalt bekanntgab. Er erklärte erstens, daß der Vertrag keine Geheimklauseln enthält.* Und er erklärte zweitens, daß Rußland, England und die Vereinigten Staaten volle Übereinstimmung in der wichtigen Frage der Eröffnung einer zweiten Front in Europa im Laufe des Jahres 1942 erzielt haben. Worauf genau sie sich geeinigt haben, ist selbstredend geheim.

** Eden beantwortete mit dieser Zusicherung eine entsprechende Frage von Anthony Greenwood. Eine schwedische Zeitung hatte über einen Mitarbeiter in London von der Existenz solcher Klauseln Wind bekommen, und der Achsenrundfunk dichtete sofort ein angebliches Abkommen zwischen Rußland und England hinzu, Europa nach dem Krieg unter sich aufzuteilen, ganz Europa zu »bolschewisieren« usw. Trotz der Popularität der Russen während des Krieges waren Ängste in bezug auf ihre Absichten weitverbreitet; Orwell selbst teilte sie. Das Informationsministerium indes hatte besondere Anweisungen erlassen, auf welche Weise Geschichten über »die bolschewistische Bedrohung« entgegenzutreten sei (s. Einleitung, S. 21 f.), und Orwell befolgte diese Verfügungen buchstabengetreu. Was er wirklich empfand, wenn er dergleichen schreiben mußte, können wir nur vermuten.*

Nach seinem Besuch in London ist Mr. Molotow nach Washington weitergereist. Sicher wird der Inhalt des Abkommens zwischen Rußland und den Vereinigten Staaten in Kürze veröffentlicht werden. Der englisch-sowjetische Bündnisvertrag wurde bereits am 26. Mai in London unterzeichnet. Mr. Molotows Ankunft und Abreise waren ein wohlgehütetes Geheimnis; obwohl eine ganze Reihe von Leuten eingeweiht war, wurde es nicht weiter bekannt. Besonders die Deutschen tappten, was den gesamten Besuch anging, völlig im dunkeln. Zwar behauptet ihr Rundfunk mittlerweile, sie hätten über den bevorstehenden Vertragsabschluß Bescheid gewußt,* in Wirklichkeit aber wurde weder davon noch vom Besuch Molotows auch nur ein Wort erwähnt, ehe die Nachricht in England publik wurde.

Da wir dem englisch-sowjetischen Bündnisvertrag einige Minuten widmen mußten, fällt der Kommentar zu den übrigen Nachrichten diese Woche kürzer aus als sonst. Die Lage in Libyen ist weniger günstig als vor einer Woche. Nachdem die freifranzösische und indische Garnison von Bir Hakeim sechzehn Tage ausgehalten hat, mußte sie nun doch abgezogen werden,** wodurch die Deutschen ihre rechte Flanke freimachen und unsere Hauptstellungen somit in größerer Zahl angreifen konnten. Wahrscheinlich wird die Schlacht noch einige Zeit mit großer Heftigkeit weitergehen. Vielleicht werden die Deutschen weiter vorstoßen; möglicherweise planen sie auch, ihren Panzerangriff mit einem Angriff von Luftlandetruppen aus Kreta zu verbinden. Insgesamt aber ist es wenig wahrscheinlich, daß sie die Festung Tobruk einnehmen, und noch unwahrscheinlicher, daß es ihnen gelingt, in Ägypten einzufallen.

Im Pazifik ist es zu einer großen Seeschlacht gekommen, deren Ausgang noch nicht ganz klar ist.*** Vor einer Woche haben wir berichtet, daß die japanische Flotte einen erfolglosen Angriff auf die Midway-Inseln unternommen hat, und mittlerweile sind genauere Zahlen über ihre Verluste eingegangen. Wir wissen nun, daß die Japaner vier Flugzeugträger und eine Reihe anderer Schiffe verloren haben. Unterdessen wurden auch ausführliche Zahlen zur Schlacht im Korallenmeer freigegeben. Es ergibt sich somit, daß die Japaner in

* *Diese Behauptung wurde lediglich in einer Sendung, und auch dort nur implizit, aufgestellt; es handelte sich um die tags zuvor vom Sender »Workers Challenge« ausgestrahlte Fälschung eines Interviews mit Molotow, das, so wurde behauptet, aus Sicherheitsgründen nicht eher hatte freigegeben werden können.*

** *General Ritchie befahl der Garnison am 10. Juni den Rückzug.*

*** *In der Tat war die Schlacht vom 4. Juni eine Entscheidungsschlacht im Pazifik, verlor Admiral Nagumo doch dabei seine vier Flugzeugträger. Orwells Bemerkung zu den Zahlen über die Schlacht im Korallenmeer im nächsten Satz bezieht sich auf die Zahlen, die das US-Marineministerium am 12. Juni bekanntgab. Sie waren bis zum Abschluß der Schlacht bei den Midway-Inseln zurückgehalten worden; Orwell erwähnt dies eigens, da die Achsenmächte, wenn sie Zahlen zurückhielten, damit normalerweise eine Niederlage vertuschen wollten.*

beiden Schlachten 37 Schiffe unterschiedlicher Klassen verloren haben, die entweder versenkt oder beschädigt wurden; versenkt wurden unter anderem ein Schlachtschiff und fünf Kreuzer, zu den beschädigten Schiffen zählen drei Schlachtschiffe. Fast zeitgleich unternahmen die Japaner eine Art Angriff auf die Aleuten, eine Inselkette weit im Norden, die gleichsam eine Brücke zwischen Amerika und Asien bildet. Es ist noch nicht ganz klar, was genau geschehen ist, aber aus den amerikanischen Berichten geht immerhin hervor, daß die Japaner nicht auf einer der bewohnten Inseln gelandet sind.* Möglicherweise planen sie einen Angriff mit Zielrichtung auf Dutch Harbor, den Hauptstützpunkt der Amerikaner, vielleicht wollten sie auf den Aleuten aber auch nur eine Demonstration veranstalten, um über ihre Niederlage bei den Midway-Inseln hinwegzutäuschen. Nächste Woche werden wir ausführlicher darüber berichten können.

In Ostchina, in der Gegend von Nantschang, sind schwere Kämpfe im Gange. Die Japaner behaupten außerdem, in die Innere Mongolei eingedrungen zu sein, durch die eine der Fernstraßen zwischen China und Sowjetrußland verläuft. Zwar sagen sie jetzt, sie würden den sogenannten Zwischenfall in China binnen kurzem ein für allemal abschließen, aber sie wissen zweifellos, daß sie das nun schon seit fünf Jahren behaupten und »der Zwischenfall in China« immer noch andauert. Wahrscheinlich werden sie im Augenblick also nicht so sehr auf die endgültige Eroberung Chinas, als vielmehr auf die Einnahme der Luftbasen unweit der Ostküste abzielen, von denen aus Japan selbst bombardiert werden kann. Unterdessen hat die chinesische Regierung bekanntgegeben, daß frische britische und amerikanische Luftwaffeneinheiten in China eingetroffen sind.

Mr. Oliver Lyttelton, der britische Minister für Produktion, hat soeben die wirklich verblüffenden Zahlen der britischen Kriegsproduktion offengelegt.** Wie er unter anderem bekanntgab, produziert England mittlerweile Fahrzeuge für Kriegszwecke – dazu zählen natürlich auch Panzer – in einer Stückzahl von 250 000 pro Jahr, schwere Geschütze in einer Stückzahl von 40 000 pro Jahr und Munition für diese Geschütze in einer Stückzahl von 25 Millionen Schuß pro Jahr. Außerdem ergab sich bei der britischen Flug-

* *Die Landung erfolgte auf Attu, einer Insel, die als »öder Fleck von geringem Nutzen« bezeichnet wurde. Ursprünglich war der Angriff als Ablenkungsmanöver für die Angriffsverbände bei den Midway-Inseln geplant.*

** *Lyttelton hielt sich vom 3. bis zum 21. Juni in Amerika auf. Die hier genannten Fakten und Zahlen entstammen einer Rundfunkrede, die er am 10. Juni in New York hielt. Zweck der Reise war die bessere Koordination der Kriegsproduktion zwischen Großbritannien, den USA und Kanada; so erklärt sich zweifellos auch, warum Orwell sich über die näheren Umstände von Lytteltons Erklärung ausschweigt.*

zeugproduktion eine Steigerung von hundert Prozent, d. h. der Ausstoß hat sich seit dem letzten Quartal von 1940 verdoppelt, während die Produktion von Handelsschiffen um 57 Prozent anstieg. Die Auswirkungen dieser Kriegsproduktion in großem Umfang sind unter anderem an den fortgesetzten Luftangriffen auf Deutschland erkennbar: im Augenblick sind sie zwar nicht ganz so vernichtend wie die Angriffe mit tausend Flugzeugen, über die wir letzte Woche berichteten, aber es handelt sich nach herkömmlichen Maßstäben dennoch um Großangriffe.

Wir möchten unseren Kommentar mit einer vergleichsweise kleinen Meldung beschließen, die nichtsdestotrotz berichtenswert ist, weil sie deutlicher zeigt, was Faschismus heißt, als es ganze Bücher vermögen. Nach der Ermordung von Heydrich, dem Gestapochef in der Tschechoslowakei, hatten die Deutschen bis vor drei Tagen bereits über zweihundert Geiseln erschossen. Diese Zahlen entstammen ihren eigenen Rundfunkverlautbarungen. Dann, vor zwei Tagen, ließen sie diesen Verlautbarungen im Rundfunk eine Erklärung über die Maßnahmen folgen, die sie gegen ein tschechisches Dorf ergriffen haben, dessen Bewohner der Unterstützung für die Heydrich-Attentäter bezichtigt wurden.

»Nachdem die Einwohner dieses Dorfes«, erklärt der deutsche Rundfunk, »durch ihre Tätigkeit und durch die Unterstützung der Mörder von SS-Obergruppenführer Heydrich gegen die erlassenen Gesetze mehrfach verstoßen haben, sind die männlichen Erwachsenen erschossen, die Frauen in ein Konzentrationslager überführt und die Kinder einer geeigneten Erziehung zugeführt worden. Die Gebäude des Ortes sind dem Erdboden gleichgemacht und der Name der Gemeinde ist ausgelöscht worden.«

Wohlgemerkt, das sind die Worte der Deutschen selbst, die in mindestens zwei Sprachen in die ganze Welt ausgestrahlt wurden. Das tschechische Dorf heißt Lidice und hatte etwa 1200 Einwohner.* Wir können somit davon ausgehen, daß die Deutschen ungefähr 300 Männer umgebracht, ungefähr dreihundert Frauen ins Konzentrationslager geschickt und ungefähr sechshundert Kinder einer, wie sie sagen, »geeigneten Erziehung« zugeführt, in Wirklichkeit

* *Daß Orwell anfänglich von einer »kleinen Meldung« spricht, erhöht noch die schauerliche Wirkung der Fakten. Orwell hatte sich häufig zustimmend zur Politik der verbrannten Erde geäußert, war jedoch, wie die meisten Menschen, denen der Ausdruck leicht von den Lippen ging, zutiefst entsetzt, wenn diese Politik vor seinen Augen praktiziert wurde. Die Auslöschung eines Dorfes – an der Ostfront ein durchaus alltägliches Ereignis bei Aktionen beider Seiten – schien, da sie im »zivilisierten« Europa passierte, dem Krieg eine neue Dimension zu verleihen. Damals erschienen zahlreiche Bücher über die Greueltat, und anderswo wurden neue Städte und Dörfer nach Lidice benannt. Zum vollständigen Text der deutschen Verlautbarung s. Anhang Nr. 6. In Zeile 3 hat Orwell statt »flagrantly« (schärfstens) versehentlich »frequently« (mehrfach) gelesen.*

also in Arbeitslager gesteckt haben, und dies alles auf den bloßen Verdacht hin, daß sie den Mördern eines Mannes geholfen haben, der in ganz Europa als blutiger Schlächter bekannt ist. Doch bezeichnender noch als die Tat selbst ist die Dreistigkeit, mit der sie der ganzen Welt bekanntgegeben wird, fast so, als wäre sie etwas, worauf man stolz sein kann. Am allerbezeichnendsten aber ist die Tatsache, daß die Deutschen drei Jahre nach der Besetzung der Tschechoslowakei gezwungen sind, solche Barbareien zu verüben, um ein Volk niederzuhalten, das doch angeblich von ihrer weisen, uneigennützigen Herrschaft nur profitiert.

11. Juli 1942

In dieser Woche haben sich die beiden deutschen Großoffensiven in Rußland und Afrika fortgesetzt. Wie wir wissen, besteht das strategische Hauptziel der Deutschen darin, in einer riesigen Zangenbewegung zu den Ölgebieten des Irak und des Kaukasus durchzustoßen und dort mit den Japanern zusammenzutreffen. Für uns ist wesentlich, daß dieser Vorstoß aufgehalten wird, und wenn uns das gelingt, brauchen wir zeitweiligen Gebietsverlusten nicht nachzutrauern und können zuversichtlich in die Zukunft blicken.

In den vergangenen vier Tagen waren die Kämpfe in Ägypten völlig abgeflaut. Damit ist es nun vorbei. Am Nordende unserer Verteidigungslinien, etwa 110 Kilometer westlich von Alexandria, ist die Schlacht neu entbrannt. Dem Wiederaufflammen der Kämpfe ging eine verschärfte, Tag und Nacht andauernde Offensive der Royal Air Force voraus. Erst vorgestern nacht haben unsere schweren Bomber einen Angriff auf eine große Transportkolonne der Achsenmächte begonnen, die sich auf dem Weg zur Front befand. Die Operationen gingen den ganzen Tag weiter, und britische Frontsoldaten sagen, das Gelände vor ihnen sei zeitweise von Bombenexplosionen regelrecht verdunkelt worden.

Nachdem der erste Ansturm der deutschen Panzersäulen aufgehalten werden konnte, bestand Grund zu der Hoffnung, daß wir umgehend eine starke Gegenoffensive starten könnten. Die deutschen Kräfte waren völlig erschöpft, und ihre verlängerten Nachschublinien funktionierten nicht reibungslos. Allerdings hatten auch wir große Verluste und mußten deshalb zunächst einmal vier Tage warten; es kann sein, daß die Deutschen Zeit hatten, sich zu erholen und zu verstärken. Zwar verfügen wir in Ägypten und im Nahen Osten über große Vorräte an Rüstungsgütern, aber ihre Ergänzung ist zwangsläufig ein langwieriger Vorgang. In diesem Sinne sind die deutschen Nachschublinien in Ägypten kürzer als unsere.

Sehr ermutigend am Krieg in Ägypten ist die feste Haltung der einheimischen Bevölkerung und ihrer Führer. Es hat keine Panik gegeben; das Land ist unter seinem legitimen Herrscher vereint,* und es heißt, die Leute straften die deutsche Propaganda, zumal die aus der Luft abgeworfenen Flugblätter, mit Verachtung; mittlerweile sind auch strenge Maßnahmen gegen Kriegsgewinnler ergriffen worden. Der Kampf um Ägypten wird sowohl vom ägyptischen Volk als auch von den alliierten Armeen mit Entschlossenheit geführt werden.**

In Rußland haben die Deutschen ein gutes Stück nördlich der gewaltigen Schlacht, die nach wie vor im Mittelabschnitt des Don tobt, zwei neue Offensiven begonnen: die eine etwa 220 Kilometer südöstlich von Charkow, wo die Deutschen seit der Einnahme von Izjum vergangenen Monat hundert Kilometer ostwärts vorgerückt sind; die andere 60 Kilometer südlich von Rossosch, an der wichtigsten Eisenbahnverbindung von Moskau in den Kaukasus, von der sich die Russen bereits zurückziehen mußten. Unterdessen läuft über 160 Kilometer weiter nördlich die deutsche Großoffensive gegen Woronesch weiter.*** Laut Radio Moskau nehmen die Kämpfe dort an Heftigkeit sogar noch zu, und am Freitagmorgen wurde eine von den Deutschen gehaltene, wichtige Position zurückerobert. Die Londoner Zeitungen betonen die Bedrohlichkeit dieser deutschen Großoffensive und die Notwendigkeit, Rußland weiter mit Nachschub zu versorgen; die Briten empfinden ausnahmslos größte Bewunderung für den tapferen Widerstand der Russen. Die schwerwiegendste Folge des deutschen Vorstoßes ist darin zu sehen, daß die Russen ihre wichtigste Eisenbahnverbindung vom Kaukasus nach Moskau verloren haben.

Der Angriff am Don läßt sich nicht länger gesondert von den übrigen sowjetischen Fronten betrachten. Sein unmittelbares Ziel besteht fraglos darin, die Südarmee abzuschneiden. Schon jetzt befindet sich Timoschenko in

* *Anscheinend handelt es sich hier um eine wohlwollende Äußerung Orwells zur Institution der Monarchie in Gestalt von König Faruk.*

** *Am 24. Juni hatte der ägyptische Premier Nahas Pascha eine Erklärung abgegeben, in der er Gerüchten entgegentrat, daß Ägypten mobil mache bzw. gezwungen werde, den Achsenmächten den Krieg zu erklären; deren Propagandisten hatten viel Geschrei um diesen Punkt gemacht, so daß Orwell hier erneut eine Klarstellung der Lage gibt.*

*** *»Blitz-FS Nr. 60« aus dem Führerhauptquartier hatte am Mittag des 7. Juli den Fall von Woronesch bekanntgegeben. Da die Russen diese Tatsache erst am 13. Juli zugaben, mußte Orwell wie die anderen alliierten Rundfunkleute behaupten, die Kämpfe gingen weiter.*

bezug auf die übrige Front in einer ernsten Lage. Die Deutschen versuchen, seine direkte Verbindung nach Norden abzuschneiden, und sind offenbar entschlossen, ihm keine Ausweichroute zu lassen.

Daß die Sowjets die Räumung von Rossosch bekanntgeben, läßt aufhorchen. Die Stadt liegt hundertsechzig Meilen südlich von Woronesch. Vor einer Woche standen die deutschen Truppen noch bei Wolchansk, hundertsechzig Kilometer weiter westlich. Die Geschwindigkeit, mit der die Nazis vorrücken, läßt auf eine allgemeine sowjetische Absetzbewegung in diesem Abschnitt des Don schließen. Das ist ein schweres strategisches Geländeopfer, denn von Rossosch aus verläuft eine Eisenbahnlinie nach Osten zur Moskauer Strecke.*

Es handelt sich dabei um eine der vielen strategisch wichtigen Strecken, die in jüngster Zeit gebaut wurden, und sie ist nur auf wenigen Karten verzeichnet. Nun aber ist auch sie den Deutschen in die Hände gefallen. Daß die deutschen Truppen in der Mehrzahl noch auf dem Westufer des Don stehen, stellt für von Bock kein unüberwindliches Hindernis dar; der Fluß ist in dieser Gegend nicht sehr breit und zu dieser Jahreszeit außerdem seicht und leicht zu überqueren.

Für das sowjetische Oberkommando besteht das eigentliche Problem darin, die Richtung des deutschen Angriffs vorauszubestimmen. Die allgemeine Meinung geht natürlich dahin, daß er dem Kaukasus, dem Öl und dem Nahen Osten gilt. Es gibt aber auch deutliche Hinweise darauf, daß Hitler ebenso dringend wie Öl einen raschen politischen und militärischen Sieg über die Sowjetunion braucht.

Es wäre gefährlich, den plötzlichen Schwenk nach Norden zu übersehen, mit dem von Bocks Truppen zu einer großen Umfassungsbewegung im Rükken von Moskau ansetzen, während der bereits laufende Frontalangriff im Gebiet Kalinin – Rshew weiter vorangetrieben wird.

Auf halbem Wege zwischen Woronesch und Rossosch überquert die Eisenbahn aus Charkow und Kupjansk den Don und verläuft zunächst ost- und dann nordostwärts. Etwa zweihundertfünfzig Kilometer vom Don entfernt kreuzt sie die erste wichtige Moskauer Strecke, und etwa hundertzehn Kilometer weiter die zweite, die Richtung Südosten verläuft.

Wir sprechen hier nicht von den unmittelbaren Aussichten, aber doch von zweifellos möglichen Entwicklungen des Krieges. Timoschenkos Truppen schlagen mancherorts zurück und halten anderswo ihre Positionen.

* *Hier findet Orwell seinerseits passende Euphemismen für »Rückzug«. Die »Absetzbewegung, auf die die Geschwindigkeit, mit der die Nazis vorrücken, schließen läßt«, und das »strategische Geländeopfer« sind meisterliche Wortschöpfungen.*

Aber wir haben es mit einem modernen Bewegungskrieg zu tun, und sobald die sowjetische Verteidigungslinie an einer Stelle durchbrochen ist, müssen wir damit rechnen, daß die Nazis alles daran setzen, die Bresche zu erweitern.

Zum Verhalten der Japaner in den von ihnen eroberten Territorien sind weitere Informationen eingegangen. Auf Java versuchen sie den Holländern die Schuld an der Hungersnot in die Schuhe zu schieben, die aufgrund ihrer Raub- und Mißwirtschaft zu erwarten steht. Die Holländer haben freilich niemals Nahrungsmittelbestände vernichtet, die für den Eigenverbrauch auf den Inseln vorgesehen waren. Die Insel Amboyna beispielsweise ist nicht autark; dort waren große Reisvorräte gelagert, die von den Japanern konfisziert wurden. Radio Tokio hat einen dringenden Appell ausgestrahlt, mit dem 30 000 Japaner für den Verwaltungsdienst in Niederländisch-Indien gewonnen werden sollen; die Holländer haben in ihrer Verwaltung nur etwa halb so viele Europäer beschäftigt. Laut Radio Berlin sollen alle kleinen Geschäfte in Japan aufgelöst und ihre Eigentümer in den neuerworbenen Gebieten in der Industrie beschäftigt werden. Diese <?Maßnahmen (*moves*)> sind eindeutig <?darauf angelegt (*designed*)>, die javanischen Händler aus dem Geschäft zu drängen. Außerdem werden in großer Zahl japanische Bauern und Fischer herbeigeschafft. Sämtliche javanischen Fischerboote wurden von den Japanern beschlagnahmt, die den Fischfang unter strenger Regierungskontrolle wiederaufgenommen haben. Auf Java kommen etwa 500 Einwohner auf den Quadratkilometer. Es liegt auf der Hand, daß den Javanern schreckliche Entbehrungen bevorstehen, wenn die japanische Besetzung fortdauert. Mittlerweile sind auf Java sämtliche politischen Organisationen Indonesiens von den Japanern per Dekret aufgelöst worden; jeder ist zur Zusammenarbeit mit den Militärbehörden verpflichtet.

Auf Neuguinea schreibt eine japanische Verfügung vor, daß »japanische Soldaten von jedermann durch Verbeugung zu grüßen« sind. Jeder muß Japanisch lernen. Sämtliches Eigentum ist »eingefroren« worden. Briefeschreiben und Rundfunkhören sind verboten.

In Burma halten sich die Japaner ziemlich zurück, weil sie damit rechnen, bald um das Land kämpfen zu müssen, und deshalb darauf achten, sich dort nicht allzu verhaßt zu machen. Es ist ihnen hauptsächlich darum zu tun, bei den Burmesen Haß und Argwohn gegen die Inder und Chinesen, bei den Shan-Stämmen im Norden Haß und Argwohn gegen die Chinesen und Burmesen und bei den Thailändern Haß und Argwohn gegen die Burmesen und Chinesen zu säen. So sieht der japanische Plan aus, in Asien rasch Frieden und Freiheit herbeizuführen.

Nachrichten über den Verlauf der Kämpfe sind nun auch direkt aus Rußland zu empfangen, da die Russen selbst nach Indien senden.*

Wenden wir uns nun den Kämpfen in China zu.

Tschungking berichtet, daß in Kiangsi die japanischen Vorstöße aus der Hauptstadt zurückgeschlagen wurden. Die Chinesen behaupten, sie haben 30 000 japanische Soldaten eingeschlossen.** Weiter östlich, in Tschekiang, rücken verstärkte japanische Truppen auf die Hafenstadt Wenzhou vor. Weit nordwestlich von diesem Kampfschauplatz, in den Bergen zwischen den Provinzen Schanschi und Honan, sollen sich die Japaner angeblich auf die Basen zurückziehen, von denen sie vergangenen Monat ihre Offensive gestartet haben. Die Chinesen sagen, die Schlacht befinde sich im letzten Stadium und die Japaner hätten eine Niederlage erlitten.

In China, zumal in den östlichen Provinzen, deren Flugplätze, wie die Japaner befürchten, als Ausgangspunkte für Bombenangriffe auf Japan dienen könnten, sind also noch schwere Gefechte im Gange. Vielleicht hoffen die Japaner auch nach wie vor, die Chinesen zu erschöpfen, wenn sie nur ihren starken Druck aufrechterhalten; wie man weiß, stehen ja die meisten japanischen Armeen noch in China.

Bekanntlich jährte sich diese Woche auch der Beginn des chinesisch-japanischen Krieges. China ist nunmehr in das sechste Jahr entschlossenen und erfolgreichen Widerstandes gegen die Aggression eingetreten und hat den Jahrestag zum Tag des Wiederaufbaus erklärt. In England fanden große Feiern statt, und zwar nicht nur die offiziellen Veranstaltungen, auf denen der chinesische Botschafter und andere hervorragende Persönlichkeiten sprachen: im ganzen Land beriefen die Vorsitzenden von Stadt- und Bezirksräten zu Ehren des chinesischen Widerstandes Versammlungen ein, auf denen für den Chinafonds gesammelt wurde. Die Entschlossenheit Chinas hat in England große Bewunderung hervorgerufen.***

Heute melden sich alle zweiundvierzigjährigen Frauen Großbritanniens

* *Für solche Sendungen finden sich in den Berichten der Abhörer ebensowenig Belege wie für die diversen Aussagen zu Japan und Java, die Orwell zuvor erwähnt. Zweifellos stammten die Angaben aus Verlautbarungen des Informationsministeriums. Orwells Bemerkungen zu Burma offenbaren seine detaillierte Landeskenntnis sowie seine begründeten Vermutungen zur wahrscheinlichen Taktik der Japaner.*

** *In einer Sendung aus Tschungking vom 10. Juli wurde behauptet, die Truppen seien auf dem Ostufer des Flusses eingeschlossen worden. Umfang und Komplexität der Feldzüge in China, die noch größer waren als die russischen, lassen sich an der kurze Zeit später, nämlich am 14. Juli, erfolgenden Ankündigung Tschungkings ermessen, daß weitere sechs Millionen Mann zwischen 18 und 40 Jahren zum Dienst in der chinesischen Armee einberufen worden seien.*

*** *Jahrestag war der 7. Juli. Zu den Feiern, auf die Orwell hier anspielt, zählte auch die offizielle Gründung des Hilfsfonds für China durch Lady Cripps.*

zum Wehrdienst. Viele davon sind verheiratet und haben Kinder, und viele wird man nur halbtags, in der Nähe ihrer Wohnungen, zu Rüstungsarbeiten heranziehen. Mittlerweile sind in England über 8 Millionen dienstpflichtige Frauen erfaßt worden, und jede Woche werden zwischen 15 000 und 20 000 zum weiblichen Armeekorps oder zur Rüstungsarbeit abkommandiert. England ist entschlossen, der Aggression bis zum Schluß zu widerstehen.

18. Juli 1942

Die deutsche Offensive gegen unsere russischen Verbündeten hat mittlerweile ihren Höhepunkt erreicht, und es wäre dumm zu verhehlen, daß die Lage sehr ernst ist. Der deutsche Hauptstoß zielt, wie wir in früheren Nachrichtenkommentaren vorausgesagt haben, südostwärts auf den Kaukasus. Die Deutschen haben nunmehr den Oberlauf des Don überquert, und in und um die bedeutende Stadt Woronesch sind Gefechte im Gange. Heftige Angriffe unternehmen sie auch weiter südlich in Richtung Rostow, der wichtigen Stadt am Don, unterhalb der Donezmündung, die die Russen letztes Jahr von den Deutschen zurückeroberten, und in Richtung Stalingrad an der Wolga. Sowohl Rostow als auch Stalingrad sind gefährdet.

Die Deutschen verfolgen mit diesen Angriffen offensichtlich ein doppeltes Ziel. Endziel ist natürlich, die Ölfelder im Kaukasus und im Nahen Osten zu erobern, unmittelbares Ziel jedoch, die Verbindungen zwischen diesem Gebiet und den nördlicheren Landesteilen Rußlands zu durchtrennen. Mit der Überquerung des Don bei Woronesch haben sie bereits eine wichtige Route nach Norden blockiert, denn sie stehen dadurch jenseits der Eisenbahnlinie von Woronesch nach Rostow. Bei einem weiteren Vorrücken bliebe für die Russen nur noch eine einzige Eisenbahnlinie aus diesem Gebiet offen, und kämen die Deutschen bis Stalingrad, wären alle direkten Eisenbahnverbindungen zwischen dem Kaukasus und den nördlichen Fronten bei Moskau und Leningrad unterbrochen. Das bedeutet selbstverständlich nicht, daß das russische Öl nicht mehr abtransportiert würde, aber das müßte dann auf Umwegen und weitgehend auf Wasserstraßen geschehen, und dadurch würde das russische Transportsystem einer enormen zusätzlichen Belastung ausgesetzt.

In der momentanen Phase ist der Krieg im wesentlichen ein Kampf um Öl. Die Deutschen versuchen, die Ölvorräte für sich zu gewinnen, die ihnen eine Fortsetzung ihres Eroberungsfeldzuges erlauben würden, und zugleich das russische Volk zu strangulieren, indem sie es von seinen Ölvorräten abschneiden und so seine Rüstungsindustrie und seine Landwirtschaft aushungern. Langfristig betrachtet kann man sagen, die Deutschen müssen entweder dieses Jahr das Kaspische Meer erreichen, oder sie haben den Krieg verloren,* auch wenn sie vielleicht noch eine ganze Weile weiterkämpfen könnten. Falls sie das Kaspische Meer tatsächlich erreichen und die Ölgebiete in die Hand bekommen, bedeutet das nicht, daß sie den Krieg gewonnen haben, aber es bedeutet, daß ihre Kampffähigkeit sich erheblich verlängert und die Aufgabe der Alliierten sehr viel schwerer wird. In dem verzweifelten Bemühen, mit Rußland fertig zu werden, ehe die wachsende Stärke Englands und Amerikas im Westen gegen sie eingesetzt werden kann, werfen die Deutschen alles in diese Schlacht, was sie nur haben. Das eigentliche Ziel, mit dem sie den Rußlandfeldzug vor einem Jahr begannen – die Vernichtung der russischen Armeen –, ist nicht erreicht worden und wird, wie ihnen mittlerweile vermutlich klar ist, auch nicht erreicht werden. Die russischen Verluste sind gewaltig; die der Deutschen freilich auch, und sie können sie weniger gut verkraften. Die sowjetische Regierung hat soeben eine Verlustliste veröffentlicht, nach der die deutschen Verluste in den letzten beiden Monaten bei 900 000 und die eigenen bei 350 000 Mann liegen. Insgesamt können wir trotz der momentanen schweren Krise mit einiger Zuversicht vorwärtsblicken, wenn wir uns vor Augen halten, daß die Deutschen ihre Offensive letztes Jahr über einen Monat früher starteten und trotzdem vor Einbruch des Winters keine Entscheidung herbeiführen konnten.

In Ägypten ist der deutsche Angriff, der vor zehn Tagen so bedrohlich aussah, offenbar zum Stillstand gekommen. Die beiden Armeen stehen immer noch ungefähr da, wo sie vor einer Woche standen, nämlich bei El Alamein an der ägyptischen Küste. Die Deutschen haben schwere Angriffe geführt, die bis zur Stunde andauern, ohne jedoch die Briten bisher aus ihrer Stellung drängen zu können. Die Briten haben vielmehr kleine Geländegewinne erzielt und zwischen zwei- und dreitausend Gefangene gemacht. Zwar dürfen wir uns nicht einbilden, die Gefahr für Ägypten sei beseitigt, aber der deutsche Plan, mit einem einzigen raschen Vorstoß Alexandria und vielleicht sogar Kairo zu erreichen, ist mit Sicherheit hinfällig. Die deutschen Truppen in Afrika können leichter versorgt werden als die britischen, denn ihr Nachschub muß lediglich das kurze Stück von Italien her zurücklegen, während der unsere den Weg um das Kap der Guten Hoffnung nehmen muß. Bei der jetzigen

* *In den für die Alliierten allerschlimmsten Kriegstagen wagt Orwell eine Voraussage über das Kriegsende, die sich letztlich als zutreffend erwies.*

Schlacht allerdings ist die Nachschubsituation für die Briten günstiger, denn sie stehen näher bei ihren Stützpunkten und haben in den letzten zehn Tagen aus Ägypten und vermutlich auch aus dem Nahen Osten Verstärkungen herangeführt. Wahrscheinlich sind die Deutschen in bezug auf Panzer und möglicherweise auch Truppen zwar zahlenmäßig überlegen, aber die Luftherrschaft liegt eher bei den Briten. Wir müssen mit weiteren Angriffen der Deutschen rechnen, nicht nur weil es vorteilhaft für sie wäre, unseren Flottenstützpunkt bei Alexandria zu erobern, sondern auch weil es sich hier um den südlichen Stoßkeil der Offensive gegen die Ölgebiete handelt, deren nördlicher Keil der Angriff in Rußland ist. Falls es den Deutschen andererseits nicht gelingt, in naher Zukunft weiter nach Ägypten hinein vorzustoßen, haben sie von einem weiteren Verbleib dort nicht viel zu gewinnen. Wahrscheinlich werden sie also noch einmal mit aller Macht versuchen, einen Durchbruch zu erzwingen, und sich, falls er mißlingt, in den italienisch besetzten Teil Libyens zurückziehen.*

Die politischen Entwicklungen im Nahen Osten nach dem deutschen Erfolg in Libyen waren für die Achsenmächte vermutlich sehr enttäuschend. Die deutschen und italienischen Versprechungen, Ägypten zu befreien, haben keinerlei Eindruck gemacht. Wie denn auch anders, steht doch Libyen, westlich von Ägypten, unter der Gewaltherrschaft der Italiener, und wurde Abessinien, südlich davon, von den Italienern willkürlich angegriffen und unterdrückt, bis die britischen und abessinischen Truppen es letztes Jahr befreiten. Nicht zu Unrecht lautet die ägyptische Antwort auf die deutschen und italienischen Versprechungen: »Wenn euch so viel daran liegt, andere zu befreien, warum befreit ihr dann nicht als erstes die Araber in Libyen?« Letzte Woche haben wir berichtet, daß der türkische Premier Dr. Refik Saydam gestorben ist;** wahrscheinlich hofften die Deutschen, daß ihm ein Politiker nachfolgt, der den Alliierten weniger freundlich gesinnt ist. Sein Nachfolger jedoch ist Mr. Sarajoglu, den man ebenfalls als treuen Freund Englands kennt und der als einer der Väter des türkischen-britischen Bündnisses gilt. Die amerikanische Regierung hat der Vichy-Regierung mitgeteilt, sie werde für den Fall, daß die Deutschen in Ägypten weiter vorstoßen, jede britische Maßnahme in bezug

* *Auch damit behielt Orwell recht: der deutsche Vormarsch war tatsächlich an seine Grenzen gestoßen. Ängste, daß die Deutschen den Suezkanal erreichen oder nach Palästina gelangen und den Judenhaß der Nazis in das jüdische Herzland tragen würden, bewahrheiteten sich nicht. Nach großen Veränderungen auf alliierter Seite und heftigem Gefecht zogen sich die Achsentruppen tatsächlich zurück.*

** *In Orwells Text ist davon nicht die Rede; vermutlich kam auch diese Meldung in einer der täglichen Nachrichtensendungen. Saydam starb am 8. Juli. Sarajoglu, ein persönlicher Freund von Kemal Atatürk, war zuvor Außenminister gewesen.*

auf die in Alexandria festgehaltenen französischen Kriegsschiffe unterstützen.* Wahrscheinlich verfolgte die deutsche Offensive unter anderem das Ziel, diese Schiffe in die Hand zu bekommen, zu denen ein Schlachtschiff und einige Kreuzer zählen; nun ist dieses Vorhaben vereitelt, denn falls sich herausstellt, daß Alexandria gefährdet ist, werden die Briten diese Schiffe entweder versenken oder durch den Suezkanal in Sicherheit bringen.

Das deutsche Schlachtschiff »Tirpitz« ist von einem russischen U-Boot torpediert und beschädigt worden.** Es ist das einzige schwere Kriegsschiff, das den Deutschen noch geblieben ist; obwohl von moderner Bauart und enormer Stärke, konnte es noch nicht sehr erfolgreich eingesetzt werden. Als es das letzte Mal auslief, um die Geleitzüge nach Murmansk zu dezimieren, wurde es von britischen Torpedoflugzeugen zur Rückkehr in den Hafen gezwungen, und diesmal ist es so schwer beschädigt worden, daß es wahrscheinlich für mehrere Monate ausfällt. Die Alliierten sind unaufhörlich bemüht, den über Murmansk fließenden Strom von Nachschubgütern für Rußland nicht abreißen zu lassen, und das ist zwangsläufig mit Verlusten verbunden. Letzte Woche ist ein weiterer großer Geleitzug dort eingetroffen. Die Deutschen haben aberwitzige Behauptungen über die Zahl der von ihren Flugzeugen und U-Booten versenkten Schiffe aufgestellt. Diese Behauptungen kann man ignorieren, bekannt ist jedoch, daß einige Schiffe des Geleitzuges verlorengingen, was sich um diese Jahreszeit nicht vermeiden läßt, denn jetzt gibt es im äußersten Norden keine Nacht und die Sonne scheint etwa sechs Wochen lang ununterbrochen.***

Die Insel La Mayotte, bei Madagaskar, wurde Vichy-Frankreich von den Briten abgenommen.° Das Ganze ging ohne Blutvergießen vonstatten. Es handelte sich zwar um eine kleine Operation, aber sie war doch wichtig, da von der Insel aus vermutlich deutsche U-Boote operierten; nun da sie in britischer Hand ist, wird die Fahrt um Afrika herum für unsere Schiffe sicherer.

* *An dieser Stelle ist vielleicht erwähnenswert, daß Amerika die diplomatischen Beziehungen zu Vichy-Frankreich nicht abbrach; diese wurden erst durch die Landung amerikanischer Truppen in Französisch-Nordafrika de facto beendet.*

** *Das russische Oberkommando hatte dies zehn Tage vorher, am 8. Juli, bekanntgegeben; die Meldung war falsch.*

*** *Die Rede ist hier von dem Unglückskonvoi PQ 17. Entgegen den russischen Behauptungen war die »Tirpitz« nämlich nicht beschädigt worden, sondern wurde zusammen mit der »Scheer« und der »Hipper« in der Nähe des Geleitzuges gesichtet, der den Befehl zur Auflösung bekam; 23 der 34 Schiffe des Geleitzuges wurden versenkt. Was Orwell hier mitteilt, stammt wohl vom Informationsministerium und stellt eindeutig direkte Gegenpropaganda angesichts einer peinlichen Wahrheit dar.*

° *Das am 8. Juli von britischen Kommandoeinheiten mit Unterstützung von Marineinfanteristen und ostafrikanischen Truppen ausgeführte Landungsunternehmen stieß auf keinerlei Widerstand. Wie im Falle von Madagaskar erwiesen sich Ängste in bezug auf die Präsenz von Achsentruppen als grundlos, was dem Unternehmen freilich nichts von seiner strategischen Bedeutung nahm.*

Vor vier Tagen, am 14. Juli, wurde in Frankreich einer der großen Nationalfeiertage begangen, nämlich der Jahrestag des Sturms auf die Bastille vor über hundertfünfzig Jahren. Die Bastille war das Gefängnis, in das die französischen Könige ihre politischen Gegner einsperrten, und ihre Eroberung durch das Volk von Paris war der erste Schritt zur Französischen Revolution und zum Sturz der französischen Monarchie. Bislang ist dieser Tag in Frankreich jedes Jahr gefeiert worden. Dieses Jahr hat Marschall Pétain, der Marionettenherrscher von deutschen Gnaden, die üblichen Feiern verboten und angeordnet, daß der 14. Juli als Trauertag begangen wird.* In England und in allen anderen Ländern, in denen freifranzösische Kräfte dienen, wurde er jedoch ausgiebig gefeiert, und britische Flieger nahmen ihn zum Anlaß, fünf Millionen Flugblätter über Frankreich abzuwerfen, die versprachen, daß der 14. Juli sehr bald wieder als Geburtstag der Republik und Tag der Befreiung Frankreichs von der Tyrannei gefeiert werden würde.

25. Juli 1942

Zwar haben wir es diese Woche mit sehr wichtigen Ereignissen zu tun, doch die Situation hat sich seit unserem letzten Nachrichtenkommentar nicht grundlegend geändert. Wir möchten die Wochenereignisse deshalb knapper als sonst zusammenfassen und dann, wie wir es von Zeit zu Zeit tun, über die derzeitige Tendenz der an Indien gerichteten Achsenpropaganda sprechen. Wir tun das deshalb, weil diese Propaganda keinen anderen Zweck hat als die Täuschung, und wenn man sie objektiv betrachtet, kann man oft auf die eigentlichen Absichten schließen, die dahinterstehen.

Hier nun eine kurze Zusammenfassung der Ereignisse der Woche. Im Südabschnitt der Rußlandfront hat sich die Lage verschlimmert, und Rostow ist auf jeden Fall stark gefährdet. Die Deutschen behaupten bereits, die Stadt sei gefallen.** Dieser Behauptung sollte man mit Skepsis begegnen, solange sie nicht von russischer Seite bestätigt wird, aber es steht außer Zweifel, daß der rasche Vormarsch der Deutschen in den Don-Bogen hinein diese wichtige

* *Diese Abweichung vom üblichen Prozedere war eine Reaktion auf Stalins zuvor erwähnte Aussetzung der Feierlichkeiten zum 1. Mai (s. Anm. S. 95). Die Trauer galt den Opfern der alliierten Bombenangriffe auf Frankreich.*

** *Hitlers Hauptquartier meldete den Fall von Rostow am 24. Juli. Die Russen bestätigten ihn am 27. Juli, also rascher als üblich.*

Stadt in große Gefahr bringt. Entscheidender strategischer Punkt ist allerdings weniger Rostow als vielmehr Stalingrad an der Wolga und, jenseits davon, Astrachan am Kaspischen Meer. Das sind fraglos die Ziele der Deutschen, und wenn sie Astrachan vor Einbruch des Winters nicht erreichen, dann, so läßt sich mit einiger Sicherheit sagen, haben sie den Krieg verloren.* Weiter nördlich, bei Woronesch, waren die russischen Gegenangriffe erfolgreich. Die Rote Armee hat den Don wieder überschritten, und die Deutschen haben offenbar schwere Verluste an Menschen und Material erlitten.

In Ägypten hat sich die Lage deutlich verbessert. Die Briten haben erfolgreiche Gegenangriffe geführt, mit denen sie die Deutschen in den vergangenen zehn Tagen einige Kilometer zurückgedrängt und 6000 Gefangene gemacht haben. Die indischen Truppen haben sich bei diesen Gefechten sehr ausgezeichnet; mehrere Regimenter aus Belutschistan wurden zur ehrenvollen Erwähnung ausgewählt. Aufgrund der Anforderungen der Rußlandfront fehlt es den Deutschen im Augenblick wohl an Flugzeugen, aber sie sind gut mit Panzern und besonders mit Panzerabwehrgeschützen ausgerüstet.** Wir müssen damit rechnen, daß sie einen weiteren großangelegten Versuch unternehmen, in Ägypten einzufallen, aber ihre Erfolgsaussichten sind in den letzten vierzehn Tagen geringer geworden. Sollte ihnen dieser letzte Versuch mißlingen, werden sie sich wahrscheinlich mindestens bis an die Grenzen Libyens zurückziehen.

In Ostchina sind schwere Gefechte im Gange, und die Stadt Wenzhou ist zweimal erobert und einmal wiedererobert worden. Derzeit befindet sie sich in japanischer Hand. In Mexiko hat die Regierung die Ölquellen übernommen, die bislang den Japanern gehörten und von ihnen betrieben wurden.*** Berichte aus gewöhnlich gut unterrichteten Kreisen lassen darauf schließen, daß die Japaner für Ende des Monats einen Überraschungsangriff gegen Rußland ins Auge fassen. Sie werden sich natürlich den geeignetsten Moment dafür aussuchen und wahrscheinlich so lange warten, bis sie die Russen im

* *Orwell wiederholt hier eine schon früher getroffene Feststellung, nutzt sie in diesem Fall freilich für den üblichen Propagandatrick, einen Sieg des Feindes mit der Behauptung kleinzureden, er sei wertlos, wenn nicht noch mehr erreicht werde.*

** *Einer der seltenen Fälle, wo Orwell konkrete Waffen erwähnt. Er bezieht sich hier auf die 88-mm-Fliegerabwehrkanone, die die Deutschen auch sehr wirksam als Panzerabwehrwaffe einsetzten. Bei der hier erwähnten Schlacht handelt es sich um die erste Schlacht von El Alamein, deren Ausgang nicht Orwells optimistischer Schilderung entsprach.*

*** *Eine rätselhafte Meldung. Sämtlicher ausländischer Ölbesitz war schon Jahre zuvor beschlagnahmt worden. Möglicherweise kontert Orwell hier die Feststellung der Achsenpropaganda, Mexiko habe* amerikanische *Ölquellen beschlagnahmt und als erste Rate der vereinbarten Entschädigung 8 Millionen Dollar an Amerika bezahlt.*

Westen in ernsthaften Schwierigkeiten wähnen. Wir können freilich davon ausgehen, daß die sowjetische Regierung diese Pläne gut kennt und geeignete Vorkehrungen dagegen getroffen hat.

Wir möchten nun noch einige Anmerkungen zum derzeitigen Charakter der Achsenpropaganda machen. Wir sagen »derzeitig«, weil es zu beachten gilt, daß diese Propaganda sich je nach Lage völlig ändert, denn es geht ihr keineswegs darum, die Wahrheit zu verbreiten, sondern schlicht darum, die öffentliche Meinung in eine für die Achsenmächte günstige Richtung zu lenken. Das schlagendste Beispiel für eine solche Veränderung war nach dem deutschen Einmarsch in Rußland zu beobachten. Bis dahin hatten die Deutschen nach Kräften ihre angebliche Freundschaft mit Rußland ausgeschlachtet und sich als Verbündete eines sozialistischen Landes dargestellt, das gegen die Plutokratie kämpft. Kaum waren sie in Rußland einmarschiert, begannen sie sich als Verteidiger der europäischen Kultur gegen den Bolschewismus zu gerieren und – ein zweiter Propagandatrick – die besitzenden Klassen anzusprechen, so wie sie zuvor die besitzlosen angesprochen hatten. Diese plötzliche Kehrtwendung der Achsenpropaganda – und wir haben hier aus vielen Beispielen nur das augenfälligste herausgegriffen – sollte jeden, der diese Propaganda zufällig hört, davor bewahren, sie für bare Münze zu nehmen.

Wenn wir uns die Achsenpropaganda ansehen, die sich im Moment speziell an Indien richtet,* stellen wir fest, daß sie letzten Endes auf die Behauptung hinausläuft, man kämpfe gegen den Imperialismus. »Asien den Asiaten« lautet das japanische Schlagwort, und ganz ähnliche Phrasen fallen täglich in der deutschen und italienischen Propaganda. Das Weltbild, das die Propagandisten der Achsenmächte zeichnen, sieht etwa folgendermaßen aus: England und Amerika besitzen fast die ganze Welt; sie benutzen ihre Macht dazu, den größten Teil der Menschheit auszubeuten, und zwingen Hunderte von Millionen Menschen zu einem Leben in Mühsal und Elend, um ein paar hundert Millionären in London und New York die Taschen zu füllen. Deutschland, Italien und Japan kämpfen gegen dieses ungerechte Unterdrückungssystem, und zwar keineswegs im eigenen Interesse, sondern lediglich, um die versklavten Völker zu befreien. Wenn sie ihr Ziel erreicht haben, werden sie sich aus allen Ländern zurückziehen, die sie möglicherweise haben besetzen müssen, und den ehemaligen Untertanenvölkern großzügig die volle Unabhängigkeit gewähren. So versichern die Japaner den Indern, daß sie mit einer eventuellen Invasion Indiens keineswegs die Absicht verbinden, sich auf

* *Die Sendung war fraglos als direkte Antwort auf einen Kommentar von Subhas Chandra Bose am 20. Juli gedacht (s. Anhang Nr. 7).*

Dauer dort niederzulassen, sondern lediglich die Briten vertreiben wollen, worauf sie sich wieder zurückziehen werden. Ebenso versichern die Deutschen und Italiener den Ägyptern, daß sie keinerlei Gelüste auf ägyptisches Territorium haben, sondern lediglich in Ägypten einmarschieren, um die Briten hinauszuwerfen, worauf auch sie sich wieder auf ihr eigenes Gebiet zurückziehen werden. Ähnliche Versprechungen machen sie allen Völkern alliierter Länder, die möglicherweise mit ihrem gegenwärtigen Los unzufrieden sind.

Selbstredend sind diese Versprechungen schon auf den ersten Blick absurd. Denn es ist klar, daß die Deutschen, Italiener und Japaner, wären sie tatsächlich Feinde des Imperialismus, zunächst einmal den von ihnen unterworfenen Völkern die Freiheit schenken würden. Die Japaner würden Korea, der Mandschurei und Formosa die Freiheit geben und sich aus den Teilen Chinas zurückziehen, die sie seit 1937 besetzt halten. Die Italiener würden, anstatt den Ägyptern Versprechungen zu machen, den Arabern in Libyen die Freiheit geben und hätten nie und nimmer die Aggression gegen die Abessinier verübt, die letztes Jahr ihre gerechte Vergeltung fand. Und die Deutschen müßten, um ihre Versprechungen zu halten, ganz Europa die Freiheit schenken.

Das alles liegt auf der Hand. Das Deutschland, das England imperialistisch nennt, ist bestenfalls einem Esel vergleichbar, der den andern Esel Langohr schilt. Trotzdem sind die Achsenpropagandisten nicht so dumm, wie es nach dem eben Gesagten vielleicht den Anschein hat. Sie verfahren nach zwei Prinzipien, die beide kurzfristig, wenn auch wohl nicht auf Dauer erfolgreich sind. Das erste Prinzip lautet, daß die Menschen einem immer glauben, wenn man ihnen etwas verspricht, was sie wollen. Das zweite lautet, daß nur sehr wenige Menschen wissen oder wissen wollen, was anderswo in der Welt geschieht oder gesagt wird. Die Achsenpropagandisten wissen also, daß sie sich in ihrer für verschiedene Länder bestimmten Propaganda grob widersprechen können, ohne groß Gefahr zu laufen, daß man ihnen auf die Schliche kommt. Hier ein Beispiel für einen solchen inneren Widerspruch: Während die Achsenmächte den Indern über Rundfunk versichern, daß sie mit den farbigen Völkern gegen die Briten verbündet seien, versichern sie gleichzeitig den Niederländern in Südafrika, sie seien mit der weißen Rasse gegen die schwarze verbündet.* Letztere Überzeugung findet sich denn auch überall in der Achsenpropaganda wieder, besagt doch die zentrale These der Nazitheorie, daß die weißen Völker

* *Entsprechende Äußerungen waren am Vortag in einer auf Afrikaans nach Afrika ausgestrahlten Sendung der Achsenpropaganda unter dem Titel »Das kaffeebraune Volk« (s. Anhang Nr. 8) gefallen. Sie erschienen wörtlich in den Berichten der Abhörer; dort hat Orwell sie wohl gesehen und beschlossen, sie zu thematisieren.*

den asiatischen und afrikanischen Völkern sowie den Juden überlegen seien. Mit der Behauptung, alles Wertvolle in der Menschheitsgeschichte sei von Menschen mit blauen Augen geschaffen worden, gehen die Deutschen sogar noch weiter als ihre italienischen Kollegen. Diese Doktrin bleibt freilich unerwähnt, wenn Berlin nach Indien oder Afrika sendet.* Nun könnte man meinen, die Japaner seien außerstande, eine derartige Theorie zu vertreten; tatsächlich aber verfechten sie, und dies schon seit Jahrhunderten, eine Rassentheorie, die noch extremer ist als die der Deutschen. Sie glauben, daß die japanische Rasse göttlich ist und alle anderen Rassen von ihrem Erbgut her minderwertig sind; sie haben übrigens auch ein Schimpfwort (»Korumba«) für die Neger und andere dunkelhäutige Rassen. Beide Völker, die Deutschen und die Japaner – vielleicht auch die Italiener – verüben ihre Aggressionen aufgrund der bei ihnen vielfach geglaubten Lehre, daß sie als überlegene Rasse das göttliche Recht besäßen, die Welt zu beherrschen. Diese Gedanken werden in ihrer Inlandspresse und ihrem Inlandsrundfunk – manchmal, wenn es ihnen opportun erscheint, sogar nach außen – ganz freimütig geäußert. So wurde etwa in zahlreichen für England bestimmten Rundfunksendungen ganz offen die Ansicht vorgebracht, das deutsche und das angelsächsische Volk hätten als Hauptvertreter der weißen Rasse ein gemeinsames Interesse und sollten sich zwecks gemeinsamer Ausbeutung der Welt zusammentun.** Selbstredend sollen weder Indien noch Afrika etwas davon erfahren, und da die dortigen Völker nun einmal keinen Zugang zu Presse und Rundfunk anderer als der jeweils eigenen Länder haben, bleiben diese krassen Widersprüche im allgemeinen unbemerkt.

Wir haben heute über dieses Thema gesprochen, weil wir uns sehr wohl bewußt sind, welcher Art derzeit die an Indien gerichtete Achsenpropaganda ist, und weil wir es für angebracht halten, von Zeit zu Zeit darauf einzugehen: nicht um einzelne Unrichtigkeiten zu entlarven*** – das würde zu lange dauern und wäre der Mühe nicht wert –, sondern lediglich um eine allgemeine

* *Da der Hauptverbündete der Deutschen Japan war, muß ihre Position wohl etwas komplexer gewesen sein. Sie wurde am 10. März in einer Rundfunksendung von Fürst Urach unter dem Titel »Die Bildung von Großostasien« ausgeführt. Die entsprechende Auffassung wird in »1984« aufgegriffen.*

** *Dem Inhalt nach zu schließen bezieht sich Orwell hier auf Sendungen von William Joyce (»Lord Haw-Haw«).*

*** *Die Abhörer waren sich selbst nie recht schlüssig, ob sie den Gegner wissen lassen sollten, daß dessen Sendungen abgehört wurden. Niemals gibt Orwell Subhas Chandra Bose und den anderen so deutlich wie hier zu erkennen, daß er ihre Programme genau verfolgt. Es ist ungewöhnlich, daß Orwell ein Wort wie »Unrichtigkeit«* (falsehood) *verwendet, wo das direktere »Lüge« sich anböte; das Wort wurde damals häufig verwendet, denn es klang nüchterner und überzeugender; außerdem war das Buch »Falsehoods in Wartime« von Lord Ponsonby, eine Schilderung der Propaganda im Ersten Weltkrieg, sehr verbreitet.*

Warnung auszusprechen, die unseren Hörern vielleicht hilft, die Weltlage in der richtigen Perspektive zu sehen. Wenn Sie also das nächste Mal auf ein Stück plausibel klingende Achsenpropaganda stoßen, sollten Sie sich folgende Frage stellen: »Wenn sie das zu mir sagen, was sagen sie dann wohl den Europäern, den Amerikanern, den Afrikanern, den Engländern, den Chinesen?«

Ein wenig Überlegung in diese Richtung hilft oft schon, jener anderen Neigung entgegenzuwirken, die sich die Propagandisten der Achsenmächte zunutze machen, der Neigung nämlich, jede Geschichte zu glauben, in der uns erzählt wird, was wir hören wollen.

1. August 1942

Von der Rußlandfront gehen weiter äußerst ernste Nachrichten ein. Die Deutschen haben mittlerweile den Don überschritten und bewegen sich südwärts in den Kaukasus hinein. Vor einigen Tagen ist die wichtige Stadt Rostow gefallen, und südlich davon geht der deutsche Vormarsch am schnellsten vonstatten. Wie weit die Deutschen schon gekommen sind, ist ungewiß. Auf jeden Fall haben sie Batajsk, achtzig Kilometer südlich von Rostow, besetzt, wo es einige Ölquellen gibt. Wir können davon ausgehen, daß die Russen diese blockiert oder sonstwie unbrauchbar gemacht haben, als klar wurde, daß sie in deutsche Hand fallen könnten. Gleichzeitig mit diesem Vormarsch nach Süden sind weitere deutsche Truppenverbände ostwärts in das Don-Knie, auf die wichtige Stadt Stalingrad, vorgestoßen. Hier allerdings wurden sie aufgehalten, und alle ihre Versuche, den Don zu überqueren, sind, wie schon weiter nördlich bei Woronesch, gescheitert. Allgemein sieht die Lage so aus, daß sämtliche russischen Truppenverbände im Gebiet des Kaukasus Gefahr laufen, von den nördlicheren Teilen Rußlands abgeschnitten zu werden. Aber selbst wenn die Deutschen Stalingrad erreichen sollten, bestehen weiter Verbindungen zwischen Moskau und Leningrad einerseits und dem Kaukasus andererseits, allerdings nur auf Umwegen, die den Transport zusätzlich erschweren. Und selbst wenn es den Deutschen gelingen sollte, die russischen Nord- und Südarmeen voneinander zu trennen, heißt das noch nicht, daß sie das Öl, ihr Hauptziel, erreicht haben. Sie müssen sich dann erst mit den russischen Armeen im Kaukasus und mit der britischen Neunten Armee im Nahen Osten auseinandersetzen. Aber sie könnten, wenn sie die Verbindung zwischen diesem äußerst wichtigen Ölgebiet und dem übrigen Rußland unterbrechen, den russischen Armeen im Norden den Treibstoff für ihre Fahrzeuge entziehen und gleichzeitig dem Wirtschaftsleben der gesamten Sowjetunion einen sehr schweren Schlag versetzen. Die russische Landwirtschaft arbeitet hauptsächlich mit Motorpflügen,* die auf ständigen Ölnachschub angewiesen sind. Außer im Kaukasus gibt es in Rußland auch noch andernorts Ölquellen, darunter beträchtliche Vorkommen jenseits des Ural, in Gebieten, die für die Deutschen unerreichbar sind. Zudem hat die sowjetische Regierung, um gegen Krisen wie die jetzige gewappnet zu sein, wahrscheinlich überall im Lande große Ölreserven angelegt. Vorläufig aber muß sich sowohl der Gebietsverlust als auch die zusätzliche Belastung der Verbindungswege ungünstig auf die Produktionskapazität der russischen Rüstungsfabriken auswirken. Der Krieg hat seinen Höhepunkt noch nicht erreicht, aber es hat keinen Sinn zu bestreiten, daß es schlimm steht – vielleicht schlimmer noch als im vergangenen Herbst. Gleichwohl ist der Feldzug für die Deutschen nicht nach Plan verlaufen. Die Vernichtung der Roten Armee, Hauptziel der Deutschen, wurde nicht erreicht und kann, wie die deutschen Kommentatoren allmählich einräumen, wohl auch nicht erreicht werden. Politisch war der Versuch der Deutschen, die Sowjetunion zu unterwerfen, ein kompletter Fehlschlag. In den besetzten Gebieten fand sich nirgendwo ein Quisling, und die Deutschen tun nicht einmal so, als empfänden die Einheimischen ihnen gegenüber etwas anderes als Feindseligkeit.** Bezeichnenderweise haben sie ihre bewaffneten Polizeikräfte in jüngster Zeit gewaltig aufgestockt – ein stillschweigendes Eingeständnis dessen, daß die sogenannte Neue Ordnung nur mit nackter Gewalt aufrechterhalten werden kann. Obwohl die Deutschen mittlerweile große und reiche Gebiete erobert haben, sind ihnen diese kaum von unmittelbarem Nutzen, denn sie verfügen nicht über Arbeitskräfte, um sie auszubeuten, sie können die Einheimischen nicht erfolgreich zur Arbeit zwingen und sie müssen sich allerorten mit den Folgen einer äußerst gründlich durchgeführten Politik der verbrannten Erde herumschlagen. Positiv gesehen haben die Deutschen also durch ihre Eroberungen nicht viel gewonnen und werden wahrscheinlich auch nicht viel gewinnen. Negativ gesehen haben sie allerdings eini-

* *Ein Propagandaargument. Der deutsche Rundfunk strahlte ungescheut Ratschläge an die Bauern zum optimalen Einsatz von Ackerpferden aus, und es wurde sogar ein Gesetz eingebracht, um sicherzustellen, daß sie nur für kriegswichtige Aufgaben eingesetzt wurden.*

** *Auch dies ein Propagandaargument. Natürlich gab es ein ausgedehntes Kollaborantentum mit den deutschen Armeen, das in der Aufstellung starker russischer Hilfstruppen kulminierte, die unter General Wlassow für Deutschland kämpften. Zur Wlassow-Bewegung gibt es mittlerweile eine umfassende Literatur, aber es ist unwahrscheinlich, daß Orwell damals von ihrer Existenz wußte. Die vom Informationsministerium ausgehende russische Propaganda erreichte ihren Höhepunkt im August und September 1942.*

ges gewonnen, denn sie haben die Offensivkraft unserer russischen Verbündeten geschwächt, und das wird so bleiben, solange nicht wenigstens Charkow und die Gebiete östlich davon zurückgewonnen sind.

Aus Ägypten gibt es seit vergangener Woche wenig zu berichten. Die Briten haben mehrere erfolgreiche Angriffe geführt, aber alle Operationen spielten sich in vergleichsweise kleinem Rahmen ab. Es ist offensichtlich, daß die Hoffnung auf ein rasches Erreichen des Suezkanals, von dem die Rundfunksprecher der Achsenmächte vor vierzehn Tagen noch so unbedacht schwadronierten, zerronnen ist. Der Feldzug in Ägypten wird im jetzigen Stadium weitgehend von indischen Truppen getragen,* die von seiten des Oberkommandierenden höchstes Lob ernteten.

Am Sonntag, dem 26. Juli, wurde auf einer Massenveranstaltung in London die Eröffnung einer zweiten Front in Europa gefordert. Leute aus allen Schichten nahmen daran teil, die Menge zählte nicht weniger als 50 000 Menschen.** Wir möchten hier keine Meinung darüber äußern, ob die britische und die amerikanische Regierung dieses Jahr eine zweite Front eröffnen werden oder nicht. Es liegt auf der Hand, daß die Regierung ihre Absichten, wie immer diese auch aussehen, nicht vorzeitig preisgeben kann; wichtig ist jedoch, sich klarzumachen, daß schon der bloße Gedanke der Eröffnung einer zweiten Front nachhaltig die Strategie des Krieges beeinflußt. Die Deutschen sind nach ihren eigenen Verlautbarungen fieberhaft damit beschäftigt, die gesamte Westküste Europas gegen einen möglichen Angriff zu befestigen, und die Gefahr an ihrer Flanke hindert sie wahrscheinlich daran, ihre gesamte Luftmacht an der russischen Front einzusetzen. Die britischen Luftangriffe auf Deutschland gehen unablässig weiter, und die Deutschen können nur in sehr geringem Umfang gegen England zurückschlagen. Vergangene Woche hat es einige kleinere Luftangriffe auf London und andere britische Städte gegeben, aber die Luftverteidigung ist mittlerweile so gut, daß die Angreifer jeweils zehn Prozent Verluste hatten. Am 27. Juli flogen etwa fünfhundert britische Flugzeuge einen weiteren Großangriff auf Hamburg, der auch nach deutschem Eingeständnis gewaltige Schäden angerichtet hat. Ihm folgte zwei Tage später ein neuerlicher Angriff der gleichen Größenordnung. Es besteht kaum ein Zweifel daran, daß diese Angriffe sowohl zahlenmäßig als auch vom Umfang her

* *Ein Hinweis auf den Anteil der Fünften Indischen Division an den Angriffen vom 21. und 26. Juli; das »weitgehend« ist eine verzeihliche Übertreibung.*

** *Die Veranstaltung fand auf dem Trafalgar Square statt; die in »1984« geschilderten Versammlungen auf dem »Victory Square« gehen offensichtlich auf derartige Ereignisse zurück. Der Demonstration folgte ein Aufmarsch von 1500 Menschen vor dem Unterhaus und eine Rede des russischen Botschafters Maisky vor dem in nichtöffentlicher Sitzung tagenden Parlament. Die Achsenpropaganda machte viel Aufhebens von diesen Geschehnissen.*

immer mehr zunehmen werden. Mittlerweile beteiligt sich auch die amerikanische Luftwaffe daran; amerikanische Flugzeuge treffen in immer größerer Zahl in England ein. Vor einigen Tagen wandte sich der Oberbefehlshaber des Bomberkommandos über Rundfunk an das deutsche Volk und wies darauf hin, daß die Angriffe nun immer schwerer würden. Die Deutschen protestieren lauthals gegen diese Angriffe* und erklären die gesamte Taktik der Bombardierungen für bösartig und unmenschlich; offenbar haben sie vergessen, daß sie selbst erst vor ein, zwei Jahren Wohnviertel in London und anderen Städten bombardiert und ganz offen mit dem Blutbad geprahlt haben, das sie unter der Zivilbevölkerung anrichteten. Damals war England nicht imstande, in großem Umfang zurückzuschlagen, und die Deutschen glaubten wohl, das werde immer so bleiben. Jetzt, da das Blatt sich gewendet hat, reden sie in anderem Ton. Das wird allerdings nichts helfen; die Angriffe werden an Umfang zunehmen, und zwar so sehr, daß ein Angriff von tausend Bombern binnen kurzem fast alltäglich anmuten wird. Wir äußern hier keine Meinung darüber, ob diese Luftoperationen den Auftakt zu einer alliierten Invasion Europas bilden oder nicht. Soviel aber können wir sagen: Falls es zu einer solchen Invasion kommt, werden die Angriffe die deutsche Widerstandskraft geschwächt und zur Sicherung der Luftüberlegenheit über der Küste beigetragen haben, die für jeden Landungsversuch unerläßlich ist. Das britische Volk erkennt zwar an, daß die Entscheidung bei der Regierung liegen muß, da sie allein über die notwendigen Informationen verfügt, ist jedoch von ganzem Herzen für eine solche Invasion und wäre sogar bereit, eine große Katastrophe zu riskieren, falls der nach einer alliierten Landung notwendig werdende Abzug deutscher Kräfte von der Ostfront unseren russischen Verbündeten helfen würde.

Auf Neuguinea sind die Kämpfe wieder aufgeflammt, nachdem die Japaner erneut an der Nordküste gelandet sind. [*Zwei Zeilen unleserlich.*] Die japanischen Kräfte haben einen weiteren Versuch unternommen, auf Port Moresby vorzurücken, dessen Einnahme für eine Invasion Australiens unerläßlich ist, konnten jedoch zurückgeschlagen werden.

Im Ausland lebende britische Staatsbürger sollen künftig zur Wehrpflicht herangezogen werden.

Auf den Britischen Inseln wurde nach Schätzungen die bei weitem größte Ernte seit Menschengedenken eingefahren. Das gilt für Weizen und andere

* *Die unmittelbare Antwort erfolgte in Form einer Rundfunksendung unter dem Titel »Städte bombardieren können wir auch«. Orwell hatte die Angriffe auf London selbst miterlebt und war mehr als einmal ausgebombt worden. Der einzige literarische Text, den er in diesen Tagen schrieb – die erste Episode von »Story by Five Authors« – spielt während eines Luftangriffs (OWB, S. 95 ff.).*

Getreidesorten, und mehr noch für Kartoffeln.* Seit Kriegsausbruch kamen auf den Britischen Inseln zusätzlich zweieinhalb Millionen Hektar unter den Pflug, und mittlerweile produziert England etwa zwei Drittel seines Nahrungsmittelbedarfs selbst. Das ist ein deutlicher Wandel gegenüber der Lage in Friedenszeiten, als fast sämtliche Nahrungsmittel aus dem Ausland importiert werden mußten. Auf der anderen Seite ist die deutsche Ernte, soweit sich das anhand von Berichten und Beobachtungen feststellen läßt, dieses Jahr sehr schlecht.

8. August 1942

An der russischen Front verläuft die allgemeine Entwicklung weiterhin so, wie wir es letzte Woche berichtet haben. Wenngleich nicht mehr ganz so schnell, rücken die Deutschen immer noch südwärts vor, und man kann davon ausgehen, daß sie die Eisenbahnlinie, die Stalingrad mit dem Schwarzen Meer und dem Kaukasus verbindet, endgültig unterbrochen haben. Sie behaupten, sie hätten den Fluß Kuban erreicht, der bei Noworossijsk ins Schwarze Meer mündet; aber es ist fraglich, ob sie das wirklich schon geschafft haben. Weiter nördlich davon ist es ihnen nicht gelungen, ihren Vormarsch auf Stalingrad fortzusetzen. Wahrscheinlich haben sie im Verlauf dieses Feldzuges nichts erobert, was ihnen unmittelbar von großem Nutzen ist, aber es ist ihnen geglückt, den Nord- und den Südabschnitt der russischen Front fast vollständig voneinander abzuschneiden, wodurch es den russischen Armeen im Norden sehr viel schwerer fällt, sich mit dem notwendigen Öl zu versorgen. Viel hängt davon ab, wieviel Öl und anderes Kriegsmaterial die sowjetische Regierung zuvor an strategischen Stellen eingelagert hat. Trotz der verblüffenden deutschen Erfolge im vergangenen Monat klingen die Erklärungen der sowjetischen Regierung so entschlossen und zuversichtlich wie immer, und wir dürfen annehmen, daß sie aufgrund ihrer Kenntnis der Lage weiß, daß der Feldzug zwar seinen Höhepunkt erreicht hat, jedoch keinesfalls aussichtslos erscheint. Ziel der Deutschen ist erstens, die russischen Armeen als Streit-

* *Vielleicht macht Orwell sich hier insgeheim über sich selbst lustig. Bei Kriegsbeginn war er überzeugt gewesen, daß es zu einer Kartoffelknappheit kommen werde, und hatte sehr viel Zeit und Energie darauf verwendet, auf seinem Kleinbesitz in Hertfordshire größere Bestände anzubauen. Es kam schließlich zu einer Kartoffelschwemme.*

macht zu vernichten, und zweitens, unbegrenzte Ölvorräte für sich zu gewinnen. Ziel der alliierten Länder ist es, so rasch wie möglich Kräfte zu sammeln und dafür zu sorgen, daß die deutschen Armeen gezwungen sind, noch einen Winter im russischen Schnee zu verbringen. Es sieht nicht so aus, als könnten die Deutschen ihre Ziele dieses Jahr vollständig erreichen, und die Aussicht auf einen weiteren Winter wie den vom vergangenen Jahr, in dem die angloamerikanische Stärke ständig zunahm und die deutschen Soldaten zu Zehntausenden erfroren, ist trotz aller vom Nazirundfunk verbreiteten Siegeszuversicht wahrscheinlich der reinste Alptraum für die Politiker, die Deutschland in diese kritische Lage gebracht haben.*

Wichtig ist jedoch, das Geschehen an den verschiedenen Fronten in der richtigen Perspektive zu sehen und sich klarzumachen, daß die beiden wichtigsten Achsenmächte, ganz gleich wie wenig sie füreinander übrig haben mögen, vorderhand gemeinsam vorgehen. In den zurückliegenden Wochen haben wir in unseren Nachrichtenkommentaren nicht sehr viel zum fernöstlichen Kriegsschauplatz gesagt. Von ein paar eher unbedeutenden Aktionen in China abgesehen, haben die Japaner nicht angegriffen, sondern lediglich ihre Schlagkraft erhöht, und zwar zur Vorbereitung auf zwei, möglicherweise auch drei vermutlich in nächster Zukunft bevorstehende Offensiven. Vergangene Woche haben wir berichtet, daß es auf Neuguinea zu neuen Kampfhandlungen gekommen ist; seither wurde noch deutlicher, daß die Japaner erneut, und vielleicht in größerem Maßstab als bisher, Port Moresby angreifen werden. Die Luftaufklärung hat außerdem ergeben, daß sie einige kleine unbewohnte Inseln etwa 320 Kilometer nördlich von Australien besetzt haben. Diese Manöver ergeben nur als Auftakt zu einem Angriff gegen das australische Festland einen Sinn, und dieser Angriff gehört wohl zu den japanischen Unternehmen, mit denen in Kürze zu rechnen ist. Wahrscheinlich werden sie Australien nicht nur deshalb angreifen, weil sie seit jeher ein Auge darauf geworfen haben, sondern weil die britische und amerikanische Stärke dort am schnellsten zunimmt und von dort ein Gegenangriff auf den südasiatischen Archipel unternommen werden kann. Gleichzeitig bereiten sie offenbar aber auch Angriffe auf Rußland und Indien vor. Bekanntlich haben sie ihre Kräfte an den Grenzen der Mandschurei erheblich verstärkt und bringen außerdem Verstärkungen nach Burma. Die RAF hat die Hafenstadt Akyab bombardiert, was darauf hindeutet, daß dort japanische Truppentransporter liegen. Daß die Japaner Indien angreifen werden, steht

* *Eine provozierende Äußerung Orwells, denn die »kritische Lage« der Deutschen stellte sich als Sieg an allen Fronten dar. Zweifellos erfroren viele deutsche Soldaten, doch ein Großteil wurde während der Wintermonate auch zu technischen Schulungen und Ingenieurskursen an Hochschulen und Universitäten nach Deutschland zurückbeordert, worauf auch die Achsenpropaganda häufig hinwies.*

nicht fest, allerdings sind sie wie im Falle von Australien dazu gezwungen, wenn sie verhindern wollen, daß dort ein Gegenangriff gegen sie vorbereitet wird. Nun kann man fragen, warum sie Indien nicht bereits angegriffen haben, da sich doch vor drei, vier Monaten eine gute Gelegenheit dazu bot: damals wurden die Briten aus Burma hinausgedrängt, und die britischen Seestreitkräfte im Indischen Ozean waren durch den Verlust zweier Schlachtschiffe bei Singapur sehr geschwächt worden. Daß die Japaner Indien nicht angegriffen haben, hat zwei, möglicherweise auch drei Gründe: Da ist erstens der Monsun, der Landungsunternehmen erschwert und Truppenbewegungen im tiefliegenden Gelände verlangsamt. Der zweite Grund ergab sich etwas später aus den schweren japanischen Verlusten bei ihren beiden erfolglosen Seeschlachten gegen die Amerikaner. Soweit wir wissen, haben die Japaner bei diesen beiden Gefechten mindestens fünf Flugzeugträger – und das hieße auch mehrere hundert Flugzeuge und mehrere tausend Elitesoldaten – verloren; und ohne ausreichende Luftunterstützung von Trägern fühlen sie sich zu einem Angriff auf die indische Küste und gegen landgestützte Flugzeuge wahrscheinlich nicht imstande. Die verlorenen Flugzeugträger lassen sich nachbauen, aber das würde Monate dauern. Der dritte Grund war möglicherweise, daß die Japaner hofften, die politischen Zwistigkeiten in Indien würden ein derartiges Ausmaß annehmen, daß sie im Falle einer Invasion jedenfalls von einem Großteil der Bevölkerung als Freunde begrüßt würden. Mit ihrer Zurückhaltung haben sie Vorsicht bewiesen, aber auch zugelassen, daß die alliierten Kräfte in Indien sich enorm verstärken konnten. Es steht uns nicht an, uns zu den inneren Angelegenheiten Indiens zu äußern,* aber wir können sagen, daß die jüngsten Erklärungen des Arbeitsausschusses der Kongreßpartei jedenfalls nicht die Annahme stützen, die Japaner würden als Freunde willkommen geheißen, wenn sie kämen.

[*Zensiert:* Was den Angriff auf Rußland anlangt, so geht es dabei schlicht um die Frage des geeigneten Zeitpunktes. Die Japaner könnten zwar möglicherweise Indien und Australien in Frieden lassen und dennoch an ihren Erobe-

* *Was die rein indischen Angelegenheiten angeht, wurde Orwells Integrität in diesem Zeitraum auf die härteste Probe gestellt. Wie er sehr wohl wußte, war es nach dem wie auch immer erklärbaren Scheitern der Mission von Cripps verstärkt zu Unruhen gekommen. Auf einer Sitzung in Bombay am 4. und 5. August hatte der Arbeitsausschuß der Kongreßpartei die Forderung nach einem sofortigen Abzug der Briten aus Indien erhoben und die Massen zu zivilem Ungehorsam aufgerufen. Schließlich, am Tag nach der hier wiedergegebenen Sendung, ordnete das Government of India die Verhaftung Nehrus, Gandhis und anderer Führer der Kongreßpartei an. Orwell sagt lediglich, es stehe ihm nicht an, sich zu den inneren Angelegenheiten Indiens zu äußern: mehr hätte die offizielle Direktive des Zensors wohl auch nicht zugelassen. Zu seiner Privatmeinung s. OWB, S. 36 f. Der folgende Hinweis, daß die Kongreßpartei der japanischen Sache* keine *Sympathien entgegenbringe, steht in direktem Widerspruch zur Auffassung des Government of India, das aufgrund beschlagnahmter Dokumente das Gegenteil behauptete.*

rungen festhalten, aber ihre Ziele sind mit denen der Sowjetunion absolut unvereinbar. Die Eroberung Sibiriens etwa haben sie schon seit vierzig bis fünfzig Jahren ins Auge gefaßt.] In früheren Nachrichtenkommentaren haben wir gemeldet, daß die Japaner sich auf den Aleuten festgesetzt haben. Sie stehen nur auf zwei unbewohnten Inseln am oberen Ende des Archipels, dies aber, nach Schätzungen der Luftaufklärung, immerhin in einer Stärke von etwa zehntausend Mann. Es ist vielleicht nicht ganz einfach, sie wieder von dort zu vertreiben, denn das gesamte Gebiet wird ständig von Unwettern und Nebel heimgesucht, was Operationen zu Wasser und in der Luft erschwert. Mit der Inbesitznahme dieser beiden Inseln können die Japaner nur den einen Zweck verfolgen, sich auf der Route zwischen Rußland und Amerika festzusetzen und so den Nachschub zu blockieren, der über den Nordpazifik liefe, falls es in der Mandschurei zum Krieg käme.

Wir können davon ausgehen, daß ein Angriff auf Wladiwostok – ein fraglos heimtückischer*, überraschender Angriff – ganz oben auf dem japanischen Programm steht. Falls es nicht dazu kommt, dann nur deshalb, weil die Japaner die Stärke der Roten Armee fürchten. Wir maßen uns nicht an vorauszusagen, welcher dieser drei möglichen Schachzüge – eine Offensive gegen Indien, gegen Australien oder gegen Rußland – zuerst erfolgen wird, aber wir können mit Sicherheit sagen, daß alle drei äußerst wahrscheinlich sind und daß die Entwicklung, was Indien angeht, weitgehend vom Mut, vom Weitblick und vom Fleiß der indischen Völker selbst abhängt.

Aus Ägypten gibt es wenig zu berichten. Wir erwähnen diese Front lediglich, um unsere Hörer daran zu erinnern, daß die Ereignislosigkeit nicht bedeutet, daß der Feldzug dort zu Ende ist. Daß die Deutschen sich nicht zurückgezogen haben, nachdem sie bei El Alamein aufgehalten wurden, kann nur bedeuten, daß sie einen weiteren Angriff planen. Ansonsten hätten sie keinen Grund, eine so ungünstige Stellung beizubehalten. Sowohl die Truppen der Achsenmächte als auch die Alliierten stocken so rasch wie möglich ihre Bestände an Panzern und Flugzeugen auf. Wie wir schon in früheren Nachrichtenkommentaren betonten, darf man nicht vergessen, daß das Nachschubproblem in diesem Gebiet für die Deutschen leichter zu lösen ist als für uns. Wahrscheinlich ist also in den nächsten ein, zwei Wochen in Ägypten mit einer größeren Schlacht zu rechnen.

Die Briten haben erneut zwei schwere Luftangriffe geflogen, und zwar auf

* *Heimtückisch, weil Japan und Rußland sich nicht im Kriegszustand miteinander befanden. Es war schließlich Rußland, das Japan am 8. August 1945 den Krieg erklärte.*

Düsseldorf und auf Duisburg.* Anders als früher werden die jüngsten Angriffe nicht von tausend, sondern meistens von fünf- bis sechshundert Flugzeugen geflogen. Die abgeworfene Bombenlast dürfte jedoch kaum geringer sein. Wir können keine genauen Zahlen nennen, aber offenbar hat die RAF bei den jüngsten Angriffen auf Düsseldorf und Hamburg jeweils drei- bis vierhundert Tonnen Bomben auf ihre Ziele abgeworfen. Das ist eine größere Bombenlast, als je auf England abgeworfen wurde, und zwar einschließlich des schrecklichen Angriffs, der die Stadt Coventry nahezu ausradierte.** Aufgrund unserer Erfahrungen hierzulande können wir uns ein Bild davon machen, was verschiedenen deutschen Industriestädten im Moment widerfährt. Die Deutschen fliegen weiterhin Angriffe auf London und andere Städte, aber nur in sehr kleinem Umfang, und in mehreren Fällen haben die Angreifer etwa zehn Prozent ihrer Maschinen eingebüßt. Wahrscheinlich dienen diese Angriffe hauptsächlich Aufklärungszwecken und sollen die neue Flugabwehr auf die Probe stellen, die im vergangenen Jahr in England entwickelt wurde. Jedenfalls könnte es in diesem Herbst wieder zu Großangriffen auf England kommen, falls die Deutschen sich in der Lage sehen, einen ausreichenden Teil ihrer Luftwaffe aus Rußland abzuziehen.

Aus Palästina kommt die erfreuliche Nachricht, daß ein palästinensisches Regiment aufgestellt wird, in dem Juden und Araber gemeinsam dienen.*** So trägt die augenfällige, unverkennbare Bedrohung durch die faschistische Aggression dazu bei, eines der schwierigsten politischen Probleme unserer Zeit zu lösen, und Menschen, die gestern noch politische Gegner waren, stellen fest, daß sie ein gemeinsames Interesse an der Verteidigung ihres Landes gegen die Invasoren haben.

* *Am 2. bzw. 6. August.*

** *Ein Beispiel, auf das die populäre Presse häufig zurückgriff, um die herrschende Angst zu beschreiben.*

*** *In einer Parlamentsdebatte am 6. Oktober hatte Sir James Grigg, der Kriegsminister, bekanntgegeben, daß ein palästinensisches Regiment der Britischen Armee, mit getrennten Infanteriebataillonen für Juden und Araber, im Aufbau begriffen sei. Außerdem sollte eine palästinensische Freiwilligentruppe gebildet werden, der sich alle Teile der Bevölkerung anschließen konnten. Die Achsenpropaganda sprach lediglich von Versuchen, eine jüdische Armee aufzubauen, die gescheitert seien. Ein Hinweis auf dieses Scheitern findet sich in Churchills Aufzeichnungen: »Vielleicht ist es notwendig, an diesen antisemitischen Offizieren und anderen hochgestellten Personen ein Exempel zu statuieren. Wenn drei oder vier zurückbeordert und entlassen würden und man den Grund dafür angäbe, hätte das einen heilsamen Effekt« (zitiert nach: Martin Gilbert, Auschwitz and the Allies, 1981, S. 49).*

15. August 1942

Die wichtigste Front ist nach wie vor die russische, aber in der vergangenen Woche hat es auch im Südpazifik neue und bedeutsame Entwicklungen gegeben. Befassen wir uns zunächst mit der russischen Front.

Auch in der vergangenen Woche stießen die Deutschen bis vor wenigen Tagen hauptsächlich südwärts, in Richtung Kaukasus, vor. Vor zwei Tagen jedoch haben sie ihre Angriffe ostwärts, in Richtung Stalingrad, erneuert – die Stadt ist ein bedeutendes Industriezentrum an der Wolga, die nach wie vor eine äußerst wichtige Nachschubverbindung zwischen dem Kaukasus und dem übrigen Rußland darstellt. Bisher waren diese ostwärts geführten Angriffe nicht sehr erfolgreich. Wenn überhaupt, haben die Deutschen nur sehr geringe Geländegewinne zu verzeichnen [, *zensiert:* und die Russen führen Gegenangriffe durch und haben den Feind stellenweise in die Defensive gedrängt]. Stalingrad allerdings droht vielleicht noch aus einer anderen Richtung Gefahr, wenn die Deutschen nach Süden hin größere Geländegewinne machen, denn dann könnten sie dieses wichtige Ziel von zwei Seiten angreifen. Im Süden verlief der deutsche Vormarsch in der vergangenen Woche zwar nicht sehr zügig, dafür aber nahezu kontinuierlich. Stellenweise stehen die Deutschen mittlerweile schon in den Ausläufern des Kaukasus-Gebirges. Ob die Ölstadt Maikop sich tatsächlich in deutscher Hand befindet, ist ungewiß.* Sicher ist nur, daß in diesem Gebiet heftige Kämpfe stattfinden und Maikop selbst schwer bombardiert und weitgehend zerstört wurde. Neben ihrem Vorstoß in südlicher und südwestlicher Richtung sind die Deutschen auch westwärts, am Fuße des Kaukasus-Gebirges entlang, vorgerückt und behaupten, sie stünden nur noch etwa dreihundert Kilometer westlich des Kaspischen Meeres. Diese Entwicklung stellt insgesamt eine enorme Bedrohung für unsere russischen Verbündeten dar. Durch ihren ungemein schnellen Vormarsch nach Süden gefährden die Deutschen nicht nur die Position der russischen Truppen am Ufer des Asowschen Meeres, sondern auch den Flottenstützpunkt Noworossijsk. Sollte die Stadt fallen, bliebe den Russen als einziger Schwarzmeerhafen Batumi an der türkischen Grenze. Er reicht für ihre Zwecke möglicherweise nicht aus, denn eine Flotte braucht nicht nur Häfen, sondern auch Vorratslager und Werkstätten aller Art. Die Gesamtlage ist also enorm gefährlich, ja ebenso bedrohlich wie im Herbst letzten Jahres.

* *Der Rundfunk der Achsenmächte meldete den Fall von Maikop im üblichen Stil: »Aus dem Führerhauptquartier, 9. August, Maikop erobert: Sondermeldung (Fanfaren). Das Oberkommando der Wehrmacht gibt bekannt: Maikop, Zentrum des wichtigen Ölgebietes an der Nordgrenze des Kaukasus, wurde heute um 18.20 Uhr von mobilen Einheiten im Sturm genommen.«*

Aber selbst wenn es den Deutschen gelänge, das gesamte Gebiet an sich zu reißen, das sie derzeit angreifen, hieße das nicht, daß sie einen entscheidenden Sieg errungen hätten. Kein Geländegewinn nördlich des Kaukasus kann das deutsche Ölproblem wirklich lösen. Wenn man sich die Karte ansieht, stellt man fest, daß die große Gebirgskette des Kaukasus vom Schwarzen Meer geradewegs bis zum Kaspischen Meer verläuft. Südlich der Berge liegt im Osten die große Ölstadt Baku. Dort liegt die Hauptquelle russischen Öls, in einem der wichtigsten, wenn nicht sogar *dem* wichtigsten Ölgebiet der Welt. Das ist das Ziel der Deutschen, und um es zu erreichen, müssen sie das Gebirge überqueren. Sie stehen bereits bei Pjatigorsk, dem Ausgangspunkt einer der Militärstraßen durch den Kaukasus, aber es ist unwahrscheinlich, daß es ihnen noch dieses Jahr gelingt, sich durch die Berge zu kämpfen, und es ist zweifelhaft, ob sie es überhaupt versuchen. Diese Berge sind die höchsten Europas; von Oktober an gibt es hier schwere Kälteeinbrüche, so daß es mit großen Risiken verbunden ist, in diesem Gebiet Mitte August einen Feldzug zu beginnen. Wahrscheinlicher ist, daß die Deutschen versuchen werden, sich an der Küste des Kaspischen Meeres entlang auf das Gebiet von Baku zuzubewegen. Das aber bedeutet, daß sie durch sehr schmale Engpässe hindurchmüssen, die von den Russen – darauf können wir uns verlassen – mit äußerster Entschlossenheit verteidigt werden. Und schließlich müssen wir, wenn wir die Aussichten der Deutschen abwägen, auch die Möglichkeit ins Auge fassen, daß sie sich plötzlich einem Überraschungsangriff in Westeuropa gegenübersehen. Ob es dazu kommt, können wir immer noch nicht voraussagen; daß jedenfalls die Deutschen es für möglich halten, geht aus dem Ton ihrer Presse- und Rundfunkberichte hervor.

Letzte Woche haben wir berichtet, daß die Japaner in Neuguinea wieder aktiv werden, offensichtlich als Auftakt eines erneuten Angriffs auf Port Moresby. Zwischenzeitlich sind ihnen jedoch die amerikanischen und australischen Kräfte selbst mit einem Angriff zuvorgekommen. Vor etwa vier Tagen wurde gemeldet, daß die Amerikaner die zu den Salomonen gehörende Insel Tulagi angegriffen haben. Die ersten Berichte sprachen nur von Luft- und Seegefechten, mittlerweile aber wissen wir, daß die Amerikaner außerdem auf drei Inseln Bodentruppen gelandet haben; obwohl nur sehr spärliche Meldungen eingegangen sind, steht fest, daß die Truppen sich an Land festsetzen konnten und ihre Stellungen behaupten.* Wahrscheinlich werden wir nächste Woche ausführlich von dieser Operation berichten können, der ziemlich

* *Die ersten alliierten Offensiven im Pazifik wurden am 12. August in Washington bekanntgegeben. Die Angriffe hatten am 7. August begonnen und dauerten, mit der Landung auf den Inseln Tulagi, Florida und Guadalcanal zum Zeitpunkt der Bekanntgabe noch an.*

sicher große Bedeutung zukommt. Bis dahin können wir lediglich in groben Zügen die Fakten darlegen und dabei ihre strategische Bedeutung erklären. Wir wissen nur folgendes: die Amerikaner haben Truppen gelandet, sie haben einen Kreuzer verloren, mehrere andere Schiffe wurden beschädigt, und man rechnet mit ziemlich schweren Verlusten. Obwohl noch nicht offiziell bestätigt, haben die alliierten Kräfte wahrscheinlich zwei wichtige, bislang von den Japanern gehaltene Flugplätze eingenommen. Aus den japanischen Berichten sind keine Informationen zu gewinnen, da sie sich ständig widersprechen und offensichtlich nur zu Propagandazwecken gesendet werden.* Es liegt jedoch auf der Hand, daß die Dinge vom japanischen Standpunkt aus nicht sonderlich gut laufen. Am besten verständlich wird die Bedeutung der Operation durch einen Blick auf die Karte. Die Salomonen liegen östlich von Neuguinea und nordöstlich von Australien. Von ihren dortigen Stützpunkten aus können japanische U-Boote und Flugzeuge amerikanische Schiffe angreifen, die Nachschub nach Australien bringen. Gelingt es den Amerikanern, die Salomonen in ihren Besitz zu bringen, wird die Nachschubroute nach Australien nicht nur sicherer, sondern auch kürzer, da ihre Schiffe nicht mehr zu weiten Umwegen gezwungen sind, um japanischen U-Booten zu entgehen. Die Operation verfolgt jedoch auch eine offensive Absicht. Wären die Salomonen in alliierter Hand, würde die Lage der Japaner auf Neuguinea erheblich erschwert, und sie könnten wahrscheinlich dazu gezwungen werden, sich von dort zurückzuziehen. Vermutlich stellt diese Aktion also den ersten Schritt zu einer alliierten Offensive im Südpazifik dar. Wir wagen noch keine Voraussage, ob sie erfolgreich sein wird; man darf nicht vergessen, daß derartige Aktionen schwer durchzuführen sind und daß die Japaner bei einem ähnlichen Versuch auf den Midway-Inseln schwere Verluste erlitten. Die amerikanischen Kommuniqués freilich klingen zuversichtlich. Während die Hauptoperation sich gegen die Salomonen richtet, fliegen alliierte Flugzeuge von Australien aus schwere Angriffe gegen die Japaner auf Neuguinea und haben sie zum Rückzug aus den Stellungen gezwungen, die sie erst kürzlich bezogen hatten. Zweifellos sollen durch diesem Schritt japanische Kräfte auf Neuguinea gebunden und daran gehindert werden, die japanischen Einheiten auf den Salomonen zu verstärken. Gleichzeitig mit dem Angriff auf die Salomonen hat die amerikanische Marine erneut die Japaner auf den Aleuten angegriffen. Bekannt ist, daß erheb-

* *Der Inlandsdienst sowohl des japanischen als auch des deutschen Rundfunks verkündete einen großen Sieg der Japaner; Radio Tokio sprach von einem Seesieg »von historischer Bedeutung, bei dem der britischen und der amerikanischen Flotte schwere Verluste zugefügt wurden«. Die englischsprachigen Sender der Achsenmächte waren vorsichtiger und gestanden den wahren Sachverhalt schließlich ein.*

liche Schäden angerichtet und mehrere Schiffe versenkt wurden.* Diese Aktion ist jedoch vergleichsweise unbedeutend, und es wurde offenbar kein Landungsversuch unternommen.

Aus Ägypten gibt es wenig Neues. Beide Seiten sind dabei, sich zu verstärken; wie man weiß, sind mittlerweile amerikanische Truppen eingetroffen und bereit, Seite an Seite mit den Briten an den bevorstehenden Gefechten teilzunehmen.** Im zentralen Mittelmeer ist es zu einer bedeutenden Luft- und Seeschlacht gekommen, in deren Folge die Insel Malta ein größeres Nachschubkontingent, darunter auch Kampfflugzeuge, erhalten hat. Ein britischer Geleitzug kämpfte sich unter fortgesetzten Angriffen von Flugzeugen und U-Booten der Achsenmächte von Gibraltar aus sechzehnhundert Kilometer weit nach Malta durch und erreichte sein Ziel, wenn auch unter Verlust eines Kreuzers und eines alten Flugzeugträgers.*** Über die gegnerischen Verluste haben wir noch keine ausführlichen Berichte erhalten, bekannt ist jedoch, daß zwei ihrer U-Boote versenkt und zwei ihrer Kreuzer von Torpedos beschädigt wurden. Aufgrund der geographischen Lage Maltas ist es unmöglich, der Insel Verstärkungen zu bringen, ohne dabei Verluste zu erleiden, aber sie sind vertretbar, denn Malta liegt auf halbem Wege zwischen Italien und Afrika, und die dort stationierten Flugzeuge unternehmen ständig Angriffe auf die Nachschubtransporte der Achsenmächte nach Tripolis. Die verzweifelten Anstrengungen der Achsenmächte, Malta durch Bombenangriffe in die Knie zu zwingen, zeigen, wie wichtig es für die Alliierten ist, die Insel zu halten.

Es hat eine Reihe deutscher Luftangriffe auf England gegeben, die jedoch allesamt von sehr geringem Umfang waren. Unklar ist, ob diese Angriffe dem deutschen Volk den Eindruck vermitteln sollen, die deutsche Luftwaffe räche die britischen Angriffe auf Deutschland, oder ob es Aufklärungsunternehmen zur Vorbereitung schwererer Angriffe sind.° Die RAF setzt ihre Operationen fort und hat diese Woche einen sehr schweren Angriff auf Duisburg und zwei weitere auf Mainz geflogen. Bei letzteren wurden außer Hunderten von

* *Am 8. August fanden Angriffe mit Schiffen und Flugzeugen statt.*

** *Es ist nicht klar, auf welche amerikanischen Truppen sich Orwell hier bezieht. Es waren jedenfalls ganz erhebliche Mengen amerikanischer Panzer und anderer Rüstungsgüter im Einsatz.*

*** *Wenn die Achsensender über diese Geleitzüge berichteten, übertrieben sie regelmäßig deren Verluste und behaupteten jedesmal, sie seien für Ägypten bestimmt gewesen, jedoch daran gehindert worden, ihr Ziel zu erreichen. Von Malta war selten die Rede. Der hier erwähnte Kreuzer war die »Manchester«, der Träger die »Eagle«, ehemals ein Schiff der chilenischen Marine, das umgebaut worden war und lediglich zwanzig Flugzeugen Raum bot – wie Orwell sagt, ein alter Träger.*

° *Ein entschlossener Versuch Orwells, die Bedeutung der deutschen Bombenangriffe herunterzuspielen. Die Angriffe der RAF, von denen er im folgenden spricht – Duisburg am 6. August, Mainz am 11. und 12. August – waren Teil der bereits erwähnten Bombardierungsstrategie.*

Tonnen Sprengbomben auch fünfzigtausend Brandbomben abgeworfen. Das Luftfahrtministerium hat kürzlich genaue Zahlen über die Bombenangriffe auf Deutschland genannt. Aus ihnen geht erstens hervor, daß die Bombenlast, die die RAF im Juni und Juli 1942 über Deutschland abgeworfen hat, mehr als viermal so hoch war wie die im gleichen Zeitraum des Jahres 1940; und zweitens, daß mittlerweile etwa ein Dutzend Angriffe geflogen worden sind, bei denen die RAF eine weit größere Bombenlast abwarf, als die Deutschen auch bei ihren schwersten Angriffen je auf England abgeworfen haben. Zwar können Angriffe in dieser Größenordnung nicht jeden Tag geflogen werden, da das Wetter nicht immer mitspielt, aber es besteht kein Zweifel, daß ihre Zahl in dem Maße zunehmen wird, wie neben der britischen auch die amerikanische Luftwaffe sich daran beteiligt.

Aus ganz Europa gehen nahezu ununterbrochen Meldungen von Unruhen, Erschießungen, Verhaftungen von Partisanen, Vergeltungsmaßnahmen und Drohungen gegen die Zivilbevölkerung ein.* Klar ist, daß nicht nur auf dem Balkan, sondern sogar in Teilen Westeuropas ein Zustand erreicht ist, der nicht mehr weit vom Bürgerkrieg entfernt ist. Vor einigen Tagen beispielsweise gab der deutsche Rundfunk lakonisch bekannt, daß an einem einzigen Tag allein in der Stadt Paris 93 als Terroristen bezeichnete Menschen erschossen wurden. Überall an der Atlantikküste haben die Deutschen Dekrete erlassen, die für die Unterstützung alliierter Landungsversuche schwerste Strafen androhen, und sie geben mehr oder weniger offen zu, daß die Bevölkerung in den besetzten Gebieten mit Leib und Seele auf der Seite der Alliierten steht. Wenn wir zwei Jahre zurückblicken und uns erinnern, wie dreist die Deutschen damit prahlten, sie würden die Neue Ordnung durchsetzen und jede Spur britischen und amerikanischen Einflusses auf dem Kontinent tilgen, erkennen wir, wie gründlich sie den Krieg politisch verloren haben, obwohl sie im militärischen Sinne noch unbesiegt sind.

* *Die Achsenpropaganda war seinerzeit voll von Schauergeschichten über die britischen Versuche, die von der Forderung der Kongreßpartei nach einem Rückzug der Briten aktivierten Aufständischen in Indien niederzuhalten. Da es Orwell untersagt war, von den Ereignissen zu berichten, konnte er lediglich auf ganz ähnliche Geschehnisse im faschistisch besetzten Europa verweisen und überließ seinen Hörern die Schlußfolgerung, daß ein Leben unter japanischer Herrschaft nicht besser wäre.*

22. August 1942

Am Dienstag dieser Woche wurde bekanntgegeben, daß sich der britische Premierminister Mr. Churchill zu Gesprächen mit Generalsekretär Stalin und anderen führenden Vertretern der Vereinten Nationen in Moskau aufgehalten hat.* Zum Inhalt der Gespräche gab es noch keine Erklärung, bekannt ist aber, daß sie zufriedenstellend verliefen, und es kann als sicher gelten, daß wichtige Maßnahmen vereinbart wurden. Es ist das vierte Mal, daß Mr. Churchill um die halbe Welt reiste, um sich mit dem politischen Führer eines verbündeten Landes zu besprechen. So ernst die Situation sich für die Alliierten auch darstellt, gibt doch die relative Leichtigkeit, mit der die alliierten Staaten sich miteinander besprechen können, einen Hinweis auf die wirkliche strategische Lage; denn während es für Mr. Churchill vergleichsweise einfach ist, nach Moskau oder Washington zu reisen, wäre es für Hitler vollkommen unmöglich, Tokio zu besuchen, es sei denn, er führe mit dem U-Boot und nähme eine Reise von vielleicht sechs Monaten in Kauf.** Die Vereinten Nationen stehen uneingeschränkt in Verbindung miteinander, die faschistischen Mächte dagegen beherrschen zwei getrennte Gebiete, die an entgegengesetzten Enden der Erde liegen.

Mr. Churchill traf in einem für unsere russischen Verbündeten kritischen Moment in Moskau ein. In der vergangenen Woche entwickelten sich die Kämpfe im Süden Rußlands im wesentlichen in die gleiche Richtung wie zuvor. An der Kaukasusfront sind die Deutschen weiter vorangekommen und haben, wie mittlerweile feststeht, das wichtige Ölzentrum Maikop überrannt. Vor der Räumung der Stadt haben die Russen alle technischen Einrichtungen und Ölvorräte abtransportiert oder vernichtet, so daß die Einnahme dieses Gebietes den Deutschen keinen unmittelbaren Gewinn bringt, obwohl den Russen dadurch ein schwerer Verlust entstanden ist. Gleichzeitig hat sich der deutsche Angriff in diesem Gebiet nach Osten und Westen aufgefächert, wobei sich der östliche Arm auf das andere wichtige Ölgebiet von Orowej

* *Die Rundfunksender der Achsenmächte meldeten, Churchill sei am 4. August in Moskau gewesen. Zwar traf Churchill erst am 12. August in Moskau ein, aber das Telegramm an Stalin, das seinen Besuch ankündigte, datiert vom 4. August. Offensichtlich hatten die Deutschen also auf irgendeine Weise diese oder eine ähnliche Information abgefangen, aber nur ein ungefähres Bild gewonnen. Es gibt noch andere Beispiele für ein solches Vorauswissen der Achsenpropagandisten, etwa ihre Kenntnis von der Mission von Cripps, ehe dieser überhaupt aus Moskau zurückgekehrt war (siehe S. 66, Anm. 3).*

** *Genau diese Reise unternahm dann Subhas Chandra Bose; sie dauerte in der Tat Monate (s. Einleitung, S. 15).*

zubewegt, während der westliche den Hafen Noworossijsk, den wichtigsten russischen Flottenstützpunkt im Schwarzen Meer, gefährdet. Offenbar versucht eine deutsche Kolonne, den Kaukasus zu überqueren, doch von diesem Unternehmen gibt es schon seit einigen Tagen keine Meldungen mehr. Weiter im Norden ist Stalingrad, der strategische Schlüssel des gesamten Feldzuges, fest in russischer Hand, obwohl die Stadt von einem deutschen Angriff von Süden wie von Westen her bedroht ist. Die Deutschen behaupten, sie hätten das gesamte Gebiet innerhalb des Don-Knies überrannt, in dessen Winkel Stalingrad liegt, aber es ist ihnen nirgendwo in diesem Bereich gelungen, den Fluß zu überschreiten. Nördlich davon, in Woronesch und in den Gebieten von Moskau und Leningrad, haben die Russen mit einigem Erfolg selbst Angriffe unternommen, deren Ziel zweifellos im wesentlichen darin besteht, deutsche Kräfte von anderen Fronten abzuziehen. Wenn wir den gesamten Feldzug so unvoreingenommen wie möglich überblicken, so läßt sich sagen, daß die Deutschen zwar große Erfolge erzielt, sich aber nicht annähernd den entscheidenden Sieg gesichert haben, den sie vor Einbruch des Winters zu vollenden hofften.

Der Kampf auf den Salomonen, über den wir letzte Woche berichteten, endete nach fast vierzehntägigen schweren Gefechten mit einem glänzenden Erfolg der Alliierten. Die amerikanischen und australischen Streitkräfte beherrschen mittlerweile drei der Inseln, darunter auch Tulagi, das über den wichtigsten Hafen in diesem Gebiet verfügt. Der gestrige offizielle Bericht sprach davon, daß die alliierten Streitkräfte noch »Säuberungsaktionen« durchführen, d. h. sporadisch aufflackernden Widerstand niederhalten, nachdem die Hauptstreitmacht des Feindes geschlagen ist. Der Partisanenkrieg wird wahrscheinlich noch lange andauern, aber solange die Alliierten die Start- und Landebahnen und die wichtigsten Ankerplätze halten, können sie verhindern, daß die Salomonen als Ausgangspunkt für Angriffe auf den Schiffsverkehr zwischen Amerika und Australien dienen. Die Japaner geben weiterhin maßlos übertriebene Meldungen über die den Alliierten zugefügten Verluste heraus, widersprechen sich dabei jedoch immer wieder und schlagen zudem seit zwei Tagen ganz neue Töne an. Nachdem sie mehrfach angekündigt hatten, sie würden in Kürze einen Bericht über die Gefechte auf den Salomonen herausgeben, hieß es mit einemmal, es komme nun doch noch kein Bericht – ein klares Eingeständnis ihrer Niederlage. Der alliierte Erfolg kam jedoch nicht ohne Verluste zustande. Bekannt ist, daß ein amerikanischer Kreuzer und vor einigen Tagen auch der australische Kreuzer »Canberra« versenkt wurden.

Vor wenigen Tagen landeten amerikanische Truppen außerdem auf den Gilbert-Inseln, fünfzehnhundert Kilometer nordöstlich der Salomonen, und zerstörten die dortigen Flugplatzeinrichtungen. Hierbei handelte es sich jedoch nur um ein Kommandounternehmen, und die Truppen schifften sich hinterher wieder ein.

Inzwischen können wir ausführlichere Zahlen zu der Seeschlacht im Mittelmeer nennen, in deren Folge ein britischer Geleitzug mit dringend benötigten Nachschubgütern Malta erreichte. Die Briten verloren einen Kreuzer, einen leichten Kreuzer, einen Zerstörer und einen alten Flugzeugträger.* Die Verluste der Achsenmächte lagen bei zwei Unterseebooten, zwischen 60 und 70 Flugzeugen und zwei beschädigten Kreuzern. Es ist für die Alliierten unmöglich, Malta zu verstärken, ohne dabei Schiffe zu verlieren, denn jeder Geleitzug muß nach dem Auslaufen aus Gibraltar sechzehnhundert Kilometer auf einem Meer zurücklegen, über dem landgestützte Flugzeuge der Achsenmächte operieren können. Aber solche Verluste sind durchaus vertretbar, denn Malta ist die ideale Ausgangsbasis für Bombenangriffe auf Italien und auf den Nachschub der Achsenmächte nach Libyen. Die Bevölkerung von Malta hat in den vergangenen zwei Jahren die überaus schreckliche Erfahrung endloser Bombardements und sehr schwerer Nahrungsmittelknappheit gemacht und sich durch beispiellosen Mut hervorgetan. Die Menschen dort wissen sehr wohl, was mit ihrer Freiheit geschähe, wenn die Achsenmächte den Krieg gewinnen und Malta unter faschistische Herrschaft geraten würde; deshalb haben sie, auch als Nahrungsmittel äußerst knapp waren und die Insel kaum Kampfflugzeuge besaß, mit denen sie sich gegen die Angreifer zur Wehr setzen konnte, ihr Martyrium ohne Murren ertragen. Daß nun ein Geleitzug dort eingetroffen ist, wird Maltas Lage erheblich erleichtern.

Deutsche U-Boote haben kürzlich vollkommen willkürlich mehrere brasilianische Passagierschiffe versenkt, wobei eine Vielzahl von Menschen ertrank.** Das hat in Brasilien große Empörung hervorgerufen; es kam zu Massendemonstrationen für die Alliierten, und die Menge verwüstete die Redaktionen von Deutschland subventionierter Zeitungen. Wie Vertreter Brasiliens versichern, werden als Entschädigung für die Versenkung sämtliche in brasilianischen Häfen festgehaltenen deutschen Schiffe beschlagnahmt und das Vermögen von in Brasilien ansässigen Staatsbürgern der Achsenmächte eingezogen. Außerdem sind hundert Deutsche als Geiseln festgenommen

* *Zusätzlich zu den bereits erwähnten Verlusten (siehe S. 147, Anm. 3) wurde in weiteren Verlautbarungen der Admiralität der Verlust des leichten Kreuzers »Cairo« und des Zerstörers »Foresight« gemeldet. Die Angriffe dauerten vom 11. bis 15. August.*

** *Am 16. August meldete Brasilien, daß drei Fracht- bzw. Passagierschiffe des Landes von deutschen U-Booten versenkt worden waren. Es handelte sich um die »Annibal Benevola«, die »Baepandy« und die »Araraquara«; insgesamt kamen dabei 223 Menschen ums Leben.*

worden.* Die grundlose Versenkung brasilianischer Schiffe wird auch in anderen südamerikanischen Ländern ihre Auswirkungen haben.

Mehr und mehr wird den Völkern der südamerikanischen Republiken klar, wie wichtig es ist, daß alle freien Nationen gegen die Aggressorstaaten zusammenstehen, welche die natürlichen Feinde ihrer Unabhängigkeit und ihrer nationalen Institutionen sind.

Am Mittwoch dieser Woche fand die größe kombinierte Operation statt, die in diesem Krieg bisher durchgeführt wurde, und zwar gegen Dieppe an der französischen Küste, etwa hundert Kilometer von der britischen Küste entfernt. Britische, kanadische, freifranzösische und amerikanische Truppen nahmen daran teil, ihre Gesamtstärke belief sich offenbar auf fünf- bis zehntausend Mann. Sie blieben etwa zehn Stunden an Land und zerstörten vor ihrer Wiedereinschiffung Geschützbatterien und andere militärische Ziele. Panzer wurden erfolgreich angelandet und beteiligten sich an den Operationen. Wahrscheinlich ist es das erste Mal in diesem Krieg, daß Panzer von kleinen Booten aus an einem offenen Strand angelandet wurden. Bekannt ist, daß es auf beiden Seiten zahlreiche Verwundete und Gefallene und sehr schwere Verluste an Flugzeugen gab. Wie man weiß, wurden mit Sicherheit etwa 90 deutsche Flugzeuge zerstört und eine Vielzahl wurde als wahrscheinlich zerstört gemeldet, so daß die deutschen Gesamtverluste nach einer vorsichtigen Schätzung bei 130 Flugzeugen liegen. Die Briten verloren fast 100 Flugzeuge.** Für die Deutschen sind diese Verluste viel schwerer zu verkraften als für die Briten, denn der Großteil der deutschen Luftwaffe befindet sich mittlerweile an der Rußlandfront, und jeder größere Verlust an Flugzeugen bedeutet, daß quer durch Europa andere als Ersatz herangeführt werden müssen.

Bei Beginn des Angriffs wandte sich die BBC mehrfach an die französische Bevölkerung und wies darauf hin, daß dies nur ein Stoßtruppunternehmen, keine Invasion Europas sei; die Franzosen sollten in ihren Häusern bleiben und sich nicht an den Kämpfen beteiligen. Für diese Warnung gab es gute Gründe. Schon einmal nämlich, beim Angriff auf Saint-Nazaire, hatte die französische Bevölkerung, weil sie eine Möglichkeit sah, den Deutschen, die sie

* *Offiziell hieß es, sie würden als Geiseln für eine Reihe brasilianischer Juden festgehalten, die im besetzten Frankreich interniert worden seien.*

** *Der deutsche Rundfunk hatte nur von 83 britischen Flugzeugen gesprochen. Aus der Sicht der Achsenpropaganda hatte es sich um einen ernsthaften Invasionsversuch gehandelt, bei dem eine sehr große Flotte vor der Küste zum Rückzug gezwungen worden sei, nachdem die ersten Landungen fehlgeschlagen waren. Stalin habe Churchill zu der, wie es hieß, voreiligen Aktion genötigt; der Einsatz kanadischer Truppen sei eigens erfolgt, um den Amerikanern die großen Gefahren eines Landungsversuches ohne angemessene Vorbereitung vor Augen zu führen. Orwell gibt hier die britische Sicht der Dinge.*

seit zwei Jahren unterdrücken, einen Schlag zu versetzen, sich erhoben und an der Seite der Briten gekämpft. Hinterher, als der Angriff vorbei war und die britischen Truppen sich wieder eingeschifft hatten, verübten die Deutschen entsetzliche Greuel an den Einheimischen, und der britischen Regierung war daran gelegen, daß sich dergleichen nicht wiederholte: deshalb wurde die französische Bevölkerung eigens davor gewarnt, sich einzumischen.* Die Rundfunksprecher fügten jedoch hinzu: »Wir werden es Ihnen mitteilen, wenn die eigentliche Invasion beginnt; dann werden Sie Gelegenheit haben, mit der Waffe in der Hand Ihre Freiheit zurückzugewinnen.« Ob es sich bei dem Angriff nun um eine Probe für eine großangelegte Invasion handelte oder nicht, er hat auf jeden Fall bewiesen, daß die Alliierten in der Lage sind, an den am stärksten verteidigten Punkten der französischen Küste in großer Zahl Truppen zu landen – was die Deutschen noch vor einigen Wochen prahlerisch für unmöglich erklärten.

29. August 1942

Stalingrad an der Wolga schwebt nach wie vor in großer Gefahr. Nach vielen vergeblichen Versuchen ist es den Deutschen gelungen, den Don an der Stelle zu überschreiten, wo er der Wolga am nächsten kommt, und nun ist Stalingrad von mehreren aus unterschiedlichen Richtungen zusammenlaufenden Angriffen bedroht. Die Stadt wurde schwer bombardiert. Seit ein, zwei Tagen allerdings kommen die deutschen Angriffe nicht mehr recht voran, und die nach wie vor westlich des Don stehenden russischen Kräfte sind in der Gegend von Kletski zu einem energischen Gegenangriff angetreten. [*Zensiert:* Wenn Stalingrad tatsächlich den Deutschen in die Hände fallen sollte, wird es schwierig, Astrachan zu verteidigen, das am Westufer des Kaspischen Meeres liegt und die Schlüsselstelle sämtlicher Meeres- und Flußverbindungen in diesem Gebiet darstellt. Sollte Astrachan fallen, werden die russischen Kräfte im Norden und Süden effektiv voneinander abgeschnitten. Wie entscheidend das sein könnte, hängt davon ab, welche Mengen Öl, Munition und andere

* *Die Propagandisten der Achsenmächte konnten schlecht die Existenz dieser Rundfunksendungen leugnen, die im Widerspruch zu ihrer Unterstellung standen, es habe sich um einen umfassenden Invasionsversuch gehandelt; sie bezeichneten sie statt dessen als Tarnmanöver, das für den Fall eines Scheiterns den eigentlichen Zweck des Angriffs verschleiern sollte. Aus Dankbarkeit für das Stillhalten der Einheimischen ordnete Hitler die Freilassung aller französischen Kriegsgefangenen aus der Gegend von Dieppe an.*

Rüstungsgüter die Russen bereits an verschiedenen strategischen Punkten gelagert haben.]

Weiter südlich, so behaupten die Deutschen, hätte ein Teil ihrer Truppen die Mündung des Kuban ins Schwarze Meer erreicht und dadurch die russischen Kräfte im Gebiet von Noworossijsk eingeschlossen. Weiter behaupten sie, andere Abteilungen stünden bereits auf den höchsten Bergen des Kaukasus.* Diese Behauptungen werden von anderen Quellen nicht bestätigt** und sind mit Vorsicht zu genießen. Manche Leute bezweifeln, daß die Deutschen den Kaukasus dieses Jahr noch direkt zu überqueren versuchen, selbst wenn sie den Nordabschnitt der Militärstraße unter ihre Kontrolle bekommen. Wahrscheinlich versuchen sie eher, Astrachan in ihren Besitz zu bringen und die Ölfelder so über das Kaspische Meer zu erreichen. Bislang ist jedenfalls keiner ihrer Erfolge entscheidend, denn solange sie die Rote Armee als Streitmacht nicht ausschalten können – und nichts deutet darauf hin, daß das geschieht –, steht ihnen ein weiterer Winter im russischen Schnee bevor. Wichtig ist jedoch, daß die Rote Armee ihre Fähigkeit zum Gegenangriff behält, so daß die Deutschen genötigt sind, den ganzen Winter über eine große Armee in Rußland zu belassen, und nicht nur ein kleines Kontingent, das in kurzen Abständen abgelöst werden kann. In den vergangenen vierzehn Tagen haben die Russen im Abschnitt Moskau ihrerseits eine Offensive unternommen, von der nun ausführliche Berichte eingegangen sind. Die Russen sind fünfzig Kilometer weit vorangekommen, haben 45 000 Deutsche getötet und sehr große Mengen an Rüstungsmaterial erbeutet. In den Außenbezirken von Rshew, der wichtigsten deutschen Festung in diesem Gebiet, dauern die Kämpfe an. [*Zensiert:* Dieser erfolgreiche Angriff wird sich auch auf die Ereignisse weiter südlich auswirken, falls die Deutschen, um ihm zu begegnen, Kräfte von dort abziehen müssen.]

Auch auf den Salomonen tobt eine große Schlacht - Folge der Ereignisse, über die wir letzte Woche berichteten. Die Amerikaner konnten auf drei Inseln landen und halten den wichtigsten Hafen und einige Flugplätze. Vor einigen

* *Orwell kann sich hier nur auf einen von der BBC vermerkten Bericht über die erfolgreiche Besteigung des Elbrus beziehen: »Berlin, Überseekorrespondent Georg Schroeder: ›Hauptmann Heinz Schroth ... bezwang am 21. August den Gipfel des Elbrus, wie er mir heute in Berlin mit breitem Lächeln erzählte. Der schlanke, hochgewachsene Hauptmann mit den funkelnden blauen Augen im gebräunten, scharfgeschnittenen Gesicht ist ein großer Freund von Spaß und Scherz ... Er schwärmt immer noch von dem Abfahrtslauf, den er zusammen mit Oberleutnant Leopold, dem vielfachen deutschen Meister im Skilanglauf, von der 5630 Meter hohen Bergspitze unternahm. Es ist die längste Abfahrt der Welt, 4000 Meter schnurgerade Gefällstrecke an einem Berg, der 800 Meter höher ist als der Mont Blanc.‹«*

** *Ein Kamerateam begleitete die Gruppe, um die Besteigung und das Aufpflanzen der deutschen Flagge auf dem Gipfel zu dokumentieren.*

Tagen traten die Japaner zu einem Gegenangriff an, der unter schweren Verlusten für sie zurückgeschlagen wurde. Nunmehr versuchen sie, ihre Position mittels einer Seeoperation zurückzugewinnen, und haben, soweit den Meldungen zu entnehmen ist, eine sehr starke Flotte in Marsch gesetzt, um die amerikanischen Truppen anzugreifen. Es liegen noch keine ausführlichen Berichte vor, bekannt ist jedoch, daß amerikanische Bomber bereits eine Reihe japanischer Kriegsschiffe, darunter auch zwei Flugzeugträger, getroffen und beschädigt haben.* Insgesamt wurden 14 japanische Schiffe beschädigt und 33 japanische Flugzeuge abgeschossen. Vor zehn Tagen zog sich die japanische Flotte zurück, aber sie hat sich offenbar neu formiert und ist wieder zum Angriff übergegangen. Über den Ausgang gibt es noch keine Meldungen. Die Japaner haben außerdem ein weiteres Landungsunternehmen an der Südostspitze von Neuguinea durchgeführt; dort sind derzeit Gefechte im Gange. Ziel dieser Aktion ist entweder, erneut einen Angriff gegen Port Moresby zu unternehmen oder die amerikanische Flotte aus den Häfen zu locken, die sie auf den Salomonen erobert hat. Die Japaner werden mit Sicherheit gewaltige Anstrengungen unternehmen, um die Amerikaner von Tulagi zu vertreiben, und dafür auch bereit sein, eine größere Anzahl von Kriegsschiffen zu riskieren. Im Augenblick allerdings sind sie im Nachteil, da ihre Schiffe es mit landgestützten Flugzeugen zu tun haben. Diese so verworrene und ferne** Schlacht im Südpazifik ist für Indien von höchster Bedeutung, denn ob die Japaner zu einer Invasion Indiens imstande sind, hängt auch von der Zahl ihrer Flugzeugträger ab. Mit jedem Flugzeugträger, den die Amerikaner zerstören, gewinnt Indien ein Stückchen Sicherheit. Wahrscheinlich werden wir nächste Woche ausführlicher über die Salomonen berichten können.

Brasilien hat Deutschland den Krieg erklärt.*** Es war dies das logische Ergebnis der brutalen Versenkung brasilianischer Schiffe durch deutsche U-Boote in der vergangenen Woche. Mit seiner Bevölkerung von 40 Millionen Menschen, seiner enormen Ausdehnung – das Land ist etwa so groß wie Indien – und seinen ungeheuren Naturschätzen ist Brasilien die wichtigste südamerikanische Republik. Vom strategischen Standpunkt aus ist das Land besonders wichtig, denn seine zahlreichen ausgezeichneten Häfen und seine kleine, aber schlagkräftige Marine werden es den Alliierten erleichtern, den Atlantik abzupatrouillieren. Zudem ist Rio de Janeiro, die Hauptstadt Bra-

* *Orwell wiederholt seinen früheren Bericht und bringt dann erste Meldungen von einer Seeschlacht, die London am 25. August erreichten. Der kleinere der beiden Flugzeugträger wurde als die »Ryusyo« identifiziert; der Name des größeren wurde nicht genannt.*

** *Aus indischer Sicht, wie auch von Orwells Studio in London aus, war sie tatsächlich sehr fern.*

*** *Die Kriegserklärung erfolgte am 22. August.*

siliens, der Punkt, an dem die Amerikaner der Alten Welt am nächsten sind, denn von dort aus ist Westafrika leicht mit dem Flugzeug zu erreichen. Mit Sicherheit planten die Achsenmächte, früher oder später eine Invasion des amerikanischen Kontinents über Brasilien zu versuchen,* wobei sie Dakar in Französisch-Westafrika als Ausgangspunkt benutzt hätten. Sie hofften außerdem, sich auf eine fünfte Kolonne stützen zu können, die sich aus den zahlreichen in Brasilien lebenden Deutschen rekrutiert. Nun da sich Brasilien eindeutig im Krieg befindet, werden sämtliche Deutsche mit Nazi-Sympathien umgehend interniert. Außerdem sind die in brasilianischen Häfen festgehaltenen deutschen und italienischen Schiffe beschlagnahmt worden und stellen eine nützliche Ergänzung der alliierten Schiffsbestände dar.** Der Kriegseintritt Brasiliens wird seine Wirkung auf die anderen südamerikanischen Republiken nicht verfehlen. Uruguay, Brasiliens Nachbar im Süden, hat, obwohl formell nicht im Kriegszustand, seine uneingeschränkte Solidarität mit Brasilien bekundet, und Chile, das der alliierten Sache zuvor eher lau gegenüberstand, hat erklärt, nicht in den Krieg eingreifen zu wollen, was für die Alliierten von Vorteil sein wird.

Der Meinungsumschwung in Südamerika in den letzten drei Jahren ist ein Zeichen dafür, daß die Achsenmächte politisch gescheitert sind und die Einsicht in das wahre Wesen des Faschismus weltweit wächst. Zu Beginn des Krieges sympathisierten viele südamerikanische Staaten bis zu einem gewissen Grade mit Deutschland, zu dem sie enge Wirtschaftsbeziehungen unterhielten. Die beträchtlichen deutschen Minderheiten in Südamerika fungierten gleichsam als Werbeagenturen für ihr Land,*** und darüber hinaus hatten die Deutschen eine Reihe südamerikanischer Zeitungen aufgekauft, mit deren Hilfe sie Falschmeldungen verbreiteten, die ihren Interessen nützten. Man sollte nicht vergessen, daß in den meisten südamerikanischen Ländern nur eine Minderheit der Bevölkerung europäischen Ursprungs ist. Die Mehrheit setzt sich fast überall aus Indianern und einem erheblichen Anteil von Negern zusammen. Die deutsche und speziell die japanische Propaganda haben versucht, die ärmeren Bevölkerungsschichten aufzuwiegeln und Ressentiments gegen die Weißen zu erzeugen, so wie es die Japaner auch schon in Asien versuchten. Das mißlang, und zwar hauptsächlich deshalb, weil es in den mit-

* *Bei dieser merkwürdigen Behauptung scheint es sich erneut um eine reine Erfindung Orwells zu handeln.*

** *Es handelte sich um 15 Schiffe mit einer Gesamtverdrängung von 123 000 Registertonnen.*

*** *Bei Ausbruch des Krieges zwischen Deutschland und Brasilien hielten sich annähernd eine Million deutsche Staatsbürger in Brasilien auf, dazu etwa 200 000 Japaner und eine große Zahl von Personen italienischer Herkunft.*

tel- und südamerikanischen Ländern starke und immer stärker werdende Arbeiterbewegungen gibt, deren Führer wohl wissen, daß die Interessen der arbeitenden Menschen weltweit eng miteinander verknüpft sind und daß der Faschismus sie bedroht, wie verlockend die Versprechungen der faschistischen Propaganda auch sein mögen.

Das Verbot des »Daily Worker«, der Tageszeitung der kommunistischen Partei Englands, ist aufgehoben worden. Am 7. September wird das Blatt wieder erscheinen. [*Zensiert:* Mit einer Auflage von allenfalls 100 000 war der »Daily Worker« zwar nie eine sonderlich bedeutende Zeitung, aber er besaß Einfluß in bestimmten Kreisen, und seine Angriffe gegen die Regierung waren bisweilen schädlich.* Mit der Aufhebung des Verbots hat die britische Regierung bewiesen, daß ihre Versprechungen, für die Rede- und die Pressefreiheit einzustehen, keine leeren Worte sind.]

Aus Ägypten liegen noch keine eindeutigen Nachrichten vor, aber man kann mit Sicherheit davon ausgehen, daß dort in nächster Zeit größere Gefechte bevorstehen. Sowohl die Briten als auch die Deutschen konnten ihre Truppen verstärken, und die derzeitige Lage ist vom Standpunkt der britischen wie der deutschen Befehlshaber aus unbefriedigend. Aus britischer Sicht stehen die Deutschen gefährlich nahe bei Alexandria, und das Problem der Verstärkungen wird durch lange Nachschublinien kompliziert. Die Deutschen haben kürzere Seeverbindungen, die freilich schweren Angriffen ausgesetzt sind, und ihre Nachschubgüter müssen, sobald sie angelandet sind, weite Strecken über Land zurücklegen, ehe sie das Kampfgebiet erreichen. In den letzten Tagen haben die Deutschen im Mittelmeer mehrere Öltanker** und andere Versorgungsschiffe verloren. Ob in Ägypten die Deutschen oder die Briten als erste angreifen, können wir nicht voraussagen; da nun aber kühleres Wetter einsetzt und die Wüste für Panzer passierbar wird, müssen wir damit rechnen, binnen weniger Wochen von großangelegten Operationen zu hören.

* *Bis zum Einmarsch in Rußland hatte der »Daily Worker« eine neutrale oder stramm deutschfreundliche Haltung vertreten; unmittelbar nach dem Einmarsch schwenkte er zu einer radikal antideutschen Position um, doch das Verbot blieb bestehen. Zweifellos hatte man Churchill in Moskau auf dieses Thema angesprochen. Die einzige andere Zeitung, die während des Krieges verboten wurde, war das Blatt »The Week«, das von Claud Cockburn privat herausgegeben wurde.*

** *Die deutsche Nachschubsituation war kritisch; Orwell bezieht sich auf eine Verlautbarung der Admiralität, welche die Versenkung deutscher Tanker durch britische U-Boote schildert.*

5. September 1942

Am 3. September jährte sich zum dritten Mal der Tag des Kriegsausbruches. Ehe wir wie üblich die Nachrichten der Woche zusammenfassen, lohnt es sich vielleicht, auf die vergangenen drei Jahre zurückzublicken und so die derzeitige Phase des Kampfes in die richtige Perspektive zu rücken.

Wenn man auf diese Weise das Gesamtbild, und nicht nur einen Ausschnitt, betrachtet, dann fällt sofort ins Auge, daß England nach drei Jahren verzweifelten Ringens viel stärker ist als zu Beginn des Krieges. Während das gesamte Britische Commonwealth im Herbst 1939 kaum eine Million ausgebildeter Soldaten mobilisieren konnte und nur über eine sehr kleine Luftwaffe und eine schwache Marine verfügte, gibt es heute allein in England mehrere Millionen ausgebildeter Soldaten, von den großen Armeen im Nahen Osten, in Indien und in anderen Ländern ganz zu schweigen. Die RAF ist der deutschen Luftwaffe mittlerweile mehr als gewachsen, und die Marine ist, trotz schwerer Verluste bei der endlosen, schwierigen Aufgabe, Kriegsmaterial nach England zu eskortieren, sehr viel stärker als bei Ausbruch des Krieges.

Wenn die deutschen Befehlshaber die Gesamtlage betrachten, muß ihnen als erstes auffallen, daß ihr Hauptfeind, England, trotz all ihrer Angriffe nur stärker und nicht schwächer geworden ist. Hinzu kommt die nicht zu übersehende Tatsache, daß Amerika mittlerweile hinter England steht und mit rasender Geschwindigkeit in gewaltigem Umfang aufrüstet, und zwar an Orten, wo weder das deutsche Heer noch die deutsche Luftwaffe diesen Vorgang behindern können. Außerdem müssen die deutschen Befehlshaber in Betracht ziehen, daß Sowjetrußland nach wie vor Widerstand leistet, daß die Rote Armee keineswegs zerfällt, wie das eigentlich schon für Herbst 1941 von ihr erwartet wurde, und daß der Rußlandfeldzug einen fürchterlichen Aderlaß für die deutschen Kräfte darstellt, zumal in zwei, drei Monaten erneut ein Winter im Schnee droht.

Rückblickend erkennen wir, daß es im Grunde drei Wendepunkte in diesem Krieg gab und daß an jedem dieser Punkte ein faschistischer Sieg in weitere Ferne rückte. Der erste war die Luftschlacht um England im Spätsommer 1940. Im festen Vertrauen auf einen raschen Sieg schlugen die Deutschen mit ihrer Luftwaffe gegen England los und erlitten nicht nur völlig sinnlos schwere Verluste, sondern mußten auch erkennen, daß sie den Krieg nicht schnell gewinnen konnten und daß ihnen ein langer, aufreibender Kampf bevorstand, bei dem sich am Ende zwangsläufig die ganze übrige Welt gegen sie wenden würde. Der nächste Wendepunkt ergab sich im Winter 1941, als der deutsche Vormarsch in Rußland zum Stehen kam und die Russen die Deutschen von Rostow zurückdrängten. Der deutsche Angriff gegen Rußland war unmittelbare Konsequenz des erfolgreichen britischen Widerstandes und der britischen Seeblockade. Da die Deutschen nicht in der Lage waren, auszubrechen und Verbindungen zu Asien und Amerika herzustellen, hatten sie geplant, Rußland im Handstreich zu erobern; damit hätten sie ein riesiges Gebiet ausplündern können, in dem es fast alle von ihnen benötigten Rohstoffe gibt. Zugleich wäre die permanente Bedrohung durch die Rote Armee in ihrem Rücken weggefallen, so daß sie ihre gesamten Kräfte auf einen neuerlichen Angriff gegen England hätten konzentrieren können. Auch das schlug fehl, und so sahen sich die Deutschen trotz großer Landgewinne in einen aufreibenden Kampf verstrickt, in dem sie es mit einem ungeheuren Menschenpotential und unerträglichen klimatischen Bedingungen zu tun hatten, während ihre Luftwaffe so schwer beschäftigt war, daß sie die Schläge der RAF gegen die westdeutschen Städte nicht verhindern konnte. Der dritte Wendepunkt ergab sich, als es Deutschland gelang, Japan zum Krieg zu drängen. Den Japanern lag hauptsächlich an der Eroberung Ostasiens, Deutschland dagegen verfolgte die Absicht, die Aufmerksamkeit der Amerikaner abzulenken und sie davon abzuhalten, weitere Hilfe nach England zu schicken. Und wieder schlug das große Vabanquespiel fehl, denn die Japaner errangen anfangs zwar leichte Siege, sahen sich jedoch bald in einen langwierigen Kampf gegen einen überlegenen Feind verwickelt, und die Amerikaner ließen sich, während sie die Japaner im Pazifik bekämpften, keinen Moment davon abbringen, Truppen und Nachschub nach Europa zu schicken. Trotz kurzfristig glänzend erscheinender Erfolge ist jedes der drei großen Vabanquespiele der faschistischen Mächte fehlgeschlagen, und nun können sie mitverfolgen, wie sich allmählich eine gewaltige Koalition aus vier Fünfteln der Menschheit gegen sie bildet, die über enorme Ressourcen verfügt und fest entschlossen ist, der faschistischen Aggression ein für allemal ein Ende zu machen. 1940 war England allein, schlecht gerüstet und keineswegs sicher, daß sich ihm weitere Verbündete anschließen würden. Heute hat England an seiner Seite die Rote Armee, die riesige amerikanische Rüstungsindustrie und die vierhundert Millionen Menschen Chinas. Wie lange der Kampf auch noch dauern mag, über seinen Ausgang kann kaum ein Zweifel bestehen. So sieht das Bild des Krieges aus, wenn wir es in seiner Gesamtheit betrachten, anstatt unser Augenmerk immer nur auf die Zeitung von gestern zu richten.

Wir haben den größten Teil unserer Zeit für diese allgemeine Übersicht über den Krieg verwendet und fassen die Ereignisse der Woche deshalb nur kurz zusammen.

In Ägypten hat der neuerliche deutsche Angriff begonnen, den wir vergangene Woche in unserem Nachrichtenkommentar vorausgesagt haben.* Noch liegen allerdings keine nennenswerten Meldungen dazu vor. Wir möchten lediglich warnend darauf hinweisen, daß die Verhältnisse in Ägypten für die Alliierten nicht einfach sind; und die Tatsache, daß die Deutschen als erste angegriffen haben, deutet darauf hin, daß sie die Verluste der Schlachten vom Juni und Juli ersetzen konnten. Die Briten haben sich jedoch ebenfalls verstärkt, und mittlerweile nehmen auch amerikanische Truppen** und Flugzeuge ihren Platz an dieser Front ein. Nach einem ziemlich schweren Angriff ihrer gepanzerten Verbände ziehen sich die Deutschen im Augenblick wieder zurück, aber ob das daran liegt, daß die britischen Verteidigungsstellungen zu stark für sie waren, oder ob es sich um eine Art Finte oder taktisches Manöver handelt, ist unklar. Die alliierten Luftverbände waren im Mittelmeer sehr aktiv und haben diese Woche mehrere Schiffe der Achsenmächte versenkt. Nächste Woche werden wir ausführlicher über die Lage in Ägypten berichten können.

Der Kampf auf den Salomonen entwickelt sich zum glänzenden Erfolg für die Alliierten. Die Amerikaner haben mittlerweile sechs Inseln mehr oder weniger unter Kontrolle. Besonders wichtig war, daß ihnen auf der Insel Guadalcanal ein großer Luftstützpunkt in die Hände fiel, den die Japaner fast fertiggestellt hatten. Vor etwa fünf Tagen haben die Japaner, wahrscheinlich in der Hoffnung, die amerikanische Flotte von den Salomonen wegzulocken, einen neuen Landungsversuch in der Milne Bay, an der Südostspitze von Neuguinea, unternommen. Die Landungstruppe wurde von den australischen Kräften fast völlig vernichtet, ihre versprengten Reste werden derzeit gefangengenommen oder aufgerieben. Von der Nordseite Neuguineas aus haben die Japaner einen weiteren Angriff in Richtung Port Moresby unternommen, allerdings mit unklaren Ergebnissen. Außerdem sind sie offenbar erneut auf einer der Salomon-Inseln gelandet. Wir können damit rechnen, daß sie äußerst heftige Anstrengungen unternehmen werden, die Amerikaner von den Salomonen zu vertreiben, denn solange die Inseln in deren Besitz bleiben, ist die Position der Japaner auf Neuguinea bedroht, und es ist so gut wie ausgeschlossen, daß sie

* *Rommels Angriff begann am Abend des 30. August. Die folgende Warnung Orwells ist unnötig, denn sein früherer Bericht über die Versenkung wichtiger Tanker war korrekt; ihretwegen und aus anderen Gründen scheiterte Rommels Angriff.*

** *Auch hier ist nicht klar, auf welche amerikanischen Truppen Orwell sich bezieht.*

eine Invasion Australiens versuchen. Wahrscheinlich wird also über weitere See- und Luftschlachten zu berichten sein. Obwohl mehrere tausend Kilometer entfernt, sollte Indien die Kämpfe im Südpazifik aufmerksam verfolgen, denn ihr Ausgang entscheidet mit darüber, ob es zu einem Angriff der Japaner gegen Indien kommen kann. Sie werden ihn nur wagen, wenn sie die See- und Lufthoheit im gesamten Golf von Bengalen erringen können; infolgedessen gewinnt Indien mit jedem Flugzeugträger, den die Amerikaner zerstören, ein Stückchen mehr Sicherheit.

Die Lage in Rußland ist immer noch sehr ernst, hat sich seit vergangener Woche aber nicht wesentlich verändert. Die Deutschen rennen nach wie vor mit allen ihren Kräften gegen Stalingrad an und haben in den letzten ein, zwei Tagen südwestlich der Stadt einen gewissen Geländegewinn erzielt. In diesem Augenblick toben praktisch in Schußweite von Stalingrad die heftigsten Gefechte, und die Deutschen werfen sämtliche verfügbaren Panzer und Flugzeuge in die Schlacht. Bislang aber, so die Meldungen, halten die russischen Verteidigungslinien. Weiter südlich haben die Deutschen bei ihrem Vorstoß auf die Ölfelder von Grosny ebenfalls Geländegewinne erzielt. An den beiden anderen Fronten, der von Moskau und der von Leningrad, befinden sich die Russen ihrerseits noch immer in der Offensive. Westdeutschland war Ziel weiterer schwerer Luftangriffe, und zum erstenmal in diesem Krieg wurde Gdingen an der Ostsee bombardiert. Daß eine so weit entfernte Stadt zu dieser Jahreszeit, in der die Nächte immer noch recht kurz sind, von England aus angegriffen werden kann, zeigt, wie sehr die Schlagkraft der RAF zugenommen hat. Die russische Luftwaffe hat kürzlich Berlin bombardiert. Die diversen Aufrufe zum Thema Luftangriffe in der Presse und im Rundfunk Deutschlands machen deutlich, wie stark die ständigen Bombenangriffe der deutschen Bevölkerung, zumal in den großen Industriestädten, zusetzen.

12. September 1942

Vergangene Woche haben wir berichtet, daß in Ägypten erneut Kämpfe ausgebrochen sind, und unserer Hoffnung Ausdruck gegeben, diese Woche Einzelheiten nennen zu können. Nun ist diese spezielle Phase des Ägyptenfeldzuges bereits vorüber, und sie endete mit einer schweren Schlappe für die Deutschen. Offensichtlich haben sie einen großangelegten Durchbruchsversuch durch die alliierten Verteidigungspositionen unternommen und wurden unter schweren Verlusten, insbesondere an Panzern und anderen Fahrzeugen, zurückgeschlagen. Über die genaue Höhe dieser Verluste gibt es noch keine offiziellen Angaben, aber Mr. Wendell Willkie, der amerikanische Gesandte in der Türkei, der auf dem Wege nach Ankara Ägypten besuchte, erklärte, die Deutschen hätten einhundert Panzer verloren, was vierzig Prozent ihrer gesamten Panzerwaffe in Ägypten entspricht.* Mr. Churchill bemerkte denn auch in seiner jüngsten Rede – auf die wir später zurückkommen –, daß Ägypten nach dieser Schlacht für die nächsten Monate sicher sei.

Man sollte jedoch daran denken, daß der Ägyptenfeldzug damit nicht vorbei ist, daß die deutschen Truppen noch nicht vernichtet sind. Die Verluste allerdings, die sie erlitten haben, sind sicherlich schwerwiegend, besonders die Verluste an Panzern, da der Seeweg von Italien nach Afrika in letzter Zeit sehr kostspielig für sie ist. In der vergangenen Woche haben allein unsere U-Boote zwölf Versorgungsschiffe der Achsenmächte versenkt oder beschädigt; hinzu kommen die Schäden, die die alliierten Flugzeuge anrichteten. Nun da Malta verstärkt worden ist und über Kampfflugzeuge zur Bewachung seiner Flugplätze verfügt, kann die Insel erneut als Stützpunkt für Angriffe britischer Bomber auf den Schiffsverkehr der Achsenmächte sowie auf Häfen in Italien und Sizilien dienen. Insgesamt läßt sich also sagen, daß die Lage in Ägypten sich sehr stark verbessert hat – stärker noch, als wir es vor einer Woche vorherzusagen wagten.

Im Zentrum Neuguineas sind nach wie vor schwere Gefechte im Gange; dort versuchen die Japaner, über den Gebirgszug, der sich längs durch die Mitte der Insel zieht, unmittelbar auf Port Moresby vorzurücken. Sie sind in den letzten zwei Tagen deutlich vorangekommen und inzwischen nur noch etwa 60 Kilometer von ihrem Ziel entfernt. Port Moresby kann so lange nicht als sicher gelten, wie die Japaner noch irgendwo auf Neuguinea stehen. Auf den Salomonen ist es den Japanern trotz des neuerlichen Landungsversuches, den sie vor drei Tagen unternahmen, nicht gelungen, die Amerikaner von den Inseln, die sie erobert haben, zu vertreiben.

In den vergangenen vierzehn Tagen haben die Chinesen in den östlichen Provinzen große Gebiete zurückgewonnen und bisher alle Anstrengungen der Japaner vereitelt, ihre Eisenbahnverbindungen in Nord-Süd-Richtung fertig-

* *Aus später freigegebenem Material geht hervor, daß 38 deutsche und 11 italienische Panzer gegenüber 67 britischen verlorengingen. Aus irgendeinem Grund ärgerten Wendell Willkie und seine Reise um die Welt die Rundfunkpropagandisten der Achsenmächte besonders; sie zogen wiederholt seine Glaubwürdigkeit und Aufrichtigkeit in Zweifel. Zu seiner eigenen Schilderung s. Wendell L. Willkie, One World (1943).*

zustellen. Im übrigen verfolgen die Japaner in diesem Gebiet das Ziel, die Chinesen daran zu hindern, irgendeinen Stützpunkt zu gewinnen oder zu halten, von dem aus Japan selbst angegriffen werden könnte. Derzeit sind in der Provinz Tschekiang mehrere Städte in chinesischer Hand, die als Luftstützpunkte für Einsätze gegen Japan dienen könnten. Die japanischen Bemühungen, sie einzunehmen, sind fehlgeschlagen. Wenn aber die Chinesen sich halten, lassen sich diese Gebiete ausbauen. Das heißt nicht, daß die Bombenangriffe auf Japan sofort beginnen können, denn die Einrichtung eines Luftstützpunktes mit seinem umfangreichen Wartungspersonal, seinen Gebäuden, Werkstätten, Treibstoff-, Munitions- und Ersatzteillagern ist ein langwieriges Geschäft. Außerdem stellen sich große Transportprobleme, denn die Burmastraße, früher die Hauptroute für den Militärnachschub nach China, ist in japanischer Hand. Es wird jedoch daran gearbeitet, die Nachschubversorgung aus der Luft zu verbessern und von Indien aus neue Routen nach China zu erschließen. Sobald diese voll benutzbar sind, läßt sich auch der Vorteil des Besitzes von Stützpunkten in Flugweite Japans ausnützen.

Im Anschluß an seine Rückkehr aus Moskau hat Mr. Churchill vor dem Unterhaus eine allgemeine Erklärung zur Kriegslage abgegeben.* Diese offizielle Erklärung gibt Aufschluß über verschiedene Punkte, zu denen vorher keine Informationen vorlagen. Die vielleicht wichtigste Äußerung in der Rede von Mr. Churchill betraf den Angriff auf Dieppe, den er als bewaffnetes Aufklärungsunternehmen bezeichnete, das erforderlich gewesen sei, um Informationen für spätere, größere Operationen zu gewinnen. Selbstredend erwähnte Mr. Churchill weder Daten noch Orte, ließ jedoch keinen Zweifel daran, daß eine Invasion Europas beabsichtigt ist und zum geeigneten Zeitpunkt stattfinden wird. Er habe in seinen Gesprächen völlige Übereinstimmung mit Generalsekretär Stalin erzielt und sowohl sich von der Bereitschaft des russischen Volkes, unter allen Umständen weiterzukämpfen, als auch Stalin von unserer Bereitschaft überzeugt, jedes erforderliche Opfer zu bringen, um den Druck von unseren Verbündeten zu nehmen. Wie Mr. Churchill hinzufügte, haben die Russen den Eindruck, sie hätten einen unangemessen hohen Anteil der gemeinsamen Anstrengung tragen müssen – ein Eindruck, der angesichts der Ereignisse des vergangenen Jahres nicht ganz unzutreffend ist. Von uns jedoch brauchten sie lediglich die Zusicherung, daß wir bei passender Gelegenheit ein Ablenkungsmanöver unternehmen würden, und diese Zusicherung haben sie nun. Mr. Churchill äußerte sich auch zum Ägyptenfeldzug und gab, wie wir bereits erwähnten, eine beruhigende Erklärung zur Sicherheit des Landes ab.

* *Am 8. September.*

Wie er erklärte, hat er das Oberkommando der Zehnten Armee in Persien von dem der Achten Armee in Ägypten getrennt, um zu verhindern, daß der Oberkommandierende in Ägypten die Last eines möglicherweise sich entwikkelnden Doppelfeldzuges tragen muß.* Denn Mr. Churchill sprach auch von der Möglichkeit, die britische Armee in Persien zur unmittelbaren Unterstützung der russischen Verbände im Kaukasusgebiet einzusetzen. Er erwähnte ferner die jüngste Seeschlacht im Mittelmeer, in deren Folge der britische Geleitzug Malta mit dringend benötigten Nachschubgütern erreichte; das Eintreffen dieses Geleitzuges habe Maltas Position auf viele Monate hinaus gesichert, und obwohl die Verluste schwer waren – ein alter Flugzeugträger, zwei Kreuzer, einer davon neu, und ein Zerstörer –, sei dieser Preis nicht übermäßig hoch, denn immerhin sei Malta damit als Luft- und U-Bootstützpunkt erhalten geblieben. Die Verluste der Achsenmächte an Flugzeugen und U-Booten, die zerstört, und an Kriegsschiffen, die beschädigt wurden, seien jedenfalls schwer gewesen.

Mr. Churchill konnte ferner bekanntgeben, daß der Seekrieg, von dem die Versorgung Englands mit Nahrungsmitteln und Rüstungsgütern letztlich abhängt, in den vergangenen drei Monaten eine deutliche Wendung zum Besseren genommen hat. Die Amerikaner bauen mitterweile deutlich mehr Schiffe, als die U-Boote der Achsenmächte versenken, und die U-Boote selbst werden so erfolgreich gejagt, daß mittlerweile kaum mehr ein Tag verstreicht, an dem nicht eine Meldung von einem versenkten oder beschädigten U-Boot eingeht. Auch unsere Bombenangriffe auf Westdeutschland, auf die Werften, in denen die U-Boote gebaut werden, wirken sich indirekt günstig auf den Seekrieg aus.

* *Orwell geht hier sehr rasch über Veränderungen hinweg, die auf ein indisches Publikum keinen günstigen Eindruck gemacht hätten. So wurde General Auchinleck, der höchstgeschätzte Mann der Indischen Armee im Nahen Osten, gleichwohl vom Oberkommando entbunden und lehnte das Kommando der Zehnten Armee ab. Mit dem Doppelfeldzug ist wohl der Kampf an zwei Fronten gemeint, der unvermeidlich geworden wäre, falls die Deutschen den Kaukasus überquert hätten.*

19. September 1942

Britische See-, Luft- und Landstreitkräfte haben in Ägypten mehr als hundertsechzig Kilometer hinter den feindlichen Linien einen wagemutigen Angriff gegen Tobruk geführt.* Zwar liegen noch keine vollständigen Ergebnisse vor, aber es ist bekannt, daß der britische Angriffsverband zwei Zerstörer verlor**, daß vermutlich einige seiner Soldaten in Gefangenschaft gerieten und daß er sehr schwere Schäden anrichtete. Tobruk ist mittlerweile der wichtigste Hafen, über den die Deutschen Kriegsmaterial aus Griechenland oder aus Italien heranführen, und der Angriff hatte zum Ziel, über die bereits von den Bombenflugzeugen der RAF verursachten Schäden hinaus weitere Zerstörungen anzurichten. [Die Stadt liegt lediglich in der Reichweite schwerer Bomber; Ziel eines Kommandounternehmens gegen einen solchen Ort muß also sein, präzisere Zerstörungen herbeizuführen, als das aus der Luft möglich ist.]***

Wir können davon ausgehen, daß es in Ägypten zu weiteren großangelegten Operationen kommen wird; der Vorteil wird dabei jeweils auf der Seite liegen, die als erste zum Zuschlagen bereit ist. Das wiederum hängt weitgehend von der Versorgung mit Kriegsmaterial auf dem Seeweg ab. Angriffsunternehmen der eben beschriebenen Art können die deutschen Pläne also ebenso wirksam durcheinanderbringen wie die Versenkung ihrer Schiffe während der Überfahrt.

Die Gefechte auf Neuguinea spielen sich vorderhand offenbar als Stellungskämpfe ab; wir dürfen also hoffen, daß der Vormarsch der Japaner auf Port Moresby gestoppt wurde, wenngleich sie mit Sicherheit neue Angriffe in diese Richtung unternehmen werden. In der vergangenen Woche kam es auf der Insel Guadalcanal, wo es den Japanern gelang, frische Truppen zu landen, zu sehr schweren Gefechten. Die Amerikaner halten den Haupthafen und den Flugplatz der Insel; die japanischen Bemühungen, sie aus ihren Stellungen zu werfen, sind gescheitert. Meldungen aus China deuten jedoch darauf hin, daß

* *Der Angriff mit dem Decknamen »Operation Daffodil« war erfolglos, wobei allerdings fraglich ist, ob Orwell das wußte. Die britischen Presseberichte, die auf Verlautbarungen des Informationsministeriums basierten, waren äußerst irreführend; sie behaupteten, die Truppen hätten sich geordnet zurückgezogen. Rundfunkberichte der Achsenmächte, die von einem Debakel mit zahlreichen Gefangenen und drei verlorenen Zerstörern sprachen, kamen der Wahrheit nahe. Sie verglichen die Aktion mit dem Angriff auf Dieppe.*

** *Tatsächlich gingen drei Zerstörer verloren, nämlich die »Sikh«, die »Zulu« und die »Coventry«.*

*** *Diese Stelle strich Orwell selbst, vor der Zensur.*

sich ein großer japanischer Flottenverband den Salomonen nähert, und wir müssen damit rechnen, daß die Japaner die verzweifeltsten Anstrengungen unternehmen werden, um die Inseln zurückzuerobern, denn diese gefährden, solange sie in amerikanischer Hand sind, ihre gesamte Position im Südpazifik. Die Amerikaner sind, nach ihren Äußerungen zu urteilen, voller Zuversicht, daß sie die Salomonen halten und als Ausgangspunkt für weitere Vorstöße benutzen können.

Die Deutschen konzentrieren nach wie vor alles, was ihnen an Truppen, Panzern und Flugzeugen zur Verfügung steht, auf den Angriff gegen Stalingrad. Seit letzter Woche sind sie in bestimmten Abschnitten vorangekommen und stellenweise sogar in die Stadt eingedrungen, in der Straßenkämpfe im Gange sein sollen. Beide Seiten haben sich in den vergangenen Tagen verstärkt. An dieser Front besitzen die Deutschen ein erhebliches Übergewicht an Flugzeugen, insbesondere Sturzkampfbombern, die sie in ungeheurer Zahl einsetzen. Die Russen widerstehen mit äußerster Tapferkeit und Zähigkeit, aber die Lage in Stalingrad muß als äußerst ernst betrachtet werden, und es wird immer schwerer, Verstärkungen in die Stadt zu bringen. Ob Stalingrad sich halten wird, darüber wagen wir keinerlei Voraussage. Falls nicht, ist wohl kaum mehr zu verhindern, daß die Deutschen das Kaspische Meer erreichen, und dann fällt die Wolga als Verbindungsweg aus. Erreichten die Deutschen Astrachan, wäre das Kaspische Meer in jedem Falle kein sicherer Transportweg für Öl und anderen Nachschub mehr, denn dann läge es nahezu in seiner Gesamtheit in der Reichweite deutscher Flugzeuge.* Andererseits haben wir bereits Mitte September, und es gibt bislang keinerlei Anzeichen dafür, daß die Deutschen kurz davorstünden, den Kaukasus zu überqueren und die Ölfelder von Baku zu erreichen, die ihr eigentliches Ziel sind. Noworossijsk am Schwarzen Meer ist den Deutschen in die Hände gefallen, und sie werden möglicherweise versuchen, die Berge durch einen Vorstoß entlang der Küste des Schwarzen Meeres zu umgehen. An den anderen russischen Fronten machen die Deutschen entweder keine Fortschritte oder die Russen befinden sich ihrerseits in der Offensive. Soeben haben sie eine weitere Offensive im Gebiet von Woronesch gestartet. Bezeichnend ist, daß die Deutschen bereits Vorbereitungen für einen Winterfeldzug treffen: sie bauen weit hinter ihren Linien befestigte Stellungen und grasen ganz Europa nach Pelzen und anderer warmer

* *Davor hatte Orwell implizit schon mit seiner früheren Bemerkung über die Möglichkeit eines Doppelfeldzuges gewarnt. Der damalige britische Militärattaché in Moskau glaubte, die Deutschen würden den Kaukasus binnen einem Monat nach Beginn des Feldzuges überquert haben; diese Überzeugung war weit verbreitet.*

Kleidung ab.* Wahrscheinlich rechnen sie also damit, den ganzen Winter über eine große Armee an den russischen Fronten, einschließlich der Nordfronten, unterhalten zu müssen, was zwangsläufig dazu führen wird, daß sie durch die Kälte eine Vielzahl von Männern verlieren, auch wenn sie diesmal vielleicht besser dagegen gewappnet sind als vergangenen Winter. Die Bedeutung der Schlacht um Stalingrad, die derzeit ausgefochten wird, liegt darin, daß die Deutschen, falls sie die Stadt nicht nehmen, unvermeidlich Millionen ihrer Soldaten dazu zwingen, den Winter im russischen Schnee zu verbringen. Falls sie Stalingrad hingegen nehmen, dann, so ihre Hoffnung, bekommen die russischen Armeen im Norden möglicherweise keinen Ölnachschub mehr, und das würde dazu führen, daß die Deutschen diese Fronten mit vergleichsweise wenigen Leuten halten und diese in kurzen Abständen ablösen könnten. Wir wissen noch nicht, ob es dazu kommt, denn uns ist selbstverständlich nicht bekannt, in welchen Mengen die Russen in Moskau, Leningrad und anderen Städten im Norden Öl und anderes Kriegsmaterial eingelagert haben. Angesichts der Vorbereitungen auf den Winterkrieg, die die Deutschen treffen, könnte man meinen, sie hätten Grund zu der Annahme, daß die Russen durchaus imstande sind, in diesem Winter eine weitere Offensive zu beginnen.

Die Operationen auf Madagaskar laufen reibungslos, und die Häfen, die ja das Hauptziel waren, befinden sich bereits in britischer Hand. Die britischen Truppen sind immer noch hundert bis hundertfünfzig Kilometer von der Hauptstadt Antananarivo entfernt, werden sie aber wahrscheinlich in den nächsten Tagen erreichen. Vor zwei Tagen wurde gemeldet, die französische Regierung der Insel habe um einen Waffenstillstand gebeten. Dies wurde später dementiert; wahrscheinlich ist, daß die Vichy-Regierung starken Druck auf die französischen Behörden ausgeübt hat, zumindest den Anschein von Widerstand zu erwecken. Tatsächlich aber wird bis jetzt so gut wie kein Widerstand geleistet, und es ist klar, daß das Vichy-Regime bei der französischen Bevölkerung wenig und bei der einheimischen keinerlei Unterstützung genießt. Das Wutgeschrei, das der deutsche Rundfunk wegen der britischen Besetzung Madagaskars anstimmte, zeigt, daß die Deutschen der Insel zu Recht große strategische Bedeutung beimessen. Einige Küstenorte nämlich dienten U-Booten der Achsenmächte zum Auftanken, und mit der Beseitigung dieser Gefahr wird sich die Lage für den alliierten Schiffsverkehr deutlich entspannen.** Die örtliche Verwaltung wird ihre Arbeit unter den britischen

* *Deutsche Rundfunksendungen für das heimische Publikum enthielten seinerzeit zahllose Spendenaufrufe für warme Kleidung und informierten detailliert über Ablieferungsstellen etc.*

** *Dafür gab es offensichtlich keinerlei Beleg; Orwell betet hier lediglich ein Propagandaargument des Informationsministeriums nach.*

Militärbehörden fortsetzen, und es wird wohl nicht zu Störungen in der Nahrungsmittelversorgung oder im Leben der Insel allgemein kommen.

Wie gemeldet wird, haben Agenten der Achsenmächte einen mißglückten Mordanschag auf den Präsidenten von Nicaragua unternommen.* Brasilien, der neueste Verbündete der Vereinten Nationen, verstärkt seine Streitkräfte. Aus Argentinien kommen Nachrichten von großen Solidaritätsdemonstrationen für Brasilien, die deutlich machen, daß die Bevölkerung des Landes der alliierten Sache sehr viel freundlicher gesinnt ist als die derzeitige Regierung.

Die britischen Bombenangriffe auf Westdeutschland gehen weiter und sind mittlerweile zu häufig, als daß man sie noch einzeln aufzählen könnte. Die RAF wirft mittlerweile Bomben ab, die nicht weniger als 8000 Pfund oder 3½ Tonnen wiegen. Diese Bomben dringen nicht in den Boden ein, sondern explodieren beim Aufschlag und zerstören so die Häuser auf Hunderte von Metern im Umkreis. Luftaufnahmen von Karlsruhe, Düsseldorf und anderen Städten zeigen ganze Flächen von mehreren hundert Hektar, auf denen kaum noch ein Haus mit intaktem Dach steht. Reisende neutraler Länder, die kürzlich in Deutschland waren, berichten, daß die Moral in Westdeutschland unter den ständigen Angriffen, denen die deutsche Luftwaffe offenbar nichts entgegenzusetzen hat, beträchtlich leidet.

Vor vier Tagen, am 15. September, wurde überall in unserem Lande und auf der Welt der zweite Jahrestag der Luftschlacht um England begangen. Nach dem Fall Frankreichs richteten die Deutschen zwischen August und Oktober 1940 alle Anstrengungen auf die Eroberung Englands aus der Luft und brüsteten sich lauthals, sie würden es binnen weniger Wochen geschafft haben. Sie begannen im August und September mit Angriffen am hellichten Tage, mit denen sie die Royal Air Force vernichten wollten, und als dies offenkundig mißlang, verlegten sie sich auf Nachtangriffe, die hauptsächlich den Arbeiterwohnvierteln im East End von London galten und die Zivilbevölkerung terrorisieren sollten.** Das ganze Manöver war jedoch ein Fehlschlag, und die Deutschen verloren in zwei Monaten Luftkrieg zwischen zwei- und dreitausend Flugzeuge und daneben Tausende unersetzlicher Flieger. Gefeiert wird am 15. September, weil die Royal Air Force an diesem Tag nicht weniger als 185 deutsche Flugzeuge abschoß und etwa zu diesem Zeitpunkt deutlich wurde, daß es den Deutschen nicht gelang, die britische Verteidigung durch Bomben-

* *Die Propaganda der Achsenmächte übernahm die Verantwortung für den Anschlag nicht, sondern bezeichnete ihn als Teil eines nationalistischen Putschversuches.*

** *Die Ansätze eines weiteren Propagandaarguments, mit dem man auf die deutschen Proteste reagierte, die Alliierten würden ausschließlich zivile Ziele bombardieren. Die indischen Hörer wußten selbstverständlich nicht, daß im East End von London auch die Docks lagen.*

angriffe bei Tage zu überwinden. Nun da wir zurückblicken und die Ereignisse in der richtigen Perspektive sehen können, wird klar, daß die Luftschlacht um England an Bedeutung mit Trafalgar, Salamis, der Niederlage der spanischen Armada und anderen früheren Schlachten gleichzusetzen ist, in denen die Invasionsheere eines vermeintlich unbesiegbaren Monarchen oder Diktators zurückgeschlagen wurden und die einen Wendepunkt in der Geschichte bildeten.

26. September 1942

Die Lage bei Stalingrad ist günstiger, als wir vor einer Woche vorauszusagen wagten. Die Deutschen haben in dieser Woche verzweifelte Anstrengungen unternommen, sich in den Stadtkern vorzukämpfen, und buchstäblich jeder Meter Boden mußte mit zahlreichen Leben erkauft werden. Sie haben jedoch sehr wenig Fortschritte gemacht, und in den letzten Tagen konnten die Russen etwas von dem Boden zurückgewinnen, den sie vorher verloren hatten. Mit Sicherheit war die Schlacht um Stalingrad schon jetzt ein schwerer Aderlaß für die deutschen Kräfte, denn bei dieser Form des Kampfes lassen sich Ziele nur unter schweren Verlusten erreichen, und der Vorteil liegt gewöhnlich bei den Verteidigern.* Die Lage ist nach wie vor äußerst ernst, aber selbst wenn die Deutschen Stalingrad morgen uneingeschränkt in ihren Besitz brächten, hätte sie der Kampf um die Stadt immer noch sechs Wochen länger aufgehalten, als sie erwartet hatten.

Die Erklärungen des deutschen Rundfunks, die nicht nur ein frühes Kriegsende, sondern auch die rasche Eroberung von Stalingrad verhießen, sind mittlerweile nicht mehr zu hören. Im Gegenteil, nun wird in den Sendungen ständig hervorgehoben, wie schwierig die derzeitige Schlacht sei und daß das deutsche Volk sich auf einen langen Krieg einrichten müsse. In den letzten Tagen gaben ein, zwei deutsche Rundfunksprecher sogar schon vorsichtig zu bedenken, daß Stalingrad im Grunde doch nicht sehr bedeutend und seine Einnahme <?deshalb nicht wichtig sei; dies> steht in direktem Widerspruch zu dem, was die Deutschen noch vor wenigen Tagen sagten, und läßt darauf schließen, daß sie mittlerweile Zweifel haben, ob ihnen Stalingrad überhaupt je in die Hände fallen wird. Wir können freilich sicher sein, daß sie weiter verzwei-

* *Ein direkter Hinweis auf Orwells eigene Erfahrungen bei Häuserkämpfen im Spanischen Bürgerkrieg.*

felte Anstrengungen unternehmen werden, die Stadt zu erobern; denn wenn dieser Teil ihres Feldzuges mißlingt, müssen sie sich für den Winter auf eine verkürzte Frontlinie zurückziehen. Das aber hieße, einen Teil des Gebietes aufgeben, das sie im Sommer gewonnen haben, und dann ließe sich wohl schwerlich verhindern, daß in der deutschen Bevölkerung die Frage laut wird, warum umsonst soviel Blut vergossen wurde. Bei den kleineren Achsenpartnern gibt es merkliche Anzeichen von Unruhe. Rumänien, Bulgarien und Ungarn winken für den Fall eines Sieges der Achse wohl kaum solide Gewinne, und der gemeine Mann in diesen Ländern, jedenfalls in Bulgarien und Rumänien, ist entschieden prorussisch eingestellt.* Zweifellos geht ihm allmählich auf, daß die Deutschen ihn schlicht als Kanonenfutter verwenden und daß es illusorisch war, sich, wie noch vor kurzem seine Führer, in dem Glauben zu wiegen, man könne sich kampflos große Gebiete aneignen. Budapest, die Hauptstadt Ungarns, wurde erst kürzlich von der Roten Luftwaffe bombardiert. Das wird sich zweifellos wiederholen, und die Westentaschendiktatoren in Hitlers Gefolge werden immer deutlicher zu spüren bekommen, daß der Krieg eine ernste Sache ist und sich nicht auf das bequeme Ausplündern wehrloser Völker beschränkt.

Gleichzeitig mit dem Angriff auf Tobruk, der vor mehr als einer Woche stattfand, haben britische Landstreitkräfte, wie erst jetzt bekannt wurde, mehr als achthundert Kilometer weit im Rücken der Achsentruppen ein tollkühnes Kommandounternehmen durchgeführt. Offenbar haben die britischen Landstreitkräfte Benghasi, den wichtigsten Achsenhafen in Libyen, angegriffen,** dreißig Flugzeuge am Boden zerstört und einen ähnlichen Angriff gegen den Hafen Barce unternommen, während ein zweiter Trupp die Oase Jalo nahm, sie zwei Tage hielt und vor der Rückkehr zum Stützpunkt die Munitionsdepots und anderes Kriegsmaterial zerstörte. Ob diese Kommandounternehmen den Auftakt zu weiteren großangelegten Operationen bilden, läßt sich zum jetzigen Zeitpunkt noch nicht sagen. Bestimmt aber zwingen sie die Deutschen dazu, mehr Truppen zur Sicherung ihrer Verbindungslinien einzusetzen und

* *Das erste Mal, daß Orwell die anderen an der Rußlandfront kämpfenden Truppen erwähnt. Die Behauptung, der durchschnittliche Rumäne sei prorussisch eingestellt, wäre von jedem Einwohner Sewastopols in Frage gestellt worden.*

** *Hierbei handelte es sich um »Operation Snowdrop«, ein von David Stirling kommandiertes Unternehmen des SAS, das ebenfalls nicht gerade ein Erfolg war. Aufgrund lascher Sicherheitsmaßnahmen war den Deutschen der Angriffsplan bis ins kleinste Detail bekannt geworden. Es wurden keine Flugzeuge zerstört, und der Angriffsverband erlitt schwere Verluste. Der Angriff auf Barce, »Operation Hyacinth«, wurde von der Long Range Desert Group durchgeführt und brachte einige Ergebnisse. Hier wurden auch die erwähnten Flugzeuge zerstört. Jalo, der vorgesehene erste Sammelpunkt auf der Rückzugslinie, wurde dagegen niemals eingenommen, und die aus Benghasi kommenden Truppen schlossen sich lediglich den Rückzugsgefechten an.*

so ihre Hauptstreitmacht zu schwächen. Kürzlich eingegangene Meldungen lassen darauf schließen, daß der deutsche Oberbefehlshaber in Ägypten bereits begonnen hat, seine Truppen umzugruppieren.

Auf den Salomonen sind die japanischen Bemühungen, den Hafen und den Flugplatz der Insel Guadalcanal zurückzuerobern, erfolglos geblieben. Verschiedentlich wurde gemeldet, daß sich starke japanische Verbände den Inseln nähern, und in der vergangenen Woche kam es zu zwei Gefechten zwischen japanischen Schiffen und amerikanischen Bombenflugzeugen.* Im Augenblick sieht es so aus, als sei der japanische Flottenverband zum Rückzug gezwungen worden. Es gibt jedoch Hinweise darauf, daß die Japaner erneut mit aller Macht versuchen werden, die Salomonen zurückzuerobern, und nach allem, was sie das bereits gekostet hat, dürfen wir annehmen, daß sie die Inseln für so wichtig halten, daß auch schwerste Verluste gerechtfertigt sind. Wahrscheinlich wird also nächste Woche über weitere Gefechte aus diesem Gebiet zu berichten sein. Auf der Insel Neuguinea ist der japanische Vormarsch auf Port Moresby zum Stehen gebracht worden. Die japanischen Truppen, die in der Milne Bay an der Ostspitze der Insel gelandet sind, wurden mittlerweile vollständig aufgerieben.**

In den vergangenen Wochen gelang es mehreren renommierten Politikern, aus Frankreich zu fliehen und sich nach England durchzuschlagen. Das ist aus zwei Gründen sehr wichtig. Erstens deutet es darauf hin, daß es dem Marionettenregime von Vichy fast völlig an Unterstützung im Volk fehlt, und zweitens gewinnen wir über diese Emigranten aktuelle Informationen aus erster Hand über die inneren Verhältnisse sowohl im besetzten als auch im nichtbesetzten Frankreich. Daß der Groll gegen die deutsche Besatzung immer stärker wird, dafür liefern die Deutschen selbst schon eindeutige Beweise. So gaben sie beispielsweise erst neulich bekannt, sie hätten allein in der Stadt Paris nicht weniger als 160 Menschen*** hingerichtet. Überall im besetzten Europa wiederholt sich die gleiche Geschichte von Vergeltungsmaßnahmen und Hinrichtungen, zu schweigen von Gebieten wie Jugoslawien, wo praktisch offener Bür-

* *Die US-Navy hatte bekanntgegeben, sie habe am 24. September bei der Insel Shortland Treffer auf drei Versorgungsschiffe erzielt sowie nicht näher bezeichnete Angriffe durchgeführt.*

** *Die japanische Landung in der Milne Bay war am 29. August im Schutze der Dunkelheit erfolgt. General MacArthur hatte bereits am 31. August, also einige Wochen vor Orwells Hinweis darauf, bekanntgegeben, daß die Landungstruppe von australischen Kräften unter Generalmajor C. A. Clowes zurückgeschlagen worden war. Möglicherweise erreichte die vollständige Pressemitteilung das Informationsministerium mit Verspätung.*

*** *Tatsächlich 116, fraglos ein Schreibfehler bei der Transkription der Abhörerberichte. Die Hinrichtungen wurden am 18. September von General von Stülpnagel bekanntgegeben und als Vergeltungsmaßnahme für die Ermordung französischer Zivilisten durch die Résistance bezeichnet.*

gerkrieg herrscht. Die Emigranten aus Frankreich hingegen berichten von der Bildung eines neuen politischen Bündnisses zwischen allen patriotischen Bevölkerungsteilen in den besetzten Gebieten. Politische Parteien, die sich bislang als Todfeinde betrachteten, sind sich mittlerweile völlig einig in ihrem Widerstand gegen die Invasoren. Die renommierteste politische Figur, die in den letzten Wochen in England eintraf, ist Monsieur André Philip, der französische Sozialist. Ihm folgten noch mehrere andere Sozialisten, vor kurzem allerdings auch Monsieur Charles Vallin, zuvor eine der führenden Gestalten des Croix de Feu – einer französischen Faschistenorganisation. Diese Faschistenpartei trat zunächst natürlich für eine Zusammenarbeit mit den deutschen Besatzern ein. Mittlerweile aber sind die Grausamkeiten und Repressalien der deutschen Herrschaft offenbar so unerträglich geworden,* daß allmählich sogar einige der französischen Faschisten aufbegehren und sich mit den Parteien der Linken zusammentun. Monsieur Vallin ist nach England gekommen, um an der Organisation des gemeinsamen Widerstandes mitzuwirken. Der gesamte Widerstand in den besetzten Ländern muß natürlich heimlich vonstatten gehen, aber die Deutschen sind nicht imstande, ihn zu verhindern, wie sie auch das Erscheinen von Untergrundzeitungen nicht verhindern können, die in großer Zahl, manchmal sogar in einer Auflage von mehreren tausend Stück, in Frankreich und überall in Westeuropa herauskommen.

In dieser Woche wurde bekanntgegeben, daß erneut ein großer Geleitzug der Alliierten mit Kriegsmaterial sicher in nördlichen russischen Häfen eingetroffen ist. Zwar gab es unterwegs einige Verluste, aber die große Mehrheit der Schiffe kam durch, und von den Begleitschiffen ging lediglich ein Zerstörer verloren. Die Deutschen verloren neben mehreren U-Booten mindestens zehn Flugzeuge. Von allen Routen, über die die russischen Armeen im Norden mit Kriegsmaterial beliefert werden, ist diese die gefährlichste, denn die Geleitzüge müssen an der norwegischen Küste entlangfahren, wo sie den ganzen Weg über von landgestützten Flugzeugen angegriffen und beobachtet werden können. Trotzdem gelangt über diese Route auch weiterhin ständig Versorgungsmaterial zu unseren russischen Verbündeten, und die erfolgreiche Verteidigung von Leningrad ist zum Teil sicher auch auf dieses Material zurückzuführen.

* *Aus irgendeinem Grund erwähnt Orwell hier nicht den eigentlichen Anlaß für die rasch zunehmende und in der gesamten Bevölkerung Frankreichs verbreitete Empörung, nämlich die Behandlung der Juden. Im besetzten Gebiet erhoben die katholischen Kardinäle und Bischöfe gemeinsam Protest, und in Vichy-Frankreich kam es wegen der Frage zu einem schweren Zerwürfnis zwischen dem katholischen Klerus und der Vichy-Regierung: mehrere Jesuiten waren festgenommen worden, weil sie sich weigerten, jüdische Kinder auszuliefern, die ihrer Obhut anvertraut worden waren. Viele, die sich bisher mit der Anwesenheit der Deutschen abgefunden hatten, teilten diese Gefühle.*

Britische Truppen haben Antananarivo, die Hauptstadt von Madagaskar, besetzt. Bei ihrem Einmarsch wurden sie von allen Teilen der Bevölkerung mit Jubel begrüßt, und die Verwaltung funktioniert reibungslos. Der Vichy-Gouverneur ist geflohen und bekundet die Absicht, weiter Widerstand zu leisten,* aber es ist offensichtlich, daß die ohnehin geringe Gegenwehr der französischen Garnison der Insel zum Erliegen gekommen ist.

3. Oktober 1942

Die Schlacht um Stalingrad dauert an. Seit letzter Woche haben die Deutschen bei ihren direkten Angriffen auf die Stadt geringe Fortschritte gemacht, und es sind nach wie vor heftige Häuserkämpfe im Gange. Inzwischen haben die Russen im Nordwesten von Stalingrad einen Gegenangriff eingeleitet, der Fortschritte macht und sicherlich zur Folge hat, daß einige deutsche Reserven gebunden werden.

Ob Stalingrad sich halten kann, ist immer noch ungewiß. Kürzlich durfte der berüchtigte Ribbentrop, ehedem Botschafter in England und Unterzeichner des deutsch-sowjetischen Nichtangriffspaktes, in einer Rede erklären, Stalingrad werde bald in deutscher Hand sein.** Die gleiche prahlerische Ankündigung machte Hitler in seiner am 10. September ausgestrahlten Rede. Ansonsten freilich ist aus deutschen Verlautbarungen ein deutlich pessimistischer Ton herauszuhören, und es wird ständig hervorgehoben, daß das deutsche Volk sich auf einen harten Winter und eine unbestimmte Fortdauer des Krieges einrichten muß.

In diesem Zusammenhang ist ein Bericht von großem Interesse, den die »Times«*** kürzlich von einem Bürger eines neutralen Landes bekam, der gerade aus Deutschland gekommen war und sich auch in den besetzten Gebietes Rußlands aufgehalten hatte. Das Bild, das er malt, sieht etwa folgendermaßen aus: Die Deutschen halten mittlerweile riesige Gebiete besetzt, in denen es fast alles gibt, was sie an Nahrungsmitteln und Rohstoffen brauchen, aber sie sind kaum in der Lage, sie auszubeuten, weil sie bis heute nicht imstande sind, die unterworfenen Völker zur Zusammenarbeit zu bewegen.

* *Annet hatte sich nach Fort Dauphin zurückgezogen.*

** *Die genannte Rede wurde am 27. September zum japanisch-deutsch-italienischen Beistandspakt gehalten.*

*** *Vom 30. September.*

Der Besucher beschreibt aus eigener Anschauung Bauernhöfe in der Ukraine, die von deutschen Arbeiterkolonnen bewirtschaftet werden, darunter auch Jungen von gerade vierzehn Jahren. Offenbar haben die Deutschen ihre frühere Absicht, in den besetzten Gebieten Rußlands Marionettenregimes einzusetzen, aufgegeben. Eine von ihnen eingesetzte Quisling-Regierung könnte sich in der Bevölkerung unmöglich Autorität verschaffen, weshalb sie auf Militärherrschaft zurückgreifen müssen. Zum inneren Zustand Deutschlands meinte der Besucher, die Moral der deutschen Wehrmacht sei nach wie vor gut und das Volk nach wie vor zu großen Opfern bereit, aber es sei ein großer Vertrauensschwund zu verzeichnen. Daß der Rußlandfeldzug keinen entscheidenden Erfolg brachte, hat alle Erwartungen enttäuscht, desgleichen die Tatsache, daß es dem deutschen Afrikakorps nicht gelang, Ägypten zu überrennen und den Suezkanal zu erobern. Zugleich machen die Angriffe der RAF das Leben in Deutschland immer unerträglicher, und man geht allgemein davon aus, daß sie nur ein Vorgeschmack dessen sind, was zu erwarten steht, wenn die britische und amerikanische Luftwaffe ihre volle Stärke erreicht haben. Zur Bestätigung der Äußerungen dieses neutralen Beobachters können wir anmerken, daß die deutsche Propaganda sich in den letzten Monaten immer mehr darauf konzentriert, die deutsche Bevölkerung mit Schauergeschichten darüber zu erschrecken, was ihr im Falle einer Niederlage angeblich blüht.* Die alten Märchen von der jüdischen Weltverschwörung werden wieder bemüht, und man erzählt den Deutschen, sie hätten im Falle einer Niederlage nichts als Sklaverei zu erwarten. Das ist natürlich eine Lüge, aber daß die deutsche Regierung sich überhaupt zu dieser Lüge veranlaßt sieht, ist überaus bezeichnend. Denn noch vor zwei Jahren, ja noch vor einem Jahr wurde die Möglichkeit einer Niederlage nicht einmal ins Auge gefaßt. Damals hieß es im Runfunk nicht: »Was wird uns blühen, wenn wir verlieren?«, sondern »Was werden wir tun, wenn wir gewonnen haben?«

Allgemein weist die derzeitige Lage deutliche Parallelen zur Lage im Jahre 1918 auf. Damals hatten die Deutschen weitgehend dieselben Gebiete erobert wie heute; zwar hatten sie weder Frankreich noch Norwegen in ihren Besitz gebracht und auch nicht Italien auf ihrer Seite, aber dafür konnten sie auf die

* *Die geläufigste Geschichte lautete, daß deutsche Kinder ihren Eltern weggenommen und ohne Kenntnis ihrer Herkunft in einer ganz und gar undeutschen Umgebung großgezogen würden. Sie ging teils auf Berichte der neutralen Presse, teils aber auch auf den berühmten Fall von über 5000 spanischen Kindern zurück, die am Ende des Spanischen Bürgerkrieges nach Rußland gebracht worden waren. Sendungen über die spanische Blaue Division, die an der Rußlandfront kämpfte, nannten als einen der Hauptgründe für ihren Einsatz das Schicksal dieser Kinder, von denen einige, wie man festgestellt hatte, in den Reihen der Russen kämpften. Den Deutschen war wohl auch noch in frischer Erinnerung, welches Schicksal sie selbst den Kindern von Lidice bereitet hatten. Die anderen Geschichten, die Orwell nennt, waren ständig im Umlauf, wie ein Blick in die Reden Hitlers und anderer zeigt.*

gewaltigen Ressourcen des Türkischen Reiches zurückgreifen, das sich bis an die Grenzen Ägyptens erstreckte. Damals wie heute aber waren sie nicht imstande, die eroberten Gebiete in ein gewinnbringendes Unternehmen* zu verwandeln, und zwar aus genau den gleichen Gründen: weil das Verhalten der Besatzer solchen Haß erzeugte, daß die unterdrückte Bevölkerung sich nicht zur Arbeit bewegen ließ. In der Ukraine ließen die Bauern das Land entweder brachliegen, oder sie versteckten ihr Getreide, und der Versuch, einen Quisling einzusetzen, schlug kläglich fehl. Ganz ähnlich waren auch die Reaktionen der heimischen Bevölkerung. Sie hatte viele Siege erlebt, und doch rückte der Endsieg offenbar niemals näher. Derweil stieg die Zahl der Opfer in die Millionen, und die Ernährungslage verschlimmerte sich ständig. Wie alle Welt weiß, brach die deutsche Armee im Spätsommer 1918 plötzlich zusammen, nur wenige Monate, nachdem sie einen ihrer vermeintlich größten Siege errungen hatte. Wir sagen nicht, daß es zu einem ähnlichen Zusammenbruch kommen wird, ehe die Deutschen zu Lande eine entscheidende Niederlage erlitten haben, aber wir möchten doch darauf hinweisen, wie sich die allgemeine Lage vom deutschen Standpunkt aus verschlechtert hat und wie bedenklich es dem vernünftig denkenden Durchschnittsdeutschen vorkommen muß, die Wiederholung von Ereignissen mitzuerleben, die schon einmal zur Katastrophe führten.

Von den anderen Fronten gibt es nicht viel zu berichten. Die wichtigste Nachricht dieser Woche ist, daß die australischen Streitkräfte auf Neuguinea eine kleinere Offensive gestartet und einige Fortschritte erzielt haben. Sie haben die Japaner bereits vom Hauptkamm des Gebirges gedrängt, das die Insel der Länge nach teilt,** und nach neuesten Meldungen setzen sie ihren Vormarsch fort. Der Erfolg des australischen Angriffs verdankt sich offenbar hauptsächlich der Luftüberlegenheit. Man darf allerdings nicht vergessen, daß es sich insgesamt um eine Operation kleineren Umfangs handelt; noch läßt sich nicht sagen, ob sie zu entscheidenden Ergebnissen führen wird. Die Japaner behaupten, sie hätten einige weitere kleine Inseln zwischen Neuguinea und dem australischen Festland besetzt. Diese Behauptung wurde von alliierten Quellen noch nicht bestätigt und sollte mit Vorsicht aufgenommen werden. Solange Port Moresby in den Händen der Alliierten bleibt, werden die Japaner wohl keinen ernsthaften Angriff auf das australische Festland unter-

* *Ein merkwürdiger Ausdruck, den Orwell hier benutzt; wahrscheinlich will er damit seine Gegenspieler auf der Seite der Achsenmächte ärgern, die das Gewinnstreben und die von ihnen so genannten »Plutokraten« verachteten.*

** *Der australische Angriff wurde am 28. September eingeleitet; tags darauf hatten die Truppen den Kamm des Ioribaiwa besetzt und rückten weiter vor.*

nehmen, und sie werden wahrscheinlich auch nicht auf Inseln in isolierter Lage landen, die schweren Angriffen aus der Luft ausgesetzt wären.

In den vergangenen achtundvierzig Stunden haben die Briten in Ägypten einen erfolgreichen Angriff eingeleitet, mit dem sie eine kleine Frontausbuchtung begradigten und den Feind mehrere Kilometer weit zurücktrieben.* Wahrscheinlich dauern die Kämpfe in diesem Moment noch an. Offenbar handelt es sich nur um eine örtlich begrenzte Aktion, von der man nicht zuviel erwarten sollte. Nächste Woche können wir vielleicht ausführlicher darüber berichten.

Die Lage der Deutschen in Ägypten hat sich durch die erfolgreichen Angriffe alliierter Flugzeuge und U-Boote auf ihre Nachschublinien vermutlich sehr verschlechtert. Kürzlich wurde bekannt,** daß allein die Flugzeuge der RAF in den vergangenen vier bis fünf Monaten mehr als 60 000 Registertonnen Schiffsraum der Achsenmächte versenkt haben. Hinzu kommen die Treffer der alliierten U-Boote; sie haben in der vergangenen Woche in diesem Gebiet fünf Versorgungsschiffe der Achse versenkt. Diese alliierten Erfolge bewirken, daß die Deutschen den Hafen Tobruk nicht wirkungsvoll nutzen können und ihren Nachschub deshalb über den vergleichsweise kurzen Seeweg von Sizilien nach Benghasi heranführen, was erhebliche Verzögerungen verursacht und die Deutschen zwingt, ihre Truppen über eine dünne Nachschublinie zu versorgen, die an der Küste entlangläuft, wo sie ständigen Bombenangriffen ausgesetzt ist.

Am 30. September wurde Hitlers jüngste Rede ausgestrahlt.*** Obwohl sie zum größten Teil aus wilden Prahlereien und Drohungen bestand, bildete sie doch einen überraschenden Gegensatz zu den Reden vor einem Jahr. Da war nichts mehr von den Verheißungen eines baldigen Sieges, nichts mehr von den vor über einem Jahr aufgestellten Behauptungen, man habe die russischen Armeen vernichtet. Statt dessen wurde nur noch betont, daß Deutschland einen langen Krieg aushalten könne. Hier als Beispiel einige frühere Erklärungen Hitlers im Rundfunk: Am 3. September 1941: »Rußland ist bereits gebrochen und wird sich nie wieder erheben.« Am 3. Oktober 1941: »Die Russen haben mindestens acht bis zehn Millionen Mann verloren. Keine Armee kann solche Verluste verkraften.« Gleichzeitig prahlte er damit, daß der Fall von Moskau unmittelbar bevorstehe. Das war vor einem Jahr. Und nun, am

* *Der Angriff fand am 30. September statt und wurde von der 131. Brigade der 44. Division unter Generalleutnant Brian Horrocks durchgeführt. Er war kein voller Erfolg und wurde einen Tag später abgebrochen, wobei man wichtige Lehren für die spätere Schlacht von El Alamein zog.*

** *Orwells Quelle für diese Zahlen war nicht zu ermitteln.*

*** *Es handelt sich um Hitlers Rede im Sportpalast.*

30. September, blieb Hitler am Ende seiner Rede nur noch die prahlerische Behauptung: »Wir werden unter keinen Umständen jemals kapitulieren.« Seltsam, wenn man zurückblickt und bedenkt, daß die Deutschen noch vor gar nicht allzu langer Zeit erklärten, nicht daß sie niemals kapitulieren, sondern daß sie alle anderen zur Kapitulation zwingen würden. Hitler erging sich außerdem in Drohungen gegen Saboteure, ein stillschweigendes Eingeständnis, daß auf die Heimatfront nicht mehr hundertprozentig Verlaß ist.

Monsieur Herriot, ehedem Präsident der Französischen Republik, wurde wegen seines mutigen Widerstandes gegen die Politik der »Zusammenarbeit« mit den deutschen Besatzern von den Vichy-Behörden verhaftet.* Die Verhaftung eines derart beliebten und hochgeachteten Mannes ist nur ein weiterer Beweis für das politische Scheitern des Vichy-Regimes und für die Verachtung und den Haß, die alle anständigen Franzosen der kleinen Clique sogenannter Kollaborateure entgegenbringen.

10. Oktober 1942

Stalingrad hält weiter aus, und es gibt sogar einigen Grund zu der Annahme, daß die Deutschen möglicherweise die Hoffnung aufgegeben haben, die Stadt jemals zu erobern. Sowohl Hitler als auch Ribbentrop haben in ihren jüngsten Reden den Eindruck erweckt, Stalingrad stehe kurz vor dem Fall, doch das deutsche Oberkommando hat kürzlich eine Erklärung des Sinnes abgegeben, daß man vorläufig auf direkte Angriffe verzichten und statt dessen versuchen werde, die Stadt durch Artilleriebeschuß zu zermürben.** Das könnte entweder heißen, daß die Deutschen glauben, sie könnten die verbliebenen Verteidiger mit Hilfe der schweren Artillerie, die schon Sewastopol zermürbte, aus Stalingrad herausschießen, oder aber, daß sie die Hoffnung aufgegeben haben, die Wolga an dieser Stelle überschreiten zu können, und sich deshalb nach Kräften bemühen, gegenüber der heimischen Bevölkerung das Gesicht zu wahren.

* *Herriot war Präsident der Abgeordnetenkammer, wurde jedoch entlassen, als das Amt am 26. August per Dekret von Pétain und Laval abgeschafft wurde. Er wurde am 2. Oktober verhaftet und unter Hausarrest gestellt.*

** *Diese Erklärung findet sich nicht in den Berichten der Abhörer; allerdings erscheint in einer Sendung für Spanien ein Verweis darauf, den Orwell durchaus gesehen haben könnte, da er in der Zusammenfassung der weltweiten Rundfunksendungen unmittelbar vor dem Teil steht, der sich mit den Sendungen der Achse für Indien beschäftigt.*

Die Schlacht um Stalingrad dauert nun schon fast zwei Monate und hat die Deutschen bestimmt einige zehntausend Mann gekostet, ohne daß dem ein entsprechender Gewinn gegenüberstände. Wir haben jetzt Anfang Oktober und können daher sagen, daß der deutsche Feldzug trotz großer Gebietsgewinne auch dann, wenn Stalingrad noch fallen sollte, sein Ziel nicht ganz erreicht, sondern es vielmehr ebenso knapp verfehlt hat wie schon der Feldzug von 1941. Wir können sicher sein, daß die Deutschen sich zum Ziel gesetzt hatten, dieses Jahr das Kaspische Meer zu erreichen und den Kaukasus zu überqueren, wodurch Deutschlands Ölprobleme vergleichsweise einfach zu lösen gewesen wären. Jetzt können wir getrost sagen, daß die Deutschen dieses Programm nicht mehr werden bewältigen können; außerdem hat die lange Verteidigung von Stalingrad den russischen Armeen im Norden Zeit gegeben, sich zu verstärken und mit frischem Nachschub zu versehen. Selbst wenn die Deutschen Stalingrad einnehmen, die Wolga überschreiten und so die russische Front praktisch in zwei Hälften zerschneiden sollten, würde das, anders als noch vor zwei Monaten, die Kampfkraft der russischen Armeen wohl nicht schwächen. Daraus können wir schließen, daß der deutsche Traum, die Russen bis hinter den Ural zurückzutreiben und ihnen nur noch die Möglichkeit des Partisanenkrieges zu lassen, Makulatur ist.

Vergangene Woche haben wir die Hitler-Rede erwähnt, in der ein deutlich anderer Ton vorherrschte als noch vor ein, zwei Jahren in seinen Jubelreden. Ihr folgte nun eine ganz ähnliche Rede von Göring,* und aus ihr und anderen Hinweisen läßt sich wohl der neue Schlachtplan ableiten, der den Deutschen durch die fehlgeschlagene Eroberung Englands und Rußlands aufgezwungen wurde.

Sowohl Göring als auch Hitler verzichteten auf frühere Behauptungen, man habe die Sowjetarmeen ein für allemal vernichtet. Sie behaupteten lediglich, man habe die Russen weit genug zurückgetrieben, um eine Invasion Europas zu verhindern, und verbreiteten sich zugleich über den Reichtum der von ihnen eroberten Gebiete. Beide erklärten, Deutschland sei zu einem langen Krieg bereit, und Göring ließ in seiner Rede keinen Zweifel daran, daß Deutschland nunmehr vorhat, Europa auszuplündern, um die deutsche Kriegsmaschine in Gang zu halten. Er sagte, die britische Blockade habe keine Auswirkungen auf Deutschland, da Deutschland ganz Europa zu seiner Verfügung habe, und er fügte mit brutaler Offenheit hinzu, daß es, wenn in Europa

* *Die Rede zum Erntedankfest, die Göring am 4. Oktober vor einer Versammlung deutscher Landarbeiter und ihrer Familien hielt.*

jemand hungern werde, jedenfalls nicht die Deutschen sein würden. Wir sehen also, daß es vorbei ist mit den noch vor einem Jahr zu hörenden Sonntagsreden von der Neuen Ordnung und einem von britischem und amerikanischem Einfluß freien Europa, das unter deutscher Führung seinen Lebensstandard anhebt. Statt dessen geben sich die Deutschen ganz ungeschminkt als Nation von Sklavenhaltern* zu erkennen, die die anderen Völker unter der Knute halten und sie ihrer Nahrungsmittel und anderer Güter berauben, um den Angriffen der Vereinten Nationen standhalten zu können. Das ist eine wichtige Entwicklung, denn es bedeutet, daß die Deutschen mehr oder weniger die Gelegenheit verschenken, sich in den von ihnen eroberten Ländern die Loyalität der Bevölkerung zu sichern. Durchaus möglich, daß diese Reden den Auftakt zu einer Art Friedensangebot bilden, in dem die Deutschen behaupten, sie hätten keinerlei Gebietsansprüche mehr und der Krieg habe folglich jeden Sinn verloren. Ähnliche Reden, die kürzlich aus Tokio zu hören waren, lassen darauf schließen, daß die Japaner möglicherweise die gleiche Strategie ins Auge fassen. Die Vereinten Nationen werden sich jedoch kaum täuschen lassen; die Möglichkeit eines vorzeitigen Friedens, der es den faschistischen Mächten erlauben würde, ihre Aggressionen nach ein, zwei Jahren zu wiederholen, brauchen wir also nicht in Betracht ziehen.

Auf Neuguinea setzt sich der australische Vormarsch fort und trifft dabei auf wenig Widerstand; trotzdem geht er wegen des schwierigen Geländes zwangsläufig langsam vonstatten. Die Alliierten besitzen in diesem Gebiet nach wie vor die Luftüberlegenheit. Der japanische Rückzug von den Positionen, die sie kurz vor Port Moresby erreicht hatten, läßt mehrere Interpretationen zu, und wir möchten in diesem Stadium nichts dazu sagen. Auf der Insel Guadalcanal, wo die Japaner im Schutze der Dunkelheit mehrfach frische Truppen gelandet haben und den von den Amerikanern eroberten Hafen und die Flugplätze zurückzugewinnen versuchen, sind immer noch schwere Gefechte im Gange. Weiter nördlich, bei einer ebenfalls zur Gruppe der Salomonen gehörenden Insel, haben amerikanische Flugzeuge erneut einen erfolgreichen Angriff geflogen und mehrere japanische Kriegsschiffe beschädigt.

Die Amerikaner haben weitere Inseln in der Gruppe der Aleuten besetzt und errichten dort Flugplätze. Das hat zur Folge, daß die in japanischer Hand befindliche Insel Kiska bereits von landgestützten amerikanischen Flug-

* *Eine Anspielung auf einen Teil von Görings Rede, wo es heißt, in Deutschland befänden sich 6 Millionen Fremdarbeiter und 5 Millionen Kriegsgefangene, die allesamt ernährt werden müßten.*

zeugen bombardiert wird.* Soweit durch Luftaufklärung feststellbar, haben die Japaner mittlerweile die anderen Aleuten-Inseln, die sie besetzt hatten, geräumt und halten nur noch an Kiska fest.

Die britischen Bombenangriffe auf Deutschland gehen weiter. Nun da die Nächte länger sind, können die Bomber weiter nach Osten fliegen, und so wurden in den vergangenen ein, zwei Wochen mehrfach Ziele im Ostseegebiet bombardiert. Mittlerweile nehmen immer mehr amerikanische Flugzeuge an den Angriffen der RAF teil. Gestern wurde in Nordfrankreich der größte Tagangriff des Krieges geflogen. Etwa 600 alliierte Flugzeuge nahmen daran teil, und nur vier kehrten nicht zurück. Man kann das mit dem größten Tagangriff der Deutschen am 15. September 1940 vergleichen, als 500 bis 600 deutsche Flugzeuge über England auftauchten und 185 abgeschossen wurden.

Auch im besetzten Norwegen gab es erfolgreiche Angriffe auf deutsche Stützpunkte. Dabei hat auf britischer Seite ein neuer leichter Bomber, der Mosquito, eine hervorragende Rolle gespielt. Noch sind genaue Einzelheiten über den Mosquito nicht zur Veröffentlichung freigegeben worden, aber es handelt sich offenbar um ein sehr leichtes und sehr schnelles Bombenflugzeug, das besonders für Tagangriffe geeignet ist. Wahrscheinlich werden wir später Näheres darüber berichten können.

Die Regierungen Großbritanniens und der Vereinigten Staaten haben kürzlich angekündigt,** daß sie auf sämtliche exterritorialen Rechte in China verzichten. Dies gilt für das freie China sofort, und für ganz China nach dem Kriege. Seit ungefähr hundert Jahren besitzen verschiedene europäische Staaten Konzessionen in Schanghai, Tientsin und anderen chinesischen Städten; sie unterliegen dort nicht chinesischem Recht, dürfen außerdem eigene Truppen in China stationieren und genießen noch einige andere Privilegien. Aufgrund einer Vereinbarung zwischen der britischen, der amerikanischen und der chinesischen Regierung hat es damit nun ein Ende. Dieser Schritt demonstriert nicht nur das gegenseitige Vertrauen und die Freundschaft zwischen China und den übrigen Vereinten Nationen, sondern markiert auch die endgültige Entwicklung Chinas zu einem modernen Staat, der gleichberechtigt

* *In Meldungen, die London am 5. Oktober erreichten, hieß es, der erste dieser Angriffe habe vom 1. auf den 2. Oktober stattgefunden. Bei den Inseln, von denen Orwell im folgenden spricht, handelt es sich um die Andreanof-Gruppe.*

** *Die Ankündigung erfolgte in Form von Noten, die dem chinesischen Geschäftsträger in London bzw. Washington übergeben wurden; darin erklärten Großbritannien und Amerika die Absicht, der chinesischen Regierung in nicht allzu ferner Zukunft einen entsprechenden Vertragsvorschlag zu unterbreiten.*

neben den westlichen Mächten steht. Er ist ein passender Beitrag zum heutigen Jahrestag der chinesischen Revolution.*

Gestern wurde bekanntgegeben, daß Abessinien sich voll und ganz auf die Seite der Vereinten Nationen stellt.** Abessinien wurde als erstes Land von der faschistischen Aggression überwältigt und auch als erstes Land befreit. Die Abessinier sind nunmehr bereit, ihre militärischen und wirtschaftlichen Ressourcen denen zur Verfügung zu stellen, die ihnen halfen. An diesen beiden Ereignissen erkennen wir, daß der weltweite Kampf der freien Völker gegen die Aggression stetig zunimmt.

17. Oktober 1942

Nach mehrtägiger Pause haben die Deutschen ihre Angriffe auf Stalingrad wieder aufgenommen und dabei offenbar einige Fortschritte gemacht. Anscheinend ist dem deutschen Oberkommando klargeworden, daß die Stadt im direkten Infanterieangriff nicht zu nehmen ist, und man hat abgewartet, bis zur Artillerievorbereitung mehr Geschütze und außerdem Sturzkampfbomber herangeführt werden konnten. Offensichtlich setzen die Deutschen nunmehr die überschweren Geschütze ein, die sie schon bei der Eroberung von Sewastopol verwendeten. Solche Artillerie hat noch schlimmere Wirkungen als Angriffe aus der Luft, und den heldenhaften Verteidigern von Stalingrad steht möglicherweise eine noch schrecklichere Prüfung bevor, als sie schon in den vergangenen zwei Monaten durchgemacht haben. Andererseits sollte man auf zwei Tatsachen hinweisen, die ein gewisses Maß an Optimismus rechtfertigen. Erstens befinden sich die russischen Verteidiger von Stalingrad in einer sehr viel besseren Lage als die von Sewastopol, denn sie haben nicht das Meer im Rücken und können recht einfach mit Nachschub versorgt und verstärkt werden. Und zweitens ist es, wie schon der letzte Krieg gezeigt hat, auch bei dichtester Massierung von Artillerie schwer, Verteidiger aus ihren Stellungen zu werfen, wenn sie, wie in diesem Fall die Russen, Zeit hatten, ihre Positionen gründlich zu befestigen. Stalingrad kann zwar noch fallen, aber mit der Änderung ihres Planes so spät im Jahr gestehen die Deutschen ein, daß sie zumindest teilweise gescheitert sind.

* *Die Achsenpropaganda bezeichnete die Ankündigung als bedeutungslos und wies darauf hin, daß die Briten den amerikanischen Truppen im Vereinigten Königreich soeben die gleichen Privilegien – eigene Gerichtsbarkeit etc. – eingeräumt hatten, die sie in China aufgaben.*

** *Die Ankündigung erfolgte am 9. Oktober durch Präsident Roosevelt, der den Eingang eines Briefes von Kaiser Haile Selassie bestätigte, in dem der Beitritt zu den Vereinten Nationen beantragt wurde.*

Es häufen sich die Anzeichen dafür, daß die Deutschen mittlerweile nur noch von einem begrenzten Sieg ausgehen. Sie reden von ihrer unüberwindlichen Position an der Atlantikküste und davon, daß Europa bei entsprechender Organisation der Nahrungsmittel- und Rohstoffversorgung unabhängig werden kann. Das Bild, das deutsche Journalisten und Rundfunksprecher von Europa zeichnen, ist das einer riesigen Festung, die in ihren Mauern alles Lebensnotwendige enthält und gegen jeden Angriff von außen gefeit ist. In dieser Festung sind natürlich die Deutschen die Herrenrasse, und die anderen europäischen Völker stehen auf unterschiedlichen Stufen von Knechtschaft. Keine Frage: Hauptziel dieser Wendung in der deutschen Propaganda ist, das deutsche Volk mit der Aussicht auf einen endlosen Krieg vertraut zu machen* und gleichzeitig die Alliierten davon zu überzeugen, daß weitere Angriffe sinnlos sind. Man muß allerdings zugeben, daß das Bild von Europa als riesigem, sich selbst versorgendem Sklavenlager nicht völlig wirklichkeitsfremd ist. Eine solche Ordnung könnte funktionieren, immer vorausgesetzt, sie wird nicht von außen angegriffen und es gibt keinen ernsthaften Widerstand im Inneren. Aber die immer schwerer werdenden Luftangriffe der Briten, die wachsende Stärke der alliierten Armeen und die zunehmende Unzufriedenheit und Sabotageaktivität bei den unterworfenen Völkern lassen darauf schließen, daß diese beiden Erwartungen sich nicht erfüllen. In dieser Woche wurden aus Frankreich, Norwegen und Jugoslawien neue Probleme für die deutschen Besatzer gemeldet. In Jugoslawien dauert der Partisanenkampf an, und sämtliche Versuche, die serbischen patriotischen Kräfte unter General Mihailović** niederzuwerfen, sind fehlgeschlagen. In Norwegen ist die Quisling-Regierung restlos gescheitert, und es wird nicht einmal mehr so getan, als repräsentiere sie den Volkswillen. Und in Frankreich ist der Versuch gescheitert, ein großes Aufgebot Freiwilliger zur Arbeit in Deutschland zusammenzubekommen; die Deutschen forderten 150 000 Mann, und obwohl sie als Bestechungsgeschenk die Freilassung der entsprechenden Zahl von Kriegsgefangenen anboten, meldeten sich nur wenige tausend Leute.*** Inzwischen haben

* *Die von Orwell in »1984« entwickelte Vorstellung von Supermächten, die sich permanent im Zustand des heißen oder kalten Krieges befinden, ist hier bereits deutlich erkennbar.*

** *Orwell bezieht sich hier nicht auf Tito. Welche Position die verschiedenen antideutschen Gruppen in Jugoslawien jeweils vertraten, war damals nicht exakt auszumachen, und auch die Jahre danach konnten nicht wesentlich mehr Licht in diese Frage bringen. So wurde behauptet, daß Mihailović auch die Unterstützung der Italiener akzeptierte.*

*** *Die im Achsenrundfunk genannten Zahlen lagen wesentlich höher. Aus deutscher Sicht war ein solcher Austausch äußerst vorteilhaft, denn er ersetzte Kriegsgefangene durch Leute, die für ihr Essen arbeiteten; außerdem wurde damit, daß voll ausgebildete französische Soldaten in ihre Heimatgemeinden entlassen wurden, Vertrauen in die »Neue Ordnung« Europas demonstriert.*

die unterdrückten Völker Europas restlos begriffen, wie hohl die sogenannte »Neue Ordnung« ist; die Deutschen mögen zwar noch Millionen von Menschen wie Sklaven halten, aber sie haben wahrscheinlich jede Möglichkeit verspielt, sich deren bereitwillige Mitarbeit zu sichern.

Wie wir bereits voraussagten, unternehmen die Japaner entschlossene Anstrengungen, die von den Amerikanern besetzten Inseln der Salomonen-Gruppe zurückzuerobern. Sie richten ihre Angriffe insbesondere gegen Guadalcanal, wo die Amerikaner einen Hafen und einen Flugplatz halten, von dem aus sie den japanischen Schiffsverkehr mit landgestützten Flugzeugen attackieren können. In der vergangenen Woche haben die Japaner auf der Südseite von Guadalcanal im Schutze der Dunkelheit verschiedene Truppenkontingente gelandet. Vor vier Tagen versuchten sie ein großangelegtes Landungsunternehmen und trugen in einem Seegefecht sehr schwere Verluste davon.* Ein japanischer Kreuzer und vier Zerstörer wurden versenkt. Darüber hinaus wurden mehrere Kriegsschiffe beschädigt; die Vereinigten Staaten verloren lediglich einen Zerstörer. Tags darauf wurde die Versenkung eines weiteren japanischen Kreuzers durch U-Bootbeschuß gemeldet. Seither sind die Japaner allerdings erneut gelandet, und es ist ihnen offenbar gelungen, Artillerie an Land zu bringen. Die von den Amerikanern gehaltenen Flugplätze sind schweren Angriffen von Land und See her ausgesetzt. Die Amerikaner hoffen, ihre Stellungen halten zu können, machen aber keinen Hehl daraus, daß ein harter Kampf bevorsteht. Der australische Vormarsch in Zentralneuguinea dauert immer noch an und trifft schon seit geraumer Zeit auf keinen großen Widerstand mehr. Niemand weiß warum, aber man hält es für möglich, daß die Japaner Truppen aus diesem Gebiet abziehen, um sie auf den Salomonen einzusetzen. Die Amerikaner haben unterdessen zwei weitere kleine Inseln dieser Gruppe besetzt. Solange die Amerikaner dort sind, ist die japanische Position auf Neuguinea, ja ihre gesamte Position im Südpazifik, äußerst gefährdet; wir müssen daher mit weiteren schweren Gefechten in diesem Gebiet rechnen. Die Amerikaner haben außerdem eine weitere Aleuten-Insel besetzt, ohne auf Widerstand zu stoßen.**

Die Deutschen haben ihre schweren Luftangriffe auf Malta erneuert; dort wurden in der vergangenen Woche nicht weniger als 103 deutsche Flugzeuge abgeschossen. Der Grund für die Wiederaufnahme der Angriffe auf Malta ist

* *Auf die Landung war in der Nacht vom 11. auf den 12. Oktober eine Seeschlacht gefolgt, deren Schilderung Orwell unmittelbar der Verlautbarung des US-Marineministeriums entnimmt. Die darauffolgende Landung fand am 15. Oktober statt.*

** *Eine weitere Insel der Andreanof-Gruppe.*

wahrscheinlich darin zu suchen, daß die erfolgreichen Aktionen der RAF und der alliierten U-Boote im östlichen Mittelmeer den Deutschen die Nutzung der Häfen von Tobruk und Benghasi erschweren. Sie sind erneut gezwungen, ihren Nachschub von Italien nach Tripolis zu leiten, und deshalb ist es von ihrem Standpunkt aus erforderlich, Malta nach Möglichkeit auszuschalten. Daß sie dabei Verluste ihrer Luftwaffe in der derzeitigen Größenordnung in Kauf nehmen, deutet darauf hin, daß sie im Augenblick große Verstärkungen nach Afrika bringen oder in Kürze zu bringen beabsichtigen.* Jedenfalls ist in naher Zukunft mit einer Wiederaufnahme der Kämpfe an der Ägyptenfront zu rechnen. In der vergangenen Woche wurden im Mittelmeer drei Versorgungsschiffe der Achsenmächte versenkt und mehrere andere beschädigt.

Neunhundertfünfzig französische Soldaten der Garnison von Madagaskar haben sich General de Gaulle angeschlossen. Wer in Gefangenschaft geriet, wurde vor die Wahl gestellt, sich entweder de Gaulle anzuschließen oder nach Vichy-Frankreich repatriiert zu werden. Für die zweite Alternative entschieden sich nur wenige; die große Mehrheit zog es vor, an der Seite der Alliierten weiterzukämpfen. Das ist ein weiteres Zeichen für die Verachtung und den Haß, die dem Vichy-Regime aus fast allen Bevölkerungsschichten Frankreichs entgegenschlagen.**

Deutsche Propagandisten in Presse und Rundfunk streuen hartnäckig Gerüchte, daß die Briten und Amerikaner im Begriff stünden, Dakar in Französisch-Westafrika anzugreifen. Der Vichy-Rundfunk hat erst kürzlich gemeldet, der Kommandeur der französischen Luftstreitkräfte in Dakar sei, vermutlich bei einem Aufklärungsflug über britischem Territorium, ums Leben gekommen. Man sollte diese Gerüchte nicht völlig ignorieren, denn sie bedeuten wahrscheinlich, daß die Deutschen einen weiteren Vorwand für eine Angriffsaktion gegen Westafrika suchen, auf das sie schon seit Jahren ein Auge geworfen haben.***

* *Im wesentlichen ging es darum, Rommels Truppen mit Treibstoff zu versorgen; deren jüngste Angriffe waren sämtlich wegen Benzinmangels gescheitert.*

** *Als Propagandaargument ist diese Vereinfachung eine der schwächsten Leistungen Orwells. Die Gefechte auf Madagaskar dauerten noch an, und in indischen Zeitungen und Rundfunksendungen der Achsenmächte wurde regelmäßig darüber berichtet; vermutlich sah das indische Publikum also kaum Anzeichen von Verachtung und Haß in der am nächsten gelegenen französischen Kolonie.*

*** *Von den Gerüchten, auf die sich Orwell hier bezieht, findet sich nichts in den Berichten der Abhörer. Da die amerikanische Invasion in Nordwestafrika unmittelbar bevorstand, handelt es sich wahrscheinlich um ein Täuschungsmanöver, das Orwell auf höhere Weisung inszeniert. Die Behauptung, die Deutschen dächten an eine Invasion Französisch-Westafrikas, liegt auf der gleichen Linie wie die angeblich drohende Verwendung Madagaskars als Stützpunkt der Japaner.*

24. Oktober 1942

Die Schlacht um Stalingrad dauert nun schon mehr als zwei Monate, und ihr Ausgang ist nach wie vor ungewiß. In dieser ganzen Zeit sind die Kämpfe immer nur für wenige Tage abgeflaut; zwar sind genaue Zahlen schwer zu erhalten, aber das russische Oberkommando schätzt die deutschen Verluste allein für diese Schlacht auf über eine Viertelmillion Mann. In der vergangenen Woche haben die deutschen Angriffe keine großen Fortschritte gemacht, und die neuesten Meldungen deuten darauf hin, daß die Deutschen offenbar erneut auf direkte Infanterieangriffe verzichten und statt dessen auf Artilleriebeschuß zurückgreifen. Es hat heftig geregnet, und der schwere Boden hat die deutschen Panzer zweifellos gebremst. Von den anderen russischen Fronten gibt es nicht viel zu berichten.

Auf Guadalcanal, einer Insel der Salomonen-Gruppe, haben die Japaner in den vergangenen vier, fünf Tagen keine neuen Angriffe auf den amerikanischen Flugplatz unternommen, aber es ist bekannt, daß sie in diesem Gebiet über starke Flottenverbände verfügen, so daß für die nahe Zukunft mit schweren Gefechten zu rechnen ist. Die Amerikaner haben sich ebenfalls zu Lande und zu Wasser verstärkt, und ihre Kommandeure äußern sich zuversichtlich über den bevorstehenden Kampf, obwohl sie einräumen, daß er sicherlich schwer wird. Im Augenblick handelt es sich im wesentlichen um einen Kampf zwischen Luft- und Seestreitkräften. Die Amerikaner haben die Luftüberlegenheit und sind dadurch im Vorteil, daß sie über den Flugplatz von Guadalcanal verfügen; andererseits haben Stürme und nebliges Wetter die japanischen Kriegsschiffe begünstigt, die auf die Gelegenheit warten, eine weitere japanische Landung zu decken. Neuesten Meldungen zufolge haben amerikanische Fliegende Festungen bei zehn japanischen Kriegsschiffen Treffer erzielt, und man glaubt, daß sie einen Kreuzer und einen Zerstörer versenkt haben. Die Amerikaner haben in der laufenden Woche ihrerseits zwei Zerstörer verloren.* Auf Neuguinea hat sich der alliierte Vormarsch fortgesetzt; wegen des unwegsamen Berg- und Dschungelgeländes, durch das sich unsere Truppen bewegen, geht er allerdings nur langsam vonstatten. Die australischen Truppen stehen mittlerweile kurz vor Kokoda, der letzten Festung der Japaner vor ihren Flotten- und Luftstützpunkten an der Küste von Neuguinea.

Der 21. Oktober war der Jahrestag der Schlacht von Trafalgar. Vor 137 Jah-

** Nach Angaben des US-Marineministeriums handelte es sich bei diesen Schiffen um die USS »Meredith« und die USS »O'Brien«.*

ren hatte diese Schlacht für die napoleonischen Kriege in etwa den gleichen Stellenwert wie die Luftschlacht um England für den gegenwärtigen Krieg. Damals hatte der französische Kaiser Napoleon, ein Mann, der Hitler in vielem ähnelte,* in Boulogne, gegenüber der britischen Küste, ein starkes Invasionsheer zusammengezogen. Hätte er sein Heer über den Kanal bringen können, hätte er England so gut wie sicher erobert, und in diesem Fall hätten die anderen europäischen Staaten aller Wahrscheinlichkeit nach den Kampf eingestellt. Europa wäre einer Militärdiktatur anheimgefallen** und in seiner Entwicklung um viele Jahre zurückgeworfen worden. Allerdings konnte Napoleon sein Heer nur über den Kanal bringen, wenn er zunächst die Seeherrschaft gewann, und die Flotte, mit der er die britische Navy wegzulocken und zu vernichten versuchte, wurde ihrerseits bei Kap Trafalgar an der spanischen Küste völlig vernichtet. Danach bestand praktisch keine Invasionsgefahr mehr, und obwohl es noch zehn Jahre dauerte, den Krieg zu gewinnen, stand immerhin fest, daß Großbritannien sich nicht mit einem Schlag erobern ließ. Genauso brauchten die Deutschen 1940 die Luftherrschaft, um eine Invasion Englands zu versuchen, und mit ihrer Niederlage in einer mehrwöchigen Schlacht, in der sie zwischen zwei- und dreihundert Flugzeuge verloren, war die Invasionsgefahr jedenfalls vorläufig gebannt.

Wir weisen auf den Jahrestag von Trafalgar hin, weil der seestrategische Aspekt des Krieges im Grunde der wichtigste ist, obwohl er am ehesten vernachlässigt wird. Der gesamte Kampf der alliierten Staaten im Fernen Osten, in Australien, in Afrika und sogar in den russischen Steppen hängt letztlich von der Seeherrschaft ab, die es erlaubt, Menschen und Material ungehindert hin und her zu transportieren. Durchaus angemessen also, daß die Admiralität aus Anlaß des Jahrestages von Trafalgar bekanntgab, daß zwei neue Schlachtschiffe der King-George-V-Klasse in Dienst gestellt wurden.*** Diese Schiffe von jeweils 35 000 Tonnen sind so ziemlich das Stärkste, was derzeit auf See zu finden ist. Damit hat Großbritannien seit Kriegsausbruch fünf neue Schlachtschiffe zu Wasser gelassen, von denen eines, die »Prince of Wales«, verlorenging. In fast allen Schiffsklassen ist die britische Marine heute stärker als bei Kriegsausbruch, und in dem langwierigen, mühsamen Kampf gegen die

* *In einer seiner Radiosendungen vergleicht Orwell Hitler außerdem mit Macbeth (s. OWB, S. 160 f.).*

** *In »1984« fällt Europa einer Militärdiktatur anheim, wobei Rußland als die Supermacht Eurasien figuriert.*

*** *Orwell spricht im folgenden von der Zunahme der britischen Stärke seit Kriegsbeginn; interessanterweise wurden von den beiden erwähnten Schiffen die HMS »Anson« schon im Juli 1937 und die HMS »Howe« im Juni 1937 geplant. Die Japaner besaßen demgegenüber zwei Schlachtschiffe von über 70 000 Tonnen.*

U-Boote der Achsenmächte rückt der Sieg allmählich näher. In der vergangenen Woche wurden zudem zwei in diesem Zusammenhang sehr ermutigende Fakten bekannt. Zum einen können Geleitzüge, die den Atlantik überqueren, nunmehr mittels einer Reihe von Patrouillen auf der gesamten Fahrt Deckung aus der Luft bekommen. Zum anderen haben die Briten und Amerikaner, wie der Erste Lord der Admiralität vor wenigen Tagen in einer Erklärung bekanntgab, seit Kriegsausbruch nicht weniger als 530 U-Boote der Achsenmächte versenkt oder beschädigt. Hinzu kommen die U-Boote, die von den Russen versenkt oder beschädigt wurden.* Diese Leistung ist nicht so sehr wegen der vernichteten U-Boote bedeutsam – U-Boote lassen sich ziemlich rasch bauen –, sondern weil ihre Mannschaften aus hochspezialisierten Leuten bestehen, die schwer zu ersetzen sind. Im letzten Krieg nahm der Kampf zur See lange Zeit einen ganz ähnlichen Verlauf: die deutschen U-Boote hatten große Erfolge, und 1917/18 war die Lage der alliierten Schiffahrt eine Zeitlang verzweifelt. Langfristig allerdings wurde die deutsche Seekriegsführung durch den Tod oder die Gefangennahme der besten U-Bootmannschaften geschwächt und erlahmte in den letzten Kriegsmonaten ganz plötzlich, so daß die alliierten Geleitzüge gegen Kriegsende nahezu unbehelligt blieben.

Am 17. Oktober flogen britische Bomber einen sehr schweren Tagangriff gegen die Rüstungsfabrik Schneider im besetzten Frankreich. Nach den Krupp-Werken in Essen ist Schneider wahrscheinlich das größte Rüstungsunternehmen Europas, und es arbeitete bekanntlich unter Hochdruck für die Deutschen. Vierundneunzig britische Bomber der schwersten Kategorie, von denen jeder acht Tonnen Bomben tragen kann, führten den Angriff durch, und nur ein Flugzeug kehrte nicht zurück. Wie man weiß, entstanden ungeheure Schäden. Es ist dies binnen zehn Tagen der zweite große Luftangriff, den die Alliierten bei Tage durchführen. Vor zwei Tagen flogen britische Bomber außerdem einen Angriff auf die Stadt Genua** in Italien. Dazu mußten sie eine Entfernung von 2400 Kilometern zurücklegen und zudem die Alpen überfliegen, die fast so hoch sind wie der Himalaya. Im Augenblick haben die Deutschen den britischen Luftangriffen nur sehr wenig entgegenzusetzen, nämlich einzelne Jäger oder kleine Staffeln, die in Küstennähe Zivilisten unter Beschuß nehmen und sich dann eilends wieder aus dem Staub machen. Ihre

* *Die Bekanntgabe erfolgte am 20. Oktober durch A. V. Alexander, den Ersten Lord der Admiralität. Nicht in den Zahlen enthalten sind ferner die von der französischen Marine vor Juni 1940 versenkten U-Boote.*

** *Dieser von Oberstleutnant L. C. Slee geführte Angriff gilt als größter ohne Jagdschutz geflogener Tagangriff des Krieges. Die Maschinen, Lancaster-Bomber, flogen hin und zurück unter 1000 Fuß. Zur Bedeutung des Angriffs s. Komm. 31. Oktober 1942.*

Bomberflotte ist an der Rußlandfront so beschäftigt, daß es zu mehr nicht reicht, und der Erfolg der britischen und amerikanischen Tagangriffe läßt darauf schließen, daß die Deutschen nicht mehr über genügend Kampfflugzeuge verfügen, um jeden Winkel ihres Territoriums zu bewachen.*

Laval, der französische Quisling, bemüht sich weiter, Franzosen zur Arbeit für Deutschland zu zwingen, allerdings ohne viel Erfolg. Die Deutschen wollen 150 000 Mann und locken mit dem Versprechen, die entsprechende Anzahl von Kriegsgefangenen freizulassen. Trotzdem haben sich, wie man weiß, nicht mehr als höchstens 30 000 Freiwillige gemeldet,** und die Anwerbungsfrist mußte mehrmals verlängert werden. Natürlich hätten die Deutschen die Macht, Zwangsmaßnahmen zu ergreifen, aber das wäre von ihrem Standpunkt aus nicht sehr günstig, denn es hieße, ein für allemal den Anschein aufzugeben, daß die Völker Europas die Neue Ordnung bereitwillig akzeptieren. Fast zur gleichen Zeit hat der sogenannte »Protektor«*** der Tschechoslowakei angekündigt, daß gegen Angehörige in England lebender tschechischer Exilanten Vergeltungsmaßnahmen ergriffen würden; außerdem werde man die 1939 für drei Jahre geschlossenen tschechischen Universitäten nicht wieder öffnen. Zur Begründung gab er an, daß die tschechische Intelligenz sich unversöhnlich gezeigt habe. Man könnte über zahlreiche ähnliche Vorfälle aus anderen Teilen Europas berichten, und sie wiederholen sich wöchentlich. Wenn wir wollten, könnten wir diesen Nachrichtenkommentar jede Woche mit Meldungen von Bürgerkrieg, Unruhen, Sabotage, Streiks und Hinrichtungen im besetzten Europa füllen.° Aber wir greifen lediglich von Zeit zu Zeit

* *Nachdem die ersten Angriffe vorüber waren, kam es zu einer Unterbrechung des deutschen Bombenkrieges, und zwar im wesentlichen aus den von Orwell erwähnten Gründen. Mit dem Einsatz der »V1«, der Flugbombe, änderte sich diese Situation dramatisch.*

** *Orwell wiederholt hier fast wörtlich seine in der Vorwoche gemachte Aussage; zwischen den Propagandisten beider Seiten entbrannte eine Zahlenschlacht um das Thema, die eine Zeitlang andauerte. Das Informationsministerium nannte damals gegenüber der Presse eine Zahl von 18 000; der Vichy-Rundfunk gab bekannt, daß sich 80 000 Mann gemeldet hätten; Orwell bildet seinen eigenen Mittelwert.*

*** *Karl Frank, der Nachfolger Heydrichs, hatte sich über eine Radioansprache von Präsident Beneš aus London ereifert. Am 18. Oktober befahl er, Familienangehörige von Mitgliedern der tschechischen Exilregierung in London ins Konzentrationslager einzuliefern. Die Universitäten waren ursprünglich nach Massakern an Studenten am 17. November 1939 geschlossen worden.*

° *Die Propagandisten der Achsenmächte füllten ihre Sendungen natürlich mit Meldungen von britischen Greueln in Indien; Orwell, der darüber nicht sprechen darf, verweist hier einfach wieder auf die andere Seite und sagt, daß es dort auch nicht besser sei. Damals kam es in Indien zu einer Welle von Terrorakten sogenannter Dacoits (Banditen), wie dies seit unvordenklichen Zeiten bis auf den heutigen Tag immer wieder geschieht und diese Banditen mußten selbstverständlich bekämpft werden. Vor dem Hintergrund des Verhaltens der Kongreßpartei hätten diese Vorkommnisse es Orwell nicht gerade erleichtert, die Ereignisse in Indien zu interpretieren, falls er es hätte versuchen dürfen. Die Behörden allerdings wußten, daß man diese Angriffe der Dacoits in Indien durchaus als das auffaßte, was sie waren.*

ein, zwei Beispiele heraus, um unsere Hörer daran zu erinnern, daß die Neue Ordnung total gescheitert ist und daß den europäischen Völkern die Bösartigkeit des Faschismus immer deutlicher wird.

Am 21. Oktober sprach Feldmarschall Smuts, Präsident der Südafrikanischen Union, in London in einer Sondersitzung beider Häuser des Parlaments. Seine Rede stieß auf großes Interesse und wurde weltweit über Rundfunk und Presse verbreitet.* General Smuts hielt Rückblick auf den Kriegsverlauf bis zum heutigen Tage und gab dabei seiner Hochachtung für die tapferen Völker von Rußland und China Ausdruck, was vom Plenum mit lautem Beifall quittiert wurde. Er sagte ferner, wir dürften niemals das Jahr vergessen, in dem Großbritannien allein kämpfte und dadurch wahrscheinlich die Welt rettete. Er wolle zwar nicht über künftige militärische Operationen reden, doch es sei nun die Zeit gekommen, da die Vereinten Nationen in die Offensive gehen könnten; unsere Stärke, so betonte er, nehme ständig zu, während unsere Feinde allmählich schwächer würden. Nach dem Kriege erwarte er eine stabilere Gesellschaft, in der Armut und politische Unterdrückung abgeschafft sind und internationale Zusammenarbeit verwirklicht wird. General Smuts, der mittlerweile 72 Jahre alt ist, zeichnete sich vor vierzig Jahren im Burenkrieg gegen die Briten aus. Er versöhnte sich später völlig mit England und war 1914–1918 eines der hervorragendsten und einflußreichsten Mitglieder des britischen Kriegskabinetts. Wenige Staatsmänner unserer Zeit genießen in England mehr Respekt. Das Schlußwort zu seiner Rede sprach Mr. Churchill, angekündigt wurde sie von seinem ehemaligen Vorgesetzten David Lloyd George.

31. Oktober 1942

Vor einer Woche haben die alliierten Truppen in Ägypten einen großangelegten Angriff begonnen, und die Kämpfe dauern seither fast ununterbrochen an. Im Anfangsstadium des Angriffs brachen die Alliierten in die feindlichen Positionen ein und machten zahlreiche Gefangene. Die Deutschen traten dann zum Gegenangriff an, und es kam zu einer Reihe von Gefechten zwischen gepanzerten Verbänden; die Geländegewinne konnten

** Eine der relativ wenigen bedeutenden öffentlichen Reden einer führenden Persönlichkeit der Alliierten, im Gegensatz zu dem ununterbrochenen Strom langatmiger Tiraden, die in den Propagandaprogrammen der Achsenmächte eine zentrale Rolle spielten.*

jedoch sämtlich gehalten werden. Heute morgen ging die Meldung ein, daß die Alliierten weiter vorgerückt sind und erneut eine Vielzahl von Gefangenen gemacht haben. Besonders bemerkenswert ist, daß es sich bei den Gefangenen, die im Zuge des zweiten Vormarsches gemacht wurden, größtenteils um Deutsche handelt – ein sicheres Zeichen dafür, daß die Achsenkräfte ihre Stellungen mit aller Macht zu halten versuchen, denn überall, wo schwere Gefechte zu erwarten stehen, werden normalerweise Deutsche und nicht Italiener eingesetzt.

Wir möchten im Augenblick noch keine Voraussage zum Ausgang der Schlacht in Ägypten machen,* aber wir können auf ein, zwei Faktoren hinweisen, die wahrscheinlich dafür maßgebend sind. Zum einen wird jeder Vormarsch im derzeitigen Kampfgebiet wahrscheinlich nur langsam vonstatten gehen. Die Schlacht spielt sich im Augenblick in einem schmalen Streifen zwischen dem Meer und der Kattarasenke ab, einem Sumpfgebiet, in dem keine Panzer operieren können. Infolgedessen ist ein Vormarsch nur durch direkten Frontalangriff möglich, und das braucht Zeit, denn es bedeutet die Erstürmung einer Reihe stark befestigter Stellungen und die sorgfältige Räumung von Minenfeldern, ohne die ein Vorrücken von Panzern nicht möglich ist. Bei dieser Form des Kampfes ist daher ein Vormarsch von zweitausend Metern, wie er heute morgen gemeldet wurde, höher einzuschätzen als ein Vormarsch von vielen Kilometern im offenen Wüstengelände. Zum anderen ist der Ausgang einer solchen Schlacht weitgehend eine Frage des Nachschubs, und daß die Alliierten zuerst angegriffen haben, ist wahrscheinlich ein gutes Zeichen. Waffen und Verstärkungen für die alliierten Truppen in Ägypten müssen einen viel weiteren Weg zurücklegen als die der Achsenverbände, aber die Verbindungslinien der Achse von Italien nach Tripolis und von dort an der Küste entlang zur ägyptischen Front sind fast an jedem Punkt See- oder Luftangriffen ausgesetzt. In den letzten Wochen haben die Achsenmächte auf dieser Nachschubroute sehr schwere Verluste erlitten, und aus einer kürzlich veröffentlichten Erklärung der Admiralität geht hervor, daß in diesem Jahr im Mittelmeer nicht weniger als 600 000 Registertonnen Schiffsraum der Achsenmächte versenkt oder beschädigt wurden. Soviel zum Hintergrund der derzeitigen Gefechte in Ägypten, bei denen beide Seiten mit erheblichen Schwierig-

* *Hierbei handelt es sich wohl um eine der zurückhaltendsten Meldungen von einem sich abzeichnenden großen Sieg, die je von einer Propagandaabteilung kam. Orwell spricht hier von der Schlacht von El Alamein, und der Ton, den er anschlägt, zeigt mehr als alles andere, was er sonst im Rundfunk äußerte, in welchem Maße er und seine Kollegen sich daran gewöhnt hatten, daß zahlreiche vermeintlich gute Nachrichten letztlich doch eine Schattenseite hatten. Umso größer war dann die Wirkung des tatsächlichen Sieges, was sich auch in Orwells Schriften in den darauffolgenden Wochen und Monaten niederschlägt.*

keiten zu kämpfen haben. Offensichtlich sind die Alliierten in der Luft stärker. Welche Seite in puncto Panzer und anderer Militärfahrzeuge stärker ist, können wir noch nicht sagen. Den größten Teil unserer Truppen stellt Großbritannien, an den Kämpfen nehmen aber auch australische, südafrikanische, neuseeländische, indische, freifranzösische und griechische* Verbände teil. Nächste Woche werden wir ausführlicher über den Ägyptenfeldzug berichten können. Mittlerweile ist klar, daß die schweren Angriffe der RAF auf Genua und Mailand in Norditalien – über den ersten haben wir vergangene Woche berichtet – den Auftakt zu dem Angriff in Ägypten bildeten. Nachschub und Verstärkungen der Achsenmächte für die Ägyptenfront werden hauptsächlich von Genua aus in Marsch gesetzt, und die durch die Angriffe hervorgerufene Desorganisation wird sich auf dem Schlachtfeld bemerkbar machen.

In der vergangenen Woche hat es auf den Salomonen schwere Kämpfe und einige bange Momente für die Alliierten gegeben. Es war klar, daß die Japaner im Gebiet von Guadalcanal über starke Flottenverbände verfügen; außerdem war es ihnen gelungen, so viele Truppen auf der Insel zu landen, daß sie den Amerikanern, welche die allesentscheidenden Flugplätze halten, zahlenmäßig überlegen waren. Die Amerikaner wurden jede Nacht von Kriegsschiffen beschossen und mußten überdies Landangriffe von panzerunterstützten Kräften zurückschlagen. Gleichzeitig kam es zu einer Reihe von See- und Luftgefechten, bei denen Schiffe beider Seiten versenkt oder beschädigt wurden. Heute morgen allerdings ging die Meldung ein, daß der japanische Flottenverband sich wieder zurückgezogen hat und daß alle Landangriffe erfolgreich abgewehrt wurden. Colonel Knox, der amerikanische Marineminister, hat bekanntgegeben, daß die Amerikaner nach wie vor das gesamte Gebiet halten, das sie den Japanern Anfang August abgenommen haben.** Das bedeutet jedoch nicht, daß der Kampf auf den Salomonen zu Ende ist. Die Japaner werden ihre Angriffe mit Sicherheit wiederaufnehmen, einmal wegen der Bedeutung des Flugplatzes von Guadalcanal, zum anderen weil ihnen ein Gesichtsverlust droht, wenn sie es nach ihren vollmundigen Ankündigungen nicht fertigbringen, die Amerikaner zu vertreiben. Wie Colonel Knox es formulierte, ist die erste Runde an die Amerikaner gegangen, und nun warten die Verteidiger von Guadalcanal auf den Beginn der zweiten.

Die Schlacht um Stalingrad dauert an, und beide Seiten haben in dieser Woche schwere Verluste erlitten. Die deutschen Angriffe haben keine oder nur

* *Am 18. Oktober hatte man bekanntgegeben, daß im Wüstenkrieg eine neue Griechische Armee unter General Katsotas im Einsatz war.*

** *Er wurde am 30. Oktober mit den Worten zitiert: »Die erste Runde ist vorbei. Wir beherrschen die Lage auf Guadalcanal so vollständig wie eh und je.«*

wenig Fortschritte gemacht. Es ist jetzt mehr als einen Monat her, daß Hitler und Ribbentrop in ihren Reden die Einnahme von Stalingrad binnen weniger Tage verhießen. Bis heute darf das deutsche Volk offenbar nicht erfahren, in welch riesiger Zahl seine Söhne in vergeblichen Angriffen auf Stalingrad in den Tod gegangen sind. Aber dergleichen läßt sich nicht ewig geheimhalten, und die schweren und mehr oder weniger sinnlosen Verluste des diesjährigen Feldzuges werden sich im Laufe des Winters sicherlich auf die Moral auswirken.

Vor einigen Tagen wurde die Nachricht bekanntgegeben, daß die unter dem Namen »Alaska High Road« bekannte neue Militärstraße eröffnet wurde.* Sie verläuft von den Vereinigten Staaten durch Kanada und Alaska; über sie können Truppenverbände, die auf den Aleuten operieren, sehr viel rascher versorgt werden, als das früher möglich war. Die Aleuten sind der Punkt der größten Annäherung zwischen alliiertem Territorium und Japan einerseits und Amerika und der Sowjetunion andererseits. Somit kommt der neuen Straße enorme strategische Bedeutung zu. Sie wurde in erstaunlich kurzer Zeit fertiggestellt, obwohl sie weitgehend durch unberührtes Waldgebiet verläuft, das bislang kaum erschlossen war.

Wir können nun Genaueres zum Mosquito, dem neuen britischen Bombenflugzeug, sagen, das vor zwei, drei Wochen seine Feuertaufe erlebte. Es ist das erste Frontflugzeug dieses Krieges, dessen Rumpf vollständig aus Holz besteht. Es ist deshalb leicht herzustellen und wahrscheinlich billig. Sein hervorstechendes Merkmal ist seine hohe Geschwindigkeit, die der eines Kampflugzeuges gleichkommt. Mit seinen 20-Millimeter-Bordkanonen und Maschinengewehren verfügt es außerdem über eine starke Bewaffnung. Es wurde bereits mit sehr großem Erfolg bei mehreren Tagangriffen auf dem Kontinent eingesetzt.

Schließen möchten wir heute mit einem Auszug aus der »Times« von vor zwei Tagen, der einige aktuelle Informationen zum Verhalten der Japaner auf Java enthält.**

Ein junger holländischer Offizier, der vor mehreren Wochen von Java floh

* *US-Kriegsminister Stimson gab die Fertigstellung der 2670 Kilometer langen Straße am 29. Oktober bekannt. Offiziell eingeweiht wurde sie allerdings erst einen Monat später, am 21. November, mit einer Zeremonie an der kanadischen Grenze zu Alaska.*

** *Die folgenden Absätze sind wörtlich einem Bericht auf Seite 4 der »Times« vom 29. Oktober entnommen. Orwell gab allerdings nicht den ganzen Artikel wieder, denn dieser endete mit dem Satz: »Die militärische Disziplin der Japaner ist bisher gut; es wurden keine Fälle von Belästigungen weißer Frauen gemeldet.« Das hätte vielleicht einen zu deutlichen Gegensatz zu Berichten gebildet, wie sie Orwell zuvor über das Verhalten der Japaner in Hongkong gegeben hatte (s. Komm. 14. März 1942); Orwell unterdrückt selten Informationen, um seine Geschichte aufzumöbeln; hier allerdings bleibt nur der Schluß, daß er es getan hat.*

und sich mittlerweile in Australien aufhält, berichtet, daß die Einwohner Javas den Japanern mit einer Haltung passiver Feindseligkeit begegnen. In den Anfangstagen der Besetzung gingen die Japaner mit brutalen Maßnahmen gegen Plünderer vor. Häufig sah man an Bäumen in Batavia tote Malaien hängen. Nach wie vor prügelt die japanische Militärpolizei regelmäßig Leute, von denen sie Informationen will. Diese Repressionsmaßnahmen haben die Javanesen eingeschüchtert; sie neigen zwar den Europäern zu, fürchten sich aber davor, ihre derzeitigen uniformierten Herren zu verärgern.

Was sie den Europäern an Sympathie entgegenbringen, wird im Grunde von der Angst unterdrückt und ist daher stillschweigende Sympathie.

Die Produktion von Kautschuk, Tee, Tabak und anderen Gütern, an denen Java so reich ist, wurde drastisch eingeschränkt. Im Lande herrscht große Arbeitslosigkeit.

In den Bergen halten sich nach wie vor kleine Gruppen versprengter alliierter Soldaten, aber sie sind nicht in der Lage, wirksam Widerstand zu leisten. Aus diesen Gebieten werden jedoch gelegentlich immer noch verwundete japanische Soldaten in Krankenhäuser Batavias eingeliefert.

7. November 1942

Die Schlacht um Ägypten hat sich zu einem großen Sieg für die Vereinten Nationen entwickelt.* Noch sind die Streitkräfte der Achsenmächte nicht vernichtet, aber sie sind stark angeschlagen und ziehen sich seit drei Tagen ungeordnet zurück, wobei sie von einer Welle alliierter Bomber nach der anderen angegriffen werden. Etwas über dreihundert Panzer der Achsenstreitkräfte wurden zerstört oder erbeutet. Die Zahl der von unseren Truppen gemachten Gefangenen belief sich bis gestern auf 15 000 – aber in den nächsten Tagen werden noch viele hinzukommen. Gefangengenommen wurde neben einer Reihe höherer deutscher und italienischer Offiziere auch der Befehlshaber des Afrikakorps.

Aus den Meldungen, die in den vergangenen zwei Tagen eingegangen sind, wird deutlich, daß der Feind, nachdem die Achsenstellungen in dem Flaschenhals zwischen dem Meer und der Kattarasenke durchbrochen waren, keine

* *Der Ausdruck »Schlacht um Ägypten« kam rasch außer Gebrauch, und es setzte sich allgemein das populärere »Schlacht von El Alamein« durch. Bei dem im folgenden genannten Oberbefehlshaber des Afrikakorps handelt es sich um General Ritter von Thoma.*

andere Wahl hatte, als sich so rasch wie möglich zurückfallen zu lassen und zu versuchen, in der Nähe der ägyptischen Grenze neue Stellungen zu beziehen. Ob die Achsentruppen dazu imstande sein werden, wagen wir noch nicht vorauszusagen. Nun da die Minenfelder um El Alamein geräumt sind, konnten die alliierten Panzer rasch vorstoßen und halten zusammen mit der RAF die auf der Küstenstraße zurückweichenden Achsenverbände unter schwerem Dauerbeschuß. Die Alliierten haben eindeutig die fast unumschränkte Luftherrschaft, so daß der zurückweichende Feind wahrscheinlich ununterbrochen Panzer, Transportfahrzeuge und Leute verliert. Trotzdem ist der deutsche Befehlshaber möglicherweise in der Lage, genügend Panzer und Panzerabwehrgeschütze zu mobilisieren, um auf den starken Positionen bei Halfaya und Sollum, an der ägyptisch-libyschen Grenze, neue Stellungen zu beziehen. Nach letzten Meldungen haben unsere Truppen den Flugplatz von Fuka, hundertzehn Kilometer westlich von El Alamein, eingenommen, und in Mersa Matruk, weitere achtzig Kilometer westlich davon, sind Gefechte im Gange. Im Südteil des Schlachtfeldes sind zahlreiche Achsentruppen, hauptsächlich Italiener, zurückgeblieben; sie werden fast völlig aufgerieben oder gefangengenommen werden. In den vergangenen Tagen haben unsere U-Boote im Mittelmeer sechs Versorgungsschiffe der Achsenmächte versenkt.*

Mit Sicherheit werden wir nächste Woche weitere, möglicherweise sensationelle Nachrichten vom Ägyptenfeldzug zu melden haben. Noch ist es zu früh für die Behauptung, die Achsentruppen in Nordafrika seien vernichtet, aber es läßt sich zumindest sagen, daß für Ägypten keine Bedrohung mehr besteht.

Auf der Salomonen-Insel Guadalcanal haben die Japaner vor vier Tagen Verstärkungen gelandet, ohne jedoch ihren Angriff wiederaufzunehmen. Es kam zu einigen Landgefechten, bei denen die Amerikaner geringe Geländegewinne erzielt haben. Die Japaner werden sich mit Sicherheit weiter bemühen, Guadalcanal zurückzuerobern, im Augenblick aber haben sie offensichtlich zu viele Flugzeuge und Kriegsschiffe eingebüßt, um ohne eine Pause zur Ergänzung ihrer Verluste weitermachen zu können. Auf der Insel Neuguinea sind die australischen Truppen weiter vorgerückt und haben das von den Japanern gehaltene Dorf Kokoda** samt Flugplatz erobert.

Fast die ganze Woche über waren in Stalingrad schwere Kämpfe im Gange,

* *Diese Information entstammt einer Nachrichtenmeldung, die am 5. November in Kairo herauskam. Weiter hieß es darin, Rommels Armee sei seit sechs Wochen von keinem Tanker mehr erreicht worden.*

** *Die am 2. November gemeldete Eroberung von Kokoda war das Ergebnis eines fünfwöchigen Feldzuges. Eigentlich handelte es sich um mehr als ein Dorf. Der Ort hatte einen Flugplatz und war der letzte japanische Stützpunkt in den Owen-Stanley-Bergen.*

aber es ergab sich so gut wie keine Veränderung der Lage. Im südlichen Vorland des Kaukasus sind die Deutschen in den letzten Tagen vorgerückt. Offenbar versuchen sie, die nördlichen Zugänge der wichtigsten Kaukasuspässe in ihre Gewalt zu bekommen. Zu dieser Jahreszeit ist eine Überquerung des Gebirges wahrscheinlich nicht durchführbar, aber sie denken vielleicht schon an den Frühling und wollen sich Positionen verschaffen, die über den Winter zu halten sind. In der Ukraine unternehmen die Deutschen große Anstrengungen, die eroberten Gebiete planmäßig auszubeuten, um die heimische Bevölkerung zu ernähren. In Rundfunk und Presse Deutschlands wurde ganz unverblümt erklärt, daß die Deutschen vorhaben, diese Gebiete ohne Rücksicht auf die Interessen der Einwohner zum eigenen Nutzen auszuplündern, die landwirtschaftlichen Kollektive, die die russischen Bauern sich aufgebaut haben, aufzuteilen und das Land deutschen Privatbesitzern zu überlassen.* Es ist allerdings klar, daß dieser Vorgang nicht so reibungslos verläuft, wie die Deutschen glauben machen wollen. Die Bewirtschaftung dieses wichtigen Getreidegebietes hing fast völlig von dieselölbetriebenen Traktoren ab, und die Russen haben bei ihrem Rückzug darauf geachtet, alle Maschinen zu zerstören, die sie nicht mitnehmen konnten. Die Deutschen können unmöglich auch nur annähernd so viele neue landwirtschaftliche Maschinen bereitstellen, wie benötigt würden, und es wird ihnen wahrscheinlich sogar schwerfallen, genügend Arbeitskräfte zu mobilisieren. Auch im letzten Krieg, so wird man sich erinnern, hatten die Deutschen die Ukraine in ihren Besitz gebracht und wie heute versucht, sie auszuplündern, ohne freilich sehr viel davon zu haben. Es sieht ganz danach aus, als würde sich die gleiche Geschichte wiederholen.

Gestern, am Vorabend des achtundzwanzigjährigen Bestehens der UdSSR, wandte sich Generalsekretär Stalin über den Rundfunk an das sowjetische Volk. Grundtenor seiner Rede war sein Vertrauen auf den vollständigen Sieg der Vereinten Nationen. Obwohl die Deutschen dieses Jahr in die Offensive gehen konnten, weil es nicht zur Bildung einer zweiten Front in Westeuropa gekommen sei, und obwohl die Rote Armee sich des Ansturms von 240 deutschen Divisionen erwehren mußte, sei die Gesamtstrategie der Deutschen nicht aufgegangen. Sie hätten versucht, Moskau durch einen Umfassungsangriff von Süden her einzunehmen und gleichzeitig die Ölfelder von Baku zu erobern. Beide Träume seien nicht in Erfüllung gegangen.

Den Zielen der faschistischen Staaten, die versuchen, andere Völker auszu-

* *Es gab beispielsweise Rundfunkvorträge für die Landjugend zum Thema »Arbeit im deutschen Osten«, die ganz und gar neokolonialistisch waren, genau wie Appelle an junge Männer zum Dienst in den Kolonien zur Zeit Königin Viktorias.*

rotten oder zu unterwerfen, stellte Stalin die Ziele der Alliierten gegenüber, die niemanden unterwerfen wollen und nur kämpfen, um die sogenannte »Neue Ordnung« zu beseitigen und die vergleichsweise kleinen Cliquen zu vernichten, die dafür verantwortlich sind. Er machte sich außerdem über die Vorstellung lustig, daß politische und ökonomische Unterschiede ein Hindernis für die Zusammenarbeit zwischen England, Sowjetrußland und den Vereinigten Staaten darstellten. Beim Kampf gegen die Sklaverei könnten auch Staaten mit ganz unterschiedlichen Ideologien ein gemeinsames Programm haben, und die Ereignisse des vergangenen Jahres bewiesen schlüssig, daß die Mitgliedsländer dieses großen Bündnisses einander immer näherkommen.

Auf Madagaskar wurden die Kampfhandlungen eingestellt, nachdem der französische Generalgouverneur um einen Waffenstillstand gebeten hat, der ihm gewährt wurde.* Obwohl der Feldzug auf Madagaskar nur eine Episode war, die ohne größere Kämpfe abging, hatte er doch seine Bedeutung, denn die Inbesitznahme von Madagaskar war erforderlich, um die Seewege nach Ägypten und in den Nahen Osten zu beherrschen. Der Sieg in Ägypten war nur möglich, weil die Alliierten dort starke Luft- und Panzerverbände aufbauen konnten, und dazu wären sie nicht imstande gewesen, wenn die Seewege um Afrika nicht hinlänglich sicher gewesen wären. Vor zwei Tagen enthüllte Präsident Roosevelt auf einer Pressenkonferenz, daß nur ein kleiner Teil der in Ägypten verwendeten Rüstungsgüter aus amerikanischer Herstellung stammten; der größte Teil kam aus England. Es brauchte viel Zeit und bedurfte ständiger Fahrten großer Flotten, um diese Verbände aufzubauen; die Besetzung von Madagaskar und die damit verbundene Ausschaltung der U-Bootstützpunkte der Achsenmächte – die es so lange gab oder jederzeit hätte geben können, wie die Insel von Vichy kontrolliert wurde – spielte durchaus eine Rolle für den Feldzug.**

* *Der Waffenstillstand wurde am 5. November von Annet unterzeichnet. Die alliierten Nachrichtenagenturen meldeten, es seien 3000 französische und madegassische Gefangene gemacht worden. Der Vichy-Rundfunk dagegen veranschlagte die Zahl der Vichy-Truppen auf der Insel beim Ausbruch der Feinseligkeiten mit nicht mehr als 1500 weißen und farbigen Soldaten.*

** *Wie bereits dargelegt, gab es auf der Insel weder U-Bootstützpunkte der Achsenmächte noch eine japanische Truppenpräsenz; darüber ist sich nun wohl auch Orwell im klaren, wie die Formulierung »hätte geben können« vermuten läßt. Gleichwohl hatte der Feldzug in Frankreich nachhaltige Auswirkungen. Die Vichy-Regierung hatte sich ausgiebig damit befaßt und Annet und seine Garnison eindringlich aufgefordert, bis zum letzten Mann Widerstand zu leisten. Die Niederlage hinterließ einen Eindruck, der in keinem Verhältnis zur Anzahl der beteiligten Truppen stand.*

28. November 1942*

Am Ende meines Kommentars in der vorigen Woche habe ich für heute neue Nachrichten von den anderen Fronten, insbesondere von der Rußlandfront, in Aussicht gestellt. Diese Nachrichten sind tatsächlich eingegangen, und sie sind ebenso sensationell wie die Entwicklung in Afrika vor ein, zwei Wochen.

Vor sechs Tagen sind die Russen im Nordwesten und im Süden von Stalingrad zur Offensive angetreten. Kurz darauf kam die Meldung, daß die nördlichen Angriffsverbände einen Durchbruch erzielt hatten, achtzig Kilometer weit vorgestoßen waren und 13 000 Gefangene gemacht hatten. Seither hat sich die Sache allerdings sehr viel weiter entwickelt. Die angreifende russische Armee ist südwärts eingeschwenkt und hat alles in allem etwas über 60 000 Gefangene gemacht und riesige Mengen an Material erbeutet. Die neuesten russischen Meldungen sprechen davon, daß der Feind ostwärts über den Don zurückgetrieben wird, was nur heißen kann, daß die Russen unmittelbar im Rücken der feindlichen Kräfte eingeschwenkt sind und daß sehr viel mehr deutsche Truppen, als bereits gefangengenommen wurden, Gefahr laufen, abgeschnitten zu werden, wenn sie nicht schleunigst ausbrechen. Sogar aus den deutschen Verlautbarungen läßt sich ablesen, daß die deutsche Armee vor Stalingrad sich in einer äußerst unsicheren Lage befindet, und ich denke, man kann auf jeden Fall sagen, daß nun endgültig die Aufhebung der langen Belagerung von Stalingrad erzwungen wurde.

Ich möchte noch nicht allzu viele Voraussagen zum Ergebnis dieser russischen Offensive machen. Falls die Lage der Deutschen wirklich so prekär ist, wie sie sich auf der Karte ausnimmt, werden sie möglicherweise nicht nur noch sehr viele schwerere Verluste an Menschen und Material hinnehmen, sondern sich vielleicht sogar auf breiter Front in etwa auf die Linie zurückziehen müssen, die sie letzten Winter innehatten. Doch wie dem auch sei, ich möchte im Zusammenhang mit der russischen Offensive zweierlei hervorheben. Da sind zum einen die voraussichtlichen Auswirkungen auf die deutsche Moral und die Moral der Achsenmächte insgesamt. Es dürfte nun in der Tat äußerst schwierig werden, dem deutschen Volk die Tatsache zu verheimlichen, daß der Rußlandfeldzug von 1942 gescheitert ist. Ziel dieses Feldzuges war erstens,

** Dies ist das erste erhalten gebliebene Manuskript Orwells, das unter seinem eigenen Namen gesendet wurde (zu dieser Änderung s. OWB, S. 242 f.). Man beachte, daß er von nun an in der ersten Person Singular spricht.*

Baku und die Ölfelder zu besetzen, zweitens aller Wahrscheinlichkeit nach, Moskau durch eine Umfassungsbewegung von Süden her zu erobern, und drittens ganz sicher, bis Astrachan am Kaspischen Meer vorzustoßen, um so die russischen Verbindungslinien nach Norden und Süden zu unterbrechen. Nicht eines dieser Ziele wurde erreicht, und die Hauptursache für das Scheitern war die heroische Verteidigung von Stalingrad. Die Bedeutung von Stalingrad kann dem gemeinen Mann in Deutschland unmöglich verborgen geblieben sein, dazu war die Stadt zu lange in den Nachrichten.* Und solange man zuversichtlich war, daß man sie einnehmen würde, haben die deutschen Militärsprecher ihre Bedeutung denn auch nach Kräften hervorgehoben. Es ist jetzt etwas über drei Monate her, daß die Belagerung begann, und etwas mehr als zwei, daß Hitler feierlich versicherte, Stalingrad würde eingenommen. Etwa einen Monat später, als die Stadt immer noch nicht eingenommen war, erklärte Hitler, sie sei eigentlich doch nicht so wichtig, denn die Deutschen seien auch dann in der Lage, den russischen Frachtverkehr auf der Wolga zu unterbinden, wenn Stalingrad, oder was davon übrig sei, in russischer Hand bleibe. Nun aber, da die Deutschen so gut wie sicher gezwungen sein werden, sich von Stalingrad zurückzuziehen, läßt sich nicht einmal mehr diese Behauptung aufrechterhalten. Die deutschen Propagandisten befinden sich also in der wenig beneidenswerten Lage, zugeben zu müssen, daß ihre Befehlshaber Menschenleben und Material in riesigem Umfang für ein Ziel vergeudeten, das letztlich doch nicht erreicht wurde. Schon auf die deutsche Moral muß sich das schlimm, und auf die sogenannten Verbündeten Deutschlands könnte es sich verheerend auswirken. Vom italienischen Standpunkt aus hat der Krieg ohnehin schon weitgehend jeden Sinn verloren, und es wird die Italiener nicht glücklicher machen zu wissen, daß ihre Söhne zu Zehntausenden für nichts und wieder nichts in Rußland erfrieren, während ihnen gleichzeitig ihr afrikanisches Kolonialreich entgleitet und ihre Städte im Bombenhagel in Trümmer sinken.

Zum zweiten möchte ich darauf hinweisen, in welchem Zusammenhang der Rußlandfeldzug mit dem Feldzug in Nordafrika steht. Einen Großteil dieses Jahres hindurch mußten die Russen fast allein gegen die größte Armee der Welt kämpfen. Nun konnten Rußlands Verbündete anderswo einen Ablenkungsangriff inszenieren, dessen Auswirkungen sich umgehend an der Ruß-

* *Orwell verzichtet auf den naheliegenden Hinweis, daß die letzte langwierige Belagerung dieser Art, die von Sewastopol, nach vielen Rückschlägen letztlich zum Erfolg geführt hatte. Verglichen damit nahm sich das Scheitern des Stalingrad-Feldzuges noch katastrophaler aus. Zweifellos veranlaßte der Erfolg bei Sewastopol Hitler zur Fortsetzung der Belagerung von Stalingrad, nachdem längst schon absehbar war, welch große Gefahr dort drohte.*

landfront bemerkbar machten. Denn es kann kaum ein Zweifel daran bestehen, daß der russische Erfolg auch darauf zurückzuführen ist, daß die Deutschen einen Teil ihrer Luftstreitmacht abziehen mußten, um so viele Flugzeuge wie möglich nach Süden werfen zu können, weil sie hofften, die Situation in Afrika dadurch zu ihren Gunsten zu wenden.*

Seit vergangener Woche hat sich Französisch-Westafrika den anderen französischen Kolonien angeschlossen und die Zusammenarbeit mit den Alliierten aufgenommen.** Damit ist von den französischen Gebieten in Afrika nur noch Französisch-Somaliland mit dem Hafen Djibouti nominell neutral; mit seinem Übertritt ist jedoch für demnächst zu rechnen. Daß Französisch-Westafrika in den Einflußbereich der Alliierten gelangt, ist nicht nur wegen der wertvollen Produkte – Rohkautschuk, Pflanzenöle und diverse Nahrungsmittel – wichtig, die wir nun aus diesen Gebieten beziehen können. Es ist auch wichtig wegen des großen Flottenstützpunktes Dakar, dessen Docks auch Schlachtschiffe aufnehmen können und der nur 2500 Kilometer von Brasilien entfernt liegt. Da wir nun fast die gesamte westafrikanische Küstenlinie beherrschen, ist es sehr viel einfacher, mit den U-Booten im Südatlantik fertig zu werden, und da wir nun auch weiter nördlich über Häfen verfügen, besitzen wir eine viel sicherere Nachschubroute ins zentrale Mittelmeer, als das bisher der Fall war. Von Casablanca gibt es eine durchgehende Straßen- und Eisenbahnverbindung bis kurz vor Tunis, und wenn der Nordafrikafeldzug vollends zum Erfolg führt, wird man auf einer vergleichsweise kurzen Strecke von Gibraltar nach Suez fahren können, ohne ein einziges Mal in die Reichweite von Flugzeugen der Achsenmächte zu geraten. Der Übertritt von Französisch-Westafrika vollzog sich im guten, ohne daß es zu Kämpfen kam; die oberste Regierungsgewalt hat Admiral Darlan inne. Ich wiederhole, was ich schon letzte Woche gesagt habe: wir müssen die derzeitige politische Regelung in Französisch-Afrika lediglich als Zwischenlösung betrachten, die man einer Überprüfung unterziehen wird, sobald der militärische Teil des Feldzuges abgeschlossen ist. Mag sein, daß uns die Vergangenheit einiger Vichy-Kommandeure, die sich nun auf unsere Seite geschlagen haben, nicht gefällt, aber daß sie es getan haben, ist jedenfalls ein gutes Zeichen – es bedeutet, daß sie mit ihren sehr viel umfassenderen Informationen aus erster Hand, als wir

* *Das war zwar ein gutes Propagandaargument gegenüber den Russen, gleichwohl wurden offenbar nur wenige deutsche Truppen oder Flugzeuge nach Nordafrika verlegt, ehe die Landung der Amerikaner, die am 8. November begann, in vollem Gange war.*

** *Der Rundfunk der Achsenmächte sprach bei der Bekanntgabe des Ereignisses in bitterem Ton von dem »Verräter Darlan«.*

sie besitzen können, zu dem Schluß gekommen sind, daß das Nazi-Schiff im Sinken begriffen ist.*

Auf den beiden Schlachtfeldern in Libyen und Tunesien hat sich nicht viel Neues ergeben. Die Achte Armee ist vor fast einer Woche in Benghasi einmarschiert – aller Wahrscheinlichkeit nach wird sie nun zum drittenmal Weihnachten dort verbringen. Sie hat außerdem Agedabia, achtzig Kilometer weiter südlich an der Küstenstraße, besetzt und in der Nähe von El Agheila Berührung mit dem Feind bekommen. Wahrscheinlich haben die Deutschen vor, hier stehenzubleiben, und es kann sein, daß die Achte Armee noch einige Tage braucht, um ihr schweres Gerät für einen neuen Angriff in Stellung zu bringen. Falls die Deutschen beschließen, bei El Agheila nicht stehenzubleiben, werden sie wahrscheinlich auf Misurata, weitere 320 Kilometer westlich an der Küstenstraße, zurückgehen müssen. Die Alliierten haben außerdem die Oase Jalo, dreihundertzwanzig Kilometer südlich in der Wüste, besetzt, um sich gegen eine Umfassungsbewegung zu schützen.

Auf der anderen Seite, in Tunesien, geht die Erste Armee offenbar für einen Sturmangriff auf Tunis oder Biserta in Stellung. Zum Teil wird ihre Bewegungsfähigkeit sicher dadurch eingeschränkt, daß ihr Material weitgehend noch von Casablanca herangeschafft werden muß, zum Teil aber liegt das auch an der unübersehbaren Tatsache, daß die Achsenmächte an dieser Front vorderhand noch die Luftüberlegenheit besitzen.** Es ist nicht leicht für die Deutschen, ihre Armee in Tunesien in großem Umfang mit Truppen oder schwerer Ausrüstung zu verstärken, aber sie können ihre Luftstreitmacht rascher ergänzen als wir, und dieser Vorteil bleibt ihnen möglicherweise noch einige Tage erhalten. Auf lange Sicht allerdings ist es auch an dieser Front unwahrscheinlich, daß die Deutschen in der Luftschlacht die Oberhand gewinnen, denn die Gesamtstärke der Alliierten in der Luft ist mittlerweile größer und wird es jeden Tag mehr. Auf alle Fälle schwächen die Deutschen mit jeder Luftverstärkung, die sie nach Tunesien schicken, eine andere Front, insbesondere die russische. Schon jetzt sind ihre Verluste in der Luft hoch, und selbst wenn sie erfolgreich hinhaltenden Widerstand leisten, so daß der Großteil von Rommels

* *Es läßt sich nur darüber spekulieren, welche Ansicht Orwell wirklich zu der Lage vertrat, die sich nun in Nordafrika entwickelte. Wie es scheint, trägt er die Argumente vor, die er noch am ehesten mit seinem Gewissen vereinbaren konnte; andere bei der BBC dagegen empfanden ganz deutlich, wie heuchlerisch es war, Darlans Position zu akzeptieren. Der zur BBC abkommandierte freifranzösische Offizier, der den Orwells Sendung entsprechenden Nachrichtenkommentar für Frankreich verfaßte, weigerte sich zu senden, solange Darlan im Amt blieb.*

** *Trotz der Einwände, die Laval bei einem Besuch in Berchtesgaden gegenüber Hitler erhob, landeten Flugzeuge der Achsenmächte in Tunesien, und die nach der Besetzung von Vichy-Frankreich zur Verfügung stehenden Flugplatzeinrichtungen erwiesen sich als äußerst nützlich.*

Armee sich auf dem Seeweg absetzen kann, haben sie am Ende vielleicht nicht viel dadurch gewonnen.

Aus dem Südpazifik gibt es nicht viel Neues. Es ist den Japanern gelungen, ihre Truppen in Buna auf dem Seeweg in kleinerem Umfang zu verstärken, aber es wird nicht damit gerechnet, daß sie den Ort noch lange werden halten können. Die Alliierten haben Gona,* ein paar Meilen weiter an der Küste, erobert, und die Japaner sind neben Bodenangriffen auch einem schweren Bombardement aus der Luft ausgesetzt. Falls sie den Ostteil Neuguineas vollständig räumen müssen, wird das, zumal die Position der Amerikaner auf den Salomonen durch ihren Seesieg gestärkt worden ist, einen Angriff auf Rabaul, den wichtigsten japanischen Stützpunkt in diesem Gebiet, ermöglichen.

Hitler hat das Marschall Pétain gegebene Versprechen gebrochen und Toulon besetzt. Die französischen Kommandeure haben die französische Flotte auf Grund gelegt und das Seearsenal und die Munitionsbunker gesprengt. Hitler hat die Entlassung der Restbestände der französischen Armee befohlen. Ich gebe diese Meldungen in aller Kürze wieder, weil es noch zu früh ist, angemessen dazu Stellung zu nehmen. Wir wissen noch nicht, ob sich französische Schiffe abgesetzt haben, um sich den Alliierten anzuschließen;** wir wissen allerdings, daß keines von Bedeutung den Deutschen in die Hände gefallen ist. Ich hoffe, nächste Woche Näheres dazu sagen zu können. Vorderhand möchte ich nur auf zweierlei hinweisen. Erstens markieren die Ereignisse das Ende – und von unserem Standpunkt aus das erfolgreiche Ende – von Hitlers zweieinhalbjährigem Taktieren, um sich der französischen Flotte zu bemächtigen. Und zweitens haben sie der Neuen Ordnung endgültig den Todesstoß versetzt. Nunmehr ist jede Möglichkeit einer französischen Zusammenarbeit mit den Nazis ein für allemal dahin.

* *Die Verlautbarung des Informationsministeriums sprach von heftigen Kämpfen, und so erscheint die Meldung von der Einnahme denn auch verfrüht. Die Eroberung von Gona wurde am 6. Dezember erneut bekanntgegeben.*

** *Die Flotte wurde am 27. November auf Grund gelegt. Orwells Hoffnungen, ein Nachhall früherer Äußerungen zur französischen Flotte, waren unbegründet. Admiral Laborde, der Befehlshaber der französischen Hochseeflotte, war äußerst antibritisch eingestellt und hätte Darlans über Rundfunk ausgegebenen Befehl, mit der Flotte zu den Alliierten überzugehen, niemals befolgt. Allerdings versenkte er die Flotte lieber, als sie in die Hand der Deutschen fallen zu lassen; er wartete damit, bis die Deutschen schon die Kaianlagen besetzten.*

12. Dezember 1942

Seit vergangener Woche haben die beiden russischen Offensiven etwas an Tempo verloren; das liegt einerseits an der Verschärfung des deutschen Widerstandes und andererseits an dem Neuschnee, der an der Südfront gefallen ist. Vorläufig ist an dieser Front wohl nicht mit weiteren größeren Aktionen zu rechnen, und so hat sich das Hauptinteresse diese Woche auf Nordafrika konzentriert, wo sich immer deutlicher abzeichnet, daß ein schwerer Kampf bevorsteht.

Vor genau einer Woche sind die Deutschen westlich von Tunis zum Gegenangriff angetreten und haben Tebourba und Jedaida zurückerobert, die beiden Orte, die die Alliierten unbedingt in die Hand bekommen müssen, ehe sie Tunis selbst angreifen können. Sie haben seither noch einen zweiten Angriff vorgetragen, sind aber offenbar nicht weitergekommen, und unsere Hauptstellungen um das Gebiet Tunis–Biserta halten sich nach wie vor. Aus den eingehenden Meldungen wird deutlich, daß die Deutschen in der Luft überlegen sind und es wahrscheinlich noch einige Zeit bleiben werden.* Neben ihren Luftstützpunkten auf Sizilien und Sardinien, die nur 160 Kilometer entfernt sind, stehen ihnen auch die Flugplätze von Biserta und Tunis zur Verfügung, während Bône, der nächstgelegene Flugplatz, den die Alliierten derzeit halten, 170 Kilometer entfernt an der algerischen Küste liegt. Die Alliierten können und werden natürlich auch im Frontbereich Landebahnen anlegen, aber das braucht Zeit, zumal Ausrüstung, Bodenpersonal und wahrscheinlich sogar Arbeitskräfte auf unwegsamen Straßen und einer einzigen, schlecht ausgestatteten Eisenbahnlinie aus weit im Westen gelegenen Orten herangeführt werden müssen. Somit stellt sich das strategische Bild in Tunesien derzeit folgendermaßen dar: Die Alliierten, die letztlich viel stärker sind, bauen, so rasch sie können, einen Angriffsverband auf, dies freilich unter ständigen Angriffen von Sturzkampfbombern und ohne ausreichenden Schutz durch Jagdflugzeuge. Die Deutschen, die wahrscheinlich nur 20 000 Mann in Tunesien stehen haben und lediglich über wenige schwere Panzer und großkalibrige Geschütze verfügen, jedoch vorderhand die Luftüberlegenheit besitzen, versuchen nach Kräften, die Truppenkonzentration der Alliierten zu verzögern und auf dem Luft- und Seeweg die eigenen Verbände zu ergänzen. Weiter südlich, in der

* *Mittlerweile hatte man zur Kenntnis nehmen müssen, daß Einheiten der deutschen Luftwaffe auf Vichy-Flugplätzen gelandet waren. Churchill beklagt diese Tatsache in: The Second World War, Bd. 4, S. 560.*

Gegend von Sfax und Gabès an der tunesischen Grenze, ist ein Kampf um die Beherrschung der Küstenstraße im Gange, die südwärts in Richtung Tripolis führt. Aus diesem Gebiet, in dem sich der Kampf offenbar hauptsächlich zwischen Fallschirmjägern und Luftlandetruppen beider Seiten abspielt,* gibt es im Augenblick nicht viel Neues; es sieht aber nicht so aus, als wäre schon ein alliierter Truppenverband zum Meer durchgestoßen. Alles in allem beherrschen die Deutschen nur den schmalen Ostteil von Tunesien, aber sie sind in einer starken Position, solange sie die Nachschubversorgung über Sizilien und Sardinien aufrechterhalten können.

Allerdings wird die Luftüberlegenheit der Deutschen wahrscheinlich immer mehr abnehmen. Die Reserven, über die sie ganz in der Nähe verfügen, sind nicht unerschöpflich, und die eigentliche Nachschubquelle ist Deutschland selbst, das weit entfernt liegt und mit dem Kampfgebiet durch Eisenbahnlinien verbunden ist, die nicht allzu gut sind. In diesem Zusammenhang sind die Angriffe der RAF in Norditalien wichtig, denn über diesen Landesteil läuft der gesamte Nachschub für die afrikanischen Fronten. Die RAF hat in der vergangenen Woche äußerst schwere Angriffe gegen Italien geflogen – Turin beispielsweise wurde binnen vierundzwanzig Stunden zweimal schwer bombardiert** – und dabei offensichtlich verheerende Schäden angerichtet, wie sich schon aus den Rundfunksendungen der Italiener schließen läßt. All das vergrößert die Probleme der Deutschen, die bereits sehr weit von ihrer Hauptbasis entfernt an einer Front kämpfen, die ihnen aufgezwungen wurde. Je mehr sie sich außerdem bemühen, ihre Truppen in Tunesien zu ergänzen, desto schwerer fällt es ihnen, eine zweite Armee in Libyen zu verstärken – und dort wird es aller Wahrscheinlichkeit nach zur nächsten größeren Aktion kommen.

In der vergangenen Woche wurden aus El Agheila, westlich von Benghasi, lediglich Spähtruppaktivitäten gemeldet, aber es sieht so aus, als würde der neuerliche britische Angriff in Kürze beginnen. Ich rechne damit, daß er vor Ausstrahlung meines nächsten Nachrichtenkommentars beginnen wird – der Grund, warum ich das sage, sind einmal mehr die Rundfunkpropagandisten der Achsenmächte, die bereits über den bevorstehenden britischen Angriff sprechen und nicht allzu hoffnungsvoll klingen, was die Möglichkeit angeht, daß General Rommel sich halten kann. Lange bevor die britische Achte Armee Benghasi erreichte, war abzusehen, daß das Afrikakorps als nächstes bei El

* *Meldungen vom 10. Dezember sprechen von zahlreichen Fallschirmjägerabsprüngen, einige davon hinter den feindlichen Linien. Anfang November waren in Bône und anderswo britische und amerikanische Fallschirmtruppen eingesetzt worden.*

** *In der Nacht vom 8. bzw. 9. Dezember. In der zweiten Nacht breiteten sich die noch vom ersten Angriff herrührenden Brände derart aus, das sie von Gipfeln in den Alpen aus zu sehen waren.*

Agheila stehenbleiben würde, das naturbedingt eine starke Position darstellt – ein Flaschenhals, der auf der einen Seite vom Meer und auf der anderen von unpassierbarem Sumpfgebiet begrenzt wird, ganz ähnlich wie die Stellung, die das Afrikakorps bei El Alamein innehatte. Ehe General Montgomery einen neuen Angriff unternehmen konnte, mußte er zunächst seine schwere Ausrüstung heranführen – über eine Entfernung von mehreren hundert Kilometern, wohlgemerkt, und praktisch auf einer einzigen Straße. Die letzten Wochen waren also ein Wettlauf um die Heranführung von Nachschub; die Briten beziehen ihn aus Ägypten, die Deutschen aus Tripolis. Freilich sind die Deutschen bei El Agheila von ihrem nächsten Nachschubhafen – Tripolis – weiter entfernt, als sie das bei El Alamein in Ägypten waren; dort konnten sie Tobruk nutzen. Nach den deutschen Verlautbarungen sieht es so aus, als hätten die Briten den Wettlauf um Nachschub gewonnen und als rechneten die Deutschen damit, erneut zurückweichen zu müssen, um der Vernichtung zu entgehen. Offenbar bereiten sie die öffentliche Meinung in Deutschland auf etwas Derartiges vor, denn sie behaupten seit neuestem, Rommels Armee in Libyen habe nie mehr als ein Ablenkungsmanöver inszenieren sollen. Erst vor drei oder vier Monaten hat Rommel selbst in Berlin verkündet,* er sei nach Afrika gekommen, um Ägypten zu erobern, und habe Ägypten bereits in der Hand. Aber vielleicht hat die deutsche Öffentlichkeit das schon vergessen – oder die offizielle Rundfunkpropaganda hofft darauf, daß es so ist. Falls die neue britische Offensive bei El Agheila stattfindet und erfolgreich verläuft, wird sich das an der Tunesienfront zwar nicht unmittelbar, aber doch in wenigen Wochen auswirken.

Zwischen der Regierung der Vereinigten Staaten und General Boisson, dem französischen Oberbefehlshaber in Dakar in Französisch-Westafrika, wurde jetzt eine Vereinbarung über die Nutzung der Häfen und Flugplätze in Dakar durch die Alliierten unterzeichnet.** Sie wird sich beim Kampf gegen die U-Boote im Südatlantik als sehr nützlich erweisen. Die genaue politische Lage in Nordafrika und die Beziehung zwischen General [sic!] Darlan und uns bedarf noch einiger Erklärung. Mittlerweile wurde die Sache im Parlament behandelt,*** und ich denke, wir können in nicht allzu ferner Zukunft mit

* *Rommel war aus gesundheitlichen Gründen nach Deutschland zurückgekehrt. Er war bei Hitlers Rede im Sportpalast anwesend und machte dort auch die von Orwell erwähnte Äußerung.*

** *Die betreffende Vereinbarung war schon Wochen zuvor, nämlich am 24. November, unterzeichnet worden. Wie Orwell im folgenden ganz richtig sagt, bedurften die politischen Ereignisse jener Zeit einiger Erklärung.*

*** *In einer Sitzung im Unterhaus am 17. November machte Stafford Cripps in Beantwortung einer Anfrage einige Bemerkungen zu Darlans Position.*

einer offiziellen Verlautbarung dazu rechnen. [*Zensiert:* Ich möchte an dieser Stelle nur zwei einschlägige Fakten erwähnen. General Catroux, der führende freifranzösische Militär, hat gegen die Verbindungen zwischen den amerikanischen Militärkommandanten und General Darlan protestiert, was hierzulande große öffentliche Beachtung fand. Mr. Cordell Hull, der amerikanische Außenminister, hat sich dahingehend geäußert, daß die Vereinigten Staaten durch den Abschluß einer Vereinbarung mit Admiral Darlan und die dadurch bewirkte friedliche Übernahme Nordafrikas den Verlust von etwa 20 000 Mann vermieden haben.]

Japanische Flugzeuge haben vor etwa einer Woche im Golf von Bengalen einen Geleitzug angegriffen und vor zwei Tagen einen kleineren Bombenangriff auf Chittagong geflogen* – seit vielen Monaten das erste Mal, daß wieder Bomben auf indischen Boden fielen. Was das bedeutet, läßt sich noch nicht sagen, aber man kann mittlerweile davon ausgehen, daß eine japanische Invasion Indiens, die noch vor einem Jahr oder sechs Monaten durchaus wahrscheinlich schien, derzeit sehr unwahrscheinlich ist. Die Japaner haben im Südpazifik so schwere Schläge einstecken müssen, daß sie aller Wahrscheinlichkeit nach keine Aussichten mehr haben, die Seeherrschaft im Golf von Bengalen zu erringen. Diese Woche, am Jahrestag des japanischen Angriffs auf Pearl Harbor, hat die Regierung der Vereinigten Staaten den ersten vollständigen Bericht über den Angriff und seine Nachwirkungen veröffentlicht und dabei einige aufschlußreiche Zahlen zu den eigenen und den japanischen Schiffsverlusten im betreffenden Jahr genannt. Wie es scheint, war der japanische Überraschungsangriff in der Tat verheerend – nicht weniger als acht Schlachtschiffe wurden in unterschiedlich starkem Maße beschädigt –, doch bis auf eine Ausnahme wurden sämtliche beschädigten Schiffe mittlerweile wieder in Dienst gestellt oder stehen kurz davor.** Seither sind die japanischen Verluste zur See sehr viel höher als die der Alliierten. Allein im Gebiet der Salomonen haben die Japaner einen Verlust von 135 versenkten oder beschädigten Kriegs- und Handelsschiffen sowie über 600 Flugzeugen zu verzeichnen. Die Japaner können solche Verluste sehr viel schlechter verkraften als die Alliierten, weil ihre industrielle Leistungsfähigkeit sehr viel geringer ist.

* *Japanische Bomber mit Jagdschutz griffen am 10. Dezember Chittagong an; am 5. Dezember war schon einmal ein Angriff erfolgt, der in den Berichten der Abhörer Erwähnung findet. Vermutlich war diese Meldung Orwell entgangen.*

** *Die Zahlen waren schon zum damaligen Zeitpunkt, oder kurz danach, veröffentlicht worden, und die großen überregionalen britischen Zeitungen gingen nicht weiter auf den Jahrestag des Ereignisses ein. Durchaus möglich, daß der Zensor die Nennung der tatsächlichen Verlustzahlen bislang verhindert hatte.*

Außerdem sind sie mindestens ebenso stark von der Versorgung auf dem Seeweg abhängig wie die Britischen Inseln. Die Amerikaner haben im laufenden Jahr bislang über 40 000 Flugzeuge aller Typen produziert und acht Millionen Tonnen Handelsschiffraum gebaut. Das amerikanische Schiffsbauprogramm sieht für 1942 acht und für 1943 fünfzehn Millionen Tonnen vor, und für 1942 entspricht die Produktion den Planvorgaben. Die Amerikaner haben ferner eine Vielzahl von Kriegsschiffen gebaut, darunter ein neues Schlachtschiff von über 50 000 Tonnen, das diese Woche vom Stapel lief.* Nimmt man zu alledem noch hinzu, daß mit Sicherheit vier, wahrscheinlich sogar sechs der größten japanischen Flugzeugträger versenkt wurden, dann wird klar, warum die Japaner nun wohl doch keine Invasion Indiens versuchen. Offenbar haben sie auch, jedenfalls vorläufig, ihre Versuche aufgegeben, die Amerikaner von der Salomonen-Insel Guadalcanal zu vertreiben. Bei Buna, an der Küste von Neuguinea, halten sie noch ein kleines Gebiet, wo sie mit großem Mut kämpfen, aber es wird nicht damit gerechnet, daß sie ihre Stellungen dort noch lange werden behaupten können. Die Gefahr für Port Moresby und damit für Darwin in Australien, die noch vor wenigen Monaten unmittelbar zu drohen schien, hat damit wahrscheinlich ein Ende. Mr. Curtin, der australische Premierminister, hat seine Landsleute allerdings davor gewarnt, daß die Japaner weiter westlich an der nordaustralischen Küste einen Landungsversuch unternehmen und die Insel Timor dafür als Ausgangspunkt benutzen könnten.**

Die polnische Regierung hat soeben eine vollständige Darstellung des systematischen Massakers an den Juden im deutsch besetzten Polen veröffentlicht.*** Bei der Erklärung der polnischen Regierung handelt es sich nicht um Propaganda. Sie wird von vielen Quellen, unter anderem auch durch die Äußerungen der Naziführer selbst, bestätigt. So hat Himmler, der Chef der Gestapo, im März dieses Jahres per Erlaß die »Liquidierung« – und Liquidierung ist ja in totalitärer Sprache° nur eine Umschreibung für Ermordung – von fünfzig Prozent der überlebenden Juden angeordnet. Wie es aussieht, ist er dabei, sein Programm erfolgreich durchzuführen. Aus den Zahlen der polnischen

* *Die USS »New Jersey«, 52 000 Tonnen. Die anderen Zahlen bezieht Orwell aus Presseverlautbarungen des US-Marineministeriums.*

** *In einer Rundfunkrede am 6. Dezember.*

*** *In einer Note, die Graf Eduard Raczynski, der polnische Botschafter in London, den alliierten Regierungen übergab. Die Note schilderte detailliert das Schicksal unzähliger Juden. Zum Hintergrund der Note s. Martin Gilbert, Auschwitz and the Allies (1981).*

° *In »1984« erfindet Orwell die perfekte totalitäre Sprache, doch sie erreicht nirgendwo die kalte Brutalität, auf die er seine Zuhörer hier hinweist.*

Regierung geht hervor, daß von etwas mehr als drei Millionen Juden, die vor dem Krieg in Polen lebten, weit über ein Drittel – also weit über eine Million Menschen – kaltblütig ermordet wurden oder an Hunger und allgemeinem Elend gestorben sind. Zu Tausenden werden Männer, Frauen und Kinder, eingesperrt in Viehwaggons, in zum Teil wochenlangen Fahrten ohne Essen und Wasser auf russisches Gebiet verschleppt, so daß manchmal die Hälfte schon tot ist, wenn die Waggons geöffnet werden. Diese Politik, die Hitler in Reden vor und nach dem Krieg wieder und wieder proklamiert hat, wird überall dort durchgeführt, wo die Deutschen herrschen. Schon setzen sie, nun da sie ganz Frankreich übernommen haben, auch dort die antijüdischen Gesetze in Kraft, und französische Juden werden in den Osten verschleppt.* Und Frankreich, man vergesse das nicht, ist das Land, in dem es hundertfünfzig Jahre lang – nämlich seit der Französischen Revolution – keinerlei rechtliche Diskriminierung von Juden gegeben hat. Ich erwähne die Judenverfolgung nicht einfach nur, um Greuelgeschichten zu erzählen, sondern weil diese Form von kaltblütiger, systematischer Grausamkeit, die etwas ganz anderes ist als die in der Schlacht geübte Gewalt, uns das Wesen des Faschismus – das, wogegen wir kämpfen – vor Augen führt.**

17. Dezember 1942

In dieser Woche gibt es von keiner Front, außer der nordafrikanischen, viel Neues zu berichten. In Rußland haben sowohl die russischen Offensiven als auch die deutschen Versuche zum Gegenangriff an Tempo verloren, und zwar hauptsächlich wohl aufgrund des Wetters. An den russischen Fronten kommt es zu dieser Jahreszeit, wenn der Schnee fällt, aber noch nicht hartgefroren ist, zwangsläufig zu einer Art Kampfpause. Allerdings ist die Lage der deutschen Armeen vor Stalingrad und in Rshew, an der Moskauer Front, nicht gerade beneidenswert, und die Russen haben diese Woche eindrucksvolle

* *Nun endlich enthüllt Orwell die Lage in Frankreich, die ihm aus den Berichten der Abhörer schon seit Monaten bekannt ist. Die Bemerkung über antijüdische Gesetze bezieht sich auf eine Rundfunkrede des neu ernannten französischen Generalkommissars für jüdische Angelegenheiten, der meinte, die Judenfrage werde »nach deutscher Weise wissenschaftlich« untersucht.*

** *Man kommt wohl nicht um die bereits erwähnte Tatsache herum, daß Orwell und andere nichts von der Taktik der Feuersturm-Angriffe wußten, die von den Alliierten gegenüber der deutschen Zivilbevölkerung verfolgt wurde.*

Mengen an erbeutetem Kriegsmaterial gemeldet; [*zensiert:* dennoch sieht es so aus, als könnten die Deutschen ihre derzeitigen Positionen halten, wenn sie wollen.] Im Südpazifik gelang es den Japanern, nordwestlich von Buna auf Neuguinea eine Anzahl Truppen zu landen – wie viele genau, ist nicht bekannt, wahrscheinlich aber einige hundert. Ziel ist wahrscheinlich, zu verhindern, daß die Alliierten nach Westen vorstoßen, nachdem sie Buna gesäubert haben. Die Japaner haben schwere Verluste an Truppen und Landungsbooten erlitten.* Noch haben sie ihre Versuche nicht wieder aufgenommen, die Amerikaner von der Salomonen-Insel Guadalcanal zu vertreiben. Allerdings haben japanische Flugzeuge erneut Chittagong bombardiert, das zweite Mal innerhalb von etwa zehn Tagen.** Noch läßt sich nicht mit letzter Sicherheit sagen, was das bedeutet, aber es ist nicht ausgeschlossen, daß die Alliierten eine neue Aktion im indisch-burmesischen Grenzgebiet erwägen. Die Hauptnachricht dieser Woche aber sind die Kämpfe in Afrika, und ihnen möchte ich auch den Großteil meines Kommentars widmen.

Vergangene Woche habe ich die Ansicht geäußert, daß es an der libyschen Front binnen kurzem zu neuen Aktivitäten kommen werde, und genauso war es denn auch. Vor fünf Tagen wurde bekannt, daß die Deutschen ihre starke Verteidigungsposition bei El Agheila, achtzig Kilometer westlich von Benghasi, geräumt haben und sich rasch nach Westen zurückziehen. Offensichtlich planten sie, ihre Hauptstreitmacht so rasch wie möglich zurückzunehmen und gleichzeitig die nachrückende britische Achte Armee durch Nachhutgefechte und die Verlegung von Panzerminen aufzuhalten. Anscheinend hat dieser Plan aber bereits jetzt einen Haken. Vorgestern nämlich wurde gemeldet, daß eine Vorausabteilung der Achten Armee in einer weit ausholenden Umfassungsbewegung durch die Wüste vorstieß und bei einem Ort namens Matratin, etwa hundert Kilometer westlich von El Agheila, wieder das Meer erreichte. Die Nachhut der Achsentruppen wurde abgeschnitten, von beiden Seiten angegriffen und offenbar versprengt.*** Wie viele Truppen betroffen sind, ist noch nicht bekannt, wahrscheinlich aber verfügten die abgeschnittenen Achsentruppen über erhebliche Mengen von Panzern und Geschützen. Um die volle Bedeutung des Ereignisses ermessen zu können, muß man es zum wahr-

* *Die Japaner unternahmen am 13. Dezember einen nächtlichen Landungsversuch. General MacArthurs Hauptquartier gab bekannt, daß etwa 250 Mann gelandet waren, von denen die Mehrzahl fiel.*

** *Es war der dritte Angriff auf Chittagong; siehe S. 205, Anm. 1.*

*** *Orwell gibt einen optimistischen Bericht, in dem sich die Anweisungen des Informationsministeriums niederschlagen. Tatsächlich gelang Rommel der Rückzug, und die Tretminen in Verbindung mit Sprengfallen verzögerten die Verfolgung durch die Achte Armee stark. Die erwähnte Umfassungsbewegung blieb weitgehend erfolglos.*

scheinlichen deutschen Plan und zum Nordafrika-Feldzug insgesamt in Beziehung setzen.

Es sieht nicht so aus, als hätten die Deutschen vor, sich in Libyen noch einmal zum Kampf zu stellen, außer vielleicht zur Verteidigung von Tripolis. Nach der Räumung von El Agheila böte sich als geeignetster Ort Misurata, etwa 240 Kilometer östlich von Tripolis, an. Auch dieser Ort stellt eine natürliche Verteidigungsposition dar: die Straße nach Misurata wird auf der einen Seite von Wüste und auf der anderen von einem Sumpfgebiet flankiert, das sich wahrscheinlich für Überfälle aus dem Hinterhalt eignet; mehrere Wasserläufe bilden natürliche Hindernisse. Misurata besitzt außerdem einen kleinen Seehafen und ist von Tripolis aus mit Fahrzeugen ziemlich leicht zu erreichen. Der Ton der deutschen Verlautbarungen läßt jedoch eher darauf schließen, daß die Deutschen planen, Libyen ganz zu räumen und Rommels Armee nach Tunesien zu verlegen oder auf dem Seeweg in Sicherheit zu bringen. In den ersten Tagen weigerten sich die Rundfunkkommentatoren der Achsenmächte einzugestehen, daß überhaupt ein Rückzug im Gange war. Dann änderten sie plötzlich ihren Ton und behaupteten mit einemmal, der Rückzug sei ein raffiniertes, von vornherein geplantes Manöver gewesen, das die britische Strategie völlig über den Haufen geworfen habe. Liest man die derzeitigen deutschen Verlautbarungen, könnte man meinen, der Rückzug mache die ganze Kriegskunst aus, und einige ihrer Formulierungen sind wirklich höchst genial. Wir alle haben schon von »strategischen Absetzbewegungen« und »elastischer Front« gehört, aber die deutschen Kommentatoren haben jetzt noch Besseres zu bieten. Ihre schönste Umschreibung für einen schnellen Rückzug lautet: »Wir haben den Abstand zwischen uns und dem Feind erfolgreich vergrößert«; eine weitere: »Wir haben die Briten gezwungen, westwärts vorzurücken« – natürlich versteht es sich auch von selbst, daß General Rommel mit der Entscheidung zum Rückzug »die Initiative behält«. Sie werden selbst schon beobachtet haben, daß, wenn ein Hund ein Kaninchen jagt, das Kaninchen die Initiative behält. Diese Sprachregelung ist deshalb beachtenswert, weil sie deutlich macht, daß die Deutschen die heimische Öffentlichkeit auf schlechte Nachrichten vorbereiten.* Aller Wahrscheinlichkeit rechnen sie diesmal nicht damit, das Blatt wenden zu können; sie können bestenfalls darauf hoffen, den Vormarsch der Briten zu verzögern, während die andere Achsenstreitmacht ihre Position in Tunesien konsolidiert.

* *Die Vorbereitung der Menschen auf schlechte Nachrichten ist ein weiterer wesentlicher Aspekt der Propaganda, auf den Orwell hier wie auch in »1984« eingeht.*

Hieraus ergibt sich die Bedeutung der Niederlage, die die Nachhut der Achsentruppen erlitten hat. Auch im günstigsten Fall ist es für die Achte Armee schwer, rasch vorwärtszukommen, denn sie muß gewaltige Entfernungen zurücklegen und gelangt nun außerdem in das Wüstengebiet der Syrte, das etwa 320 Kilometer breit ist. Was sie an Wasser braucht, wird zum größten Teil von hinten herangeschafft werden müssen, und zwar entweder auf dem Straßenweg oder in Kähnen an der Küste entlang. Die Aufgabe der Achsennachhut bestand darin, den alliierten Vormarsch durch Zerstörung der vorhandenen Brunnen und durch Panzerminen aufzuhalten. Diese werden vergraben und jagen jedes Fahrzeug in die Luft, das über sie hinwegfährt; das Gros der Armee kann erst dann weiter vorrücken, wenn vorausgehende Spezialtruppen die Minen entschärft haben, die zu finden oft lange dauert.* Die Umfassungsbewegung, die die Nachhut der Achsenkräfte abgeschnitten hat, wird diese Verzögerungstaktik wohl weitgehend zunichte gemacht haben. Zugleich wird die nach Westen abziehende Hauptstreitmacht des Feindes verfolgt; auf dem schmalen Küstenstreifen fällt es ihr schwer, ihre Formation aufzulockern, um Fliegerangriffen zu entgehen. Aus sämtlichen von der Front eingegangenen Meldungen wird deutlich, daß die Alliierten in der Luft weit überlegen sind.

Doch betrachten wir die libysche Front nun in bezug auf die andere Front in Tunesien. Dort verzögert sich der alliierte Angriff auf Tunis und Biserta nach wie vor, und zwar offensichtlich aus demselben Grund wie bisher – wegen der deutschen Luftüberlegenheit. In puncto Flugplätze sind die Deutschen immer noch besser ausgestattet, und wahrscheinlich fliegen sie aus Sizilien und Sardinien ziemlich rasch Verstärkungen, d. h. frische Truppen, ein. Nachdem sie Tebourba und Jedaida eingenommen haben, sind ihre weiteren Aktionen jedoch erfolglos geblieben. Trotz mehrfacher deutscher Angriffe hält die britische Erste Armee nach wie vor Medjes el Bab, westlich von Tunis. Die Hauptstellung der Alliierten, hinter der diese ihren Angriffsverband aufbauen, wurde nicht durchbrochen. Falls die Achte Armee bis Tripolis oder in die Nähe von Tripolis kommt, wird das die deutsche Position in Tunesien ebensosehr schwächen wie große Verstärkungen auf der anderen Seite. Die Deutschen werden dann Luftangriffen von Osten und Westen sowie von Malta her ausgesetzt sein, das bereits verstärkt werden konnte. Wahrscheinlich kann man davon ausgehen, daß die Deutschen, wenn die Alliierten sowohl in Tripolis als auch in Algier stünden, Tunesien nicht halten könnten,

* *Orwells detaillierte Erklärung, die an frühere Bemerkungen anknüpft, illustriert, wie schwierig es für ihn war, sich seinem indischen Publikum verständlich zu machen. Er gab sogar eine Reihe von Vorträgen in Auftrag, die dergleichen erklärten, und verfaßte selbst einen zum Thema »Sabotage« (s. OWB, S. 77 ff.).*

obwohl es nach dem Ausmaß der Verstärkungen, die sie bereits dorthin geworfen haben, so aussieht, als wollten sie es darauf ankommen lassen – zum Teil vielleicht aus Prestigegründen.

Admiral Darlan hat in seiner Eigenschaft als Hochkommissar für Französisch-Nord-und-Westafrika soeben eine neue Erklärung abgegeben.* Darin heißt es, daß die französischen Kriegsschiffe in den verschiedenen afrikanischen Häfen ab sofort auf der Seite der Alliierten operieren. Dazu gehören auch die Kriegsschiffe, die in Dakar und Casablanca lagen, und die, die in Alexandria festgehalten wurden, als Frankreich aus dem Krieg ausschied. Sie werden die alliierten Flotten erheblich verstärken, wenn auch vielleicht nicht unmittelbar. Neben mehreren schweren Kreuzern und einer Reihe von Zerstörern und kleineren Schiffen zählen dazu auch zwei Schlachtschiffe, die im Augenblick beide beschädigt sind, nämlich die »Richelieu«, die kurz nach dem Waffenstillstand von 1940 von einem britischen Torpedo getroffen wurde, und die »Jean Bart«, die bei den Gefechten vor Casablanca schwerere Schäden davontrug. Ihre Reparatur wird Zeit brauchen, und die festgehaltenen Schiffe wurden teilweise abgerüstet. Die kleineren Schiffe aber werden dem Vernehmen nach praktisch sofort in Dienst gestellt werden können. Damit ist das Schicksal der französischen Flotte nach mehr als zweijähriger Unsicherheit nun endlich entschieden, und die Alliierten sind bei dem Handel weitaus besser weggekommen als die Deutschen.

[*Zensiert:* Bestimmte Einzelheiten von Admiral Darlans Position sind nach wie vor unklar. In seiner Presseerklärung hat er jedoch zwei Äußerungen gemacht, die allgemein Befriedigung hervorriefen. Zum einen hat er, genau wie von Präsident Roosevelt gefordert, die Freilassung sämtlicher Franzosen in Nordafrika angekündigt, die wegen achsenfeindlicher Aktivitäten von den Vichy-Behörden interniert oder inhaftiert wurden. Ob sich das auch auf die verschiedenen antifaschistischen Flüchtlinge, hauptsächlich Deutsche und Spanier, bezieht, die unter dem Vichy-Regime in Konzentrationslager eingesperrt wurden, ist nicht ganz klar. Wir dürfen es immerhin hoffen – jedenfalls sollte es möglich sein, über diesen Punkt demnächst Aufschluß zu bekommen.** Ferner gab Admiral Darlan bekannt – und auch dies entsprach einer Forderung Präsident Roosevelts –, daß die antijüdischen Gesetze, die Vichy von den Deutschen aufgezwungen wurden, in Nordafrika außer Kraft gesetzt werden.]

* *Bei einer Pressekonferenz am 16. Dezember im Großen Hauptquartier der Alliierten.*

** *Darlan garantierte eine vollständige Amnestie für alle, »gegen die wegen ihrer Sympathien für die Alliierten irgendwelche Maßnahmen ergriffen wurden«.*

Vergangene Woche habe ich über die neuerliche Verfolgung und Ermordung der polnischen Juden durch die Deutschen gesprochen. Auch nach drei Kriegsjahren, in denen die Menschen zwangsläufig abstumpfen, hat dies weltweit tiefes Grauen ausgelöst. Es gibt wohl keine Zeitung hierzulande, die sich nicht mit Empörung dazu geäußert hat. In beiden Häusern des Parlaments wurde darüber debattiert, und es fanden zahlreiche Bittgottesdienste statt, an denen Juden und Christen gemeinsam teilnahmen. Mr. Anthony Eden hat namens der britischen Regierung feierlich gelobt, daß die Verantwortlichen für diese kaltblütigen Massaker – und zwar nicht nur die kleine Clique an der Spitze der Nazipartei, sondern auch die, die ihre Befehle letztlich ausgeführt haben – nach dem Krieg zur Rechenschaft gezogen werden.* Der Internationale Gewerkschaftsbund hat die deutsche Arbeiterklasse dazu aufgerufen, sich, ehe es zu spät ist, von ihren Oberen zu distanzieren.** Solange der Krieg nicht gewonnen ist, läßt sich wohl nicht mehr tun. Allerdings besteht auch jetzt noch die geringe Möglichkeit, daß etwas Positives geschieht, um wenigstens einen Teil der Opfer der Verfolgung zu retten. Es sind Bestrebungen im Gange, jüdische Kinder unter Aufsicht einer neutralen Macht aus dem von den Deutschen besetzten Europa zu evakuieren. Vielleicht wird nichts daraus, aber es könnte immerhin sein, daß es doch gelingt. Die Deutschen haben gezeigt, daß sie mit Kindern ebensowenig Mitleid haben wie mit Erwachsenen, aber wegen ihrer Ernährungsprobleme erscheint es ihnen vielleicht zweckmäßig, einen Teil ihrer unerwünschten Bevölkerung loszuwerden. Selbst dann stehen einem solchen Vorhaben zahlreiche naheliegende Schwierigkeiten entgegen. Dennoch dürfen wir ernsthaft hoffen, daß es verwirklicht wird; schon daß man es zur Diskussion stellt und daß es öffentliche Unterstützung findet, zeigt, daß die Menschen in diesem Lande nicht vergessen haben, wofür sie kämpfen.***

* *In einer Erklärung vor dem Unterhaus am 17. Dezember; gleichlautende Erklärungen wurden in Washington und Moskau abgegeben.*

** *Ein interessantes politisches Argument, das Orwell hier anzubringen versucht. Die Nationalsozialisten in Deutschland suchten am ehesten Unterstützung bei gewöhnlichen Arbeiterinnen und Arbeitern, insbesondere Facharbeitern.*

*** *Hauptbindernis für eine derartige Emigration von Kindern, falls man sie hätte herausbringen können, war das Widerstreben der britischen Behörden in Palästina, sie ins Land zu lassen. Am 23. März 1942 waren »Palästinazertifikate« für 870 jüdische Kinder aus Ungarn und Rumänien beantragt worden, aber Sir Harold MacMichael, der Hochkommissar in Palästina, fühlte sich gezwungen abzulehnen, um keinen Präzedenzfall zu schaffen. Innerhalb des britischen Civil Service gab es nicht wenige, welche die ihnen berichteten Greueltaten schlicht nicht glaubten. So stellte J. S. Bennett, ein Kolonialoffizier, fest: »Beunruhigend ist allerdings die offenkundige Bereitwilligkeit des neuen Kolonialministers, irgendwelches rührselige Zeug der Jewish Agency für bare Münze zu nehmen. Als politisches Manöver schafft dies einen guten Präzedenzfall, den die Agency zweifellos ausnutzen wird« (zitiert nach: Martin Gilbert, op. cit., S. 99). Orwell kann damals nichts davon gewußt haben, es sei denn gerüchteweise.*

26. Dezember 1942

In früheren Kommentaren habe ich gesagt, daß in Kürze mit einer offiziellen Verlautbarung zu rechnen sei, in der die Position von Admiral Darlan, dem Hochkommissar für Französisch-Nord-und-Westafrika, klargestellt wird. Wie es so geht, wurde seine Position auf andere Weise klargestellt. Er ist tot. Er wurde vor zwei Tagen ermordet. Der Attentäter wurde gefaßt und vor ein französisches Militärgericht gestellt. Er sollte heute morgen hingerichtet werden. Mehr wissen wir im Moment nicht, außer daß General Giraud vorläufig Darlans Position als Oberbefehlshaber der französischen Streitkräfte in Nord- und Westafrika übernommen hat. Die Verwaltungsbehörden dieser Gebiete arbeiten weiter wie bisher.*

[*Zensiert:* In meinen letzten Nachrichtenkommentaren habe ich gesagt, daß die Regierungen Großbritanniens und der Vereinigten Staaten wahrscheinlich in Kürze eine offizielle Erklärung abgeben würden, in der die Position von Admiral Darlan, dem Hochkommissar für Französisch-Nord-und-Westafrika, klargestellt wird. Wie es so geht, wurde seine Position auf andere Weise klargestellt. Er wurde vorgestern in Algier Opfer eines Mordanschlages und ist tot. Der Attentäter wurde gefaßt, aber wir kennen weder seinen Namen noch seine Beweggründe.** Sicherlich wird man in den nächsten Tagen Genaueres darüber erfahren. Bis dahin möchte ich lediglich darauf hinweisen, daß Darlans Tod nichts an der allgemeinen Lage ändert. Die Stabilität des Regimes in Französisch-Afrika hing nicht von seiner Person ab, und es gibt keinen Grund zu der Annahme, daß die Loyalität der französischen Truppen in Afrika gegenüber den Vereinten Nationen in irgendeiner Weise berührt wird. Vorderhand hat General Giraud, der kürzlich aus Deutschland geflohen ist*** und über Vichy-Frankreich nach Afrika gelangte, den Oberbefehl über die französischen Streitkräfte in Afrika übernommen. Sicher wird in Kürze ein Nach-

* *Diesen Absatz schrieb Orwell, nachdem die in eckigen Klammern folgende ursprüngliche Einleitung der Zensur zum Opfer gefallen war. Der letzte Satz der neuen Version wurde bei Wiedervorlage vom Zensor gestrichen.*

** *Es handelte sich um den zwanzigjährigen Bonnier de la Chapelle, dem Churchill in »The Second World War«, Bd. 4, S. 577 f. »Verbindungen zu Henri d'Astier« unterstellt. Die Vichy-Propaganda machte den britischen und amerikanischen Geheimdienst verantwortlich und merkte obendrein noch an, daß die Frau des Attentäters Jüdin sei. Da die Vichy-Regierung Darlan in bitterem Ton als Verräter bezeichnet hatte, wäre es mindestens ebenso logisch gewesen, ihr die Tat zur Last zu legen.*

*** *Giraud entkam Mitte April aus der Festung Königstein; zwischen dem 21. und dem 25. April hielt er sich angeblich in der Schweiz auf und erreichte Anfang Mai Vichy-Frankreich. Zur Zeit der Landung in Nordafrika wurde er vom einem alliierten U-Boot zu General Eisenhowers Hauptquartier gebracht, wo er am 20. Dezember eintraf.*

folger für Darlan ernannt. In den vergangenen ein, zwei Wochen häuften sich die Anzeichen für Darlans Unbeliebtheit bei der Bevölkerung von Französisch-Nordafrika; vermutlich erinnerte man sich dort noch genau seiner Vergangenheit als »Kollaborateur« in der Vichy-Regierung und war nicht der Meinung, daß sein erneuter Seitenwechsel seine frühere Karriere ungeschehen machte. Für die Sache der Vereinten Nationen wird es sehr viel besser sein, wenn wir als Nachfolger Darlans jemanden bekommen, der nicht so augenfällig mit der Kapitulationspolitik gegenüber den Nazis verbunden ist.]

Abgesehen von der Ermordung Admiral Darlans ist das Hauptereignis dieser Woche an der afrikanischen Front der sich fortsetzende rasche Rückzug der Deutschen in Libyen. Als ich vergangene Woche meinen Kommentar sprach, war die Nachhut von General Rommels Armee soeben westlich von El Agheila abgeschnitten worden, und es deutete alles darauf hin, daß sie vollständig aufgerieben würde. Letztlich entkam der größte Teil dieser Nachhut dann zwar doch,* aber nicht ohne neben mehreren hundert Mann, die in Gefangenschaft gerieten, auch ziemlich viele Geschütze und anderes Material einzubüßen. Der Rückzug allerdings geht weiter, und mittlerweile haben unsere Vorausabteilungen in der Gegend von Sirte, etwa 240 Kilometer westlich von El Agheila, Feindkontakt. Es sieht so aus, als stünden die Deutschen im Begriff, Sirte und letztlich, aller Wahrscheinlichkeit nach, ganz Libyen zu räumen, obwohl sie zur Verteidung von Tripolis zweifellos Rückzugsgefechte liefern werden. Nach wie vor bemühen sie sich nach Kräften, den Vormarsch der Achten Armee dadurch zu verzögern, daß sie Panzerminen verlegen und die Landebahnen umpflügen, die sie aufgeben müssen; danach dauert es jedesmal einige Tage, bis diese Feldflugplätze von alliierten Flugzeugen benutzt werden können. Außerdem tauchen seit einigen Tagen wieder deutsche Flugzeuge an der libyschen Front auf, nachdem etwa eine Woche lang praktisch nur die Alliierten in der Luft aktiv waren. Zweifellos hofft der deutsche Oberbefehlshaber, die Achte Armee solange aufhalten zu können, bis das Gros der deutschen Kräfte entkommen ist, und zwar wahrscheinlich nach Tunesien, möglicherweise aber auch auf dem Seeweg zurück nach Sizilien.

Vom deutschen Standpunkt aus hat die vollständige Räumung Libyens den Nachteil, daß damit der letzte Zipfel des italienischen Kolonialreiches aufgegeben würde und für die Italiener folglich jeder eventuell noch vorhandene Beweggrund zur Fortsetzung des Krieges entfiele. Es deutet vieles darauf hin, daß die Moral in Italien bereits im Sinken ist; die Ernährungslage ist schlecht,

* *In einem Kommuniqué, das am 17. Dezember in Kairo herausgegeben wurde, hieß es, daß »einige Panzer und Infanterieeinheiten entkommen« seien; s. dazu jedoch S. 208, Anm. 3.*

und die britischen Luftangriffe haben große Panik und Desorganisation verursacht. Es wird ernsthaft erwogen, Rom zur offenen Stadt zu erklären, um es vor Bombenangriffen zu bewahren. Falls es dazu kommt, wäre das ein schwerer Schlag für das Prestige der Achsenmächte und bedeutete das Eingeständnis, daß die Moral der Italiener wacklig ist. Die Deutschen werden sich freilich kaum von irgendwelchen Rücksichten auf italienische Gefühle bewegen lassen. So sehr die Italiener den Krieg auch hassen mögen, sie sind nicht in der Lage, etwas dagegen zu tun, solange die deutsche Armee bei ihnen einquartiert ist. Und für die Deutschen brächte es erhebliche Vorteile, Libyen vollständig aufzugeben und sich statt dessen darauf zu konzentrieren, Tunesien zu halten. Wenn es ihnen gelänge – was allerdings unwahrscheinlich ist –, Tunesien auf Dauer zu halten, könnten sie den alliierten Schiffsverkehr durch das Mittelmeer vollständig lahmlegen. Aber selbst wenn sie es nur eine Zeitlang halten, können sie zwar mit Verlusten, aber doch mit weniger katastrophalen Folgen aus Afrika herauskommen, als wenn sie riskieren, in Libyen eine ganze Armee zu verlieren. Außerdem sind ihre Nachschubprobleme in Biserta und Tunis sehr viel einfacher zu lösen als in Tripolis. Die Versorgung von Tripolis bedeutet einen ständigen Verlust von Schiffen und Transportflugzeugen. Während der gesamten derzeitigen Operationen haben die Achsenstreitkräfte durchschnittlich ein Schiff pro Tag verloren – viel mehr, als sie sich bei ihren begrenzten Schiffsbeständen leisten können. Somit lautet meine Prognose für Nordafrika, daß die Deutschen Biserta und Tunis wahrscheinlich so lange wie möglich, Tripolis hingegen nicht mit aller Macht verteidigen werden.

Seit vergangener Woche haben die Russen neue Offensiven gestartet, diesmal am mittleren Don, nordwestlich von Stalingrad und im Kaukasus. Sie haben die deutschen Verteidigungspositionen rasch durchbrochen und sind in etwas mehr als einer Woche über 160 Kilometer weit vorgestoßen, wobei sie nach eigenen Angaben 50 000 Gefangene gemacht und große Mengen von Kriegsmaterial erbeutet haben.* Das Vorgehen der Russen in südwestlicher Richtung macht es der deutschen Armee vor Stalingrad noch schwerer, sich aus ihrer unangenehmen Lage zu befreien. Wie entscheidend der russische Sieg ist, können wir noch nicht sagen. Kennzeichnend für den Winterkrieg in Rußland sind die Schwierigkeiten beider Seiten, aufgrund der schlechten Wetterbedingungen und des daraus folgenden Zusammenbruchs der Verbindungslinien eine längere Offensive durchzuhalten. Aber die Reihe begrenzter Offensiven, die die Russen nun an mehreren, weit auseinanderliegenden Punkten entlang

* *Tatsächlich hatte die Offensive schon am 16. Dezember begonnen. Die von Orwell zitierten Zahlen entstammen einem russischen Kommuniqué, das am Tag von Orwells Sendung herausgegeben wurde.*

der Front unternommen haben, hat die Probleme der Deutschen deutlich verschärft. Die Russen stehen mittlerweile an mehreren Stellen jenseits der Eisenbahnlinie, die Woronesch mit Rostow verbindet, und das erschwert es den Deutschen, die seitlichen Verbindungen aufrechtzuerhalten. Wenn man sich die Karte der Rußlandfront von Leningrad bis zum Kaukasus ansieht, stellt man fest, daß die von den deutschen Armeen gehaltene Linie aufgrund ihrer gewaltigen Ausbuchtungen zweimal so lang ist, wie sie sein müßte. Die Deutschen könnten sie durch einen allgemeinen Rückzug verkürzen, was ihnen aber aus Prestigegründen schwerfällt.* Und es ist ihnen wieder nicht gelungen, große Städte zu erobern, wo ihre Truppen überwintern könnten. Letztes Jahr erfroren Tausende von Deutschen – wie viele Tausende, wissen wir nicht –, weil Moskau und Leningrad nicht eingenommen werden konnten. Dieses Jahr werden wieder Tausende erfrieren, weil Stalingrad nicht eingenommen und der Kaukasus nicht überquert werden konnte. Und je mehr Aktivitäten die Rote Armee in den Wintermonaten aufrechterhalten kann, desto schwerer wird es für die Deutschen sein, ihre Armeen ausruhen zu lassen und sich auf die anglo-amerikanische Offensive im nächsten Jahr vorzubereiten.

Vergangene Woche habe ich die Ansicht geäußert, daß die Bombardierung von Chittagong durch die Japaner bedeuten könnte, daß die Alliierten eine Aktion im indisch-burmesischen Grenzgebiet planen. Das hat sich bestätigt: Britische und indische Truppen sind in Richtung Akyab nach Burma vorgestoßen. Die Tatsache, daß die Japaner Kalkutta dreimal bombardiert haben, läßt darauf schließen, daß sie diese Aktion ernst nehmen. Wir sollten von dem alliierten Vorstoß allerdings keine unmittelbaren weitreichenden Ergebnisse erwarten. Es handelt sich wahrscheinlich nur um ein Aufklärungsunternehmen, um die Stärke der Japaner zu erproben und um Kontakt mit den Burmesen aufzunehmen und ihre Haltung zur japanischen Besatzung festzustellen. Akyab ist an sich kein Ziel, um das es sich ernsthaft zu kämpfen lohnte.** In Burma gibt es im Grunde nur ein wichtiges Ziel, nämlich Rangun, den einzigen Einlaufhafen, über den erneut Kriegsmaterial zur Burmastraße gelangen könnte. Bedeutsamer, wenn auch weniger beachtet, ist die Nachricht, daß die Insel Sumatra von britischen Flugzeuge angegriffen wurde, die von einem Trä-

* *Eine hübsche propagandistische Umschreibung der Tatsache, daß es den Russen bislang nicht gelungen war, die Deutschen zum Rückzug zu zwingen.*

** *Dieser Vorstoß – der erste gegen die Japaner in Burma – begann, den Meldungen zufolge, am 21. Dezember; der erste Kontakt mit japanischen Truppen ergab sich am 26. Dezember. Wie es scheint, ist Orwell mit seiner Bemerkung, daß Akyab keinen Kampf wert sei, bewußt unehrlich. Mit ihrem Flughafen beherrschte die Stadt den Luftraum bis Rangun, und ihre Eroberung galt als unerläßlich.*

ger gekommen sein müssen.* Bedeutsam ist das deshalb, weil es zeigt, wie sich das Kräftegleichgewicht auf See *zuungunsten* der Japaner verschiebt. Es ist seit März dieses Jahres die erste Aktion der Alliierten gegen Sumatra, und noch bis vor wenigen Monaten hätte kein alliierter Flugzeugträger in die Nähe der Insel kommen können. Selbst im Ostteil des Golfes von Bengalen schwindet die Seeherrschaft der Japaner infolge der schweren Verluste, die sie im Südpazifik davontrugen, und dank des sehr viel höheren Produktionstempos der Alliierten bei Schiffen und Flugzeugen. Der britische Luftangriff auf Sumatra ist dafür ein Beleg, aber er muß auch einen unmittelbaren militärischen Zweck verfolgt haben und hängt möglicherweise mit dem Vorstoß nach Burma zusammen. Es dürfte sich lohnen, die Andamanen im Auge zu behalten, die südwestlich von Burma liegen und die Zufahrtsrouten nach Rangun und Singapur beherrschen.

Dies ist die vierte Kriegsweihnacht, und in den ein, zwei Minuten, die mir noch bleiben, möchte ich, wie zuweilen schon in früheren Kommentaren, zurückblicken und etwas zur Entwicklung des Krieges insgesamt sagen. Blicken wir zwei Jahre zurück, auf Weihnachten 1940. Großbritannien stand in einem verzweifelten Kampf, allein und mit dem Rücken zur Wand, und London und andere britische Städte sanken im Bombenhagel in Trümmer. Amerika war neutral, desgleichen Sowjetrußland, dessen Wohlwollen zudem äußerst zweifelhaft war. In der Cyrenaika war eine italienische Armee aufgerieben worden, und die Luftschlacht um England hatte mit einem Sieg geendet, aber die Deutschen hatten ganz Westeuropa erobert, und es stand keineswegs fest, daß die Neue Ordnung nicht funktionieren würde. Blicken wir nun ein Jahr zurück, auf Weihnachten 1941; auch damals waren die Aussichten nicht gerade rosig. Hongkong war soeben gefallen, ein Überraschungsangriff hatte die amerikanische Flotte in Pearl Harbor zeitweise lahmgelegt, und die Japaner hatten ihre Serie von Eroberungen begonnen, die – so hatte es jedenfalls damals den Anschein – mit Sicherheit zu einer Invasion Indiens und Australiens führen würde. Anders als im Jahr davor aber gab es dafür einen gewissen Ausgleich. Rußland und die Vereinigten Staaten befanden sich im Krieg, der Versuch, Rußland mit einem Schlag auszuschalten, war erkennbar gescheitert, und die deutsche Armee biß sich an Moskau immer noch die Zähne aus. Außerdem hatte Großbritanniens Stärke, sowohl an Waffen als auch an ausgebildeten Soldaten, im dazwischenliegenden Jahr gewaltig zugenommen. Und nun sehen wir uns an, wie sich die Lage heute darstellt. In Rußland haben

* *Der japanische Stützpunkt bei Sabang auf Sumatra wurde am 20. Dezember von Flugzeugen der britischen »Eastern Fleet« angegriffen.*

die Deutschen, ohne entsprechenden Gewinn, riesige Verluste erlitten, und vor ihnen liegt ein weiterer Winter im Schnee. Die Japaner stehen dort, wo sie schon vor sieben Monaten standen, sie haben eine Vielzahl unersetzlicher Kriegsschiffe verloren, und im Südpazifik wendet sich das Blatt allmählich zu ihren Ungunsten. Die Achsenmächte haben den größten Teil Libyens verloren, und die gesamte Nordwestecke Afrikas, mit ihren guten Häfen und Flugplätzen und ihren wichtigen Rohstoffen, ist den Alliierten in die Hände gefallen. Sowohl die amerikanische als auch die britische Rüstungsproduktion läuft auf vollen Touren. Was die Neue Ordnung angeht, so behaupten sogar die Deutschen selbst kaum noch, daß sie funktioniert. Es hat auch 1942 – vor allem im Hochsommer – Momente gegeben, da die Zukunft durchaus nicht rosig aussah, doch heute erkennen wir deutlich, daß das Blatt sich gewendet hat. Wann genau es sich wendete, darüber kann man streiten. Vielleicht mit der Luftschlacht um England im Jahre 1940 oder mit dem Scheitern der Deutschen vor Moskau im Jahre 1941 oder mit der anglo-amerikanischen Landung in Nordafrika im Jahre 1942 – jedenfalls hat es sich gewendet, und man hört sogar den Reden der Führer der Achsenmächte an, daß sie nicht mehr an eine erneute Wende glauben.

9. Januar 1943

Diese Woche gibt es wenig Neues, außer von der Rußlandfront, und ihr möchte ich auch den größten Teil meines Kommentars widmen. Zunächst aber möchte ich kurz die Nachrichten von den anderen Fronten zusammenfassen, um die Rußlandfront in die richtige Perspektive rücken zu können.

In Nordafrika hat es kaum neue Entwicklungen gegeben. Der Kampf in Tunesien wogt hin und her, ohne daß die eine oder andere Seite viel Gelände gewinnt oder verliert; offensichtlich ergänzen beide Seiten ihre Truppen für die noch bevorstehende große Schlacht. Wie es scheint, haben sich die Deutschen in Tunesien trotz ihrer Verluste zur See, die nach wie vor schwer sind, mit weiteren Panzern und Truppen verstärkt. Nun da sich das Kräfteverhältnis im Mittelmeer zugunsten der Alliierten verschoben hat, hat auch Malta Verstärkungen erhalten, und die von dort ausgehende Luftaktivität nimmt zu.*

* *Admiral Harwood, der Oberbefehlshaber Mittelmeer, hatte auf einer Pressekonferenz in Alexandria am 26. Dezember die aus dem Vormarsch der Achten Armee resultierende Veränderung des Stellenwerts von Malta dargestellt.*

Freifranzösische Kräfte, die vom Tschadsee in Äquatorialafrika aus nordwärts durch die Wüste vorstießen, haben die Vorposten der Achse in der libyschen Wüste durchstoßen und etwa 640 Kilometer südlich von Tripolis eine wichtige Oase erobert.* Mit diesem Manöver war ein Marsch von etwa 1600 Kilometern verbunden, der im wesentlichen durch Wüstengelände führte. Ein Angriff aus dieser Richtung stellt eine zusätzliche Bedrohung der Achsenstellungen sowohl in Tripolitanien als auch in Tunesien dar, aber es ist sehr schwer, Truppen oder Fahrzeuge in größerer Zahl durch die Wüste zu bringen, und zwar nicht nur wegen des Wassermangels, sondern auch wegen des Zeitaufwandes für den Aufbau von Treibstoffdepots. Mehr gibt es aus Nordafrika im Augenblick nicht zu berichten.

Im Osten Neuguineas wurde der japanische Widerstand in Buna endlich überwunden. Die einzigen japanischen Truppen, die in diesem Teil der Insel jetzt noch übrig sind, stehen in Sanananda, etwa achtzig Kilometer weiter westlich, wo sie vor einigen Wochen angelandet wurden. Im Augenblick gruppieren sich die Alliierten für den Schlußangriff auf Sanananda um. Der Verlust des Ostteils von Neuguinea und der Salomonen-Insel Guadalcanal wird die Pläne der Japaner zwar durcheinandergebracht haben, aber es sieht nicht so aus, als hätten sie schon alle Hoffnung fahren lassen, Australien angreifen zu können. Aufklärungsflüge haben ergeben, daß sie in Rabaul auf Neubritannien erneut eine große, aus Kriegsschiffen und Truppentransportern bestehende Flotte zusammengezogen haben, nach Berichten einiger Beobachter sogar die bisher größte. Wir wissen noch nicht, was sie damit vorhaben, aber es wurde die Ansicht geäußert, daß sie möglicherweise erneute Anstrengungen zu einer Invasion Australiens, und zwar irgendwo an der Nordwestküste, unternehmen werden.** Davor würden sie wahrscheinlich noch einmal versuchen, die Lage auf Neuguinea und auf den Salomonen zu wenden. Die Bedrohung wird in Australien ernst genommen; die Bevölkerung wird verstärkt zum Wehrdienst und zur Arbeit in der Rüstungsindustrie herangezogen.

Die britischen und amerikanischen Luftangriffe entlang der Küste von Burma haben an Umfang zugenommen und erstrecken sich auf das gesamte Gebiet von der Küste von Arakan bis Pagoda Point und landeinwärts bis Mandalay. Wir haben im Augenblick nicht sehr viele Hinweise darauf, wie es den Japanern in den von ihnen besetzten Gebieten ergeht, aber aus den wenigen

* *Am 6. Januar wurde gemeldet, daß Umm al Aranib, der wichtigste Vorposten der Achse im Fessan, von freifranzösischen Truppen erobert worden sei.*

** *Dieser Konvoi wurde zum erstenmal am 6. Januar gesichtet und auf dem Weg nach Lae, wo er am 8. Januar eintraf, wiederholt angegriffen. Zahlreiche Schiffe und Begleitflugzeuge wurden als zerstört gemeldet.*

vorhandenen Hinweisen geht durchweg hervor, daß sich der Widerstand allerorts verstärkt. Erst kürzlich wurden, wie der japanische Rundfunk soeben bekanntgab, eine Reihe von Burmesen wegen Sabotage und Sachbeschädigung und zwei Inder wegen Eisenbahnsabotage hingerichtet. Ferner haben die Japaner eine Verordnung erlassen, die es der Bevölkerung von Burma verbietet, ausländische Rundfunksender zu hören – ein sicheres Zeichen dafür, daß die alliierten Rundfunksendungen Beachtung finden.* Wir können wohl die Vermutung wagen, daß den Burmesen allmählich klar wird, was es mit der Neuen Ordnung der Japaner wirklich auf sich hat.

Ansonsten hat es an den asiatischen Fronten in dieser Woche wohl keine weiteren Ereignisse gegeben, zu denen ich Wichtiges sagen kann.

Nun aber zur Rußlandfront. Die Russen haben der Eroberung von Welikije Luki** in der Nähe der lettischen Grenze die Eroberung von Mosdok und Nalchik an der Kaukasusfront folgen lassen. Der Verlust von Nalchik besiegelt das Scheitern des deutschen Kaukasusfeldzuges. Wenn man sich eine Rußlandkarte ansieht, auf der die ungefähren derzeitigen Positionen der Armeen eingezeichnet sind, so erkennt man, daß die deutsche Armee im Kaukasus nichts weiter tut als eine riesige Frontausbuchtung zu halten, die keinen unmittelbaren Wert besitzt. Als die Deutschen im Sommer südwärts vorstießen, rechneten sie – und ein Großteil der übrigen Welt – damit, daß sie vor Einbruch des Winters den Kaukasus überqueren*** und die Ölfelder von Baku erreichen würden. Zumindest war damit zu rechnen, daß sie im Besitz der Schlüsselstädte bleiben, die die Kaukasuspässe beherrschen, und damit in der Lage sein würden, ihre Offensive im Frühjahr wiederaufzunehmen. Nun werden sie zurückgedrängt und setzen sich offenbar rasch ab. Sie werden wohl erst wieder an der Kuma stehenbleiben können und müssen möglicherweise noch viel weiter zurückgehen, denn während die deutsche Armee im Süden den Halt verloren hat, setzen die russischen Armeen westlich von Stalingrad ihren Vorstoß entlang dem Don fort. Man nimmt an, daß sie mittlerweile nur noch hundertzwanzig Kilometer von Rostow entfernt sind. Falls sie bis Rostow gelangen, was nicht unmöglich ist, wird sich die gesamte deutsche Armee im Kaukasusgebiet schleunigst zurückziehen müssen, wenn sie nicht

* *In den Abhörerberichten findet sich keine Quelle für diese Behauptungen; allerdings war ein Verbot bei Androhung der Todesstrafe eine häufig angewandte Maßnahme, wenn Rundfunkpropaganda Wirkung zu zeigen begann. In manchen Fällen, wenn es nicht möglich war, die gegnerische Propaganda zu stören, wurden die Empfangsgeräte technisch so eingestellt, daß nur »befreundete« Sender zu empfangen waren.*

** *Ein wichtiger deutscher Stützpunkt, der am 1. Januar 1943 nach schwerem Kampf fiel.*

*** *Siehe Anm. S. 166.*

Gefahr laufen will, vollständig abgeschnitten zu werden. Zweifellos wäre ein sofortiger Rückzug angezeigt, aber die deutsche Strategie wird nicht ausschließlich von militärischen Überlegungen bestimmt. Die Deutschen haben riesige, sinnlose Verluste erlitten, weil Hitler nicht von Stalingrad lassen wollte, nachdem er sich gebrüstet hatte, er würde die Stadt einnehmen; das gleiche kann sich jetzt im Süden wiederholen.

Unterdessen wird die deutsche Öffentlichkeit auf schlechte Nachrichten vorbereitet. Wenn man sich mit dem deutschen Rundfunk und den deutschen Zeitungen beschäftigt, stößt man auf zwei ständig angewendete Propagandatricks. Der eine besteht darin, daß so selten wie möglich Ortsnamen genannt werden und die Kommentatoren lediglich feststellen, in diesem oder jenem Gebiet seien Gefechte im Gange; so vermeiden sie Angaben darüber, ob die deutschen Truppen auf dem Rückzug oder auf dem Vormarsch sind. Der zweite Kniff besteht darin, sich über die ungeheuren Schwierigkeiten des Rußlandfeldzuges und besonders über die Strenge des russischen Winters zu verbreiten. Manche deutschen Kommentatoren geben allerdings auch zu, daß die russischen Truppen tapfer kämpfen und daß es ihnen im allgemeinen nicht an Panzern und anderen Waffen fehlt.* Zuweilen wird sogar in allen Einzelheiten geschildert, welcher speziellen Methoden sich die Russen bedienen, um die Schwierigkeiten des Manövrierens im Tiefschnee zu überwinden. All das deutet darauf hin, daß die Deutschen einen großen Rückzug ins Auge fassen und schon im voraus versuchen, dies der Öffentlichkeit schmackhaft zu machen. Die Beiträge in der deutschen Presse und im deutschen Rundfunk, in denen die Stärke und zahlenmäßige Überlegenheit der Roten Armee hervorgehoben werden, passen nicht recht zu der vor über einem Jahr verbreiteten offiziellen Erklärung, die Rote Armee sei ein für allemal vernichtet worden, aber in totalitären Staaten verläßt man sich darauf, daß die Menschen ein kurzes Gedächtnis haben.** Im Augenblick sieht es so aus, als rechneten die Naziführer, jedenfalls von der Rußlandfront, nicht mit guten Nachrichten und redeten sich, so gut es geht, auf die Übermenschlichkeit der vor ihnen liegenden Aufgabe hinaus.

Präsident Roosevelts Rede, mit der er sich am 6. Januar an den Kongreß der Vereinigten Staaten wandte, hat bereits große Beachtung gefunden, aber ich

* *Ein Argument, das sich durchaus anzubringen lohnte, da die Achsenpropaganda häufig behauptete, die Russen seien schon auf den Einsatz von Kavallerie und anderer veralteter Techniken angewiesen und gefangene russische Offiziere könnten oft nicht lesen und schreiben. Als Reaktion darauf schilderten die Russen noch bis September 1942 ihre Kavallerieattacken voller Stolz in allen Einzelheiten.*

** *Die Auslöschung der Vergangenheit, der Erinnerung, durch totalitäre Regime ist natürlich ein zentrales Thema von »1984«.*

möchte noch einmal auf zwei Punkte darin eingehen, weil eine derartige Rede an sich schon ein Ereignis darstellt und ebenso wichtig sein kann wie alles, was auf dem Schlachtfeld geschieht.*

Zunächst machte Präsident Roosevelt zusätzlich zu den Zahlen, die ich vergangene Woche nennen konnte, weitere Angaben zur amerikanischen Rüstungsproduktion. So gab er bekannt, daß die Vereinigten Staaten im Jahre 1942 48 000 Militärflugzeuge produziert haben; das ist mehr als die Produktion von Deutschland, Italien und Japan zusammengenommen. Im Dezember entsprach die amerikanische Produktionsrate bei Flugzeugen einer Stückzahl von über 60 000 pro Jahr. Ferner produzierten die Vereinigten Staaten im Jahre 1942 56 000 Militärfahrzeuge, wie beispielsweise Panzer und Selbstfahrlafetten. Außerdem nahm die Stärke der Streitkräfte der Vereinigten Staaten im vergangenen Jahr von 2 Millionen auf über 7 Millionen Mann zu. Nun hat es keinen Sinn, lange Listen mit Zahlen vorzulesen, die schon nach kurzer Zeit nur noch verwirren; Fazit ist jedenfalls, daß die gesamte amerikanische Rüstungsproduktion im vergangenen Jahr gewaltig zugenommen hat – in manchen Bereichen um mehrere hundert Prozent im Vergleich zu 1941 – und weiter rasch zunimmt. Auch die amerikanische Nahrungsmittelproduktion hat zugenommen.

Der zweite herausragende Punkt in der Rede des Präsidenten war, daß er einen vollständigen, kompromißlosen Bruch mit der Politik des Isolationismus vollzog.** Wie er ganz klar und in einiger Ausführlichkeit darlegte, kommt den Amerikanern immer deutlicher zum Bewußtsein, daß die ganze Welt heute eine potentielle Einheit darstellt und kein Land sich abseits halten kann, wenn es darum geht, Aggressionen zu verhindern oder überall auf der Welt die Bedürfnisse der kleinen Leute zu befriedigen. »Wir können«, sagte er, »Amerika weder im militärischen noch im ökonomischen Sinne zu einer Insel machen. Der Sieg in diesem Krieg ist das erste und größte Ziel, das wir uns gesetzt haben. Der Sieg im Frieden ist das nächste. Das bedeutet, nach Erweiterung der Sicherheit der Menschen hier und überall auf der Welt, schließlich nach Freiheit von Angst zu streben ... Die Vereinten Nationen«, fügte er hinzu, »sind das mächtigste Militärbündnis der Geschichte. Verbunden durch die feierliche Übereinkunft, daß sie selbst niemals einen Akt der Aggression oder Eroberung begehen werden, können und müssen die Vereinten Nationen vereint bleiben, um den Frieden zu erhalten, indem sie jeden Versuch zur Wie-

* *Eine Rede vor dem Kongreß nach den Wahlen vom 3. Januar.*

** *Der Achsenrundfunk machte viel Aufhebens vom Erfolg einiger isolationistischer Kandidaten bei den Wahlen.*

derbewaffnung Deutschlands, Japans und Italiens verhindern. Es gibt Zyniker und Skeptiker, die sagen, das sei nicht möglich. Das amerikanische Volk und alle freiheitsliebenden Völker dieser Erde fordern heute, daß es möglich sein muß, und der Wille dieser Völker wird sich durchsetzen.« Das ist ein großer Schritt vorwärts, weg vom Isolationismus und der rein nationalistischen Vorstellung von Sicherheit und Wohlstand, mit der die Vereinigten Staaten, aber auch einige andere Länder, den letzten Krieg beendeten.

16. Januar 1943

In dieser Woche gab es nur zwei Ereignisse von größerer Bedeutung, und so möchte ich, wie ich es von Zeit zu Zeit tue, den größten Teil meines Kommentars darauf verwenden, einen allgemeinen Überblick über die derzeitige Kriegslage zu geben. Doch zuerst möchte ich kurz die beiden von mir als bedeutend bezeichneten Ereignisse ansprechen – das eine ist militärischer, das andere politischer Natur.

Die wichtige militärische Neuigkeit ist, daß die russischen Offensiven an vier verschiedenen Abschnitten der Front weitergehen und Fortschritte machen. Letzte Woche habe ich gesagt, daß die auf dem Rückzug befindlichen deutschen Truppen im Kaukasus als nächstes möglicherweise bei Georgijewsk an der Kuma stehenblieben, und nun ist Georgijewsk bereits in russischer Hand, und die Russen stehen weit jenseits der Kuma und rücken immer noch vor. Der Vormarsch entlang dem Don in Richtung Stalingrad geht ebenfalls weiter, wenn auch nicht so schnell. Wichtig ist, sich klarzumachen, daß Rostow auf keinen Fall schnell oder leicht fallen wird. Mittlerweile ziehen sich die Deutschen von allen Seiten auf Rostow zurück, und sie werden die Stadt mit Sicherheit verbissen verteidigen. Falls sie sie verlieren sollten, wäre ihr gesamter Kaukasusfeldzug umsonst gewesen, und es würde aller Wahrscheinlichkeit nach weiter südlich ein größerer Truppenverband abgeschnitten, der nur ziemlich geringe Aussichten besäße, auf dem Seeweg zu entkommen.

Das andere wichtige Ereignis dieser Woche besteht darin, daß endlich der Vertrag zwischen China, Großbritannien und den Vereinigten Staaten unterzeichnet wurde.* Durch diesen Vertrag werden alle exterritorialen Rechte in

* *Der Vertrag wurde am 11. Januar unterzeichnet und am 20. Mai durch formellen Austausch der Urkunden in Tschungking ratifiziert.*

China formell aufgehoben. Vor hundert Jahren wurden mit den Chinesen Verträge abgeschlossen [*zensiert:* , den Chinesen gegen ihren Willen Verträge aufgezwungen], kraft deren Staatsangehörige verschiedener Länder auf chinesischem Boden Privilegien genossen, die nicht mit Chinas Existenz als souveränem Staat vereinbar waren. Sie waren nicht den Gesetzen Chinas unterworfen und von der Besteuerung befreit, und die Kriegsschiffe ihrer Länder hatten das Recht, chinesische Flüsse zu befahren. All das wurde nun von der britischen und der amerikanischen Regierung mit einem Federstrich ein für allemal abgeschafft. Die Japaner [*zensiert:* , die sich an der Propagandafront nicht übertrumpfen lassen,] tun so, als hätten sie eine ähnliche Vereinbarung abgeschlossen, aber da sie in Wirklichkeit etwa ein Viertel von China als Eroberer besetzt halten, kann man ihre Behauptungen kaum sehr ernst nehmen. Zugleich haben die Japaner der sogenannten Regierung von Nangking befohlen, den Vereinten Nationen den Krieg zu erklären.* Das ist allerdings nicht sonderlich wichtig, da die Regierung von Nangking gar nicht wirklich existiert, sondern nur ein von den Japanern veranstaltetes Marionettentheater ist, und die wenigen Chinesen, die sich auf die Seite der Japaner geschlagen haben, im Grunde ohnehin schon mit den Vereinten Nationen im Krieg stehen. Der britisch-chinesische Vertrag hat hierzulande große, vielleicht ebenso große Zufriedenheit hervorgerufen wie in China. Wie die Vereinbarung mit Abessinien stellt er eines der Ereignisse dar, die deutlich machen, daß die Behauptung der Vereinten Nationen, sie kämpften für Freiheit und gegen Aggression und Tyrannei, kein bloßes Lippenbekenntnis ist. Übrigens ist es sehr interessant, dies zu den Ergebnissen einer kürzlich in England durchgeführten Meinungsumfrage** zur Nahrungsmittelversorgung Europas nach dem Krieg in Beziehung zu setzen. Ein repräsentativer Querschnitt der britischen Bevölkerung wurde gefragt, ob man bereit sei, auch nach Kriegsende eine Nahrungsmittelrationierung in Kauf zu nehmen, falls dies erforderlich sei, um eine Hungersnot in Europa abzuwenden. Achtzig Prozent antworteten mit Ja und nur sieben Prozent mit einem entschiedenen Nein. Dergleichen verrät mehr über die wirklichen Gründe, aus denen der Durchschnittsbürger kämpft, als jede hochtrabende und allgemein gehaltene Verkündung von Kriegszielen.

* *Die Japaner hatten Wind von der Ankündigung bekommen und veröffentlichten ihr eigenes sino-japanisches Abkommen mit der Nationalen Regierung von China in Nanking, die zugleich dem Britischen Empire und den Vereinigten Staaten den Krieg erklärte.*

** *Meinungsumfragen waren damals viel seltener als heute. Orwell stand in engem Kontakt zu Tom Harrison, dem Gründer und Direktor von »Mass Observation«, dem bekanntesten Meinungsforschungsinstitut (s. OWB, S. 31ff.).*

Nun aber zu dem angekündigten Versuch, einen allgemeinen Überblick über die Kriegslage zu Beginn des Jahres 1943 zu geben. Als erstes ist festzuhalten, daß, wie sogar unsere Feinde einräumen würden, die Lage für die Alliierten erheblich besser ist als Anfang 1942. Selbst Dr. Goebbels warnt die Deutschen in seinem wöchentlichen Artikel für die Zeitung »Das Reich«*, daß ihre Lage heute schwieriger und gefährlicher ist als zu Beginn des Krieges. Sieht man sich das vergangene Jahr an, fallen trotz vieler glänzender Erfolge der Achsenmächte drei wesentliche Fakten ins Auge. Diese Fakten sind: erstens, daß es den Japanern nicht gelungen ist, den Anfangsschwung ihres Angriffs gegen die Vereinten Nationen aufrechtzuerhalten; zweitens, daß der deutsche Rußlandfeldzug keines seiner Hauptziele erreicht hat; und drittens, daß die Stärke Großbritanniens und der Vereinigten Staaten ganz offensichtlich zugenommen hat, so daß die Gefahr für Ägypten und den Suezkanal abgewendet werden konnte und die Alliierten eine ganze Ecke von Afrika, die von ihrer Ausdehnung her größer ist als Europa, unter Kontrolle bekamen. Das unmittelbar wichtigste dieser drei Ereignisse ist das Scheitern der Deutschen in Rußland mit all seinen gegenwärtigen und künftigen verheerenden Auswirkungen, was den Verlust von Truppen, Material und Prestige angeht; und wenn man nach den Gründen dafür fragt, darf man nicht vergessen, daß die Erfolge der Russen zwar hauptsächlich auf ihren Mut und ihre Energie zurückzuführen sind, sich zu einem nicht unwesentlichen Teil aber auch den weniger auffälligen Bemühungen Großbritanniens und der Vereinigten Staaten verdanken. Von den Geleitzügen nach Murmansk hören wir weniger als von den Schlachtfeldern in Rußland, aber man darf nicht vergessen, daß der britische Nachschub nach Rußland niemals nachließ, auch nicht angesichts größter Schwierigkeiten und als an anderen Fronten dringendster Bedarf an Waffen herrschte. So hat Großbritannien für den Einsatz in Rußland bis heute 3000 Flugzeuge, 4000 Panzer und viele Tausende von Tonnen Kriegsmaterial aller Art, darunter auch medizinische Güter, geliefert.** Die Vereinigten Staaten haben einen ähnlichen Beitrag geleistet und Rußland außerdem mit umfangreichen Nahrungsmittellieferungen unterstützt; am wichtigsten aber war die indirekte Hilfe, die Großbritannien und Amerika ihrem Verbündeten geleistet haben. Durch die Drohung mit einer Invasion Europas, die sie bekanntermaßen früher oder

* *Goebbels' Artikel für »Das Reich« wurden auch im Rundfunk ausgestrahlt und in den Berichten der Abhörer wiedergegeben.*

** *Orwells Quelle für diese Zahlen war nicht zu ermitteln. In einer Rede vor dem Oberhaus am 3. Februar nannte Lord Portal per 31. Dezember eine dem englisch-sowjetischen Abkommen entsprechende Zahl von 2480 Flugzeugen (3000 inklusive der nicht unter das Abkommen fallenden) und sprach von 2974 Panzern.*

später verwirklichen werden, haben sie die Deutschen gezwungen, mindestens 35 Divisionen in Westeuropa stehen zu lassen und infolgedessen ihre Kräfte an der Rußlandfront entsprechend zu verringern. Die britische Armee in Libyen bindet weitere zehn oder mehr Divisionen der Achsenmächte, und dieser Kriegsschauplatz gewinnt aufgrund der deutschen Bemühungen, Tunesien zu halten, an Bedeutung. Wahrscheinlich werden sich die Deutschen im Laufe dieses Jahres der Notwendigkeit konfrontiert sehen, ganz Südeuropa mit ähnlichem Aufwand wie Westeuropa zu halten und zu befestigen, was einen entsprechenden Aderlaß für ihre Truppenbestände bedeutet. Der besondere Charakter der Neuen Ordnung hat dafür gesorgt, daß es den Deutschen mittlerweile ernsthaft an Kräften mangelt. Hätten sie die diversen Versprechungen gehalten, die sie den europäischen Völkern zu Beginn des Krieges gemacht haben, besäßen sie heute möglicherweise eine große, verläßliche europäische Armee, die auf ihrer Seite kämpfte, sowie eine riesige mobile Arbeiterschaft, und die gesamte europäische Industrie würde auf Hochtouren für sie arbeiten. So aber haben sie in Europa keinen Verbündeten, auf den sie sich wirklich verlassen können, denn selbst Italien ist fast ebensosehr Belastung wie Aktivposten; und sie können die europäischen Völker zwar zur Arbeit zwingen, nicht aber dazu, mit dem Tempo und der Bereitwilligkeit zu arbeiten, wie sie der totale Krieg erfordert.

Vor einem Jahr, als die japanische Offensive ihren Höhepunkt erreicht hatte, ließ sich die Gesamtstrategie überblicken, die den Plänen der Achsenmächte zugrunde lag. Es war offenkundig, daß Deutschland und Japan irgendwo in der Gegend des Persischen Golfes ein Rendezvous hatten. Die Japaner sollten den Indischen Ozean und wahrscheinlich sogar Indien selbst beherrschen und die Deutschen von Norden her den Kaukasus überqueren und von Westen her bis Suez durchstoßen. Damit wären die Vereinten Nationen voneinander getrennt worden – Sowjetrußland wäre isoliert und seine Armeen würden sich wahrscheinlich hinter den Ural zurückziehen müssen, während China vollständig abgeschnitten wäre und nach Belieben vernichtet werden könnte. Danach könnte England mit der ganzen Wucht der deutschen Kriegsmaschine angegriffen werden, und falls England erobert würde, könnte man irgendwann in der Zukunft Amerika erledigen. So sah die Gesamtstrategie der Achsenmächte aus. Erkennbar war sie sowohl an dem, was die Befehlshaber der Achsenmächte taten, als auch an dem, was ihre Propagandisten sagten. Es erübrigt sich wohl, darauf hinzuweisen, daß sie vollständig fehlgeschlagen ist und einem Erfolg wohl nie wieder so nahe kommen wird, ganz gleich wie hart der vor uns liegende Kampf noch werden mag. Die Japaner sind im Südpazifik in einen schwierigen Kampf verstrickt, in dem sie Flugzeuge und

Schiffe weit schneller verlieren, als sie sie ersetzen können, und die Verteidigung Indiens wurde so verstärkt, daß ein Invasionsversuch mittlerweile unwahrscheinlich ist. Die japanische Seeherrschaft, die sich einst auf den gesamten Ostteil des Indischen Ozeans zu erstrecken drohte, beschränkt sich heute auf den Westpazifik. Es ist den Deutschen nicht gelungen, den Kaukasus zu überqueren, und sie haben bei dem vergeblichen Versuch, das Kaspische Meer zu erreichen, gewaltige Verluste erlitten. Die britische Stärke erreicht in diesen Tagen ihren Höhepunkt, die amerikanische wird ihren irgendwann im nächsten Jahr erreichen.

So stellt sich das Bild Anfang 1943 dar, und wir sollten es im Auge behalten, wenn wir die weniger sichtbaren Aspekte des Krieges betrachten. Die beste Karte, die die Deutschen noch in der Hand haben, ist wahrscheinlich der U-Bootkrieg, der den Alliierten ohne Frage nach wie vor große Verluste an Schiffsraum zufügt und ihre Offensivfähigkeit beeinträchtigt. Seit etwa einem Jahr ist die Regierung dazu übergegangen, Schiffsverluste nicht mehr regelmäßig zu veröffentlichen, und diese Praxis ist vermutlich gerechtfertigt, da sie den Feind über die tatsächlich verfügbaren Schiffsbestände im unklaren läßt.* Die Deutschen wurden von der anglo-amerikanischen Landung in Nordafrika überrumpelt, was zum Teil daran lag, daß sie unsere Schiffskapazitäten unterschätzt hatten. Ich möchte mich hier nicht zu Dingen äußern, die der Geheimhaltung unterliegen, aber ich darf anmerken, daß die Tatsache, daß die Lebensmittelrationen in England im vergangenen Jahr nicht geändert wurden, Rückschlüsse auf die verfügbaren Schiffsbestände zuläßt. Die deutschen Propagandisten machen vom U-Bootkrieg soviel Aufhebens wie möglich, denn sie haben im Moment nicht viel anderes, womit sie die heimische Bevölkerung trösten können. Im großen und ganzen können wir zur derzeitigen Lage folgendes sagen: Das Ende ist noch nicht absehbar, und wir können nicht sicher prophezeien, daß sich eine der Achsenmächte vor Ende 1943 nicht mehr im Krieg befinden wird,** aber wir können mit Gewißheit voraussagen, daß 1943 das Jahr sein wird, in dem die Vereinten Nationen die Initiative ergreifen und stark genug sein werden, um von der bloßen Selbstverteidigung zu einer Angriffsstrategie überzugehen.

* *Die Deutschen dagegen veröffentlichten regelmäßig einmal die Woche eine Aufstellung der alliierten Schiffsverluste. Ihre Genauigkeit war ärgerlich für die britischen Propagandisten, aber sie machten sich lieber die hier von Orwell erwähnte Praxis zu eigen, als daß sie ungenaue Zahlen fabrizierten.*

** *Trotz der Erfolge des zurückliegenden Jahres bleibt Orwells Ausblick vorsichtig; es erfolgt keine Wiederholung der Stalinschen Drohung von Anfang 1942 (s. Komm. 31. Januar 1942).*

20. Februar 1943

Seit die Japaner Guadalcanal geräumt haben, hat sich auf dem fernöstlichen Kriegsschauplatz nichts Bedeutendes getan, und so möchte ich diese Woche hauptsächlich über die Fronten in Rußland und Nordafrika sprechen und außerdem etwas zu Madame Tschiang Kai-scheks Besuch in Washington und zu den hierzulande geführten Debatten über den Beveridge-Sozialversicherungsplan sagen.

Ich brauche Ihnen nicht zu erzählen, was die großen Ereignisse dieser Woche sind. Jeder, der diese Sendung hört, wird bereits wissen, daß die Rote Armee Rostow und Charkow erobert hat.* Das ist ein großer Sieg, ja vielleicht das wichtigste Einzelereignis im gesamten deutsch-russischen Krieg. Die Eroberung von Charkow, die den Russen vergangenen Winter nicht gelang, ist noch wichtiger als die Wiedereroberung von Rostow. Charkow ist nicht nur eine große Industriestadt,** sondern auch ein großer Eisenbahnknotenpunkt, an dem sich sämtliche Verbindungen der Ukraine kreuzen. Die Deutschen haben schwere Gelände-, Truppen- und Materialverluste erlitten, und es werden noch mehr hinzukommen, denn eine ihrer Armeen ist an den Ufern des Asowschen Meeres so gut wie abgeschnitten, und einer anderen, im Rücken von Rostow, droht das gleiche Schicksal. Die Russen drängen nicht nur von Rostow aus westwärts, sondern sind außerdem mit einer zweiten Kolonne aus dem Gebiet von Krasnoarmejsk südwärts vorgestoßen und bewegen sich mehr oder weniger in Richtung Mariupol, am Nordufer des Asowschen Meeres.

Die Deutschen in diesem Gebiet werden sich rasch absetzen müssen, wenn sie der Vernichtung entgehen wollen, die schon die deutsche 6. Armee bei Stalingrad ereilte und die der im Kaukasus isolierten Armee droht. Letztes Jahr, als die Russen Rostow wiedereroberten, kamen sie Richtung Westen nur bis Taganrog, etwa 80 Kilometer von Rostow entfernt, und die Deutschen konnten die Krim halten. Dieses Jahr hat die russische Offensive sehr viel weitreichendere Auswirkungen, und man nimmt allgemein an, daß die Deutschen auf die Dnjepr-Linie werden zurückgehen müssen; dadurch würden sie sich in einer erheblich schlechteren Position als vor Beginn ihres Feldzuges von 1942 befin-

* *Moskau gab die Eroberung von Rostow am 14. Februar bekannt; gleichzeitig wurde gemeldet, daß 10 italienische, 13 ungarische und 20 rumänische Divisionen »ausradiert« worden seien. Charkow wurde am 16. Februar zurückerobert.*

** *In offiziellen Verlautbarungen wurde Charkow als drittgrößte Stadt Rußlands und zweitwichtigster Eisenbahnknotenpunkt bezeichnet.*

den. Manche Beobachter, darunter auch Dr. Beneš, der Präsident der Tschechoslowakei, glauben sogar, sie werden sich bis zum Dnjestr zurückziehen, und das hieße, sie würden an den Grenzen von Polen und Rumänien stehen und das gesamte russische Territorium aufgeben, das sie erobert haben.* Das mag eine allzu optimistische Voraussage sein, aber es ist immerhin schon genug geschehen, um in Deutschland dem Mann auf der Straße unmißverständlich klarzumachen, daß der Feldzug von 1942 mit all seinen enormen Verlusten für nichts und wieder nichts geführt wurde.

Man kann sich, selbst wenn man es nicht gelesen hat, vorstellen, welche Lügenmärchen den Deutschen aufgetischt werden, um das Versagen ihrer Führer wegzuerklären. Hitler schweigt seit einigen Wochen und hat sich offenbar zurückgezogen, aber seine Handlanger, besonders Goebbels, sind dafür um so aktiver. Was Goebbels dem deutschen Volk sagt, ist für uns an sich nicht von großer Bedeutung, aber es ist wichtig, die Propagandaargumente zu prüfen, die der Weltöffentlichkeit aufgetischt werden, denn diese Propaganda soll uns täuschen und schwächen, und deshalb sollte man schon im voraus dagegen gewappnet sein.

Das Hauptargument, dessen man sich bedient, ist, kurz gesagt, das bolschewistische Schreckgespenst. Es wird von den deutschen Propagandisten recht grobschlächtig, und von denen Italiens und anderer Satellitenstaaten etwas geschickter an die Wand gemalt. Folgt man den Rundfunkreden von Goebbels, so sieht sich Europa nunmehr der schrecklichen Gefahr einer kommunistischen Invasion gegenüber, die an seinen Ostgrenzen nicht haltmachen, sondern bis zum Ärmelkanal und über ihn hinwegbranden und England ebenso wie die anderen europäischen Länder verschlingen wird. Die Deutschen, so scheint es heute, haben nur zu den Waffen gegriffen, um Europa gegen die bolschewistische Gefahr zu verteidigen, während England und die Vereinigten Staaten durch ihr Bündnis mit den Bolschewiken die europäische Kultur verraten haben. All das Gerede der Deutschen vom Bedürfnis nach »Lebensraum«, wie es so schön heißt, und vom göttlichen Recht Deutschlands, die Welt zu beherrschen, scheint vorläufig vergessen zu sein. Deutschland führt einen reinen Verteidigungskrieg, so jedenfalls Dr. Goebbels. Natürlich ist ganz deutlich zu erkennen, daß der eigentliche Zweck dieser Reden darin besteht, diejenigen

* *Orwell bezieht sich hier auf eine Rundfunkansprache, die Beneš am 13. Februar hielt. Sie begann mit den Worten: »Wir sind in das Endstadium des Krieges eingetreten, das Stadium der unvermeidlichen militärischen Katastrophe für Deutschland«, und ging in diesem Stil weiter. Schon wenige Stunden nach der Übertragung der Rede empfingen die Abhörer eine Rundfunksendung aus Prag, die detailliert von Vergeltungsmaßnahmen berichtete: namentlich genannte Kollegen von Beneš wurden verhaftet und in Konzentrationslager eingeliefert (s. auch S. 188, Anm. 3). Vielleicht ist das der Grund, warum Orwell nicht explizit auf Beneš' Rundfunkrede eingeht.*

Bevölkerungsschichten in England und Amerika anzusprechen, die Angst davor haben, daß Sowjetrußland zu mächtig wird, und deshalb vielleicht bereit wären, einen Kompromißfrieden in Erwägung zu ziehen. Noch einen Schritt weiter gehen die italienischen Publizisten, die ganz offen von einem Kompromiß und von der Pflicht Großbritanniens sprechen, gegen die bolschewistische Gefahr mit den Achsenmächten zusammenzuarbeiten.

Dies alles ist zum Scheitern verurteilt, denn die antirussische Gesinnung, auf die die Achsenpropaganda offenbar abzielt, gibt es in den angelsächsischen Ländern so gut wie gar nicht. Was Großbritannien angeht, so war Sowjetrußland dort noch nie so beliebt wie in diesen Tagen.* Aber wir dürfen die Gefahr der faschistischen Propaganda, die in der Vergangenheit so große Triumphe erzielt hat, nicht unterschätzen. Auch wenn die antibolschewistische Argumentation in Großbritannien nicht viel bewirkt, findet sie vielleicht bei den begüterten Schichten in ganz Europa offene Ohren; außerdem folgt den Hinweisen, die die italienischen Propagandisten haben fallen lassen, möglicherweise ein verlockend klingendes Friedensangebot. Indien gegenüber wird die deutsche Propaganda natürlich anders argumentieren. Das Gerede von der Verteidigung der abendländischen Kultur ist nur für die europäische Öffentlichkeit bestimmt. Indien gegenüber wird man argumentieren, daß Sowjetrußland der Verbündete Großbritanniens und von daher für jeden Mißstand mitverantwortlich ist, den die indischen Nationalisten zu Recht oder zu Unrecht anprangern.** Am besten werden wir mit diesen Propagandafeldzügen fertig, wenn wir von der Erkenntnis ausgehen, daß sie ihrem Wesen nach schlicht strategische Manöver sind, denen es ebensowenig um die Wahrheit zu tun ist wie einem Militärkommandeur, der seine Armee so aufstellt, daß er den Feind täuscht.

In Tunesien haben die Deutschen diese Woche einen beträchtlichen örtlichen Erfolg erzielt.*** Letztlich wird er den Ausgang des Feldzuges wohl nicht beeinflussen, aber er hat fraglos gezeigt, daß die Achsenstreitkräfte in Tunesien in der Luft und in puncto gepanzerter Fahrzeuge stärker sind als erwartet. Die Deutschen sind im Süden Tunesiens nach Westen zum Angriff

* *Diese Aussage gibt die damals in Großbritannien herrschende Meinung korrekt wieder. Orwell selbst allerdings sah den wachsenden Einfluß Rußlands mit Unbehagen.*

** *Diese Äußerung Orwells grenzt schon an reine Spitzfindigkeit. Er wußte, daß die meisten Führer der Kongreßpartei im Gefängnis oder anderweitig in Gewahrsam saßen, aber er muß auch gewußt haben, daß Mitglieder der Kommunistischen Partei Indiens auf Betreiben Stalins freigelassen worden waren.*

*** *Am 14. Februar war Rommel am Faid-Paß und tags darauf am Kasserine und anderen Pässen zum Gegenangriff angetreten. Der Hauptstoß des Angriffes richtete sich gegen das amerikanische Zweite Korps.*

angetreten, haben die ihnen gegenüberstehenden amerikanischen Truppen zurückgedrängt und mehrere vorgeschobene Feldflugplätze erobert. Hauptziel dieses Manövers ist wahrscheinlich, einen Keil zwischen die britische Erste Armee in Tunesien und die von Tripolis vorrückende britische Achte Armee zu treiben. Die Achte Armee hat mittlerweile die Vorposten der Mareth-Linie erreicht, eines Befestigungssystems, das die Zugänge nach Gabès sichert. Es ist nicht damit zu rechnen, daß sie rasch vorwärtskommt, denn es gibt in diesem Gebiet kaum Verkehrswege und die Achte Armee ist mittlerweile weit von ihrer Basis entfernt. Der nächste Hafen, den sie voll nutzen kann, ist wahrscheinlich Benghasi. Außerdem herrscht in Nordafrika noch Regenzeit, was die Bewegungen schwerer Fahrzeuge beeinträchtigt. Allerdings werden die Deutschen wahrscheinlich nicht unbegrenzt in Tunesien aushalten können, und manche Beobachter vor Ort glauben, daß sie das auch gar nicht vorhaben. Durchaus möglich, daß sie nur hinhaltenden Widerstand leisten, um so viele ihrer Truppen wie möglich auf dem Seeweg in Sicherheit zu bringen. General Catroux, der Kommandant der Kämpfenden Franzosen, hat die Meinung geäußert, daß die Deutschen in zwei Monaten nicht mehr in Tunesien sein werden.

Der Beveridge-Sozialversicherungsplan* ist nach wie vor umstritten. Die Regierung hat bereits den größten Teil zur Annahme vorgeschlagen, aber ein Labour-Antrag im Unterhaus, der die Annahme des gesamten Plans forderte, erhielt immerhin 117 Stimmen. Ich habe schon in früheren Nachrichtenkommentaren über den Beveridge-Plan gesprochen** und möchte hier nicht noch einmal in allen Einzelheiten darauf eingehen. Ich erwähne die derzeit stattfindende Debatte nur, um auf zweierlei hinzuweisen. Erstens wird, was immer sonst noch durchgehen mag, mit Sicherheit ein Kindergeld beschlossen werden, wenn auch noch nicht feststeht, in welcher Höhe. Zweitens ist das Prinzip der Sozialversicherung mittlerweile fest verankert, und selbst die reaktionärsten Geister in Großbritannien würden es heute wohl kaum noch wagen, dagegen anzugehen.*** Möglicherweise wird der Beveridge-Plan letzten Endes

* *Sir William Beveridges Bericht »Social Insurance and Allied Services«, der die Grundlage des britischen Wohlfahrtsstaates nach dem Kriege bildete, erschien am 1. Dezember 1942 (Cmnd. 6404). Er sorgte für ausgiebige Diskussionen; das Unterhaus debattierte vom 16. bis zum 18. Februar darüber.*

** *Für eine frühere Erwähnung findet sich kein Beleg. Möglicherweise bezieht sich Orwell auf tägliche Meldungen auf demselben Kanal oder auf andere Sendungen, deren Manuskripte nicht erhalten geblieben sind.*

*** *Die »rechten« Nationalsozialisten wiesen in Rundfunksendungen wiederholt darauf hin, daß sie die meisten dieser Reformen in Deutschland schon vor Jahren verwirklicht hatten. Außerdem, so betonten sie, sei es bei ihnen gesetzlich vorgeschrieben, daß dem Vorstand jeder Aktiengesellschaft zwei Arbeiter angehörten, eine Bestimmung, die in England keinerlei Verwirklichungschancen besaß.*

in der etwas verstümmelten Fassung verabschiedet, aber es ist an sich schon eine Leistung, daß dergleichen mitten in einem schrecklichen Krieg, in dem wir nach wie vor um unser Überleben kämpfen, überhaupt debattiert wird.

Madame Tschiang Kai-schek, die Frau des Generalissimus, die sich auf Einladung von Präsident Roosevelt und dessen Gattin in Washington aufhält, hat eine Rede vor beiden Häusern des amerikanischen Kongresses gehalten.* Sie bekam Beifall, als sie die Vereinten Nationen mahnte, nicht zuzulassen, daß Japan nach dem Sieg eine potentielle Bedrohung bleibe, und als sie sich für eine Friedensregelung aussprach, die weder von Rachegedanken noch von nationalistischen Vorstellungen getragen ist. China sei bereit, die Grundlagen einer gesunden Weltgemeinschaft mitzugestalten. Aus eigener Erfahrung warnte sie die Amerikaner außerdem davor, die Stärke der Japaner zu unterschätzen, deren Macht zunehmen werde, wenn man die von ihnen eroberten Gebiete zu lange in ihrer Gewalt lasse. Die Rede wurde hierzulande auszugsweise im Rundfunk gesendet und erregte großes Interesse. Es ist in England unbestritten, daß die Chinesen, die seit nunmehr fünfeinhalb Jahren am gemeinsamen Kampf teilnehmen, viel mehr gelitten haben als jede andere Nation des Bündnisses und daß man ihnen kaum einen Vorwurf machen kann, wenn sie sich heute darüber beklagen, daß ihre westlichen Verbündeten sehr wenig getan haben, um ihnen zu helfen. Madame Tschiang Kai-scheks Besuch in den Vereinigten Staaten wird viel dazu beitragen, die guten Beziehungen zwischen China und den anderen Vereinten Nationen zu fördern.

27. Februar 1943

In dieser Woche haben sich nur in Tunesien und im Südabschnitt der Rußlandfront, an den Ufern des Asowschen Meeres, bedeutende militärische Entwicklungen ergeben. Außerdem gab es schwere Bombenangriffe auf japanische Schiffskonzentrationen bei den Salomonen und Neubritannien und ein britisches Landungsunternehmen an der Küste von Burma**, aber was den

* *Madame Tschiang Kai-schek traf am 18. Februar in Washington ein und hielt tags darauf ihre Rede.*

** *Die Royal Indian Navy landete bei einem erfolgreichen Angriff am 22. Februar einen Kommandotrupp bei dem von den Japanern besetzten Dorf Myebon. Vorausgegangen waren eine Woche lang fast ununterbrochene Angriffe amerikanischer Flugzeuge.*

östlichen Kriegsschauplatz angeht, kann man nicht sagen, daß die militärische Lage sich verändert hat. Deshalb möchte ich diese Woche über die Fronten in Rußland und Nordafrika sprechen und dann etwas über die Rede sagen, die Hitler verfaßt, aber vor drei Tagen von jemand anders hat vorlesen lassen.

In Südtunesien ist in den vergangenen drei Tagen ein dramatischer Wandel eingetreten, und die Lage, die noch vor einer Woche bedrohlich aussah, wurde wahrscheinlich, wenn auch noch nicht mit absoluter Sicherheit, bereinigt. Die Deutschen griffen westwärts durch den Kasserine-Paß an, den praktisch einzigen Paß durch den Atlas in diesem Gebiet. Sie eroberten nicht nur drei Flugplätze, sondern kamen auch bis auf ganz wenige Kilometer an die Stadt Thala heran, die unter dem Gesichtspunkt der Verbindungswege wichtig ist. Offenbar warf jedoch der alliierte Befehlshaber seine gesamten Luftstreitkräfte in die Schlacht, und die Deutschen wurden unter erheblichen Verlusten an Mannschaften und Material durch den Paß zurückgetrieben. Anscheinend haben sowohl die Deutschen als auch die Alliierten schwere Verluste an Panzern hinnehmen müssen. Noch läßt sich nicht mit absoluter Sicherheit sagen, daß die Lage bereinigt ist, weil die Deutschen aufgrund der von ihnen eroberten Flugplätze eine örtlich beschränkte Luftüberlegenheit in Zentraltunesien haben und wir außerdem nicht wissen, über wie viele Panzerreserven sie verfügen. Wir wissen allerdings, daß sie mittlerweile einen neuen, bisher noch nicht verwendeten Panzertyp einsetzen, der 55 Tonnen wiegt und mit einer 88-mm-Kanone ausgestattet ist. Der Kriegsminister hat jedoch soeben im Parlament festgestellt, daß die Panzerung dieses Typs von unseren 6-Pfündern durchschlagen wird* und daß in Tunesien mittlerweile auch ein neuer britischer Panzer, das jüngste Modell des Churchill-Panzers, in großer Zahl im Einsatz ist.

Sowohl die Alliierten als auch die Deutschen kämpfen in Nordafrika gegen die Zeit. Für die Alliierten kommt es darauf an, die nordafrikanische Küste so rasch wie möglich zu säubern, und für den deutschen Oberbefehlshaber – falls er dazu imstande ist –, die britische Erste Armee nach Algerien zurückzutreiben, ehe die Achte Armee in seinem Rücken auftaucht. Die Achte Armee hat mittlerweile Medenine, einen der wichtigsten Vorposten der Mareth-Linie, und außerdem die Insel Djerba besetzt, die aufgrund ihrer Lage einen sehr wertvollen Flugplatz oder einen Ausgangspunkt für Landungsunternehmen gegen die Küste abgeben könnte.

* *In Beantwortung einer parlamentarischen Anfrage zum »Tiger«-Panzer, von dem Orwell hier spricht, behauptete Sir James Grigg, einer davon sei »vier- oder fünfmal von Geschossen eines 6-Pfünders durchschlagen« worden.*

In dieser Woche lebte verstärkt das Gerücht wieder auf, daß die Deutschen in Spanien einmarschieren werden.* Wie es heißt, verlegen sie im Eiltempo große Truppenverbände an die spanische Grenze im Ostteil der Pyrenäen. Wir können das nicht bestätigen und sollten daran denken, daß ein deutscher Einmarsch in Spanien eines der immer wiederkehrenden Gerüchte dieses Krieges ist, das mitunter sogar von den Deutschen selbst ausgestreut wurde. Dennoch ist ein deutscher Einmarsch in Spanien keineswegs ausgeschlossen, und wir sollten schon deshalb ein Auge auf diese Möglichkeit haben, weil die Deutschen dadurch die Lage in Nordafrika vielleicht wenden und damit eine alliierte Landung in Europa hinauszögern könnten. Falls die Deutschen Spanien rasch durchqueren und über die Straße von Gibraltar nach Spanisch-Marokko übersetzen könnten, wäre die gesamte alliierte Position in Afrika massiv bedroht, und die Alliierten könnten jeden Gedanken an offensive Operationen begraben, bis sie die Deutschen wieder vertrieben hätten. Die Deutschen brächten das freilich nur zustande, wenn sie unterwegs Gibraltar erobern. Gibraltar ist allerdings nicht nur ein Flottenstützpunkt wie Singapur. Gibraltar ist eine ungeheuer starke Festung,** die drei Kriegsjahre lang ausgebaut wurde, und es ist wohl eher die Stärke von Gibraltar als die Rücksichtnahme auf internationales Recht, die die Deutschen bislang davon abgehalten hat, in Spanien einzumarschieren.

Die politische Lage in Nordafrika hat sich offenbar etwas entspannt; dort wird in Kürze eine Militärabordnung erwartet, die General de Gaulle und die Kämpfenden Franzosen vertritt und mit General Giraud, dem Hochkommissar für Französisch-Nordafrika, Gespräche führen soll. Somit dürfen wir hoffen, daß die beiden wichtigsten französischen Gruppen außerhalb Frankreichs bald zu einer Verständigung gelangen.

Der russische Vormarsch hat sich seit vergangener Woche fortgesetzt, allerdings etwas langsamer, was teils am Wetter, teils an einer Verstärkung des deutschen Widerstandes liegt. Bisher war der Winter ungewöhnlich mild, so daß große Gebiete wie die Ukraine, die zu dieser Jahreszeit normalerweise hartgefroren sind, im Schlamm versinken, was die Manövrierfähigkeit gepanzerter

* *Angehörigen der Nachkriegsgeneration erscheint die Möglichkeit einer Invasion von Francos Spanien durch Hitlers Deutschland undenkbar, gelten doch beide, in der Sprache der neuen Linken, geradezu als Inbegriff »rechter Faschisten«. Obwohl zahlreiche spanische Freiwillige der Blauen Division laut Rundfunkberichten von der Ostfront mit bemerkenswertem Mut und Erfolg kämpften, machte Hitler nur einen einzigen, mit einem Fehlschlag endenden Versuch, sich mit Franco zu einigen. Anstatt die Prozedur zu wiederholen, so wird Hitler zitiert, wolle er sich lieber drei oder vier Zähne auf einmal ziehen lassen. Von da an war eine Invasion Spaniens aus strategischen Gründen durchaus möglich.*

** *Es ist vielleicht eine Ironie Orwells, daß er mit genau denselben Worten schon Singapur beschrieb, und zwar unmittelbar bevor die Stadt fiel.*

Fahrzeuge beeinträchtigt. Aber die Deutschen haben auch mit mehr Erfolg Widerstand geleistet, und seit zwei Tagen ist der Ton ihrer Verlautbarungen etwas weniger pessimistisch. Vergangene Woche habe ich erwähnt, daß die Russen an der Südfront, nordwestlich von Rostow, nach Süden in Richtung Mariupol vorrücken und daß sämtlichen deutschen Kräften in diesem Gebiet die Einschließung droht. Hier sind die Deutschen zum Gegenangriff angetreten.* Sie behaupten, sie hätten zwei Städte östlich von Stalino zurückerobert. Das wurde bislang zwar nicht bestätigt, aber es ist den Deutschen offenbar gelungen, den russischen Vormarsch aufzuhalten, so daß die deutschen Truppen, die noch im Gebiet von Rostow stehen, sich möglicherweise in Sicherheit bringen können. Weiter nördlich, am Mittelabschnitt der Front, schwebt Orel, eine der Schlüsselstellungen der gesamten deutschen Linie, in akuter Gefahr; sämliche Verbindungen der Stadt, mit Ausnahme der westlichen, sind unterbrochen. Im großen und ganzen sind die Nachrichten von der Rußlandfront nicht mehr so spektakulär wie vergangene Woche, aber der Wind bläst den Deutschen immer noch scharf ins Gesicht.

Vor drei Tagen fanden die diesjährigen Feiern zur Gründung der Nazipartei statt. Zu diesem Anlaß hat sich Hitler stets zu Wort gemeldet, und so gab er seine Zurückgezogenheit immerhin soweit auf, daß er ein Redemanuskript schickte, das jemand anders vorlas.** Als Vorwand mußte herhalten, daß Hitler zu sehr damit beschäftigt sei, den Krieg an der Ostfront zu leiten, und deshalb keine Zeit erübrigen könne, selbst ans Mikrophon zu treten. Es fällt auf, daß Hitler sich weder in der Öffentlichkeit gezeigt noch in eigener Person eine Rede gehalten hat, seit in Rußland alles schiefzugehen beginnt. In dieser Rede nun erwähnte er mit keiner Silbe die Katastrophe von Stalingrad oder sein Versprechen, daß Stalingrad erobert würde, und er gestand mit keinem Wort seine Verantwortung dafür ein, wie die Lage sich entwickelt hat – und dies, obwohl er vor einigen Monaten öffentlich den Oberbefehl über die deutsche Wehrmacht übernahm.*** Man tut gut daran, sich zu erinnern, daß

* *Offizielle Verlautbarungen des Informationsministeriums gingen seinerzeit in allen Einzelheiten auf ausgedehnte Gegenangriffe der Deutschen im Donezbecken ein. Wie immer bei Nachrichten von der Rußlandfront kann sich Orwell nur sehr allgemein äußern.*

** *Hermann Esser, ein Staatssekretär und alter bayerischer Kampfgenosse Hitlers, verlas die Rede am 24. Februar in München. Sie war in der Tat, wie Orwell im folgenden ausführt, ein giftiges Sammelsurium sämtlicher Vorurteile Hitlers unter besonderer Betonung der »Weltgefahr«, die aus den Umtrieben der jüdisch-freimaurerischen Bankenkreise Englands und Amerikas und der jüdischen Kommunisten in Moskau resultiere (s. Anm. S. 236). In seinem vorletzten Nachrichtenkommentar behandelt Orwell ausführlich diesen Aspekt von Hitlerdeutschland, der alles verkörpert, wogegen er und die Alliierten kämpften.*

*** *Hitler hatte am 21. Dezember 1941 den Oberbefehl über die Wehrmacht übernommen. Es waren Gerüchte im Umlauf, daß er ihn wieder abgeben werde, und vielleicht bezieht sich Orwell hier auf Dementis dieser Gerüchte.*

die britische Öffentlichkeit die Nachricht vom Fall Singapurs aus dem Munde von Mr. Churchill persönlich erfuhr, der geradewegs ans Mikrophon trat, um sie bekanntzugeben. Das steht in ziemlichem Gegensatz zu Hitler, der jedes nur denkbare Verdienst für sich in Anspruch nimmt, wenn alles nach Wunsch läuft, sich jedoch verkriecht und die Erklärungen anderen überläßt, wenn Erfolge ausbleiben. Das ist allerdings nicht sonderlich wichtig. Interessanter ist, sich den Inhalt von Hitlers Rede und ihre mutmaßliche Bedeutung für die deutsche Politik vor Augen zu führen. Die Rede richtete sich, jedenfalls vordergründig, eher an die Mitglieder der Nazipartei als an das deutsche Volk insgesamt, und sie bestand fast zur Gänze aus wirren Tiraden gegen die Juden, die Bolschewiken, die Saboteure und Verräter, die es in Deutschland angeblich noch in großer Zahl gibt. Hitler gab zwei ganz unmißverständliche, unverhüllte Drohungen von sich. Zum einen, daß er vorhat, alle Juden in Europa auszurotten – er sagte das ganz offen* –, und zum anderen, daß es sich Deutschland in der Stunde der Gefahr nicht leisten könne, bei der Behandlung der von ihm so genannten »fremden Leben« allzu zimperlich zu verfahren. Diese Bemerkung war nicht ganz so klar wie die Drohungen gegen die Juden, bedeutet jedoch, in Normalsprache übersetzt, mehr Zwangsarbeit und niedrigere Rationen für die unterworfenen europäischen Völker. Hitler äußerte ferner Drohungen gegen Verräter, Saboteure und Arbeitsscheue. Das paßt zum allgemeinen Ton jüngster deutscher Ankündigungen und zur gewaltigen Ausweitung der Altersgrenzen bei der Heranziehung zum Wehr- oder Arbeitsdienst.

* *Diese Äußerung ist ein schlagender Beweis dafür, daß Hitler vom Holocaust nicht nur wußte, sondern dafür verantwortlich war. Hier die entscheidenden Passagen der Rede: »Die deutsche Wehrmacht, die sich – so wie seit Beginn des Krieges – auch in diesem Winter hervorragend geschlagen hat, steht in einem erbitterten Ringen gegen die von den Bankhäusern von New York und London gemeinsam mit den bolschewistischen Juden in Moskau angezettelten Weltgefahr. Ich selbst befinde mich im Osten und kann deshalb leider an dem Tage nicht in eurer Mitte sein ... wie groß auch die Koalition unserer Feinde sein mag, sie ist als Macht geringer als die Kraft des Bündnisses der Völker, die sich der bolschewistisch-plutokratischen Vernichtung entgegenwerfen ... Wir werden die Macht der jüdischen Weltkoalition zerbrechen und zerschlagen, und die um ihre Freiheit, das Leben und um das tägliche Brot ringende Menschheit wird in diesem Kampf den endgültigen Sieg erkämpfen. So wie mich in der Zeit des Ringens um die Macht jeder Anschlag unserer Gegner und jeder ihrer scheinbaren Erfolge nur noch verbissener machte in meiner Entschlossenheit, auch nicht einen Schritt vom Wege abzuweichen, der früher oder später zum Ziele führen mußte, so bin ich auch heute vom gleichen Willen erfüllt, die mir vom Schicksal übertragene Aufgabe bis zur letzten Konsequenz zu lösen ... Dieser Kampf wird deshalb auch nicht, wie man es beabsichtigt, mit der Vernichtung der arischen Menschheit, sondern mit der Ausrottung des Judentums in Europa sein Ende finden. Darüber hinaus aber wird die Gedankenwelt unserer Bewegung – dank diesem Kampf – Gemeingut aller Völker werden. Staat um Staat werden, während sie selbst im Kampf gegen uns stehen, immer mehr gezwungen sein, nationalsozialistische Thesen zur Führung des von ihnen provozierten Krieges anzuwenden, und damit wird sich auch die Erkenntnis von dem fluchbeladenen verbrecherischen Wirken des Judentums gerade durch diesen Krieg über alle Völker hinweg verbreiten ... so glauben sie [die Juden] auch jetzt wie im vergangenen Winter schon vor der Erreichung ihres tausendjährigen Zieles zu stehen. Aber genau so wie im vergangenen Jahr, so werden sie auch diesmal die furchtbarste Enttäuschung erleben.«*

All das deutet auf den ernsthaften Kräftemangel hin, der sich früher oder später einstellen mußte und nun so gut wie sicher akut wird. Auf der anderen Seite richtete sich das Gegeifer gegen die Juden und Bolschewiken wahrscheinlich eher an die Adresse Westeuropas und scheint zu belegen, daß die Deutschen, wie ich schon letzte Woche sagte, mit aller Macht das bolschewistische Schreckgespenst an die Wand malen, weil sie hoffen, dadurch in Amerika und England die Angst vor dem Kommunismus zu schüren und so den Weg für einen Kompromißfrieden zu ebnen. Ich habe schon letzte Woche darauf hingewiesen, wie fruchtlos dieses deutsche Manöver ist, und die Feiern zum fünfundzwanzigjährigen Gründungstag der Roten Armee in London haben das unterstrichen. Sowjetrußland ist in England beliebter als jedes andere fremde Land, ausgenommen vielleicht China. Insgesamt sollten Hitlers Rede und die Schlüsse, die sich logischerweise daraus ergeben, allen Feinden des Faschismus Mut machen.

13. März 1943

Da dies mein letzter Nachrichtenkommentar innerhalb dieser Serie ist, möchte ich mit einer Zusammenfassung der Weltlage und nicht mit einem Überblick über die Kriegsfronten schließen. Eigentlich hat es diese Woche auch nicht viel Neues gegeben, was sich kommentieren ließe. Die großen Ereignisse waren die Eroberung von Wjasma durch die Russen im Mittelabschnitt der Front, der deutsche Gegenangriff auf Charkow im Südabschnitt und der erfolglose deutsche Angriff im Süden Tunesiens, aber die Lage hat sich nicht grundlegend geändert. Selbst die Eroberung von Wjasma durch die Rote Armee war, so wichtig sie ist, nach dem Fall von Rshew abzusehen. Und so möchte ich meine Zeit diese Woche für den Versuch nutzen, ein umfassendes Bild des gesamten Krieges zu zeichnen und in ganz groben Umrissen die voraussichtliche Entwicklung zu skizzieren.

Betrachtet man den Krieg in seiner Gesamtheit, sind im Grunde sechs Faktoren dafür maßgeblich, vier militärische und zwei politische. Selbstverständlich sind sie nicht voneinander zu trennen, aber man sieht die Lage klarer, wenn man sie einzeln aufzählt. Der erste Faktor ist das weitgehende Scheitern der deutschen Pläne in Rußland; der zweite der bevorstehende anglo-amerikanische Angriff auf dem europäischen Kontinent; der dritte der deutsche U-Bootkrieg gegen die Nachschublinien der Vereinten Nationen; der vierte die japanische Offensive und ihre Verlangsamung aus Gründen, die wir nicht genau kennen; der fünfte das Scheitern der Neuen Ordnung der Nazis in Europa; und der sechste der Versuch der Japaner, ähnlich wie die Deutschen in Europa ihrerseits im Fernen Osten eine Neue Ordnung zu errichten, die nur ihnen selbst zugute kommen soll.

Der erste Faktor ist am wichtigsten, denn Deutschland ist der Hauptfeind, und die Japaner können letztlich nicht allein weiterkämpfen, wenn Deutschland ausgeschaltet ist – sie können den Krieg allenfalls um einige Jahre verlängern.* Wenn man sich die Karte von Rußland ansieht, erkennt man, daß die Deutschen bei all ihren Gebietsgewinnen ihr wahrscheinlich dringendstes Kriegsziel völlig verfehlt haben und wohl auch ihr zweitwichtigstes nicht erreichen werden. Ihr Hauptziel war die Eroberung der Ölfelder im Kaukasus. Das war der Grund, warum die Deutschen, und zwar wahrscheinlich schon im Winter 1940, beschlossen, Rußland anzugreifen. Da England, anders als Frankreich, nicht zusammengebrochen war, erkannten sie, daß ihnen ein langer Krieg bevorstand und daß sie unbedingt größere Ölreserven brauchten, als sie aus europäischen Quellen und durch synthetische Produktion gewinnen konnten. Zweitens brauchten sie Nahrungsmittel, und das hieß, sie brauchten das fruchtbare Land der Ukraine. Europa ist, jedenfalls annähernd, in der Lage, sich selbst zu ernähren, aber nicht, wenn ein Großteil seiner Arbeitskräfte, anstatt Nahrungsmittel zu produzieren, Kriegswaffen für die Deutschen herstellt. In Friedenszeiten konnte Europa Nahrungsmittel aus Amerika importieren, doch angesichts der britischen Seeblockade gegen Deutschland war die Ukraine für die deutsche Kriegsmaschine absolut unverzichtbar. Wie allgemein bekannt, sind die Deutschen nicht bis zum Kaukasus gekommen, aber sie halten nach wie vor den größeren Teil der Ukraine. Trotz der Niederlagen, die sie in den letzten Wochen erlitten haben, wäre es wahrscheinlich ein Fehler zu glauben, daß sie dieses Gebiet kampflos aufgeben. Vermutlich betrachten sie den Fluß Dnjepr und die Linie, die Polen und die baltischen Staaten einschließt, als äußerste Grenze, auf die zurückzugehen sie sich leisten können. Auf dieser Linie werden sie sich wohl zur Defensive zu formieren suchen und gleichzeitig alle Kräfte aufbieten, um dem alliierten Angriff im Westen zu begegnen, aber diese Strategie bringt sie in ein Dilemma. Wenn sie die Ukraine aufgeben, verlieren sie die Nahrungsquellen, die ihnen dazu verhelfen, den Krieg auf unbestimmte Zeit fortsetzen zu können. Wenn sie daran festhalten, müssen sie eine ungeheuer lange Grenze verteidigen, die zwangsläufig eine größere Armee bindet, als einzusetzen sie sich leisten können. Wir wissen

* *Orwells Analyse hat sich als bemerkenswert genau erwiesen. Was Japan angeht, konnte er die Atombombe selbstverständlich nicht voraussehen.*

nicht genau, wie hoch die deutschen Verluste in den beiden russischen Wintern waren, aber sie waren mit Sicherheit groß, und die totale Mobilmachung in Deutschland in Verbindung mit den unaufhörlichen Versuchen, die europäische Bevölkerung zu härterer Arbeit anzuhalten, zeigt, daß der Kräftemangel allmählich zum ernsten Problem für die Deutschen wird. Allgemein läßt sich sagen, daß die Deutschen, indem sie sowohl England als auch Sowjetrußland und die Vereinigten Staaten gegen sich aufbrachten, dafür gesorgt haben, daß sie nicht gewinnen, sondern allenfalls auf eine Pattsituation hoffen können. Wir dürfen also damit rechnen, daß sie in diesem Jahr heftige politische Offensiven unternehmen werden, die darauf abzielen, zwischen den Vereinten Nationen Zwietracht zu säen. Sie werden versuchen, die amerikanische Angst vor dem Bolschewismus, den russischen Argwohn gegen den westlichen Kapitalismus und die anglo-amerikanischen Eifersüchteleien auszunutzen, und sie versprechen sich von dieser Vorgehensweise wahrscheinlich mehr als von rein militärischen Aktionen.

Der zweite und der dritte Faktor, also der anglo-amerikanische Angriff in Europa und der U-Bootkrieg, lassen sich nicht getrennt voneinander betrachten. Die weitaus beste Möglichkeit der Deutschen, einen Angriff im Westen abzuwenden, besteht darin, so viele Schiffe zu versenken, daß die Vereinten Nationen nicht nur keine große Streitmacht übers Meer transportieren, sondern – noch wichtiger – sie auch nicht mit Nachschub versorgen können. Wenn man sich vor Augen hält, daß ein Infanteriesoldat etwa sieben Tonnen Nachschub braucht, wird klar, was ein Angriff in Europa in puncto Schiffskapazitäten bedeutet. Selbst wenn die Deutschen einen Angriff im Westen nicht völlig abwenden könnten, wären sie möglicherweise imstande, die Vereinten Nationen so lange zu behindern, daß der Angriff zu spät käme, um den Krieg noch in diesem Jahr zu beenden.* In diesem Fall wäre die Pattsituation, auf die die Deutschen vermutlich hoffen, wahrscheinlicher. Der Feldzug in Tunesien verfolgt im Grunde das gleiche Ziel, nämlich eine große alliierte Armee in Afrika zu binden und damit zu verhindern, daß sie nach Europa übersetzt. Was das Ergebnis dieser deutschen Verzögerungstaktik angeht, wage ich keine genaue Voraussage, weil wir zweierlei noch nicht wissen. Erstens wissen wir natürlich nicht, wie der alliierte Angriffsplan aussieht. Und zweitens wissen wir nicht genau, wie die Lage bei den Schiffsbeständen aussieht, weil die Regierungen der Vereinten Nationen, wahrscheinlich zu Recht, keine Zahlen über

* *Die Landung in Europa fand erst 1944 statt; zweifellos läßt sich die Verzögerung zum Teil mit den Auswirkungen des U-Bootkrieges erklären. Orwell zeigt sich allerdings in doppelter Hinsicht optimistisch, wenn er nicht nur eine zweite Front, sondern auch den Sieg in Europa für 1943 prognostiziert.*

Schiffsverluste veröffentlichen. Wir kennen allerdings bestimmte Fakten, aus denen sich Schlüsse ziehen lassen, und sie stimmen insgesamt zuversichtlich. Erstens ist es den Vereinten Nationen, offensichtlich zur Überraschung der Deutschen, gelungen, eine große Armee nach Afrika zu transportieren, und sie sind dabei, eine täglich größer werdende amerikanische Armee über den Atlantik nach Großbritannien zu bringen. Zweitens hat sich die Ernährungslage, die wahrscheinlich einen Hinweis auf die Schiffsbestände liefert, in den vergangenen zwei Jahren in Großbritannien nicht verschlechtert. Drittens hat die amerikanische Schiffsbauindustrie gewaltig expandiert, und viertens werden die Methoden der U-Bootbekämpfung – Überwasserschiffe, Flugzeuge und Bombardierung der Stützpunkte – ständig verbessert. Die U-Boote waren bislang der Trumpf der Deutschen, aber es gibt keinen überzeugenden Grund zu der Annahme, daß sie die alliierten Vorbereitungen unbegrenzt verzögern können.

Wir wissen nicht genug über die Strategie der Japaner, um entscheiden zu können, ob sie von den Schlägen, die sie in den vergangenen acht Monaten hinnehmen mußten, ernsthaft in ihrer Kampffähigkeit beeinträchtigt wurden oder ob die Verlangsamung ihrer Kampfführung einem festen Plan folgt. Wir wissen nur, daß sie vor einem Jahr sehr rasch die an den Südwestpazifik grenzenden Länder überrannt und seither keine Fortschritte mehr gemacht, sondern im Gegenteil einige wertvolle Stützpunkte und gewaltige Mengen an Kriegsmaterial verloren haben. Japans, ebenso wie Englands, wunder Punkt sind die Schiffsbestände. Die Japaner haben mit Sicherheit eine Unmenge davon verloren, und zwar sowohl Kriegs- als auch Frachtschiffe, und dies zu einem Zeitpunkt, da sie immer dringender Schiffe brauchen, um ihre Inselbesitzungen in Betrieb zu halten. Überdies können sie sie nicht annähernd so gut ersetzen wie die hochindustrialisierten Staaten. Man kann davon ausgehen, daß die Vereinigten Staaten in einem Monat mehr Schiffe bauen können als Japan in einem Jahr. Und beim Flugzeugbau ist der Unterschied noch größer. Wenn die Japaner also nicht, wie von jedermann erwartet, zum Angriff auf Indien und Australien übergegangen sind, dann wahrscheinlich nicht deshalb, weil sie nicht wollten, sondern weil sie nicht konnten. Andererseits dürfen wir nicht glauben, daß sie rasch zusammenbrechen, wenn Deutschland erledigt ist. Ebensowenig wie die Deutschen es sich leisten können, Osteuropa aufzugeben, können die Japaner es sich leisten, das asiatische Festland zu räumen. Wir müssen also damit rechnen, daß die Japaner jeden Zentimeter Boden verteidigen werden, und in den vergangenen Monaten haben sie gezeigt, wie verbissen sie kämpfen können. Falls sie ihre derzeitige Position konsolidieren können – so vielleicht ihr Kalkül –, werden die Vereinten Nationen nach der

Niederwerfung Deutschlands zu kriegsmüde sein, um noch weiterzukämpfen, und sich möglicherweise zu einer Einigung auf der Grundlage dessen bereitfinden, daß jeder behält, was er hat. Das eigentliche Ziel wäre natürlich, den Krieg bei der ersten sich bietenden Gelegenheit wiederaufzunehmen,* und wir sollten vor japanischen Friedensschalmeien ebenso auf der Hut sein wie vor deutschen.

Was die politischen Faktoren angeht, so braucht man über das Scheitern der Neuen Ordnung der Nazis in Europa kein Wort mehr zu verlieren. Sie ruft mittlerweile nur noch Ekel hervor. Aber es ist wichtig, sich klarzumachen, daß die japanischen Ziele und Methoden im wesentlichen die gleichen sind und daß die japanische Neue Ordnung oder Großostasiatische Wohlstandssphäre, wie sie sie nennen, mit entsprechender Verzögerung das gleiche Gesicht zeigen wird. Die Japaner plündern die von ihnen beherrschten Länder aus, und es macht keinen großen Unterschied, ob sie es da mit nackter Gewalt und andernorts mit falschem Papiergeld tun, für das man sich nichts kaufen kann. Selbst wenn sie es nicht wollten, sie müssen Asien ausplündern, weil sie sich etwas anderes nicht leisten können. Sie brauchen die Nahrungsmittel und die Rohstoffe der besetzten Länder, und sie können nichts von entsprechendem Wert dafür geben. Um für die geraubten Güter zu bezahlen, müßten sie ihre Fabriken auf die Produktion billiger Konsumgüter umstellen, und das wäre unmöglich, ohne ihre Kriegsindustrie zu schwächen. In Europa besteht im wesentlichen die gleiche Situation, wenn auch in weniger kruder Form, denn die von den Deutschen eroberten Länder sind stärker industrialisiert. Es ist so sicher wie nur irgend etwas, daß die Malaien, die Burmesen und die anderen Völker unter japanischer Herrschaft ihren sogenannten Protektoren ziemlich bald auf die Schliche kommen und begreifen werden, daß diese Leute, die vor einem Jahr so großartige Versprechungen machten, schlicht und einfach ein Heuschreckenschwarm sind, der ihre Länder kahlfrißt. Doch wie bald das geschehen wird, ist eine schwierigere Frage, und ich habe nicht vor, sie genauer beantworten zu können [sic!]. Im Augenblick erreichen uns aus den japanisch besetzten Gebieten vergleichsweise wenig Nachrichten, aber wir haben eine große unanfechtbare Informationsquelle, und das ist China. Der Krieg in China begann nahezu fünf Jahre früher als im übrigen Asien, und es gibt unzählige Augenzeugenberichte darüber, wie die Japaner sich verhalten haben. Nach so gut wie allgemeiner Ansicht handelt es sich um ein System nackten Raubes mit allen Scheußlichkeiten wie Mord und Vergewaltigung [*zwei*

* *Natürlich tat Japan das nicht, sondern ging statt dessen dazu über, billige Konsumgüter zu produzieren, wie Orwell es im nächsten Absatz andeutet.*

Wörter unleserlich] so. Das gleiche wird, oder ist bereits, allen Ländern widerfahren, die das Pech haben, unter japanische Herrschaft zu geraten. Die beste Antwort auf die Propaganda, die die Japaner nach Indien und anderswohin ausstrahlen, besteht vielleicht schlicht in den Worten SCHAUEN SIE NACH CHINA. Und da ich die wöchentlichen Nachrichtenkommentare hiermit beende, sind die Worte SCHAUEN SIE NACH CHINA wohl die beste Schlußbotschaft, die ich an Indien richten kann.*

* *Orwell, so zeigt die Formulierung einer »Schlußbotschaft«, ist sich darüber im klaren, daß direkte Propaganda künftig nicht mehr Teil seiner eventuellen Arbeit für die BBC sein wird. Sein Hinweis macht deutlich, wie sehr er von seiner Tätigkeit überzeugt ist und welche tiefe, aufrichtige Besorgnis er bei dem Gedanken an das Schicksal empfindet, das einem von den Japanern besetzten Indien beschieden wäre.*

Anhang

Ausgewählte Propagandasendungen der Achsenmächte

Die folgenden Texte sind Transkriptionen aus den unter dem Titel »Summary of World Broadcasts« (»Übersicht über den Weltrundfunk«) bekannten täglichen Berichten der BBC-Abhörer. (In Klammern gesetzte Wörter, denen ein Fragezeichen vorausgeht, stammen von den Abhörern.) Diese mit einem Roneo-Apparat vervielfältigten Texte sind sehr umfangreich, da sie die Produktion sämtlicher bekannter Rundfunksender, ungeachtet des politischen Hintergrundes, berücksichtigen. Allein für den Zeitraum, in dem Orwell für die BBC tätig war, umfassen sie viele Millionen Worte. Ein vollständiges Bild des Gesendeten ergäbe sich erst nach gründlicher Analyse der gewaltigen Materialmenge, die derzeit nicht katalogisiert oder durch ein Register aufgeschlüsselt ist. Für die Bereiche, die mit Orwells Kommentaren, den indischen Geheimsendern und den auf Indien gerichteten deutschen Rundfunksendern zu tun haben, wurden die Berichte eingehend geprüft. Nachstehend sind neben einigen Sendungen von besonderer historischer Bedeutung drei Schlüsselreden von Subhas Chandra Bose (Nr. 2, 7 und 11) sowie eine Auswahl von Propagandameldungen über die britisch-indischen Beziehungen und die »Rassenfrage« im allgemeinen wiedergegeben.

1. Indiens Aussicht auf Freiheit — 1. Januar 1942

Die Russen sind von Deutschland so gründlich geschlagen worden, daß Europa nichts mehr von ihnen zu befürchten hat, und bei diesem Vernichtungswerk haben die kleinen Staaten Europas zusammen mit Deutschland eine aktive Rolle gespielt. Rumänien hat voller Zuversicht seine jungen Männer geschickt, damit sie an der Seite Deutschlands kämpfen. Freiwillige aus praktisch allen Teilen Europas haben mitgekämpft. Die in Berlin abgehaltene Konferenz der kleinen Staaten hat gezeigt, daß Europa voll und ganz auf eine Neue Ordnung vorbereitet ist. Mit Japans Eintritt in den Krieg hat die Welt ihr Augenmerk auf die Neue Ordnung gerichtet. Die Welt zerfällt in zwei Teile: der eine besteht aus den gesunden, vorwärtsgewandten Ländern, der andere aus den trägen, prahlerischen und reichen. Nur wer bereit ist, ohne Zaudern sein Leben zu opfern, wird siegreich sein. Der Preis der Freiheit ist das Opfer. Japan hat Indien gezeigt, daß die reichen und starken Briten eigentlich gar nicht besonders stark sind. Nicht nur Indien, sondern auch alle anderen Länder, die von den Briten unterdrückt werden, bekamen 1941 den Weg zur Freiheit gezeigt. Alle Inder, die wegen der britischen Unterdrückung im Exil leben, sind mittlerweile bereit, für die Freiheit ihr Leben zu opfern. Swami Satia Nanda, seit achtundzwanzig Jahren eine führende Persönlichkeit Indiens, hat dem indischen Volk den britischen Betrug enthüllt. Er hat die Inder ermahnt, sich nicht täuschen zu lassen. In einer Rundfunkansprache hat er außerdem gesagt, daß nur Großbritannien Indien haßt. Indien gerät in Gefahr, wenn es weiter von den Briten beherrscht wird. Wenn die Inder sich vereinigen, können sie die Fesseln der Sklaverei abschütteln. Die 400 Millionen Menschen Indiens können eine Armee aufbieten, der niemand gewachsen ist. Die Freiheit erlangt man nur durch Kampf, und der Kampf bietet für Indien die besten Aussichten, seine Freiheit zu erlangen. Wir beten zu Gott, daß der indische Freiheitswunsch 1942 in Erfüllung geht.

2. Indiens Schicksalsstunde (von Subhas Chandra Bose) 28. Februar 1942

Schwestern und Brüder. Etwa ein Jahr lang habe ich schweigend und geduldig dem Fortgang der Ereignisse zugesehen, und nun, da die Stunde geschlagen hat, melde ich mich zu Wort. Der Fall von Singapur bedeutet den Zusammenbruch des britischen Kolonialreiches, das Ende der Willkürherrschaft, die es verkörpert, und die Morgenröte einer neuen Ära der indischen Geschichte. Das indische Volk, das lange unter der Erniedrigung des fremden Jochs gelitten hat und von der britischen Herrschaft geistig, kulturell, politisch und wirtschaftlich zugrunde gerichtet wurde, muß dem Allmächtigen demütig für das glückliche Ereignis danken, das für Indien die Verheißung von Leben und Freiheit birgt. Der britische Imperialismus war in der Geschichte der Neuzeit der teuflischste Feind der Freiheit und das gewaltigste Hindernis des Fortschritts. Seinetwegen schmachtete ein Großteil der Menschheit in Sklaverei, und allein in Indien wurde ungefähr ein Fünftel des Menschengeschlechts unbarmherzig unterdrückt und gepeinigt. Für andere Länder mag der britische Imperialismus nur der Feind von heute sein, für Indien aber ist er der ewige Widersacher. Zwischen den beiden kann es weder Frieden noch Verständigung geben, und die Feinde des britischen Imperialismus sind heute unsere natürlichen Freunde.

Die Außenwelt hört von Zeit zu Zeit Stimmen aus Indien, die behaupten, entweder im Namen des Indischen Nationalkongresses oder des indischen Volkes zu sprechen, aber diese Stimmen kommen über die Kanäle der britischen Propaganda, und niemand sollte den fatalen Fehler machen, sie als repräsentativ für das freie Indien zu betrachten. Wie in einem Land, das unter Fremdherrschaft steht, nicht anders zu erwarten, haben die britischen Unterdrücker sich bemüht, Uneinigkeit im indischen Volk zu schaffen. Infolgedessen finden sich in Indien einige, die den britischen Imperialismus offen unterstützen und die, absichtlich oder unabsichtlich, die britische Sache fördern, wobei sie ihre wirklichen Beweggründe häufig dadurch tarnen, daß sie von Zusammenarbeit mit Tschungking-China, Rußland und anderen Alliierten Englands reden. Die weit überwiegende Mehrheit des indischen Volkes jedoch will keine Verständigung mit dem britischen Imperialismus, sondern wird weiterkämpfen, bis die völlige Unabhängigkeit erreicht ist. Aufgrund der durch den Krieg bedingten Verhältnisse in Indien dringt die Stimme dieser freiheitsliebenden Inder nicht über die Grenzen ihres Landes, doch wir, die wir seit mehr als zwei Jahrzehnten für unsere nationale Befreiung kämpfen, wissen genau, wie die weit überwiegende Mehrheit unserer Landsleute heute denkt und empfindet.

Wir stehen an einem Scheideweg der Weltgeschichte, und so erkläre ich im Namen aller freiheitsliebenden Inder in Indien und im Ausland feierlich, daß wir den britischen Imperialismus so lange bekämpfen werden, bis Indien wieder selbst Herr seines Schicksals ist. Bei diesem Kampf und bei dem darauffolgenden Wiederaufbau werden wir vorbehaltlos mit all denen zusammenarbeiten, die uns helfen, den gemeinsamen Feind zu überwinden. Ich bin zuversichtlich, daß die weit überwiegende Mehrheit des indischen Volkes bei diesem heiligen Kampf mit uns sein wird. Keine List, Intrige oder Verschwörung von seiten der Agenten des anglo-amerikanischen Imperialismus, wie prominent sie auch sein und welche Staatsangehörigkeit sie auch besitzen mögen, kann dem indischen Volk Sand in die Augen streuen oder es vom Weg der patriotischen Pflicht abbringen. Für Indien naht die Stunde der Erlösung. Indien wird sich erheben und die Ketten der Knechtschaft zerbrechen, die das Land so lange fesselten. Durch Indiens Befreiung werden Asien und die Welt dem großen Ziel der Befreiung der Menschheit näherkommen.

3. Free India Radio: Nazi-Vorwürfe der BBC dementiert — 5. März 1942

Eine billige Methode der britischen Propaganda besteht darin, jede Bewegung für die völlige Unabhängigkeit Indiens entweder als unzeitig oder als fremdbestimmt zu bezeichnen. Die BBC hat behauptet, Free India Radio sei ein Rundfunksender der Nazis. Durch Free India Radio, so will man damit andeuten, versuchen die Deutschen, in Indien Unruhe zu stiften und die Inder gegen ihre Regierung aufzuhetzen. In der Tat würden wir es durchaus begrüßen, wenn ein solches Vorhaben gelänge, denn wir, die unbeugsame Jugend Indiens, bereiten unser Volk ja gerade auf die Revolution vor, um die fremdländische Herrschaft zu stürzen, die uns seit über hundert Jahren tyrannisiert. Wir möchten die BBC daran erinnern, daß Free India Radio die Stimme des freiheitsliebenden Indien ist. Free India Radio ist der Vorbote der Revolution, die rasch näherrückt und der britischen Macht in Indien bald den Todesstoß versetzen wird.

4. Quezons Ermordung: Englisch-amerikanischer Geheimdienst — 21. März 1942

Als Grund für die Ermordung von Quezon gilt die Befürchtung der Vereinigten Staaten, daß er, hätte man ihn lebend auf den Philippinen zurückgelassen, möglicherweise umfassend mit Japan kooperiert hätte und daß die zahlreichen Fälle von US-Brutalität auf den Philippinen ans Licht gekommen wären. Es dürfte noch in frischer Erinnerung sein, daß der ungarische Außenminister Teleki und der griechische Premierminister Metaxas am 25. bzw. 29. Januar 1940 vom britischen Geheimdienst umgebracht wurden. Konfrontiert mit der unmittelbar bevorstehenden deutschen Invasion auf dem Balkan, gelang es den Briten, die beiden Staatsmänner zu ermorden, deren Politik den britischen Interessen zuwiderlief. Unmittelbar bevor

Metaxas zu Tode kam, erklärte er gegenüber der britischen Regierung in deutlichen Worten, daß Griechenland, falls England nicht wirksamere Hilfe schicke, sich zum Friedensschluß mit Italien und zur Zusammenarbeit mit den Achsenmächten gezwungen sehe. (?Ähnliches gilt auch) für die brutale Ermordung von Quezon durch die (*zwei Worte unleserlich*) Englands und Amerikas, die nur an ihre eigenen egoistischen Ziele denken.

5. Großbritannien plündert Indiens Vermögen — 14. April 1942

Die BBC, die Londoner Bluff- und Prahlanstalt, hat unserem Bericht über die Verschiffung von Indiens Goldreserven nach England widersprochen. Über die weitergehende Behauptung, daß zu Beginn des Krieges ein Teil von Indiens Gold, der sich damals in England befunden habe, nach Indien zurückgeschickt worden sei, werden die Menschen in Indien bloß lachen. Wir haben von dieser Großzügigkeit nichts bemerkt und möchten die BBC daran erinnern, daß Bluff und Prahlerei, wenn sie über ein bestimmtes Maß hinausgehen, nicht nur unglaubhaft, sondern lachhaft werden. Wer weiß denn nicht, daß Großbritannien kurz vor dem Bankrott steht? Das dollarverliebte Amerika rafft weltweit britische Vermögenswerte an sich. Der Vorgang begann mit den britischen Vermögenswerten in den USA, die das britische Schatzamt in nullkommanichts aufgezehrt hatte. Daraufhin begannen die USA, britische Guthaben in anderen Teilen des amerikanischen Kontinents und in Asien zu beschlagnahmen. In den USA hat man den letzten Weltkrieg noch nicht vergessen, als England alles auf Kredit bezog und sich zu zahlen weigerte, als der Krieg vorbei war. Deshalb sorgt Amerika trotz des Leih-Pacht-Gesetzes dafür, daß britische Vermögenswerte in seine Hände übergehen. Um diesen Verlust wenigstens teilweise aufzufangen, ist England gegenüber anderen Teilen seines Kolonialreiches in die Rolle des Bettlers geschlüpft. Das gilt besonders für Indien, wo England mit Begriffen wie Kriegsanleihe, Kriegsfonds etc. das Volk zu schröpfen versucht. Es ist also unplausibel, daß England angesichts seiner verzweifelten finanziellen Lage zögern würde, Indiens Goldreserven zu beschlagnahmen. Wenn die BBC bei ihrer albernen Geschichte bleibt, England habe Gold von London nach Indien geschickt, wird den Indern klarwerden, daß das Informationsministerium in Wirklichkeit ein Lügenministerium ist. Wir haben die Verlegung der Goldreserven von Indien nach England an die Öffentlichkeit gebracht, weil wir unsere Landsleute darauf aufmerksam machen wollen, daß England Indiens Vermögen raubt, während der Krieg andauert und England von Freiheit und Demokratie spricht. Ohne Goldreserven ist Indiens Papiergeld nichts mehr wert, und wenn die Briten in Kürze aus Indien vertrieben werden, wird niemand mehr einen Blick für britische Banknoten und Staatsanleihen übrig haben, selbst wenn sie in Delhi, Bombay und Kalkutta auf den Straßen herumliegen.

6. Rache für Heydrich: »Dorf ausgelöscht: Alle Männer erschossen: Bekanntgabe« 10. Juni 1942

Achtung, Achtung! Amtlich wird bekanntgegeben: Im Zuge der Fahndungen nach den Mördern des SS-Obergruppenführers Heydrich wurden einwandfreie Hinweise (sic!) dafür gefunden, daß die Bevölkerung der Ortschaft Liditz bei Kladno dem in Frage kommenden Täterkreis (sic!) Unterstützung und Hilfe leistete. Die betreffenden Beweismittel wurden trotz Befragung ohne Mithilfe der Ortseinwohner erbracht. Die damit bekundete Einstellung zum Attentat wird noch durch weitere reichsfeindliche Handlungen unterstrichen, wie Funde von staatsfeindlichen Druckschriften, Waffen- und Munitionslager eines illegalen Senders sowie bewirtschafteter Waren in größtem Ausmaße und durch die Tatsache, daß Ortseinwohner sich im aktiven Dienste des Feindes im Auslande befinden. Nachdem die Einwohner dieses Dorfes (sic!) durch ihre Tätigkeit und durch die Unterstützung der Mörder von SS-Obergruppenführer Heydrich gegen die erlassenen Gesetze schärfstens verstoßen haben, sind die männlichen Erwachsenen erschossen, die Frauen in ein Konzentrationslager überführt und die Kinder einer geeigneten Erziehung zugeführt worden. Die Gebäude des Ortes sind dem Erdboden gleichgemacht und der Name der Gemeinde ist ausgelöscht worden. Soweit diese Bekanntmachung. (Anmerkung der Abhörer: Es handelt sich um die wortgetreue deutsche Fassung einer um 19 Uhr auf tschechisch erfolgten Bekanntmachung des Senders Prag, die sehr schlecht zu empfangen war.)

7. Botschaft an die Inder (von Subhas Chandra Bose) 20. Juli 1942

Die jüngsten Ereignisse auf den verschiedenen Kriegsschauplätzen werden sich unvermeidlich auch auf Indien auswirken. Es ist an Indien, das Werk der nationalen Befreiung voranzutreiben. Das britische Kolonialreich hat zwei Lungen: Ägypten und Indien. Ohne Ägypten besäße es nur noch eine Lunge: Indien. Fällt auch diese Lunge aus, folgt der sofortige Tod. Nie haben britische Politiker und Propagandisten mit einer Situation gerechnet, wie sie ihnen nun droht. Die Niederlagen in Rußland haben in England Wirkung gezeigt und die Moral des Volkes schwer beeinträchtigt. Daß die Achsenmächte beim Einmarsch in Ägypten dessen Unabhängigkeit bekräftigten, hat großen Eindruck auf die Ägypter gemacht, die nun von dem Wunsch beseelt sind, tapfer für ihre Unabhängigkeit zu kämpfen. Zwar haben die Briten der ägyptischen Armee deren modernes Gerät geraubt, aber es ist dennoch zu hoffen, daß die ägyptische Armee und das Volk sich der Lage gewachsen zeigen und die sich bietende Gelegenheit, die völlige Unabhängigkeit zu erringen, nach Kräften nutzen. Seit die Lage für die britischen Streitkräfte in Nordafrika allmählich kritisch wird, hat man, wie unseren Landsleuten sicher nicht entgangen ist, wegen eines Kompromisses Fühler zu den indischen Führern ausgestreckt, und zwar hauptsächlich über amerikanische und chinesische Mittelsmänner, die in Indien leben. Andererseits machen die Konservativen, die bis zum letzten an ihrem Kolonialreich festhalten, keinerlei Anstalten zum Einlenken. Das indische Volk hat die imperialistische Rolle Roosevelts und seinen Wunsch, das sterbende britische Kolonialreich zu beerben, restlos durchschaut. Infolgedessen steht nicht zu befürchten, daß ein Lächeln oder Stirnrunzeln amerikanischer Politiker unsere Landsleute vom Pfad der nationalen Pflicht abbringen kann. Leider gibt es immer noch Menschen, die sich von ihrer Sympathie für andere Völker mitreißen lassen. Offenbar begreifen sie nicht, wie sehr sich die Weltlage in den vergangenen drei Jahren verändert hat. Es wäre der Gipfel der Dummheit, sich an eine Vergangenheit zu klammern, die es nicht mehr gibt.

Seit einiger Zeit stehe ich als der (?Oberschurke) des indischen Nationalismus nun schon außerhalb der Sphäre des britischen Imperialismus. Es ist meine Pflicht, euch zu sagen, was ich sehe und höre, euch zu raten, mit welchen Mitteln wir unsere nationale Befreiung am ehesten erreichen, und mich mit aller Kraft für die Sache unseres Landes einzusetzen, ganz gleich wo ich mich gerade befinde. Der einzige Herr, dem ich je gedient habe und dienen werde, ist Indien. Was immer ich getan habe oder noch tue, geschah und geschieht stets in Einklang mit den Wünschen der weit überwiegenden Mehrheit meiner Landsleute. Trotz aller Hindernisse stehe ich in ständiger Verbindung mit meinen Landsleuten in Indien, damit zwischen der Politik, die wir zu Hause, und der, die wir im Ausland verfolgen, vollste Übereinstimmung besteht. Trotz der Bemühungen britischer Politiker, Meinungsverschiedenheiten zwischen den Indern zu schüren und bestehende leichte Meinungsverschiedenheiten aufzubauschen, weiß die ganze Welt, sosehr die BBC auch blufft und prahlt, daß die weit überwiegende Mehrheit des indischen Volkes entschlossen ist, das britische Joch abzuschütteln. Dank der mutigen Haltung, die unsere Landsleute zu Hause trotz in Aussicht gestellter Vergünstigungen und Drohungen zeigen, können die Inder im Ausland stolz erhobenen Hauptes in die Welt blicken. Das Grundproblem dieses Weltkrieges, so meine ich, ist das tragische Bemühen Englands und Amerikas, an ihrer imperialistischen Tradition festzuhalten, und das ebenso entschlossene Bemühen anderer Mächte, England und Amerika zu vernichten. Vom Standpunkt des indischen Nationalismus aus ist jedes andere Problem sekundär. Kein Inder kann sich vor der Frage drücken: »Will ich, daß Großbritannien und Amerika diesen Krieg gewinnen?« Hätte England Indien die volle Unabhängigkeit zugestanden, gäbe es eine gewisse Rechtfertigung für den Wunsch, daß England den Krieg gewinnt; aber die Briten weigern sich hartnäckig, uns die Freiheit zu gewähren. Vielleicht ahnen sie, daß ihr Reich mit dem Verlust Indiens praktisch zu existieren aufhört. Das indische Volk hat die leeren Versprechungen, man werde ihm nach dem Kriege den Status eines Dominion einräumen, zurückgewiesen und ist der Überzeugung, daß ein englisch-amerikanischer Sieg die Fortdauer der Versklavung Indiens und verschiedener anderer Länder bedeuten würde. Infolgedessen sage ich, daß jeder Inder, der Großbritannien in diesem Krieg den Sieg wünscht, als unpatriotisch und ehrlos gebrandmarkt werden muß. Jedem denkenden Menschen sollte klar sein, daß Indien nur durch die Niederlage und den Zerfall des britischen Kolonialreiches seine Freiheit erlangen kann.

Das indische Volk hat die Pflicht, auf die Vernichtung dieses Reiches hinzuarbeiten. Dabei ist es ein Glücksfall für uns, daß sich noch mehrere andere Mächte die Zerschlagung des britischen Kolonialreiches zum Ziel gesetzt haben. Wir sollten für die von Italien, Deutschland und Japan geleistete Hilfestellung dankbar sein. Es liegt beim indischen Volk zu entscheiden, ob es bei seinem Freiheitskampf Hilfe annimmt; sollte es diese Hilfe jedoch brauchen, so hat es das gute Recht, sie in Anspruch zu nehmen. Dennoch, je weniger Hilfe von außen Indien benötigt, desto besser. Man kann die Sache drehen und wenden, wie man will, es gibt nicht die leiseste Hoffnung auf einen britischen Sieg. Warum also die regelmäßigen Kompromißbemühungen mit Großbritannien, nachdem dieses Land lauter verheerende militärische Niederlagen erlitten hat? Sie sind Zeitverschwendung und schaden dem indischen Volk wahrscheinlich auch ungeheuer, denn sie lenken nur die revolutionäre Energie der Massen in eine falsche Richtung. Im Augenblick stehen dem indischen Volk drei Möglichkeiten offen: erstens, sich offen auf die Seite Großbritanniens zu stellen; zweitens, strikte Neutralität zu wahren; und drittens, sich offen gegen Großbritannien zu stellen. Sich auf die Seite Großbritanniens zu stellen hieße, seine Niederlage zu teilen und ein neues Kapitel der Sklaverei in Indien aufzuschlagen. Neutralität zu wahren wäre da schon klüger, berechtigte uns aber nicht zur Freiheit aus eigenem Verdienst. In diesem Falle müßten wir die Freiheit als Geschenk der siegreichen Feinde Großbritanniens entgegennehmen. Aktiv gegen England zu kämpfen berechtigte uns zur Freiheit, und zwar kraft unserer eigenen Anstrengungen und Opfer, und nicht von Gnaden irgendeiner Macht. Eine solche Freiheit kann auch künftig durch unsere eigene Stärke bewahrt werden. Wenn wir bei dem Kampf gegen Großbritannien keine dynamische Rolle spielen, werden wir uns die Freiheit entweder gar nicht sichern oder, falls wir sie als Geschenk bekommen, nicht behalten können. Wenn wir jetzt aber kämpfen, werden wir nicht nur bald unsere Freiheit gewinnen, sondern sie auch für immer bewahren können. Wäre es nicht eine geradezu selbstmörderische Politik, an einen Kompromiß mit einer Macht zu denken, die bald von der Erdoberfläche verschwinden wird? Wenn ein Inder nicht die Kraft hat, für die Freiheit seines Landes zu kämpfen, so kann er doch wenigstens untätig bleiben oder sich jedenfalls weigern, Kompromisse einzugehen.

Für einen Inder wäre es der Gipfel der Dummheit, sich als Gegenleistung für einen Kompromiß zum Kampf für Großbritannien bereit zu erklären. Eine solche Bereitschaft wäre vollkommen ehrlos. Welches Interesse hat Indien an Europa, Afrika oder dem britischen Kolonialreich, daß es an Englands Seite in den Krieg ziehen sollte? Als einzig ehrenhafter Weg bleibt den Indern, sich die derzeitige Krise zunutze zu machen und für die indische Unabhängigkeit zu kämpfen, die heute zum Greifen nahe ist. Es ist meine Pflicht, euch auf die Folgen aufmerksam zu machen, die ein Kompromiß mit England nach sich ziehen würde. Es gibt Leute, darunter auch einige Kongreßabgeordnete, die für den Fall eines Kompromisses bereit wären, nicht nur ausländische Truppen nach Indien hereinzulassen, sondern zu erlauben, daß Indien von England als Militärstützpunkt genutzt wird. Eine solche Politik ist ebenso schädlich, wie es die aktive Teilnahme am Krieg wäre. Kein unabhängiger Staat wird jemals zulassen, daß ausländische Truppen sein Gebiet besetzen oder von Stützpunkten auf seinem Gebiet aus militärische Operationen durchführen. Es wäre dies geradezu die Negation der Unabhängigkeit. Wenn britische, amerikanische und chinesische Truppen von indischen Stützpunkten aus operieren dürfen, dann, so muß man ferner bedenken, werden die Feinde Englands sie mit Sicherheit angreifen, und Indien wird zum Kriegsschauplatz. So würde Indien auf Umwegen in den Krieg hineingezogen und zwangsläufig Opfer der damit verbundenen Greuel. Einige unserer Landsleute machen Propaganda für eine Beteiligung an Englands Kriegsanstrengungen, tarnen ihre eigentlichen Absichten jedoch dadurch, daß sie von Hilfe für China reden. Jeder Inder möchte China gern helfen, aber die Frage ist: Vertritt Tschungking das wirkliche China? Hat Marschall Tschiang Kai-schek nicht Truppen nach Burma geschickt, um den Briten zu helfen, sich an der Macht zu halten? Hat nicht der Botschafter von Tschungking erst neulich in London öffentlich erklärt, England werde versuchen, Burma zurückzuerobern? Es dürfte klar sein, daß es sich bei Tschungking um eine englisch-amerikanische Marionette handelt. Ein Sieg der Alliierten würde China praktisch zur Kolonie machen. Ich bin sicher, Tschungking kann zu einer ehrenvollen Vereinbarung mit Tokio kommen. Englands Propagandamaschine versucht, die ungebildeten Inder hinters Licht zu führen und ihre schreckliche Armut auszunützen, um sie so für die Armee, die Polizei, die Bürgerwehr und ähnliche Organisationen zu ködern. Euer Bestreben muß es sein, sie von diesen Organisationen fernzuhalten; wenn euch das aber nicht gelingt, sollte ihr in alle diese Organisationen Nationalisten und Revolutionäre schicken. Sie sollen sich von den Engländern so umfassend wie möglich ausbilden und diese Ausbildung dann der indischen Revolution zugute kommen lassen. Es ist denn auch erfreulich zu wissen, daß die neue Indische Armee, die die Briten seit 1939 aufbauen, zu einem nicht geringen Anteil aus unseren Freunden und Anhängern besteht. Dieser Anteil muß in nächster Zeit noch erhöht werden. So wurden überall auf der Welt Revolutionen gemacht, und auch in Indien wird sich die Geschichte wiederholen. Den Internierten und Inhaftierten entbiete ich erneut herzliche brüderliche Grüße. Wir, die wir uns außerhalb Indiens befinden, setzen die Schlacht fort und wissen, daß der Tag der Befreiung Indiens nahe ist. Ich gelobe abermals, den Kampf für Indiens Unabhängigkeit unermüdlich forzusetzen, bis das große Ziel erreicht ist. Abermals versichere ich euch, daß ich immer nur auf der Grundlage vollständiger, bedingungsloser Unabhängigkeit für Indien mit anderen Mächten zusammengearbeitet habe und es auch künftig so halten werde. Wenn die Stunde kommt, werde ich an eurer Seite sein, um die indische Revolution zu ihrer ruhmreichen Erfüllung zu führen.

Dann wird es eure Aufgabe sein, die Verantwortung zu übernehmen. Wie ich Mahatma Gandhi bei unserer letzten Unterredung 1940 gesagt habe, werde ich wieder vor ihm erscheinen, wenn meine Mission beendet und Indien befreit ist. Laßt uns bis dahin weiterkämpfen, ein jeder mit seinen Waffen und an seinem Ort, aber alle geeint durch die gemeinsame Sache und gleichermaßen entschlossen, die baldige Vernichtung des britischen Kolonialreiches herbeizuführen!

8. Briten schüren Rassenkonflikt: »Das kaffeebraune Volk« 27. Juli 1942

In der Juli-Ausgabe von »Reader's Digest« erschien ein Artikel über die Rolle, die die amerikanischen Neger bei den Kriegsanstrengungen der Vereinigten Staaten spielen. Diese Neger sind entschlossen, für einen doppelten Sieg zu kämpfen, nämlich einen äußeren gegen den Feind und einen inneren gegen Rassenvorurteile. Laut dem südafrikanischen Minister Roitz ist die Zeit noch nicht reif dafür, den Kaffern innerhalb der Union die gleichen Rechte zuzugestehen wie den Weißen. Dennoch liege es auf der Hand, daß diese Zeit irgendwann kommen werde. Im Lichte dieser Erklärung müssen wir auch die Äußerung von Dr. Louis Leopold sehen. Nach seinen Worten muß die Rassenschranke nach dem Krieg fallen. Er erklärte, daß es im Südafrika der Zukunft ein kaffeebraunes Volk geben müsse, so wie ja auch in den USA Indianerblut hinzugekommen sei. Es ist sehr bedauerlich, daß ein Mann, der so lebenswahre Burengedichte wie »Om Gert vertel« geschrieben hat, dem Einfluß Smuts' und seiner Anhänger dermaßen verfallen konnte, daß er nunmehr für die Überfremdung der weißen Rasse eintritt, die in Südafrika bislang rein erhalten blieb. Angesichts des abnormalen Charakters dieses Mannes ist das freilich keineswegs überraschend. Wir sind alles andere als engstirnig, was die persönlichen Vorstellungen eines Mannes wie Louis Leopold angeht. Wenn allerdings ein solcher Mann, mit einer sattsam bekannten perversen Vorliebe für Kaffernmädchen, sich aus der Sphäre der Dichtkunst auf das Feld der Politik begibt, können wir nur warnen. Er hat die Sphäre verlassen, in der man ihn achten kann. Schlimmer noch, er und die Kommunisten in Südafrika stehen Seite an Seite. Das erklärt auch, warum die Engländer das Verbot der Kommunistischen Partei in Indien aufgehoben haben, nämlich erstens wegen ihrer Allianz mit Moskau und zweitens, weil sie alles in ihrer Macht Stehende unternehmen wollten, um im indischen Volk Uneinigkeit zu säen. Genau die gleiche Politik wird auch in Südafrika angewendet. Da es Südafrika, hauptsächlich auf Betreiben der Buren, gelungen war, die Eingeborenenfrage zu lösen, bemüht sich die gegenwärtige Regierung Smuts nach Kräften, die Frage derart zu verkomplizieren, daß eine endgültige Lösung in weiter Ferne zu liegen scheint. Das wird mit Sicherheit so bleiben, wenn in Südafrika nicht bald eine vernünftige Regierung an die Macht kommt.

9. Unzensierter Nachrichtenüberblick 9. August 1942

Im Anschluß an die Verhaftung von Mahatma Gandhi, Pandit Nehru, Dr. Azad und anderen führenden Politikern der Kongreßpartei sind heute in Indien Unruhen ausgebrochen. In Bombay kam es den ganzen Tag über zu bewaffneten Auseinandersetzungen, bei denen es mehrere Tote und zahlreiche Verletzte gab. Heute abend wurde berichtet, daß die Polizei Tränengas einsetzen und das Feuer auf die Aufrührer eröffnen mußte. Am Nachmittag wurde verfügt, daß das Tragen von Waffen verboten ist. Versammlungen von mehr als vier Personen wurden ebenfalls verboten. Hunderte von Menschen wurden verhaftet; heute nacht gilt in der Stadt und in Teilen der

Provinz Bombay eine Ausgangssperre. Auch über Allahabad wurde eine Ausgangssperre verhängt, nachdem die Kämpfe dort fast den ganzen Tag andauerten. Aus Cawnpore, Lucknow und Kalkutta werden ebenfalls Unruhen gemeldet. »Ich bete zu Gott, daß es noch nicht zu spät ist«, sagte ein Indienexperte, als er von den Maßnahmen erfuhr, die gegen die nationalistischen Politiker ergriffen wurden. Die Regierung, so meinte er, hätte schon früher energisch eingreifen müssen. Wie es heißt, erwägt Gandhi, solange zu fasten, bis er stirbt. Unterdessen kommt es in ganz Indien zu weiteren Verhaftungen.

10. Ägypten: Indische Truppen »unzuverlässig« — 26. August 1942

Wie unser Korrespondent in Kairo meldet, wurden 400 indische Soldaten, die wegen ihrer Weigerung, für England zu kämpfen, in Ägypten vors Kriegsgericht kamen, nach Suez geschickt. Sie bekamen zwei Tage nichts zu essen und zu trinken, und danach nur Hungerrationen. Die Unruhe unter den indischen Truppen in Ägypten breitet sich immer weiter aus. Zur Zeit stehen etwa drei indische Divisionen in Ägypten und davon ungefähr 7000 Mann bei Kairo. Da sie nicht als verläßlich gelten, wurden sie von der Front bei El Alamein abgezogen. Die Unruhe unter ihnen enstand im Gefolge der Ermordung von General Gott. Um sie im Keim zu ersticken, wurde der Premier des Pandschab aus Indien herbeizitiert; er weilte lange in Ägypten, hatte jedoch wenig Erfolg. Mr. Churchill wagte keinen Besuch bei den indischen Truppen, als er sich in Kairo aufhielt.

11. Partisanenkrieg und Aktionsplan (von Subhas Chandra Bose) — 4. September 1942

Freunde, ich möchte euch von ganzem Herzen zu euren Leistungen in den vergangenen vierzehn Tagen beglückwünschen. Kein Zweifel, ihr habt viel und sorgfältig nachgedacht und geplant, ehe der Sturm dann tatsächlich losbrach. Kein Zweifel auch, daß ihr rechtzeitig eine Untergrundorganisation geschaffen habt, die die Kampagne weiterführen kann, auch wenn die führenden Männer ins Gefängnis geworfen wurden. Am lobenswertesten aber war, daß ihr für den Indischen Nationalkongreß einen Rundfunksender aufgebaut habt, so daß die gesamte Bewegung zentral geleitet und geführt werden kann. Mit euren Leistungen habt ihr den Feind vollkommen überrumpelt und überlistet. Indiens Ansehen ist international enorm gestiegen, und die indischen Staatsbürger im Ausland können stolz und würdevoll erhobenen Hauptes in die Welt blicken.

Wir stehen im letzten, alles entscheidenden Kampf gegen den britischen Imperialismus, und deshalb ist es unsere Pflicht, im voraus nach etwaigen Gefahren und Fallstricken Ausschau zu halten, die uns den Weg verstellen könnten. Wenn wir gewarnt sind, sind wir auch gewappnet, und wenn wir gewappnet sind, ist uns der Erfolg sicher.

Es gibt vier Gefahren, vor denen ich euch warnen möchte. Erstens, das britische Kolonialreich, das im Augenblick einen Prozeß der selbst herbeigeführten Auflösung durchmacht und sich in den Händen der Auktionatoren der Wall Street befindet, könnte weitere Truppen aus Amerika, China und Afrika ins Land holen. Wir haben in Indien bereits amerikanische und chinesische, und auf Ceylon afrikanische und Negertruppen, und diese ... Kräfte, ... des indischen ..., sind uns seit einigen Monaten zunehmend freundlicher gesinnt. Zweitens könnte die britische Regierung in ihrer Verzweiflung künftig auf brutale Maßnahmen zurückgreifen, um unsere Bewegung zu unterdrücken. Drittens könnte es nach einigen Monaten zu einer allmählichen Schwächung unserer Kräfte von innen kommen, wenn sich das Gefühl breitmacht, gewaltloser Widerstand könne gegen Gewehre und Bomben nichts ausrichten. Viertens könnten, in einem solchen psychologisch entscheidenden Moment, die Agenten des britischen Imperialismus erneut ein Angebot oder einen Kompromißvorschlag machen, dem einige von euch dann vielleicht Gehör schenken werden, weil sie das kleinere Übel dem vermeintlichen Scheitern vorziehen.

Freunde, es ist meine Pflicht, euch an dieser Stelle darauf hinzuweisen, daß England sich der Forderung Indiens nach Unabhängigkeit niemals beugen wird. Indien ist das Juwel des britischen Kolonialreiches. Nur um dieses Juwel zu behalten, kämpft England. Für dieses Ziel wird England bis zum letzten kämpfen. England wird jede Erniedrigung auf sich nehmen und sich jeder Demütigung beugen, solange es nur die Macht über Indien behalten kann. Deshalb hat Mr. Winston Churchill, der Hohepriester des Imperialismus, der Erzfeind des indischen Nationalismus und geschworene Gegner jeder Form von Sozialismus seinen Imperialistenstolz hinuntergeschluckt und an den Toren des Kreml angeklopft. Wenn die Agenten des britischen Imperialismus erneut wegen eines Kompromisses vorfühlen, dann nicht, um Indiens Unabhängigkeitsforderungen zu erfüllen, sondern um in unserem Land Verwirrung zu stiften und so unsere Bewegung moralisch zu sabotieren. Es ist also unsere heilige Pflicht, die Kampagne ohne jeden Kompromiß fortzusetzen, bis der letzte Brite von indischem Boden vertrieben ist.

Ich muß euch ferner sagen, daß in diesem Kampf zwischen dem nationalistischen Indien und dem imperialistischen England weder die eine noch die andere Seite ausschließlich auf ihre eigene Stärke angewiesen ist. Wir wissen, daß Indien nicht mehr von der übrigen Welt isoliert ist. Auch wir haben mächtige Freunde und Verbündete, die uns mit Freuden helfen und dies auch (?wirksam können). Außerdem sind wir davon überzeugt, daß Englands Reich aufgrund der vernichtenden Niederlagen, die das Land auf sämtlichen Kriegsschauplätzen erlitten hat, bald zusammenbrechen und untergehen wird. Der nächste Erfolg in dieser Richtung wird die bevorstehende Vertreibung der Briten aus Ägypten sein. Sobald es zur endgültigen Zerschlagung des britischen Weltreiches kommt, wird die Macht automatisch in die Hände des indischen Volkes übergehen. Da uns der Endsieg nicht allein aufgrund unserer eigenen Anstrengungen zufallen wird, spielt es nicht die geringste Rolle, wenn wir in der Konfrontation mit Maschinengewehren, Bomben, Panzern und Flugzeugen zeitweilige Rückschläge erleben. Unsere Strategie sollte darin bestehen, uns nicht beirren zu lassen, unseren

Feldzug trotz aller Hindernisse und Rückschläge fortzusetzen und fest daran zu glauben, daß England bald besiegt sein wird. Mit der Auflösung des englischen Kolonialreiches wird Indien automatisch die Freiheit gewinnen.

Freunde, ich habe schon einmal versichert, daß alles, was ich im Ausland tue, mit den Wünschen eines sehr großen Teils meiner Landsleute in Einklang steht, und ich werde niemals etwas tun, was die öffentliche Meinung in Indien nicht begeistert begrüßt. Seit ich die Heimat verlassen habe, stehe ich durch mehr als einen Kanal in ständigem, engem Kontakt mit meinen Landsleuten zu Hause, und dies obwohl sich der Nachrichtendienst ... und der britische Secret Service nach Kräften bemühen, es zu verhindern. In den vergangenen Monaten habt ihr Beweise für meinen engen Kontakt zu unseren Landsleuten in Indien erhalten, und viele von euch wissen mittlerweile, wie ihr mit mir Verbindung aufnehmen könnt, wann immer ihr es wünscht. Die Briten können nicht mehr verhindern, daß ich nach Indien komme oder Indien verlasse, wann immer ich will. Wenn die britischen Behörden glauben, sie wüßten alles über mich, dann freut mich das, denn eines Tages werde ich ihnen den Schock ihres Lebens versetzen können. Wenn sie so schlau gewesen wären, wie sie zuweilen meinen, säße ich heute in einer Gefängniszelle, anstatt in aller Welt Indiens Sache zu verfechten.

Freunde, dies ist eine Zeit, da alle Länder, die von der satanischen britischen Regierung unterdrückt oder beherrscht werden, sich erheben oder kurz vor der Erhebung stehen. Wenn ganz Indien sich diesem Kampf anschließt, werden wir nicht nur rasch unsere Unabhängigkeit erringen, sondern auch die Befreiung aller Länder von Ägypten bis zum Iran beschleunigen. Wenn das indische Volk dagegen untätig bliebe, würden die Feinde Englands bei der Vertreibung der Briten aus Indien die Initiative übernehmen. Das britische Kolonialreich ist in jedem Falle zum Untergang verurteilt, und die einzige Frage ist, was mit uns geschieht, wenn es sich endgültig auflöst. Bekommen wir unsere Freiheit als Geschenk ausländischer Mächte oder erringen wir sie durch eigene Anstrengung? Ich fordere Mr. Jinnah, Mr. (?Jayakay) und alle Politiker, die immer noch an einen Kompromiß mit England denken, auf, endlich zur Kenntnis zu nehmen, daß es in der Welt von morgen kein britisches Kolonialreich mehr geben wird. Alle Menschen, Gruppen oder Parteien, die jetzt am Freiheitskampf teilnehmen, werden im freien Indien einen Ehrenplatz einnehmen; wer sich aber weiter an die Rockschöße unserer britischen Herren hängt, wird künftig als ein Nichts gelten.

Es wird euch interessieren, daß sich britische Politiker schrecklich darüber aufregen, daß die Inder ganz allgemein nicht bereit sind, sich der Kampagne zum zivilen Ungehorsam zu widersetzen oder entgegenzustellen, selbst wenn sie nicht aktiv daran teilnehmen. Es ist ganz normal, daß die Inder diese Haltung einnehmen. Sie wissen, daß die Briten bald aus Indien vertrieben werden, so wie sie auch schon aus Burma verjagt wurden. Infolgedessen wird jeder, der sich der nationalen Bewegung jetzt entgegenstellt, am Ende, wenn wir siegreich sind, sehr teuer dafür bezahlen müssen ...

Freunde, ich appelliere nachdrücklich an meine Landsleute in den britischen Streitkräften, nicht die Waffen gegen ihre Brüder und Schwestern zu erheben, die für die Befreiung des Landes kämpfen. Ich hoffe, sie werden sich bei jeder Konfrontation weigern, auf das indische Volk zu schießen, und im geeigneten Moment die Gewehre gegen ihre ausländischen Unterdrücker richten. Ich appelliere ferner an meine Landsleute, die Matrosen oder Laskaren sind, nicht länger im Dienste der Briten ihr Leben aufs Spiel zu setzen. Sie wissen sehr wohl, wie schlecht sie und ihre Familien im Vergleich mit britischen Seeleuten behandelt werden. Als ich vor einigen Monaten in Europa war, habe ich indische Seeleute kennengelernt, die von torpedierten Schiffen gerettet worden waren. Sie haben Schreckliches durchgemacht, und man sagte mir, daß viel mehr indische Matrosen auf See ums Leben kamen, als von sinkenden Schiffen gerettet werden konnten. Wenn indische Seeleute sich heute im Dienst einer Regierung opfern, die bald verschwinden wird, wird niemand sie künftig mehr ansehen oder sich um sie oder ihre Familien kümmern.

In diesem Zusammenhang appelliere ich auch an alle Parteien und Gruppen, die sich als Nationalisten oder Antiimperialisten verstehen, nicht länger zu zögern und sich dem heroischen Kampf anzuschließen, den wir führen. Ich appelliere an die fortschrittlichen Elemente in der Moslemliga, von denen ich einige schon von unserer gemeinsamen Arbeit für die Stadtbehörde von Kalkutta im Jahre 1940 zu kennen die Ehre habe. Ich appelliere an die tapfere Moslem . . ., die Nationalistische Moslempartei Indiens, die schon 1939, lange vor jeder anderen Partei, den zivilen Ungehorsam gegen die britischen Kriegsanstrengungen praktizierte. Ich appelliere an die Jamat Ulama, die einzige politische Vertretung der Ulamas, der moslemischen Geistlichen Indiens, die von dem hervorragenden Patrioten Mufti (?Gefit Ulla) geführt wird. Ich appelliere an die Azad-Moslemliga. Ich appelliere an die (?Asali Dull), die Nationalistische Sikh-Partei Indiens und an ihren Führer (?Massa Parossi), und nicht zuletzt appelliere ich an die (?Predar-)Partei von Bengalen, die das Vertrauen der moslemischen Präsidentschaft dieser Provinz besitzt und von einem bekannten Patrioten geführt wird. Ich habe keine Zweifel, daß der Tag von Indiens Erlösung näherrückt, wenn alle diese Organisationen in den Kampf ziehen.

Freunde, man könnte die derzeit in Indien laufende Kampagne als gewaltlosen Partisanenkrieg bezeichnen. Bei diesem Partisanenkrieg ist die Taktik der Kräfteverteilung anzuwenden. Wir werden unsere Aktivitäten auf das ganze Land ausdehnen, so daß die britische Polizei und das Militär nicht in der Lage sind, ihren Angriff auf einen Punkt zu konzentrieren. Außerdem sollten wir gemäß den Prinzipien der Partisanenkriegführung so beweglich wie möglich sein. Die Behörden dürfen niemals in der Lage sein vorauszusagen, wo wir als nächstes aktiv werden. Indem wir ihnen auf diese Weise ständig zusetzen, werden wir ihre Nerven zermürben, aber um das zu erreichen, muß die Kampagne monatelang ohne Unterbrechung fortgesetzt werden. Wie ihr bereits wißt, habe ich alle Kampagnen zwischen 1921 und 1940 mitgemacht und weiß sehr wohl, woran wir in der Vergangenheit gescheitert sind. Kürzlich hatte ich Gelegenheit, in bezug auf die Taktik des Partisanenkrieges den Rat eines Fachmannes einzuholen, und so bin ich in der Lage, euch einige Vorschläge zu unterbreiten, wie die derzeitige Kampagne zu einem erfolgreichen Abschluß (?gebracht) werden sollte.

Der gewaltlose Partisanenfeldzug sollte ein doppeltes Ziel verfolgen: erstens, die britische Kriegsproduktion in Indien zu zerstören, und zweitens, die britische Verwaltung lahmzulegen. Mit diesem doppelten Ziel vor Augen sollten alle Teile der

Bevölkerung sich am Kampf beteiligen. Erstens sollten die Bauern die Zahlung sämtlicher Steuern und Abgaben einstellen, die direkt oder indirekt zu den Einkünften der Regierung beitragen. Zweitens sollten die Arbeiter in der gesamten Kriegsindustrie in den Sitzstreik treten, höhere Löhne fordern oder die Produktion dadurch behindern, daß sie innerhalb der Fabriken Bummelstreiks durchführen. Sie sollten außerdem kleine Sabotageakte durchführen, zum Beispiel Schrauben und Bolzen von Maschinen entfernen, Dampfdruck vermindern, Sand in komplizierte Geräte werfen, etc. Drittens sollten die Schüler und Studenten der von den Provinzregierungen geäußerten Ausschlußdrohung die angemessene Antwort erteilen und mit noch größerem Eifer Schulen und Colleges boykottieren. Sie sollten geheime Partisanentrupps bilden, die überall im Lande Sabotageakte durchführen. Sie sollten sich ferner neue Methoden ausdenken, wie man die britischen Behörden ärgern kann: zum Beispiel Briefmarken usw. in Postämtern verbrennen, Engländer anschreien, wenn sie sich auf der Straße zeigen, auf Ämtern Krawalle und Störungen verursachen, britische Denkmäler zerstören, etc. Viertens sollten die Frauen, besonders die Studentinnen, Untergrundarbeit aller Art leisten, vor allem als Geheimkuriere. Außerdem sollten sie den kämpfenden Männern Unterschlupf gewähren. Fünftens sollten Beamte, die bereit sind, die Kampagne heimlich zu unterstützen, in diesem Stadium noch nicht daran denken, ihre Stellung zu kündigen. Angestellte in Ämtern und in der Kriegsindustrie sollten den Kämpfern draußen jede verfügbare Geheiminformation geben und versuchen, die Kriegsproduktion durch schlampige und langsame Arbeit zu behindern. Sechstens sollten die Dienstboten, die in den Häusern der Briten arbeiten, organisiert werden, damit sie ihren Herren Ärger und Unannehmlichkeiten machen, indem sie zum Beispiel höhere Löhne fordern, schlechtes Essen kochen und auf den Tisch bringen, etc. Siebtens sollten die Geschäftsleute jeden Geschäftsverkehr mit englischen Firmen, Banken, Versicherungen etc. einstellen.

Für die breite Öffentlichkeit schlage ich folgenden zusätzlichen Aktionsplan vor: Boykott britischer Waren, dazu Brandanschläge auf britische und staatliche Lagerbestände; totaler Boykott aller Briten in Indien sowie aller Inder, die ernsthaft probritisch eingestellt sind; Veranstaltung öffentlicher Versammlungen und Demonstrationen trotz offiziellen Verbots; Herausgabe geheimer Bulletins und Aufbau von Geheimsendern; öffentliche Verbrennung anglo-indischer und probritischer Zeitungen; Aufmärsche vor den Häusern von Regierungsvertretern und Forderung nach ihrem Weggang aus Indien; Besetzung staatlicher Stellen und Institutionen wie Gerichte, (?Ministeriums)gebäude etc. mit dem Ziel, die Verwaltung aus den Angeln zu heben; Bestrafung von Polizeibeamten und Gefängnisbediensteten, die das Volk unterdrücken oder verfolgen; Errichtung von Straßenbarrikaden, wann immer die Wahrscheinlichkeit eines Zusammenstoßes mit Polizei und Militär besteht; Brandanschläge auf Regierungsbüros und Fabriken, die für Kriegszwecke arbeiten; massenhaftes Schwarzfahren mit der Eisenbahn; möglichst häufige Unterbrechung von Post-, Telegraphen- und Telefonverbindungen an verschiedenen Orten; Störung von Eisenbahn-, Bus- oder Straßenbahnverkehr, wann immer sich eine Möglichkeit ergibt, den Transport von Soldaten oder Kriegsmaterial zu behindern; Erstürmung und Zerstörung von abgelegenen Polizeistationen, Zügen und Gefängnissen; Agitation für die Freilassung politischer Gefangener.

Freunde, ich kann euch versichern, daß, wenn im ganzen Land auch nur ein Teil dieses Plans in die Tat umgesetzt wird, der Verwaltungsapparat lahmgelegt werden kann und die Kriegsproduktion ... In diesem Zusammenhang darf ich euch daran erinnern, daß bei einem gewaltlosen Partisanenfeldzug die Bauernschaft stets eine entscheidende Rolle spielt. Es freut mich, feststellen zu können, daß die Bauern in mehreren Provinzen, z. B. in Behar und in den Zentralprovinzen, bereits in vorderster Front stehen. Ich hoffe ernsthaft, daß ... und die Bauernführer, die zusammen mit dem Vorwärts-Block im April 1940, lange vor Mahatma Gandhi, den Kampf aufnahmen, die Kampagne nun zu einem siegreichen Abschluß führen werden. Wir wollen Swaraj für die Massen, Swaraj für die Bauern und Arbeiter. Infolgedessen müssen die Bauern und Arbeiter bei dem Kampf in vorderster Linie stehen, denn wer kämpft und die Freiheit gewinnt, ist stets Erbe von Macht und Verantwortung. So ist es denn auch ermutigend zu hören, daß die Bevölkerung der indischen Staaten sich zum erstenmal in Ansätzen zu einem gesamtindischen patriotischen Kampf zusammenfindet. Entsprechende Berichte sind schon aus Baroda, Mysore, Haiderabad und Kaschmir eingegangen, und ich bin sicher, daß der Tag nicht mehr fern ist, an dem sich alle Staaten mit der Bevölkerung von Britisch-Indien zusammenschließen und eine gemeinsame Front gegen das Bündnis des britischen Imperialismus mit den indischen Fürsten bilden werden. Am erfreulichsten aber ist die Nachricht, daß das Trompetensignal der Freiheit nun auch die Ohren und Herzen unserer Soldaten in der Heimat und im Ausland erreicht hat. In Meerut und anderen Orten Indiens und auch in Ägypten haben indische Soldaten sich erhoben. Sie wurden zweifellos vors Kriegsgericht gestellt und mit typischer imperialistischer Brutalität niedergehalten, aber das Feuer breitet sich weiter von einem Ort zum anderen aus. Eine Vielzahl indischer Soldaten ist zu den Achsenstreitkräften in Ägypten übergelaufen und wurde von diesen mit offenen Armen empfangen. Das hatte zur Folge, daß sämtliche indischen Kampftruppen von der Front bei El Alamein abgezogen wurden, da sie als unzuverlässig gelten. Kein Wunder, daß man aus Indien eilends ein paar indische Lakaien des britischen Imperialismus herangeschafft hat, die die indischen Truppen bei der Stange halten sollen, aber bislang sind ihre Bemühungen erfolglos geblieben. So hat sogar der Londoner Rundfunk am 2. September – also gestern – gemeldet, daß Sir Sikander Hyad Khan viele Beschwerden indischer Soldaten gegen die britischen Offiziere zu hören bekam und daß die Soldaten ebenso auf Heimaturlaub gehen wollen, wie es die britischen Soldaten tun dürfen. Zum Schluß möchte ich eure Aufmerksamkeit auf den 6. September 1942 lenken, an dem nach dem Willen des Vizekönigs von Indien probritische Demonstrationen stattfinden sollen. In Übereinstimmung mit dem Appell des Senders des Nationalkongresses fordere ich euch auf, am 6. September eurerseits einen gesamtindischen Tag zu organisieren, um allen Regierungsdemonstrationen entgegenzutreten, sie wenn nötig zu sprengen und Gegendemonstrationen zu veranstalten, auf denen der sofortige Abzug der Briten aus Indien gefordert wird. Mit anderen Worten, macht den 6. September landesweit zum »Raus-aus-Indien«-Tag – nicht nur in Britisch-Indien, sondern auch in den Staaten.

Von einem Ende Indiens bis zum anderen sollen Versammlungen und Demonstrationen stattfinden. Der Schrei »Verschwinde, John Bull!« (»Ungrez chalo jao!«) soll die Luft zerreißen; schreibt die Worte »Verschwindet!« und (?»Chale jao!«) auf jede nur denkbare Fläche, auf Mauern, auf Baumstämme, auf Straßenbahnen, auf Busse, auf Züge, einfach überallhin. Und nicht zuletzt, überflutet das Land mit den Buchstaben »Q. I.«, das heißt »Quit India« (»Raus aus Indien«), damit jedem Briten, ganz gleich wo er hinschaut, die großen Buchstaben »Q. I.« ins Gesicht starren. Ich bin sicher, Freunde, wenn ihr den landesweiten »Raus-aus-Indien«-Tag am 6. September richtig organisiert, werdet ihr bei Millionen unserer Landsleute eine so gewaltige revolutionäre Begeisterung wecken, daß ihr dem britischen Imperialismus in Indien an diesem denkwürdigen Tag auch die Totenglocke läuten werdet ...

12. Japanischer Heldenmut im Hafen von Sydney: Admiral Abo — 7. Oktober 1942

Die vier Helden eines Spezialkommandos der U-Bootwaffe, die am 31. Mai den Hafen von Sydney angriffen, hätten sich der besten Traditionen der japanischen Kriegsmarine würdig erwiesen, erklärte Admiral Fürst Abo, ehemaliger Marineminister und ehemaliges Mitglied des Obersten Kriegsrates, in Tschugai. Sobald sie sie sich im Hafen des Feindes befanden, beschlossen die angreifenden japanischen U-Bootführer gemäß dem traditionellen Geist der Marine, sich erst zurückzuziehen, wenn ihr Auftrag ausgeführt sei; das Unternehmen sei ein Sinnbild der japanischen Marine, sagte Abo und fügte hinzu: »Vor ihrer Heldentat kann ich mich nur in tiefer Ehrfurcht verneigen.« Abo gab der Überzeugung Ausdruck, daß die australische Regierung in Anerkennung des edlen Opfermutes der für Kaiser und Vaterland gefallenen Marinehelden die Asche der Toten in die Heimat schicken werde. Er gab ferner bekannt, daß er Sydney 1891 im Rahmen eines Lehrganges besucht und dabei mehrere Tage in dem australischen Hafen verbracht hatte. Wie er erklärte, ist die Mündung des Hafens sehr schmal, was ihn zum idealen Flottenstützpunkt macht.

13. »Ansichten zu den Nachrichten« von William Joyce »alias Lord Haw-Haw«: Kommunismus bedroht England — 14. Februar 1943

Wie ich schon bei anderer Gelegenheit erwähnte, waren die Offensiven, die Stalin diesen Winter gestartet hat, extrem verlustreich und haben – trotz der erzielten Geländegewinne – dem sowjetischen Kriegspotential insgesamt verheerende Schläge zugefügt. Ich habe wiederholt darauf hingewiesen, daß die deutschen Streitkräfte eines Tages den Befehl erhalten werden, die Offensive wiederaufzunehmen; und wenn dieser Tag kommt, wird die Zeit beginnen, da es wirklich möglich sein wird, zu Stalins Strategie abgewogene, von Fakten gestützte Urteile abzugeben.

In Erwartung dieses Tages ist das deutsche Volk von tiefem, gelassenem Vertrauen auf den Endsieg erfüllt. Daran kann nicht der geringste Zweifel bestehen. Andererseits hat es sich zu Herzen genommen, was der Führer ihm mehr als einmal gesagt hat: daß der Sieg kein Gratisgeschenk ist, das denjenigen, die bloß darauf hoffen und darüber reden, auf einem silbernen Tablett serviert wird. Der Sieg ist ein Lohn, der nur durch Opfer, und in diesem Falle durch rückhaltlose, schwere, radikale Opfer, errungen wird. Die Rückschläge, die die Kräfte der europäischen Kultur an der Front gegen den Bolschewismus erlitten haben, machen nur um so deutlicher, daß nichts dem Zufall überlassen werden darf und alle Energie und aller Wille auf das Ziel des Sieges konzentriert werden müssen. Ich halte es nicht für nötig, im einzelnen zu schildern, wie diese Konzentration hier in Deutschland erreicht wird. Ich möchte nur sagen, daß das ganze Volk mit großartiger Hingabe auf die Erklärung des Führers vom 30. Januar reagierte, bei der er die denkwürdigen Worte äußerte: »In diesem Krieg wird es keine Sieger und Besiegten, sondern nur Überlebende und Vernichtete geben.«

In ganz Deutschland herrscht heute ein neuer Geist, der Geist des totalen Krieges, der grimmigen Entschlossenheit, den Bolschewismus zu besiegen, indem man alles opfert, was nicht zu diesem Kampf gehört – diesem Ringen auf Leben und Tod.

Nun wird es in England manche geben, die, vom derzeitigen Tenor ihrer offiziellen Propaganda irregeführt, nicht nur meine Bezeichnung des Kampfes gegen den Bolschewismus als eines Ringens auf Leben und Tod in Frage stellen, sondern in ihrer Torheit sogar lachen und sich über die Warnung belustigen. Dabei sagte Mr. Churchill erst vor drei Jahren: »Wir können Finnlands Schicksal nicht voraussagen. Aber dem Rest der zivilisierten Menschheit könnte sich kein traurigeres Schauspiel bieten, als daß dieses prächtige nordische Volk von der dumpfen, brutalen Gewalt einer zahlenmäßigen Übermacht am Ende doch zermürbt und in eine Sklaverei gezwungen wird, die schlimmer ist als der Tod.«

So schilderte Churchill vor drei Jahren die bolschewistische Gefahr. Warum hat sich diese Ansicht seither so drastisch gewandelt?

»Eine Sklaverei, die schlimmer ist als der Tod« ist keine unangemessene Formulierung zur Beschreibung des Schicksals derer, die den Sieg des jüdisch beherrschten Bolschewismus physisch, wenigstens mit dem nackten Leben, überstehen. Aber wenn ein solcher Sieg, wie Churchill meinte, für das tapfere kleine Finnland eine schreckliche Katastrophe gewesen wäre, warum sollte er dann für Deutschland, für Frankreich, für Norwegen, für Holland, für Spanien oder auch für England eine geringere Katastrophe sein? Ich möchte an den kürzlich von Goebbels geäußerten, sehr treffenden Aphorismus erinnern, wonach der Kanal im Fall der Fälle keine Schranke gegen den Bolschewismus darstellen würde. Wie er klugerweise sagte, braucht eine Idee zu ihrer Verbreitung keine Geleitzüge. Ich glaube, es war Metternich, der vor ungefähr 120 Jahren meinte, daß ein Fieber nicht vor Landesgrenzen haltmacht.

Warum also vertraut man heute in England so gleichmütig darauf, daß der Kommunismus dort nicht sein Haupt recken kann? Das flotte Schlagwort »Hier kann das nicht passieren« könnte sich in diesem Zusammenhang sehr leicht als Selbsttäuschung erweisen. So sehe ich beispielsweise, daß der Kandidat der Regierungspartei bei den Nachwahlen von Midlothian seinen Sitz nur ganz knapp, nämlich mit weniger als 900 Stimmen Vorsprung, gerettet hat. Er schaffte es gerade noch, einen Menschen namens Wintringham zu schlagen, der, ganz gleich welches Etikett er sich für die Nachwahlen aufgepappt hat, in ganz England als lupenreiner Kommunist bekannt ist, und zwar einer von der Sorte, dessen Anspruch auf traurige Berühmtheit sich hauptsächlich davon herleitet, daß er im Spanischen Bürgerkrieg auf der Seite der Kommunisten kämpfte. Daß ein Individuum mit einer solchen Vergangenheit in einem für die Regierungspartei vermeintlich sicheren Wahlkreis um ein Haar ins Unterhaus gewählt worden wäre, zeigt, daß in der öffentlichen Meinung Großbritanniens derzeit tiefgreifende Veränderungen im Gange sein müssen. Hinzufügen könnte man noch, daß in einer weiteren Nachwahl, deren Ergebnis gestern bekanntgegeben wurde, der Kandidat der Regierungspartei ebenfalls nur knapp einer Niederlage entging, und dies gegen Mr. Wise, dessen linksextreme Ansichten so hinreichend bekannt sind, daß ich nicht näher darauf eingehen muß.

Ohne Zweifel herrscht in der Zentrale der Konservativen Besorgnis und auch eine gewisse Verwirrung über diese Ergebnisse, mit denen man überhaupt nicht gerechnet hat. Das Rätsel ist freilich nicht sehr schwer zu lösen. Bei seinen Versuchen, dem Kreml zu gefallen, hat Churchill seinen Agenten Carte blanche gegeben, den Kommunisten alle Freiheiten einzuräumen, so daß sie ihre Doktrin im ganzen Land propagieren können. Und dem von Moskau kontrollierten Kommunismus freie Hand zu geben heißt, den Bolschewiken eine Einladung zu überreichen, die sie wohl kaum ausschlagen werden. Schon in Friedenszeiten waren die sowjetische Botschaft in London und die unter dem Namen Arcos bekannte Institution Horte der Intrige sowohl gegen die Regierung als auch gegen britische Interessen.

Nun werden Churchills Berater ihm ja vielleicht sagen, daß diese prosowjetische Agitation sich legen wird, sobald der Versuch zur Bildung einer zweiten Front in Europa erfolgt oder die Sowjets sich mit den von den Alliierten gelieferten Nachschubmengen zufrieden erklären. Das ist allerdings ein sehr gefährliches Argument. Es ist eins, eine Landung in Europa zu versuchen, aber es ist etwas ganz anderes, sie erfolgreich durchzuführen. Außerdem gibt es nicht den geringsten Grund zu der Annahme, daß die Sowjets jemals mit der Menge an Nahrungsmitteln und Rohstoffen zufrieden sein werden, die England und Amerika in ihren Häfen anliefern können. Es ist ein sehr gefährlicher Irrtum zu behaupten, daß die Menschen, die die Bolschewiken heute aus militärischen Gründen unterstützen möchten, dies später nicht auch aus politischen Gründen tun werden. Interessant ist außerdem, daß die für die Regierung so ungünstigen Wahlergebnisse auf Churchills Rede vor dem Unterhaus am Donnerstag folgten. Ich möchte es wiederholen: Wenn man mit den Sowjets ein Bündnis geschlossen hat, ist es nicht möglich, bolschewistische Gedanken mit wasserdichten Schotten auszusperren, und die herrschende Klasse Englands begreift noch gar nicht, welcher Gefahr sie sich mit ihrer Zustimmung zu Churchills Pakt mit Moskau ausgesetzt hat. Aber nicht mehr lange, und die Angehörigen dieser Klasse werden Grund haben, über folgende Worte nachzudenken: »Die Bolschewiken verachten eine Selbstverständlichkeit wie die Nation. Ihr Ideal ist die weltweite proletarische Revolution.« Das ist nicht das Urteil von Goebbels, sondern von Churchill, und er sprach es am 5. November 1919 vor dem Unterhaus. Im Augenblick möchte ich nicht darstellen, welche Folgen ein sowjetischer Sieg für den Nahen Osten und Indien zeitigen würde. Ich beschränke mich auf die Bemerkung, daß der größte Schaden, den der Bolschewismus anzurichten imstande ist, nichts mit dem Öl des Nahen Ostens oder dem Reichtum Indiens zu tun hat – sondern mit der Seele und dem Wesen all dessen, was wir in der westlichen Kultur hochhalten: jene Werte, die heute und in Zukunft bis zum Sieg oder bis zum Tod von den Armeen verteidigt werden, an deren Spitze Hitler steht.

Quellen

1. SWB* 898. Zeesen. IG(i)
2. SWB 957. Free India Radio. IG(ii)
3. SWB 962. Free India Radio. IG(ii)
4. SWB 978. Tokyo. 9(ii)
5. SWB 971. Free India Radio. IG(i)
6. SWB 1,059. Prague (Czech Home Stations). ID(5 Protectorate) (ii)
7. SWB 1,099. Free India Radio. IG(i)
8. SWB 1,106. Zeesen (in Afrikaans). IJ(ii-iii)
9. SWB 1,119. New British Broadcasting Station (Axis Origin) IB(i)
10. SWB 1,136. Free India Radio. IG(i)
11. SWB 1,145. Free India Radio. IG(i-iv)
12. SWB 1,178. Japan, Domei. 0710
13. SWB 1,308. Calais, English Group. IB(vii)

* *Summary of World Broadcasts (Übersicht über den Weltrundfunk).*

Landkarten

Die auf den Seiten 266 bis 275 wiedergegebenen Landkarten sind den Bänden 5, 6 und 7 von J. F. Horrabins 1942 und 1943 im Londoner Verlag Thomas Nelson & Sons erschienenem Werk »An Atlas-History of the Second Great War« entnommen:

Die Welt im Krieg 1942 (S. 266/267),
Die Welt im Krieg 1943 (S. 268/269),
Der Schatten des Krieges fällt auf Indien (S. 270 oben),
Die Bedrohung Australiens (S. 270 unten),
Die Bedrohung des Kaukasus (S. 271),
Die Schlacht von El Alamein (S. 272),
Die Eroberung von Ägypten (S. 273 oben),
Die Verfolgung Rommels I (S. 273 Mitte),
Die Verfolgung Rommels II (S. 273 unten),
Burma wird zum Kriegsschauplatz (S. 274 oben),
Die Eroberung von Madagaskar (S. 274 unten),
Hitler besetzt Vichy-Frankreich (S. 275).

NORWAY
GERMANY
BRITAIN
CANADA
Moscow
U.
RUSSIA
POLAND
Y-SLAVIA
U.S.A.
ATLANTIC
Mediterranean
IRAN
LIBYA
Middle East
INDIA
ABYSSINIA
IND
OC
S. AMERICA
UNION OF S. AFRICA

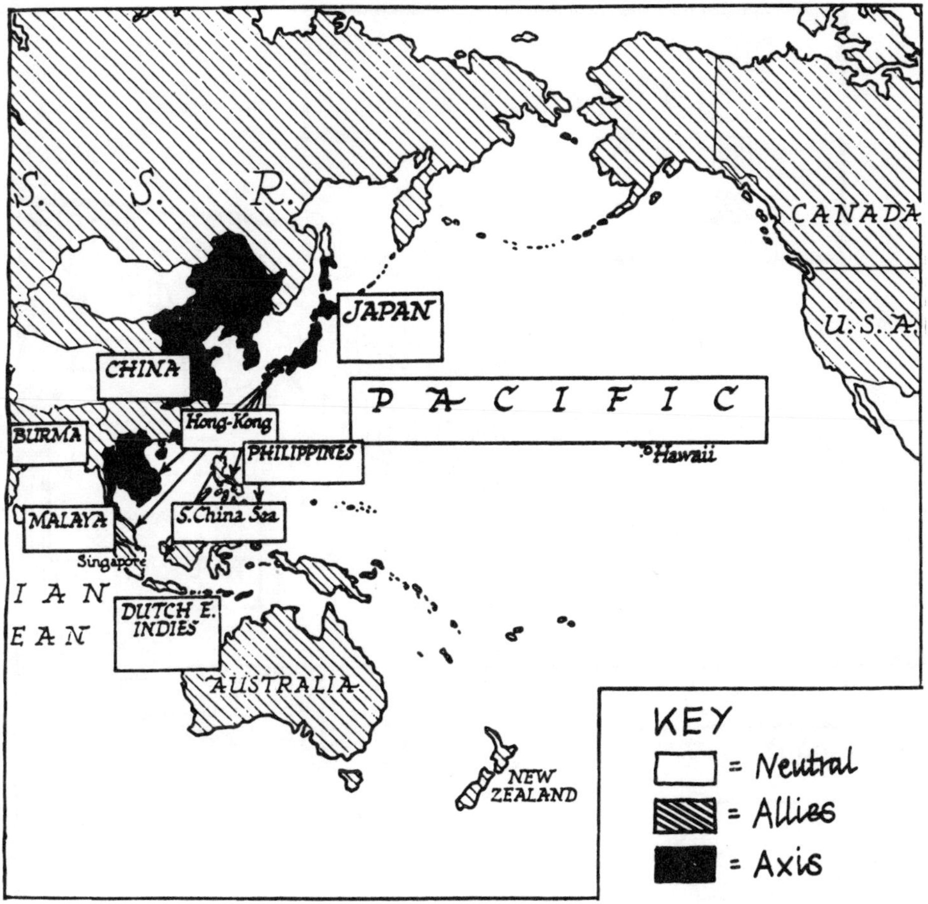
S. S. R.
CANADA
U.S.A.
JAPAN
CHINA
PACIFIC
Hong-Kong
BURMA
PHILIPPINES
Hawaii
MALAYA
S. China Sea
Singapore
I A N
E A N
DUTCH E. INDIES
AUSTRALIA
NEW ZEALAND
KEY
= Neutral
= Allies
= Axis

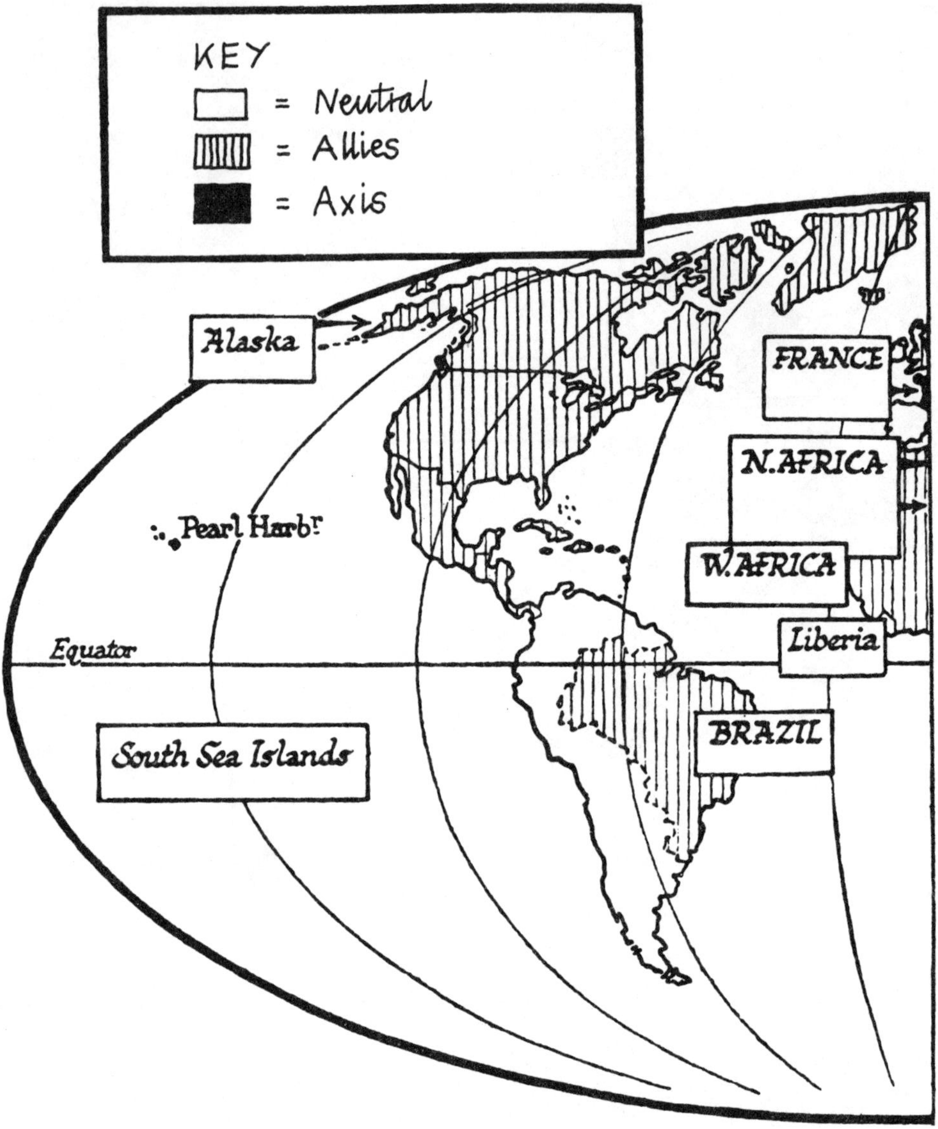
KEY
= Neutral
= Allies
= Axis
Alaska
FRANCE
N. AFRICA
W. AFRICA
Liberia
Pearl Harbr
Equator
BRAZIL
South Sea Islands

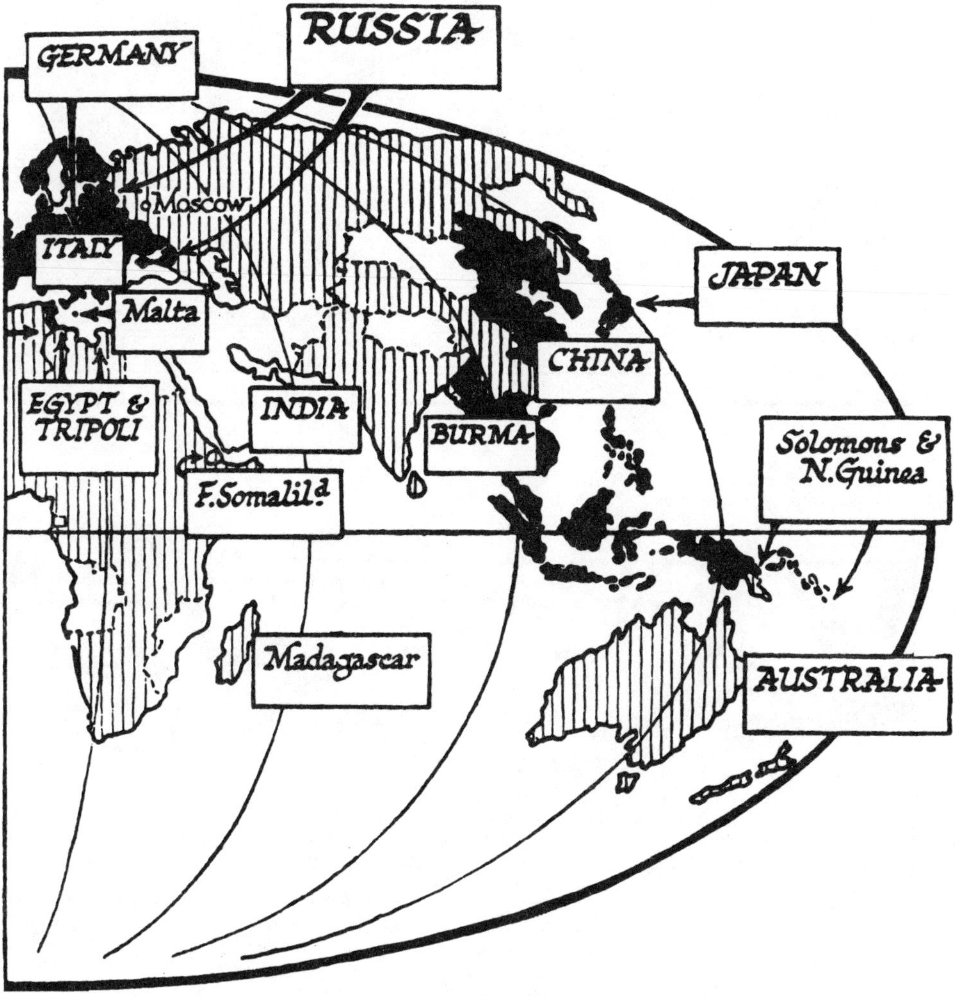
RUSSIA
GERMANY
Moscow
ITALY
Malta
EGYPT & TRIPOLI
INDIA
F. Somalilᵈ
CHINA
BURMA
JAPAN
Solomons & N. Guinea
Madagascar
AUSTRALIA

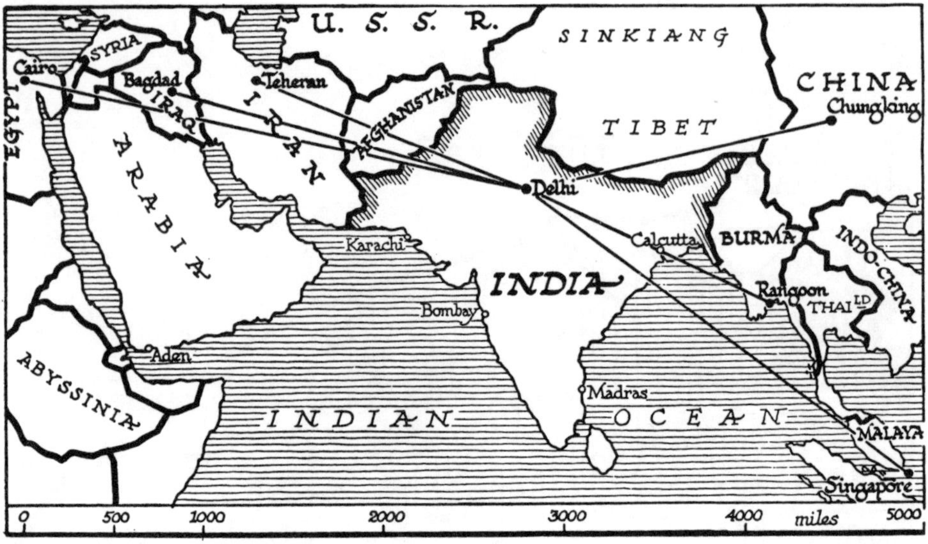
U. S. S. R.
SINKIANG
CHINA
Chungking
TIBET
SYRIA
Cairo
Bagdad
Teheran
EGYPT
IRAQ
IRAN
AFGHANISTAN
ARABIA
Delhi
Karachi
Calcutta
BURMA
INDO-CHINA
INDIA
Bombay
Rangoon
THAILD
ABYSSINIA
Aden
Madras
INDIAN
OCEAN
MALAYA
Singapore
0
500
1000
2000
3000
4000
miles
5000

Japanese occupied
BORNEO
ADMIRALTY IS.
Amboina
NEW GUINEA
Madang
Rabaul
Lae
Gasmata
Salamaua
SOLOMON IS.
JAVA
TIMOR
Torres Str.
C. YORK
Port Moresby
LOUISIADE ARCHO
Darwin
Coral Sea
Katharine
Wyndham
Cooktown
Indian Ocean
Derby
Broome
1750 m.
Townsville
NEW CALEDONIA
Rockhampton
AUSTRALIA
2400 miles
Brisbane
J.F.H.

Moscow
Mojaisk
Nijni Novgorod
Kazan
Tula
500 m.
Orel
Kiev
575 m.
Kuibishev
UKRAINE
Orsk
Kharkov
Dnieper
Volga
Don
DONETZ BASIN
Stalingrad
Perekop
Ural
Rostov
Kerch
Emba
CRIMEA
Maikop
Astrakhan
BLACK SEA
Grozny
CAUCASUS MTS.
CASPIAN
Batum
Tiflis
TURKEY
Baku
Tabriz
Oilfields
Pipelines
Railways
Roads
Mosul
Bandar Shah
Teheran
IRAQ
IRAN
J.F.H.
0
100
200
400
600 miles

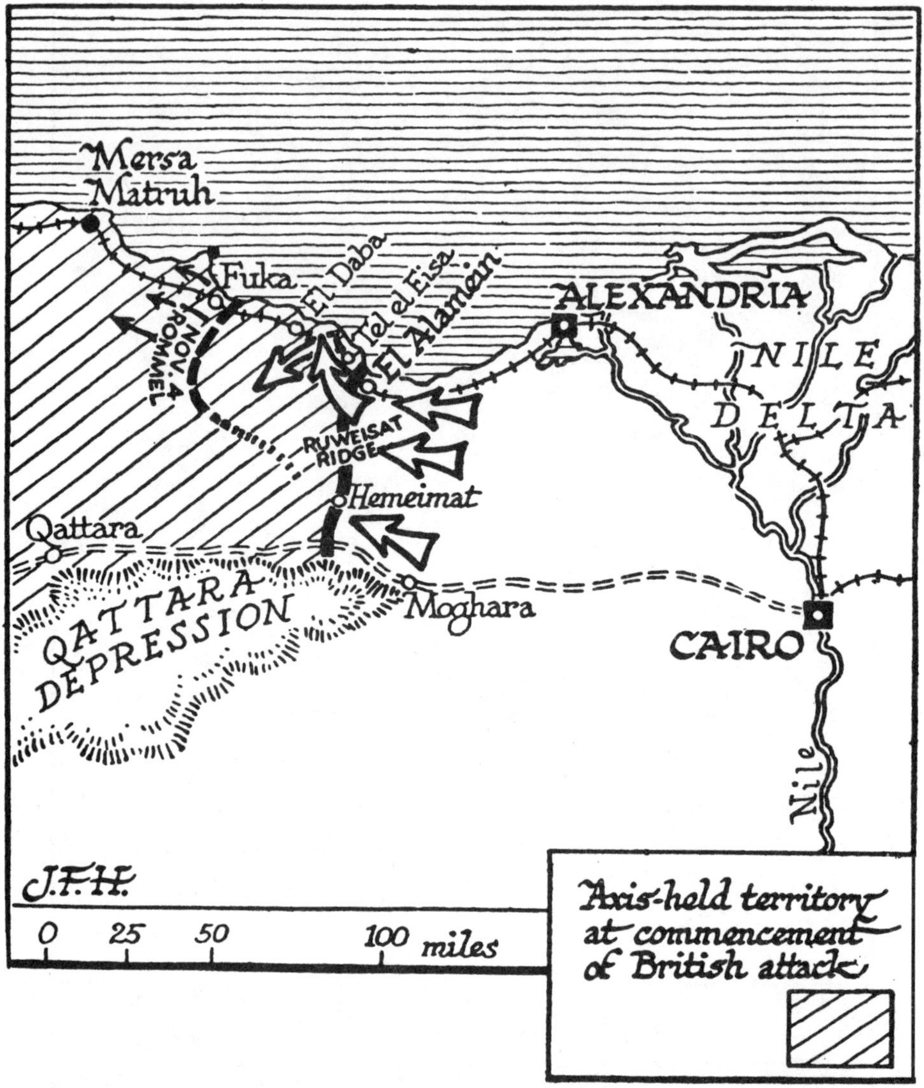
Mersa Matruh
Fuka
El Daba
Tel el Eisa
El Alamein
ALEXANDRIA
NILE
DELTA
NOV. 4
ROMMEL
RUWEISAT RIDGE
Hemeimat
Qattara
QATTARA DEPRESSION
Moghara
CAIRO
Nile
J.F.H.
0 25 50 100 miles
Axis-held territory at commencement of British attack

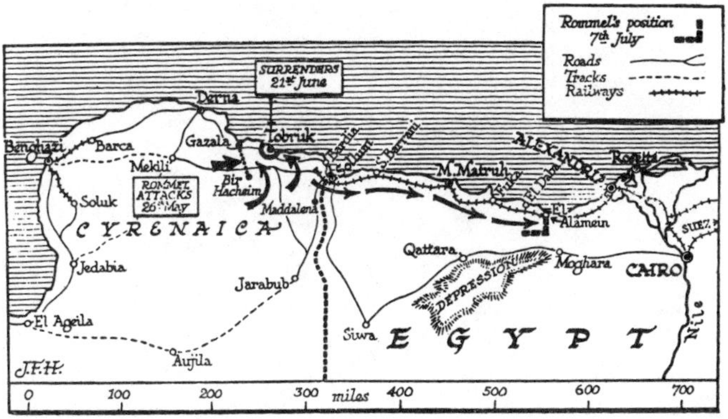
Rommel's position 7th July
Roads
Tracks
Railways
SURRENDERS 21st June
Derna
Tobruk
Gazala
Benghazi
Barca
Mekili
ROMMEL ATTACKS 26th May
Bir Hacheim
Soluk
Maddalena
CYRENAICA
Jedabia
Jarabub
El Agheila
Aujila
Siwa
EGYPT
Qattara
DEPRESSION
Moghara
CAIRO
M.Matruh
Fuka
El Daba
El Alamein
ALEXANDRIA
Rosetta
SUEZ
Nile
J.F.H.
0 100 200 300 miles 400 500 600 700

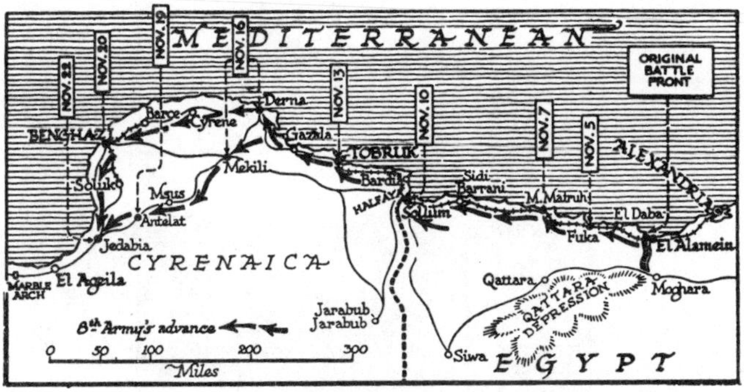
MEDITERRANEAN
ORIGINAL BATTLE FRONT
NOV. 22
NOV. 20
NOV. 19
NOV. 16
NOV. 13
NOV. 10
NOV. 7
NOV. 5
Derna
Barce
Cyrene
Gazala
TOBRUK
BENGHAZI
Mekili
Bardia
Soluk
Msus
Antelat
HALFAYA
Sollum
Sidi Barrani
M.Matruh
Fuka
El Daba
El Alamein
ALEXANDRIA
Jedabia
CYRENAICA
MARBLE ARCH
El Agheila
Jarabub
Qattara
QATTARA DEPRESSION
Moghara
Siwa
EGYPT
8th Army's advance
0 50 100 200 300
Miles

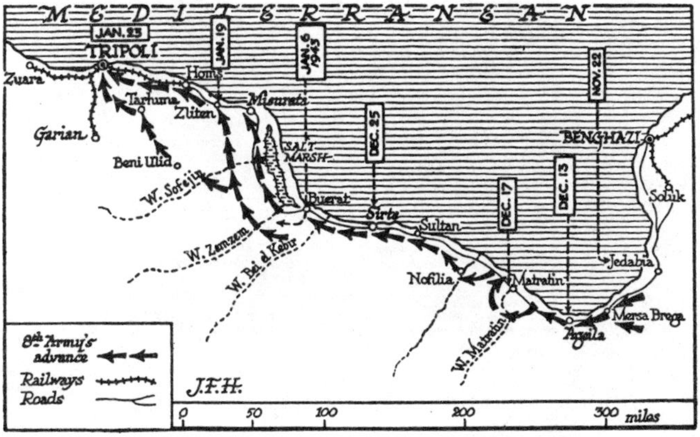
MEDITERRANEAN
JAN. 23
TRIPOLI
JAN. 19
JAN. 6 1943
NOV. 22
DEC. 25
DEC. 17
DEC. 13
Zuara
Homs
Tarhuna
Zliten
Misurata
Garian
Beni Ulid
SALT MARSH
W. Sofeijin
Buerat
Sirte
Sultan
W. Zemzem
W. Bei el Kebir
BENGHAZI
Soluk
Jedabia
Nofilia
Matratin
Mersa Brega
Agheila
W. Matratin
8th Army's advance
Railways
Roads
J.F.H.
0 50 100 200 300 miles

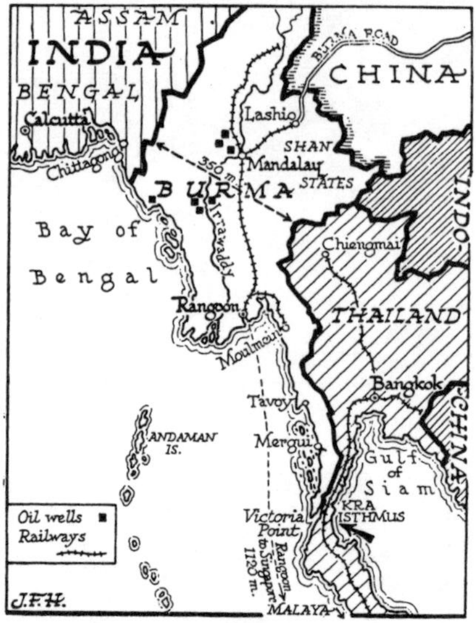
ASSAM
INDIA
BENGAL
Calcutta
Chittagong
BURMA ROAD
CHINA
Lashio
SHAN STATES
Mandalay
350 m.
BURMA
Irrawaddy
INDO-
Bay of Bengal
Chiengmai
THAILAND
Rangoon
Moulmein
Bangkok
CHINA
Tavoy
ANDAMAN IS.
Mergui
Gulf of Siam
KRA ISTHMUS
Victoria Point
Rangoon to Singapore 1120 m.
Oil wells
Railways
J.F.H.
MALAYA

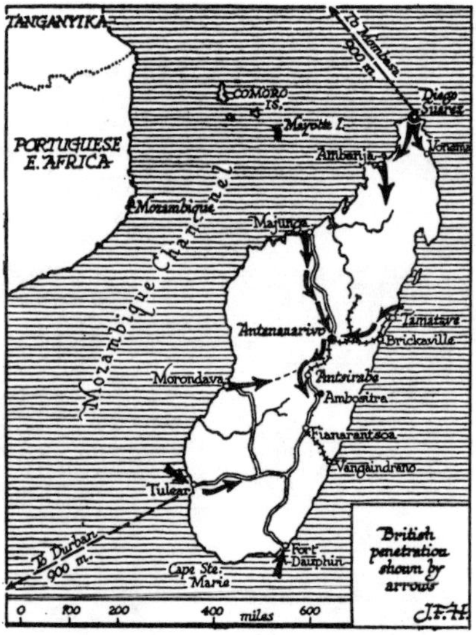
TANGANYIKA
To Mombasa 900 m.
COMORO IS.
Mayotte I.
Diego Suarez
Ambanja
PORTUGUESE E. AFRICA
Mozambique
Mozambique Channel
Majunga
Tamatave
Antananarivo
Brickaville
Morondava
Antsirabe
Ambositra
Fianarantsoa
Vangaindrano
Tulear
To Durban 900 m.
Fort Dauphin
Cape Ste. Marie
British penetration shown by arrows
0 100 200 400 miles 600
J.F.H.

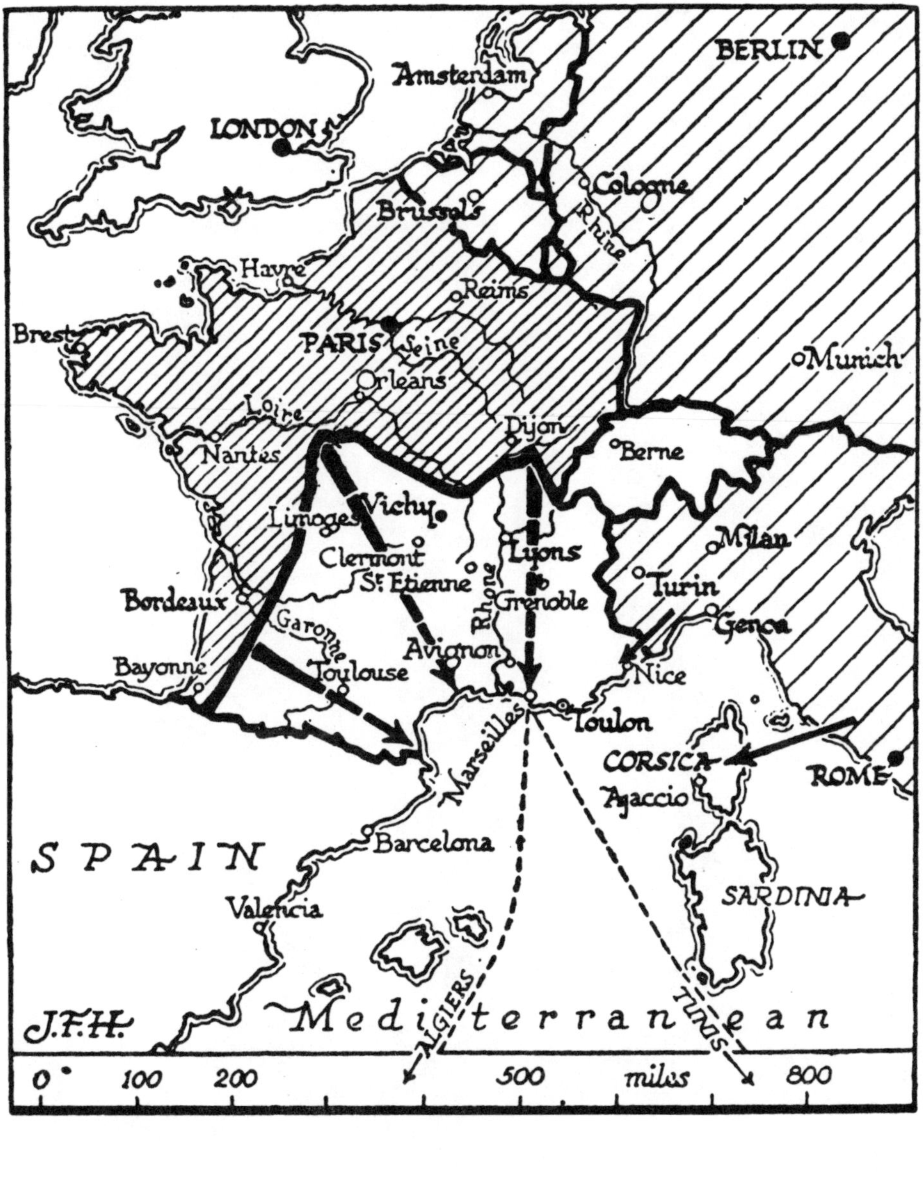
BERLIN
Amsterdam
LONDON
Cologne
Brussels
Rhine
Havre
Reims
Brest
PARIS
Seine
Munich
Orleans
Loire
Dijon
Nantes
Berne
Vichy
Limoges
Milan
Clermont
Lyons
St. Etienne
Turin
Bordeaux
Grenoble
Rhone
Genoa
Garonne
Avignon
Bayonne
Toulouse
Nice
Toulon
Marseilles
CORSICA
ROME
Ajaccio
Barcelona
SPAIN
SARDINIA
Valencia
ALGIERS
TUNIS
Mediterranean
J.F.H.
0 100 200 500 miles 800

Ortsregister

Abessinien 54, 76, 128, 181, 224
Agedabia 32, 37, 200
Ägypten 28, 39, 48, 54, 61, 76, 111, 121 f., 127 f., 131, 133, 137, 142, 147, 157, 160 ff., 165, 171, 174 ff., 184, 189 ff., 193, 196, 204, 225
Akyab (Sittwe) 79, 140, 216
Alaska 57, 113, 192
Alaska High Road 192
Aleuten 113, 119, 142, 146, 179 f., 183, 192
Alexandria 121, 127 ff., 157, 211, 218
Algerien 233
Algier 210, 212
Amboyna 124
Andamanen 55, 66, 74, 217
Andreanof-Inseln 180, 183
Ankara 162
Antananarivo 167, 173
Arakan 219
Argentinien 45, 168
Asmara 30
Asowsches Meer 106, 144, 228, 232
Assam 52, 57, 75, 79, 98, 108
Astrachan 131, 153 f., 166, 198
Äthiopien 38 (s. auch *Abessinien*)
Atlas 233
Attu 119
Auschwitz 206
Australien 28, 32, 35, 39, 43, 49, 55 f., 59, 61, 68, 70 ff., 75, 78, 82 f., 92, 98, 108, 113, 138, 140, 142, 146, 150, 161, 186, 193 f., 206, 217, 219

Baku 48, 106, 145, 166, 195, 198, 220
Bali 63
Balikpapan 52
Barce 170
Bardia 61
Bassein 68
Bataan 88
Batajsk 135
Batavia 52, 193
Batumi 144
Bengalen 75, 79
Benghasi 27, 32, 37, 48, 76, 170, 176, 184, 200, 203, 208, 231
Berlin 89, 161
Bhamo 92
Bir Hakeim 118
Biserta 200, 202, 210, 215
Bône 202 f.
Borneo 31, 38 f., 46, 52
Boulogne 90, 186
Brasilien 45, 49 f., 151, 155 f., 168, 204
Bristol 112
Budapest 170
Bulgarien 77, 170
Buna 201, 206, 208, 219
Burma 31, 42 f., 49, 52, 55 f., 59 f., 62, 66, 68 f., 74 f., 79 ff., 87 f., 92, 97 f., 103, 107, 124, 140 f., 208, 216 f., 219 f.
Burmastraße 43, 52, 55 ff., 59 f., 69, 88, 92, 163, 216

Casablanca 40, 199 f., 211
Celebes 38, 46
Ceylon (Sri Lanka) 53, 55, 66, 68, 88, 96
Charkow 39, 47, 53, 73, 106, 110, 122 f., 137, 228, 237
Chicago 95
Chile 45, 156
China 30, 34 f., 41 ff., 49, 52, 56 ff., 60, 69, 74, 79, 82, 84 f., 88 f., 92, 97 f., 102 f., 108, 113, 119, 125, 140, 159, 163, 165, 180, 189, 223 f., 226, 232, 236, 241 f.
Chittagong 108, 205, 208, 216
Colombo 74
Corregidor 31, 35, 51, 83, 88, 98
Coventry 112, 143
Cyreneika 27, 38, 61, 217

Dakar 40, 156, 184, 199, 204, 211
Darwin 61, 68, 113, 206
Derna 27 f.
Diego Suarez 95 f.
Dieppe 152 f., 163, 165
Djerba 233
Djibouti 199
Dnjepr 228, 238
Dnjestr 229
Don 95, 122 f., 126, 130 f., 135, 150, 153, 196, 215, 223

Donezbecken 73, 235
Dresden 111
Duisburg 143, 147
Düsseldorf 143, 168
Dutch Harbor 119

El Agheila 39, 200, 203 f., 208 f., 214
El Alamein 46, 127, 131, 142, 176, 190, 193 f., 204
Elbrus 154
Eritrea 30, 32, 53
Essen 111 f., 187
Exeter 99

Faid-Paß 230
Fessan 219
Finnland 33, 106, 110
Florida (Salomonen) 145
Formosa 42, 82, 133
Fort Dauphin 173
Französisch-Somaliland 199
Fuka 194
Fuzhou 107

Gabès 203, 231
Gdingen (Gdynia) 161
Genua 187, 191
Georgijevsk 223
Gibraltar 40, 43, 89, 147, 150, 199, 234
Gilbert-Inseln 150 f.
Golf von Bengalen 55, 60, 79, 102, 108, 161, 205, 217
Gona 201
Griechenland 50, 93, 165
Grosny 161
Guadalcanal 145, 160, 165, 171, 179, 183, 185, 191, 194, 206, 208, 219, 228
Guadeloupe 108

Halfaya 39, 45, 61, 194
Hamburg 137, 143
Hangkou 35
Hanyihou 98
Hawaii 114
Honan 125
Hongkong 27 f., 51, 69, 192, 217

Indien 28, 32, 35, 41 f., 52, 57 ff., 64 ff., 69, 73 ff., 79 f., 82 ff., 88, 92, 96, 98, 100, 105, 113, 132, 140 ff., 155, 161, 188, 205 f., 217, 227, 230, 242
Indischer Ozean 53, 55 f., 66, 68, 74, 76, 97, 226 f.
Indochina 96
Ioribaiwa 175
Iran 28, 48, 56, 106
Irak 28, 48, 106, 121
Irland 40, 49
Izjum 122

Jalo 170, 200
Japan 28, 30, 35, 41 ff., 53, 56, 59 f., 64, 80, 84 f., 102 f., 107 f., 119, 124, 159, 162 f., 192, 238, 240 f.
Java 39, 55, 59 f., 63, 71, 124, 193
Jedaida 202, 210
Jugoslawien 171, 182
Jütland 98

Kairo 127, 194, 214
Kalinin 95, 123
Kalkutta 79, 216
Kanlanchai 107
Kanton 35, 98
Kap der Guten Hoffnung 62, 76, 96
Karlsruhe 168
Kars 107
Kaspisches Meer 89, 127, 131, 144 f., 153 f., 166, 178, 198, 227
Kasserine-Paß 230, 233
Kattarasenke 190, 193
Kaukasus 33, 39, 48, 61, 64, 76, 89, 94, 99, 106, 110, 121 ff., 126, 135 f., 139, 144 f., 149 f., 154, 164, 166, 178, 195, 215 f., 220, 223, 226 ff., 238
Kerč 106
Kiangsi 125
Kiel 109
Kiew 95
Kiska 179 f.
Kletski 153
Kokoda 185, 194
Köln 111 f.
Korallenmeer 98, 108, 113, 118
Korea 42, 69, 82, 133
Korsika 109
Krasnoarmejsk 228
Kreta 28, 118
Krim 33 f., 48, 99, 228
Kuala Lumpur 35
Kuban 139, 154
Kuching 31
Kuma 220, 223
Kupjansk 123

Lae 219
La Mayotte 129
Lashio 88, 92, 97
Leningrad 33, 39, 51, 58, 94 f., 126, 135, 150, 161, 167, 172, 216
Libyen 27 f., 32, 36, 45, 53, 76, 110 f., 118, 128, 133, 151, 170, 200, 203 f., 208 f., 214 f., 218, 226
Lidice 120, 174
Loikaw 87
London 30, 104, 118, 138, 143, 168, 206, 236 f.
Lübeck 99, 111

Madagaskar 66, 68, 77, 91, 95 ff., 129, 167, 173, 184, 196
Madras 74, 88
Maikop 144, 149
Mailand 191
Mainz 147
Makassarstraße 46, 52
Malaya 28, 30, 34 f., 38, 41, 47, 51, 59 f., 81, 96
Malta 32, 38, 76, 147, 151, 162, 164, 183 f., 210, 218
Mandalay 78, 92, 97, 219
Mandschukuo 82
Mandschurei 42, 57, 101 f., 107, 133, 140
Manila 31, 35, 71
Manipur 79, 98
Mannheim 109
Mariupol 228, 235
Marokko 86
Martinique 108
Matratin 208
Mauritius 97
Medenine 233
Medjes el Bab 210
Mekili 28
Mersa Matruk 194
Mexiko 45, 101, 131
Midway-Inseln 98, 114, 118 f., 146
Milne Bay 160, 171
Misurata 200, 209
Mittelmeer 40, 48, 62, 76, 89, 147, 151, 157, 160, 164, 184, 194, 215, 218
Moschaisk 39, 44, 47
Mosdok 220
Moskau 28, 33, 36 f., 39, 44, 58, 62, 94 f., 122 f., 127, 135, 149, 161, 163, 167, 176, 195, 207, 212, 216 ff., 236
Moulmein 43
Murmansk 73, 129, 225
Myebon 232
Myitkyina 98

Nalchik 220
Nanking 69, 98, 224
Nantschang 119
Neubritannien 219, 232
Neuguinea 43, 71 f., 75, 92, 108, 124, 138, 140, 145, 155, 160, 162, 165, 171, 175, 179, 183, 185, 194, 201, 206, 208, 219
Neu-Kaledonien 86
Neuseeland 49, 55, 59, 68
Nicaragua 168
Niederländisch-Indien 42, 46, 52, 55, 124
Norwegen 35, 90, 93, 99, 174, 180, 182
Noworossijsk 139, 144, 150, 154, 166

Odessa 33
Orel 235
Orowej 149
Ostsee 180

Pagoda Point 219
Palästina 48, 128, 143
Palembang 61, 63
Paris 147, 172
Pearl Harbor 85, 205, 217
Penang 27
Persischer Golf 53, 56, 96, 226
Philippinen 28, 30 f., 35, 41, 51 f., 60, 71, 75, 78, 83, 92, 98
Pjatigorsk 145
Polen 47, 94, 206 f., 229, 238
Port Moresby 71 f., 75, 138, 140, 145, 155, 160, 162, 165, 171, 175, 179, 206
Portugal 28

Rabaul 201, 219
Rangun 28, 42 f., 47, 55, 57, 59, 63, 66, 68, 79, 83, 216
Rennes 91
Réunion 97
Rio de Janeiro 45, 49, 155
Rom 215
Rossosch 122 f.
Rostow 33, 126, 130 f., 135, 159, 216, 220, 223, 228, 235
Rotes Meer 53, 76, 96
Rshew 123, 154, 207, 237
Rumänien 77, 170, 229
Rusa 28 f.

Saint-Nazaire 100, 152
Saint-Pierre-et-Miquelon 86

Salomonen (Salomon-Inseln) 98, 145, 150, 154 f., 162, 166, 170, 179, 183, 185, 191, 194, 201, 205 f., 208, 219, 232
Sanananda 219
Sarawak 31
Sardinien 202 f., 210
Schanghai 98, 180
Schansi 125
Schwarzes Meer 33, 139, 145, 150, 154, 166
Sewastopol 33 f., 48, 51, 77, 170, 177, 181, 198
Sfax 203
Shortland 171
Siam 81 f., 96, 107
Sibirien 57, 94 f., 107
Singapur 31, 36, 43, 47, 51 f., 55, 57 f., 69, 234, 236
Sinkiang 57
Sirte 37, 214
Sizilien 162, 176, 202 f., 210, 214
Smolensk 47, 53
Sollum 61, 194
Spanien 40, 89, 103 f., 234
Spanisch-Marokko 234
Stalingrad 126, 131, 135, 139, 144, 150, 153, 161, 166 f., 169, 173, 177 f., 181, 185, 191 f., 194, 196, 198, 207, 215 f., 220 f., 223, 228, 235
Stalino 235
Südafrika 41, 90, 133, 189
Suezkanal 53, 128 f., 137, 174, 199, 225 f.
Sumatra 39, 42, 51, 55, 61, 63, 216 f.
Sydney 113
Syriam 63, 68
Syrien 89
Syrte 210

Taganrog 228
Tarakan 39
Tavoy 43
Tebourba 202, 210
Thailand 43
Thala 233
Tientsin 180
Timor 28, 206
Tobruk 51, 111, 118, 165, 170, 176, 184, 204
Tokio 88 f., 149
Toulon 201
Toungoo 74
Tripolis 37, 46, 48, 61, 147, 184, 190, 203 f., 209 f., 214 f., 219, 231
Trondheim 109
Tschadsee 219
Tschangscha 34 f.
Tschechoslowakei 114, 120 f., 188, 229
Tschekiang 125, 163
Tschungking 35, 69, 72, 108, 125, 223
Tulagi 145, 150, 155
Tunesien 200, 202 ff., 209 f., 214 f., 218 f., 226, 230 ff., 237, 239
Tunis 199 f., 202, 210, 215
Turin 203
Türkei 40, 106 f., 162, 175

Ukraine 93 f., 174 f., 195, 228, 238
Umm al Aranib 219
Ungarn 170
Ural 53, 56, 94 f., 136, 178, 226
Uruguay 156

Vichy-Frankreich 40, 77, 86 f., 89 ff., 95 ff., 108 f., 114, 129 f., 167, 171 f., 177, 182, 184, 187, 196, 207, 211 f., 238

Washington 31, 49, 118, 212, 228
Welikije Luki 220
Wenzhou 125, 131
Wjasma 237
Wladiwostok 50, 142
Wolchansk 123
Wolga 95, 126, 131, 144, 153, 166, 177 f., 198
Woronesch 122 f., 126, 131, 135, 150, 166, 216

Yenangyaung 64, 68, 74, 87
Yunnan 107

Zypern 38, 89